ŒUVRES DE SPINOZA

II

Du même auteur
dans la même collection

ŒUVRES I : *Court traité. Traité de la réforme de l'entendement. Les Principes de la philosophie de Descartes. Appendice contenant les Pensées métaphysiques.*
ŒUVRES II : *Traité théologico-politique.*
ŒUVRES III : *Éthique.*
ŒUVRES IV : *Traité politique. Lettres.*

SPINOZA

ŒUVRES
II

TRAITÉ THÉOLOGICO-POLITIQUE

Traduction et notes
par
Charles Appuhn

GF Flammarion

ISBN 978-2-0807-0050-6

NOTICE
SUR LE
TRAITÉ THÉOLOGICO-POLITIQUE

Une lettre adressée par Spinoza à Oldenbourg en septembre ou octobre 1665 (lettre 30) nous donne d'intéressants détails sur la composition du *Traité Théologico-Politique*.

« Je m'occupe à présent, dit l'auteur, à composer un « traité où j'exposerai ma manière de voir sur l'Écriture. « Les motifs qui m'ont fait entreprendre ce travail sont : « *primo*, les préjugés des théologiens : à mes yeux le plus « grand empêchement qui soit à l'étude de la philo- « sophie; je m'efforce donc de les rendre manifestes et « d'en débarrasser l'esprit des hommes un peu cultivés; « *secundo*, l'opinion qu'a de moi le vulgaire; on ne cesse « de m'accuser d'athéisme, et je suis obligé de redresser « autant que je le pourrai l'erreur faite à mon sujet; « *tertio*, mon désir de défendre par tous les moyens la « liberté de pensée et de parole que l'autorité trop grande « laissée aux pasteurs et leur jalousie menacent de sup- « primer dans ce pays. »

De fort bonne heure, Spinoza s'était appliqué à la lecture de la Bible. Sa naissance, son éducation première qui fit de lui un hébraïsant, sa rupture avec la Synagogue, la liberté et la vigueur de son esprit le prédestinaient en quelque sorte à renouveler l'étude de l'Ancien Testament.

Déjà, dans l'Apologie composée au moment de son excommunication, il s'était attaqué à ce qu'il appelle les préjugés des théologiens (Juifs ou autres); sans voir dans cet écrit perdu, comme quelques-uns l'ont fait, une première esquisse du *Traité Théologico-Politique*, on peut admettre qu'une partie des idées contenues dans le grand ouvrage de sa maturité se trouvaient en germe dans l'Apologie. Par la suite Spinoza n'avait pas manqué de trouver, même parmi ses amis Mennonites et Collégiants, des préjugés difficiles à déraciner concernant l'Écriture et son autorité, invoquée en toute matière contre celle de la raison. Il est certain d'autre part que Spinoza, bien qu'ayant seulement publié ses *Principes de Philosophie de Descartes* et ses *Pensées métaphysiques*, bien qu'ayant, à Rijnsburg, jusqu'en 1663 et depuis à Voorburg, vécu dans la retraite, avait déjà renom d'athée et de contempteur de la religion; son nom paraît avec ces qualifications dans un factum rédigé en 1665; on l'y accuse d'être le véritable auteur d'une requête présentée par Tydeman, son propriétaire à Voorburg et d'autres protestants libéraux pour soutenir la candidature d'un nouveau pasteur à idées jugées trop larges, et l'on ajoute que Spinoza sert d'instrument pour faire le mal, « ainsi que beaucoup de savants et de pasteurs pouvaient en témoigner ».

On observera qu'à cette date de 1665 les querelles religieuses tenaient une grande place dans la vie socialc en Hollande et que les églises calvinistes, partout où l'autorité civile subissait fortement leur influence, se montraient fort enclines à l'intolérance contre les religions rivales. Les historiens hollandais, en particulier Hylkema (*Reformateurs*) et Meinsma (*Spinoza en ziju Kring*), nous font connaître un grand nombre de mesures prises contre les Sociniens, les Quakers, les Mennonites, ces derniers qualifiés de serviteurs du diable; les États de Frise prononcent contre eux une interdiction de séjour et promettent une récompense à qui les dénoncera; les autorités de plusieurs villes de Zélande, Flessingue, Middelburg, Goes, celles aussi d'Utrecht usent à leur égard de procédés rappelant l'inquisition : des questions seront posées aux personnes suspectes de tendances anabaptistes et, par leurs réponses, on jugera si elles doivent être considérées comme hérétiques et traitées en conséquence; excommuniées par exemple comme le fut Beelthouver, un ami de Spinoza. Le magistrat d'Amsterdam, en 1664, interdit aux Mennonites de prêcher des doctrines sociniennes; ailleurs ce sont les assemblées de fidèles qu'on interdit. Et sans doute ces mesures paraissent inoffensives en regard des persécutions qui, dans d'autres pays, frappaient les dissidents dans leurs biens, leur liberté, leur vie. La Hollande restait en Europe le pays de la tolérance et, malgré les efforts des calvinistes qui, dans leurs écrits, réclamaient l'intervention en faveur de l'orthodoxie du pouvoir temporel et menaçaient l'Église et l'État de tomber dans le plus affreux chaos « si le juge et le prêtre, comme autrefois Moïse et Aaron, ne marchaient pas la main dans la main, si le glaive ne s'unissait pas à la parole pour combattre l'hérésie » (voir Hylkema, *Reformateurs*, vol. I, 180), le pays de Barneveldt et de Jean de Witt continuait de mériter à peu près l'éloge que, sans ironie, quoi qu'en dise Meinsma, lui adresse Spinoza dans ces lignes de sa préface :

« Puisque le rare bonheur nous est échu de vivre dans « un pays où une liberté entière est laissée à chacun de « juger comme il le veut et d'honorer Dieu à sa manière... »

Cela restait vrai au moins en gros même après le procès et la condamnation des frères Koerbagh dont l'un, Adrien, s'était montré imprudemment provocateur.

Toutefois l'on pouvait craindre que cette liberté si précieuse ne vînt à être abolie en cas que le parti calviniste triomphât et les hommes d'État républicains, à commencer par le Grand Pensionnaire Jean de Witt, ne jugeaient pas inutile la publication d'écrits où la suprématie du pouvoir civil sur l'Église fût nettement affirmée et où les dangers de l'intolérance fussent signalés.

De semblables écrits parurent en assez grand nombre dans les années précédant la publication du *Traité Théologico-Politique ;* leurs auteurs étaient en particulier Pierre et Jean de la Court, le premier en relation étroite avec le Grand Pensionnaire, qui avait lui-même rédigé deux chapitres de son livre intitulé *Intereest van Holland ;* Jean de Witt, son neveu; Lambert van Velthuysen, très attaché à la religion protestante et qui plus tard devait être au nombre des adversaires de Spinoza, mais qui dans son *Munus pastorale* avait pris position parmi des défenseurs du droit de l'État contre les empiétements de l'Église; le médecin Louis Meyer, ami de Spinoza, en qui l'on a souvent voulu voir l'auteur de son livre *Philosophia Sacrae Scripturae interpres ;* Lucius Antistius Constans, pseudonyme probable de Pierre de la Court, dont l'ouvrage sur le droit des ecclésiastiques *(de Jure Ecclesiasticorum)* a également été attribué à Spinoza.

On peut certainement rattacher le *Traité Théologico-Politique* à cet ensemble de publications, et il n'est pas douteux que si Spinoza laissa pour un temps l'*Éthique* inachevée et s'appliqua plusieurs années durant à un nouvel ouvrage, c'est qu'il le jugeait utile eu égard aux circonstances. Nous avons toutes raisons de croire à son vif désir d'unir ses efforts à ceux des républicains partisans de la tolérance religieuse et d'un régime de liberté; il était lié avec plusieurs d'entre eux : avec Hudde, bourgmestre d'Amsterdam, à qui il écrivit plusieurs lettres dont trois furent publiées dans les *Opera posthuma* (le nom du destinataire toutefois avait été supprimé et, dans l'édition de la Haye, ces lettres sont encore faussement données comme adressées à Huygens); avec Conrad de Beuningen, secrétaire d'État, et également bourgmestre d'Amsterdam, protecteur des Collégiants; avec Abraham Cuffeler, avocat à la Cour de Hollande, auteur d'un ouvrage d'inspiration spinoziste intitulé *Pantosophus*. Nous savons enfin qu'il professait de l'admiration et une amitié reconnaissante pour Jean de Witt qui lui avait fait attribuer une pension de 200 florins et fut même accusé, dans un libelle paru en 1672, d'avoir eu part à la publication du *Traité Théologico-Politique*, « cet ouvrage fabriqué en enfer par le Juif renégat en collaboration avec le diable ».

Toutefois il va de soi que le livre de Spinoza est tout autre chose qu'un écrit de circonstance; il y traite de la liberté de pensée non dans un certain temps et dans un certain lieu, mais en tout lieu et en tout pays; il s'élève bien au-dessus des querelles de parti pour y exposer selon son génie une théorie du droit de l'État conçu *sub specie aeterni ;* il ne craint pas de manifester sa préférence pour le régime démocratique, mieux fondé en raison, d'après lui, que le régime aristocratique cher à Jean de Witt. Enfin, dans le *Traité Théologico-Politique* non moins que dans l'*Éthique*, d'une autre façon seulement, Spinoza fait œuvre de philosophe.

Ce philosophe est en même temps un critique. Plusieurs chapitres de son ouvrage traitent des précautions à prendre dans la lecture de l'Ancien Testament, de son origine probable, de sa date et de son mode de composition. La discipline particulière appelée par les Allemands Introduction à l'Ancien Testament reconnaît en Spinoza son véritable fondateur.

Le respect superstitieux professé pour la lettre même de l'Écriture avait jusqu'au XVIIe siècle empêché l'esprit critique de s'exercer sur les livres considérés comme canoniques par les Israélites et les Églises chrétiennes; tout au plus parmi les commentateurs juifs du Moyen Age s'en était-il trouvé un ou deux assez hardis pour élever quelques doutes sur l'attribution à Moïse de toutes les parties du Pentateuque ou à Josué du livre qui porte son nom. L'incertitude même du texte en maint endroit, les difficultés considérables de lecture qu'il présente, le désaccord existant parfois entre le texte hébreu traditionnel (massorétique) et d'autres textes, en particulier la version des Septante et la traduction latine de saint Jérôme (Vulgate), ne paraissent avoir éveillé l'attention d'aucun érudit avant Cappel, théologien réformé français mort en 1658; dans ses livres *Arcanum punctuationis revelatum* et *Critica sacra*, cet hébraïsant eut le mérite singulier d'établir que la façon dont l'Ancien Testament était lu et compris reposait sur une tradition relativement récente, que ni les points-voyelles, ni même les consonnes du texte hébreu ne pouvaient être considérés comme faisant partie de la révélation primitive.

L'oratorien Morin, mort en 1659, dans ses *Exercitationes biblicae*, avait soutenu cette thèse qu'au texte hébreux, falsifié d'après lui en maint endroit, l'on devait préférer le texte grec des Septante et celui de la Vulgate réellement inspirés par Dieu. Quoi que l'on puisse penser de cette thèse, elle témoigne d'un effort critique et pouvait inciter à des recherches nouvelles.

Hobbes, dans son *Léviathan* (liv. III, chap. XXXIII), avait montré que l'étude du contenu même de la Bible amenait à certaines conclusions touchant l'origine de quelques-unes de ses parties : ainsi le Pentateuque ne peut avoir été écrit par Moïse, le livre de Josué par Josué.

Dans le livre si étrange où, se fondant sur un passage de l'*Épître aux Romains*, il soutient la thèse de deux créations distinctes et l'existence d'une humanité antérieure à Adam, Isaac de La Peyrère (*Systema theologiae in Praedamitarum hypothesi*, 1655) avait soumis le Pentateuque à un examen assez pénétrant et montré que non seulement Moïse n'en était pas l'auteur, mais que, loin de former un ouvrage unique, le Pentateuque était une sorte de compilation où plusieurs textes rédigés de diverses manières par divers auteurs et traducteurs avaient été artificiellement juxtaposés.

Quels qu'aient été les mérites de ces précurseurs, et quelle connaissance que Spinoza ait eue de leurs travaux (il avait certainement lu Hobbes dont le *Léviathan* fut d'ailleurs traduit en hollandais, selon toute apparence, par son ami Louis Meyer, et possédait dans sa bibliothèque un exemplaire du livre de La Peyrère), on peut dire que les chapitres VII à X du *Traité Théologico-Politique* constituent le premier essai en forme d'une histoire critique des livres de l'Ancien Testament. Le savant Cornill *(Einleitung in das Alte Testament)* le proclame : Spinoza a posé le problème, marqué le but et, par une sorte d'intuition de génie, prévu les résultats les plus importants des recherches qui, au XIXe siècle, devaient renouveler l'exégèse. Dans trois articles parus en 1876 *(Critique philosophique)*, M. Pillon avait déjà montré de combien Spinoza à cet égard était en avant sur son siècle et quelle erreur avait commise Renan *(Études d'histoire religieuse)* en lui préférant Richard Simon. Ce dernier a pu se donner l'air de combattre certaines conclusions de Spinoza; ce qu'il y a de plus solide dans les travaux de l'adversaire de Bossuet n'en vient pas moins du *Traité Théologico-Politique.*

Pour Spinoza donc la collection appelée Ancien Testament est formée d'éléments de provenance très diverse et de valeur très inégale. Les documents primitifs transcrits et souvent altérés par les rédacteurs de la Bible ont été, de façon parfois maladroite, fondus entre eux; les livres proprement historiques (Pentateuque, Josué, Juges, Rois, Paralipomènes), destinés à présenter l'histoire du peuple d'Israël sous un certain jour et à servir les desseins d'une certaine école de théologiens, ne sont pas, sous leur forme actuelle, antérieurs à Esdras. Sur les livres des Prophètes et sur les parties lyriques de l'Ancien Testament, sur leur date probable, sur la constitution du canon (œuvre des Pharisiens d'après lui), Spinoza a également des vues intéressantes. On peut noter enfin qu'il explique les nombreuses particularités du texte massorétique par cette circonstance que des transcriptions auraient été faites sans aucune critique, avec une fidélité servile, par des scribes israélites d'après un nombre restreint d'exemplaires primitifs (deux ou trois en tout).

La liberté d'esprit dont fait preuve Spinoza à l'égard des livres de l'Ancien Testament (pour ce qui est du Nouveau Testament, il observe une grande réserve; il savait d'ailleurs assez peu de grec) permet de prévoir qu'il se montrera également hardi dans sa façon d'envisager la doctrine enseignée par la Bible. Il faut considérer toutefois quel était son dessein et quel son point de vue.

Il s'agit de prouver que la Bible, dont l'autorité est reconnue par toutes les Églises, n'enseigne pas l'intolérance et que le respect de la parole de Dieu peut se concilier avec un régime d'entière liberté d'opinion. C'est en un sens une *Politique tirée de l'Écriture sainte* que veut écrire Spinoza. Dès lors il faut s'attendre à ce que ses idées philosophiques ne se trouvent nulle part clairement exposées dans le *Traité*. Il écrit pour un certain public à la portée duquel il se met suivant son propre précepte. De là certaines ambiguïtés, certaines obscurités; quelques historiens (Menzel, *Archiv für Geschichte der Philosophie*, Bd XV, Hylkema) ont cru que la doctrine de Spinoza s'était modifiée entre la composition du *Traité* et celle de l'*Éthique*. Pour écarter cette opinion, il suffit d'observer que l'*Éthique* était presque achevée en 1665, quand Spinoza entreprit la composition du *Traité*, que d'ailleurs sa doctrine en ce qu'elle a d'essentiel se trouve déjà contenue dans le *Court Traité* dont la rédaction est antérieure de quelques années. Il n'y a aucune raison de penser que Spinoza ait eu, au moment de la rédaction du *Traité*, une idée de Dieu et de ses rapports avec le monde différente de celle qu'il a développée dans l'*Éthique* et constamment professée dans ses lettres.

Mais cette idée n'était-elle pas moins éloignée qu'on ne l'a généralement cru de celle qui est à la base du judaïsme et du christianisme ? Peut-être Spinoza est-il plus près du théisme que du naturalisme ? Peut-être sa doctrine se concilie-t-elle sans trop de peine avec le dogme religieux ? Quelle que soit l'opinion que l'on veuille soutenir à ce sujet, on devra évidemment tenir compte, dans l'usage qu'on fera du *Traité*, du caractère à demi politique de cet ouvrage et des précautions qu'a dû prendre l'auteur; lui-même, d'ailleurs, nous met formellement en garde contre toute interprétation abusive du langage qu'il emploie.

Son point de départ est la révélation qu'il admet sans la discuter ni chercher à l'expliquer. Les prophètes de l'Ancien Testament et les apôtres du Nouveau, par des moyens à eux, bien distincts de ceux dont usent les philosophes, ont connu et fait connaître un très petit nombre de vérités essentielles ayant trait à la conduite de la vie : avant tout qu'il y a un Dieu — peu importe quelle nature on lui attribue; peut-être est-ce un feu, peut-être est-ce un esprit; chacun peut l'imaginer ou le concevoir à sa guise — que ce Dieu veille sur les hommes et leur ordonne de s'aimer les uns les autres. Ces propositions sont à elles seules toute la théologie; croire à leur vérité, c'est avoir la foi; obéir à leur commandement, c'est être pieux. Ce qui paraît grave, c'est que Spinoza non seulement affirme avec l'Écriture que l'obéissance et la foi, telles qu'il les a définies, suffisent au salut, mais qu'ayant posé ce principe, qui est pour lui le fondement de la théologie, il reconnaît expressément l'impossibilité de le rattacher à la philosophie.

Ce principe est vrai, et l'on ne peut en donner de démonstration : nous le croyons sur le témoignage de l'Écriture. Pas plus que la philosophie n'est soumise à la théologie, ou la raison à la foi, la théologie n'est soumise à la philosophie, la foi à la raison. Ce sont deux disciplines entièrement distinctes, deux voies conduisant l'une et l'autre au salut.

Il faut convenir que cette dualité est difficile à concevoir dans une doctrine aussi opposée que celle de Spinoza à tout dualisme; il n'y a plus, de son aveu, homogénéité dans l'âme humaine, l'irrationnel y a sa place qui paraît *légitime*, et par conséquent aussi dans la nature. Si réelle que soit cette difficulté (nous avons tenté de l'éclaircir un peu dans les notes du présent volume; voir en particulier la note 4 du chapitre XV) encore ne faut-il pas faire de la thèse soutenue par Spinoza dans le *Traité* sur les rapports de la philosophie et de la théologie un usage indiscret; nous admettons qu'on veuille se servir de son aveu pour réfuter sa doctrine, nous ne pensons pas qu'on doive s'en servir pour prouver que cette doctrine n'est pas telle qu'il l'a exposée dans l'*Éthique*.

Tout au contraire, s'il affirme avec tant d'insistance l'indépendance de la théologie à l'égard de la philosophie, l'impossibilité de donner à la religion un fondement rationnel, c'est sans doute pour mieux établir la thèse principale du *Traité*, qui est que les spéculations des philosophes, tant audacieuses soient-elles, ne menacent la religion révélée d'aucun danger, c'est aussi peut-être pour détourner le lecteur de confondre ce qu'il enseigne dans le *Traité* comme vérité révélée avec ce qu'il enseigne ailleurs comme vérité philosophique, le Dieu, qui parle à l'imagination des hommes par Moïse et les prophètes, à leur cœur par Jésus-Christ, avec le Dieu identique à la nature que conçoit l'entendement. Sur les attributs de ce Dieu, sur sa providence, sur ses rapports avec l'homme et d'une manière générale sur toute question d'ordre philosophique, l'Écriture ne peut nous apporter aucun enseignement. Ce n'est donc pas dans le *Traité* où il a dessein « d'exposer les enseignements de l'Écriture et non d'en rechercher les causes » (chap. I) que pouvait être traitée au moins explicitement la question des rapports de la révélation avec la vérité connue par la lumière naturelle.

L'interprétation rationnelle de l'Écriture par l'Écriture seule, qui est le véritable objet du *Traité*, aboutit à la constitution d'une sorte de système de morale sociale qui n'est pas du tout la vérité dernière et ne saurait contenter le philosophe, mais qui tient lieu de philosophie au vulgaire et donne au philosophe toute sécurité dans l'État. C'est une règle de vie qui en elle-même ne peut être considérée comme bien fondée puisqu'elle ne s'accompagne pas de connaissance claire, mais qui peut suffire à l'homme incapable de l'effort qu'exige la connaissance claire.

Ceux-là seuls, disait Gœthe, ont besoin de la religion qui ne connaissent ni les disciplines de la science ni les beautés de l'art. Ceux-là seuls se contentent de la foi, eût dit son maître Spinoza, qui ne connaissent pas la joie souveraine de la clarté; car la foi, tout affranchie qu'on la suppose de la superstition, est encore une servitude, si utile qu'elle soit.

Que telle soit la pensée de Spinoza, c'est ce que prouve, croyons-nous, son attitude invariable à l'égard des croyances religieuses. Certes elle n'a rien d'irrévérencieux; il n'est pas, nous le savons, dans les habitudes de Spinoza de tourner en dérision aucune des faiblesses humaines; tout au plus lui arrivait-il de sourire quand, devant lui, on adressait à Dieu une prière au commencement d'un repas (voir le témoignage de Limborch dans Freudenthal, *Lebensgeschichte Spinozas*, p. 221, et Meinsma, *Spinoza en zijn kring*, Byl., p. 12-13); tout au plus se permettait-il d'écrire à son ami Boxel qu'il ne pouvait sans rire, à la fin d'une lettre, le recommander à Dieu (passage de la lettre 50 supprimé dans toutes les éditions et dont on trouvera le texte en hollandais dans Freudenthal, *op. c.*, p. 198, l. 20-25). Il ne cherchait pas à détourner de croire les personnes pieuses de son entourage qui trouvaient dans leur foi, quelle qu'elle pût être, une raison de vivre en paix avec autrui et avec elles-mêmes. Son indifférence à l'égard des dogmes prouve qu'il les rejetait tous également; aussi bien ceux des chrétiens ou des Juifs que ceux des Turcs et des païens. Au reste, dans plusieurs passages de ses lettres, notamment dans la lettre 73, il s'est nettement exprimé sur le dogme de l'Incarnation; il lui paraît aussi absurde que l'attribution au cercle de la nature du carré, aussi absurde que l'est pour lui d'une manière générale toute espèce d'anthropomorphisme. Dans le *Traité* même il se prononce avec une netteté qui ne laisse rien à désirer au sujet du désaccord pouvant exister entre l'Écriture et la raison et la préférence à donner à la raison en pareil cas; quand le récit de l'Écriture est vrai, on peut affirmer que l'événement a été conforme aux lois naturelles (quoiqu'il ait pu paraître miraculeux à ceux qui le rapportent) et s'est produit nécessairement; si l'on pouvait démontrer apodictiquement qu'un fait dont le récit est dans l'Écriture est contraire aux lois naturelles et ne peut en découler, on devrait en conclure que ce récit a été ajouté par des hommes sacrilèges : ce qui est contraire à la nature, est contraire à la raison, ce qui est contraire à la raison est absurde et doit en conséquence être rejeté.

Les contemporains de Spinoza ne s'y sont pas trompés; en dépit des précautions prises par lui, son livre a été dénoncé de bonne heure comme impie et pestilentiel; bien que, suivant un exemple commun, il eût gardé l'anonyme et que l'ouvrage ne portât pas le nom du véritable éditeur (il avait censément paru à Hambourg chez Kuenrath), on sut bien vite qui en était l'auteur; les églises calvinistes en signalèrent les tendances antireligieuses. Le *Traité* eut d'ailleurs, en raison même de ces attaques, un retentissement considérable et se répandit très vite non seulement en Hollande, mais en Allemagne, en Angleterre et en France : plusieurs réimpressions en furent faites sous des titres divers (*Opera chirurgica*, etc.) et avec des noms d'auteurs supposés (on en trouvera l'énumération dans Van der Linde, *Spinoza Bibliografie*). Les réfutations ne se firent pas attendre : des théologiens, des philosophes, jusqu'à des artisans tels que Johann Bredenburg, tisserand à Rotterdam, montrèrent sans trop de peine que la pensée de Spinoza était en désaccord avec les enseignements de toute l'Église; que la religion exigeait autre chose des hommes que l'obéissance et l'amour à quoi il voulait les réduire; que du point de vue même de la religion (non de celui de la philosophie) il n'est pas indifférent d'attribuer à Dieu telle nature, celle du feu par exemple, ou telle autre; qu'enfin les rites prescrits par l'Écriture n'avaient pas seulement, comme le prétendait Spinoza, une signification politique, ne tendaient pas seulement au bien temporel du peuple juif.

Il ne paraît pas en effet que la position prise par Spinoza dans le *Traité* puisse être aisément défendue et que la philosophie menace aussi peu qu'il le dit la religion, si du moins on considère la religion telle qu'elle est, non telle qu'il voudrait qu'elle fût. Parlant des mystères auxquels croient les personnes pieuses (non au sens qu'il donne au mot, mais au sens ordinaire), Spinoza dit dans sa préface : *quo impensius haec mysteria admirantur, eo magis ostendunt se Scripturae non tam credere quam assentari.* Cette docilité d'âme, cette entière soumission qu'il reproche au commun des hommes, n'est-elle pas l'élément essentiel de l'état d'esprit dit *religieux* et ne s'oppose-t-elle pas bien nettement à la liberté du philosophe ?

TRAITÉ

THÉOLOGICO-POLITIQUE

CONTENANT

QUELQUES DISSERTATIONS OÙ L'ON FAIT VOIR

que la liberté de philosopher non seulement peut être accordée sans danger pour la piété et la paix de l'État, mais même qu'on ne peut la détruire sans détruire en même temps la paix de l'État et la piété elle-même.

Nous connaissons à ceci que nous demeurons en Dieu et que Dieu demeure en nous : qu'il nous a donné de son esprit.

(JEAN, ép. I, ch. IV, *v.* 13.)

PRÉFACE

Si les hommes pouvaient régler toutes leurs affaires suivant un dessein arrêté ou encore si la fortune leur était toujours favorable, ils ne seraient jamais prisonniers de la superstition. Mais souvent réduits à une extrémité telle qu'ils ne savent plus que résoudre, et condamnés, par leur désir sans mesure des biens incertains de fortune, à flotter presque sans répit entre l'espérance et la crainte, ils ont très naturellement l'âme encline à la plus extrême crédulité; est-elle dans le doute, la plus légère impulsion la fait pencher dans un sens ou dans l'autre, et sa mobilité s'accroît encore quand elle est suspendue entre la crainte et l'espoir, tandis qu'à ses moments d'assurance elle se remplit de jactance et s'enfle d'orgueil. Cela, j'estime que nul ne l'ignore, tout en croyant que la plupart s'ignorent eux-mêmes. Personne en effet n'a vécu parmi les hommes sans avoir observé qu'aux jours de prospérité presque tous, si grande que soit leur inexpérience, sont pleins de sagesse, à ce point qu'on leur fait injure en se permettant de leur donner un conseil; que dans l'adversité, par contre, ils ne savent plus où se tourner, demandent en suppliant conseil à tous et sont prêts à suivre tout avis qu'on leur donnera, quelque inepte, absurde ou inefficace qu'il puisse être. On remarque en outre que les plus légers motifs leur suffisent pour espérer un retour de fortune, ou retomber dans les pires craintes. Si en effet, pendant qu'ils sont dans l'état de crainte, il se produit un incident qui leur rappelle un bien ou un mal passés, ils pensent que c'est l'annonce d'une issue heureuse ou malheureuse et pour cette raison, bien que cent fois trompés, l'appellent un présage favorable ou funeste. Qu'il leur arrive maintenant de voir avec grande surprise quelque chose d'insolite, ils croient que c'est un prodige manifestant la colère des Dieux ou de la suprême Divinité; dès lors ne pas conjurer ce prodige par des sacrifices et des vœux devient une impiété à leurs yeux d'hommes sujets à la superstition et contraires à la religion. De la sorte ils forgent d'innombrables fictions et, quand ils interprètent la Nature, y découvrent partout le miracle comme si elle délirait avec eux. En de telles conditions nous voyons que les plus adonnés à tout genre de superstition ne peuvent manquer d'être ceux qui désirent sans mesure des biens incertains; tous, alors surtout qu'ils courent des dangers et ne savent trouver aucun secours en eux-mêmes, implorent le secours divin par des vœux et des larmes de femmes, déclarent la Raison aveugle (incapable elle est en effet de leur enseigner aucune voie assurée pour parvenir aux vaines satisfactions qu'ils recherchent) et traitent la sagesse humaine de vanité; au contraire les délires de l'imagination, les songes et les puériles inepties leur semblent être des réponses divines; bien mieux, Dieu a les sages en aversion; ce n'est pas dans l'âme, c'est dans les entrailles des animaux que sont écrits ses décrets, ou encore ce sont les insensés, les déments, les oiseaux qui, par un instinct, un souffle divin, les font connaître. Voilà à quel point de déraison la crainte porte les hommes. La cause d'où naît la superstition, qui la conserve et l'alimente, est donc la crainte; que si, outre les raisons qui précèdent, on demande des exemples, je citerai Alexandre : alors seulement qu'aux portes de Suse il conçut des craintes sur sa fortune, il donna dans la superstition et eut recours à des devins (voir Quinte-Curce, liv. V, § 4); après sa victoire sur Darius, il cessa de consulter devins et aruspices, jusqu'au jour de grande anxiété où, abandonné des Bactriens, provoqué au combat par les Scythes, immobilisé lui-même par sa blessure, *il retomba* (ce sont les propres paroles de Quinte-Curce, liv. VII, § 7) *dans la superstition qui sert de jouet à l'esprit humain, et chargea Aristandre, en qui reposait sa crédulité, de savoir par des sacrifices quelle tournure prendraient ses affaires*. On pourrait donner ici de très nombreux exemples mettant le fait en pleine évidence : les hommes ne sont dominés par la superstition qu'autant que dure la crainte, le vain culte auquel ils s'astreignent avec un respect religieux ne s'adresse qu'à des fantômes, aux égarements d'imagination d'une âme triste et craintive, les devins enfin n'ont jamais pris plus d'empire sur la foule et ne se sont jamais tant fait redouter des rois que dans les pires situations traversées par l'État ; mais cela étant, à ce que je crois, suffisamment connu de tous, je n'insisterai pas.

De la cause que je viens d'assigner à la superstition, il suit clairement que tous les hommes y sont sujets de nature (et ce n'est pas, quoi qu'en disent d'autres, parce que tous les mortels ont une certaine idée confuse de la divinité). On voit en outre qu'elle doit être extrêmement diverse et inconstante, comme sont diverses et inconstantes les illusions qui flattent l'âme humaine et les folies où elle se laisse entraîner ; qu'enfin l'espoir, la haine, la colère et la fraude peuvent seuls en assurer le maintien, attendu qu'elle ne tire pas son origine de la Raison, mais de la Passion seule et de la plus agissante de toutes. Autant par suite les hommes se laissent facilement prendre par tout genre de superstition, autant il est difficile de faire qu'ils persistent dans la même ; bien plus, le vulgaire demeurant toujours également misérable, il ne peut jamais trouver d'apaisement, et cela seul lui plaît qui est nouveau et ne l'a pas encore trompé ; c'est cette inconstance qui a été cause de beaucoup de troubles et de guerres atroces ; car, cela est évident par ce qui précède, et Quinte-Curce en a fait très justement la remarque (liv. IV, chap. x) *nul moyen de gouverner la multitude n'est plus efficace que la superstition*. Par où il arrive qu'on l'induit aisément, sous couleur de religion, tantôt à adorer les rois comme des dieux, tantôt à les exécrer et à les détester comme un fléau commun du genre humain. Pour éviter ce mal, on s'est appliqué avec le plus grand soin à entourer la religion, vraie ou fausse, d'un culte et d'un appareil propre à lui donner dans l'opinion plus de poids qu'à tout autre mobile et à en faire pour toutes les âmes l'objet du plus scrupuleux et plus constant respect. Ces mesures n'ont eu nulle part plus d'effet que chez les Turcs où la discussion même passe pour sacrilège et où tant de préjugés pèsent sur le jugement que la droite Raison n'a plus de place dans l'âme et que le doute même est rendu impossible.

Mais si le grand secret du régime monarchique et son intérêt majeur est de tromper les hommes et de colorer du nom de religion la crainte qui doit les maîtriser, afin qu'ils combattent pour leur servitude, comme s'il s'agissait de leur salut, et croient non pas honteux, mais honorable au plus haut point de répandre leur sang et leur vie pour satisfaire la vanité d'un seul homme, on ne peut, par contre, rien concevoir ni tenter de plus fâcheux dans une libre république, puisqu'il est entièrement contraire à la liberté commune que le libre jugement propre soit asservi aux préjugés ou subisse aucune contrainte. Quant aux séditions excitées sous couleur de religion, elles naissent uniquement de ce que des lois sont établies concernant les objets de spéculation et de ce que les opinions sont tenues pour coupables et condamnées comme si elles étaient des crimes; leurs défenseurs et partisans sont immolés non au salut de l'État, mais à la haine et à la cruauté de leurs adversaires. Si tel était le droit public que *seuls les actes pussent être poursuivis, les paroles n'étant jamais punies*, de semblables séditions ne pourraient se parer d'une apparence de droit, et les controverses ne se tourneraient pas en séditions. Puis donc que ce rare bonheur nous est échu de vivre dans une République, où une entière liberté de juger et d'honorer Dieu selon sa complexion propre est donnée à chacun, et où tous tiennent la liberté pour le plus cher et le plus doux des biens, j'ai cru ne pas entreprendre une œuvre d'ingratitude ou sans utilité, en montrant que non seulement cette liberté peut être accordée sans danger pour la piété et la paix de l'État, mais que même on ne pourrait la supprimer sans détruire la paix de l'État et la piété. Telle est la thèse que mon principal objet a été de démontrer dans ce Traité. Pour y parvenir, il a été nécessaire d'abord d'indiquer les principaux préjugés concernant la religion, c'est-à-dire les restes de notre servitude antique; puis aussi les préjugés se rapportant au droit des autorités souveraines de l'État. Beaucoup en effet, dans leur licence effrontée, s'efforcent de leur enlever ce droit en grande partie et de détourner d'elles sous couleur de religion le cœur de la multitude encore sujet à la superstition des idolâtres, ce qui nous ferait retomber dans une servitude universelle. Je me propose de dire un peu plus loin en quelques mots dans quel ordre je montrerai cela, mais auparavant j'exposerai les causes qui m'ont poussé à écrire.

J'ai vu maintes fois avec étonnement des hommes fiers de professer la religion chrétienne, c'est-à-dire l'amour, la joie, la paix, la continence et la bonne foi envers tous, se combattre avec une incroyable ardeur malveillante et se donner des marques de la haine la plus âpre, si bien qu'à ces sentiments plus qu'aux précédents leur foi se faisait connaître. Voilà longtemps déjà, les choses en sont venues au point qu'il est presque impossible de savoir ce qu'est un homme : Chrétien, Turc, Juif ou Idolâtre, sinon à sa tenue extérieure et à son vêtement, ou à ce qu'il fréquente telle ou telle Église ou enfin à ce qu'il est attaché à telle ou telle opinion et jure sur la parole de tel ou tel maître. Pour le reste leur vie à tous est la même. Cherchant donc la cause de ce mal, je n'ai pas hésité à reconnaître que l'origine en était que les charges d'administrateur d'une Église tenues pour des dignités, les fonctions de ministre du culte devenues des prébendes, la religion a consisté pour le vulgaire à rendre aux pasteurs les plus grands honneurs. Dès que cet abus a commencé dans l'Église en effet, un appétit sans mesure d'exercer les fonctions sacerdotales a pénétré dans le cœur des plus méchants, l'amour de propager la foi en Dieu a fait place à une ambition et à une avidité sordides, le Temple même a dégénéré en un théâtre où l'on entendit non des Docteurs, mais des Orateurs d'Église dont aucun n'avait le désir d'instruire le peuple, mais celui de le ravir d'admiration, de reprendre publiquement les dissidents, de n'enseigner que des choses nouvelles, inaccoutumées, propres à frapper le vulgaire d'étonnement. De là en vérité ont dû naître de grandes luttes, de l'envie et une haine que les années écoulées furent impuissantes à apaiser. Il n'y a donc pas à s'étonner si rien n'est demeuré de la Religion même, sauf le culte extérieur, plus semblable à une adulation qu'à une adoration de Dieu par le vulgaire, et si la foi ne consiste plus qu'en crédulité et préjugés. Et quels préjugés ? Des préjugés qui réduisent des hommes raisonnables à l'état de bêtes brutes, puisqu'ils empêchent tout libre usage du jugement, toute distinction du vrai et du faux, et semblent inventés tout exprès pour éteindre toute la lumière de l'entendement. La piété, grand Dieu! et la religion consistent en absurdes mystères, et c'est à leur complet mépris de la raison, à leur dédain, à leur aversion de l'entendement dont ils disent la nature corrompue, que, par la pire injustice, on reconnaît les détenteurs de la lumière divine. Certes, s'ils possédaient seulement une étincelle de la lumière divine, ils ne seraient pas si orgueilleux dans leur déraison, mais apprendraient à honorer Dieu de plus sage façon et, comme aujourd'hui par la haine, l'emporteraient sur les autres par l'amour; ils ne poursuivraient pas d'une si âpre hostilité ceux qui ne partagent pas leurs opinions, mais plutôt auraient pitié d'eux — si du moins c'est pour le salut d'autrui et non pour leur propre fortune qu'ils ont peur. En outre, s'ils avaient quelque lumière divine, cela se connaîtrait à leur doctrine. J'avoue que leur admiration des mystères de l'Écriture est sans bornes, mais je ne vois pas qu'ils aient jamais exposé aucune doctrine en dehors des spéculations aristotéliciennes et platoniciennes; et, pour ne point paraître des païens, ils y ont accommodé l'Écriture. Il ne leur a pas suffi de déraisonner avec les Grecs, ils ont voulu faire déraisonner les Prophètes avec eux. Ce qui prouve bien clairement qu'ils n'ont pas vu, fût-ce en rêve, la divinité de l'Écriture. Plus bas leur admiration les incline devant ses mystères, plus ils montrent qu'en eux la soumission [1]* à l'Écriture l'emporte sur la foi, et cela se voit encore à ce que la plupart posent en principe (pour l'entendre clairement et en deviner le vrai sens) que l'Écriture est partout vraie et divine, alors que ce devrait être la conclusion d'un examen sévère ne laissant subsister en elle aucune obscurité; ce que son étude directe nous démontrerait bien mieux, sans le secours d'aucune fiction humaine, ils le posent d'abord comme règle d'interprétation.

Telles étaient donc les pensées qui occupaient mon esprit : non seulement je voyais la lumière naturelle méprisée, mais beaucoup la condamnant comme une source d'impiété; des inventions humaines, devenues des enseignements divins; la crédulité prise pour la foi; les controverses des philosophes soulevant dans l'Église et l'État les passions les plus vives, engendrant la discorde et des haines cruelles et par suite des séditions parmi les hommes; sans parler de beaucoup d'autres maux trop longs à énumérer. J'ai résolu sérieusement en conséquence de reprendre à nouveau, sans prévention, et en toute liberté d'esprit, l'examen de l'Écriture et de n'en rien affirmer, de ne rien admettre comme faisant partie de sa doctrine qui ne fût enseigné par elle avec une parfaite clarté. Avec cette précaution donc j'ai formé une méthode [2] pour l'interprétation des livres saints et, une fois en possession de cette méthode, j'ai commencé à chercher avant tout ce que c'est qu'une prophétie, et en quelle condition Dieu s'est révélé aux Prophètes ? et pourquoi ils ont été reconnus par lui ? c'est-à-dire, si c'est parce qu'ils ont eu sur Dieu et la nature de hautes pensées, ou à cause de leur seule piété. Quand j'eus répondu à ces questions, je pus

* Les chiffres renvoient aux notes du traducteur qu'on trouvera à la fin du volume.

aisément établir que l'autorité des Prophètes a du poids seulement en ce qui concerne l'usage de la vie et la vertu véritable; quant au reste, leurs opinions nous touchent peu. Ces points acquis, j'ai cherché pour quelle raison les Hébreux ont été appelés les élus de Dieu ? Ayant vu que c'est simplement parce que Dieu a choisi pour eux une certaine contrée où ils pussent vivre en sécurité et commodément, j'ai compris que les Lois révélées par Dieu à Moïse n'étaient autre chose que le droit propre à l'État des Hébreux et par suite que nul en dehors d'eux n'était obligé de les admettre; bien plus qu'eux-mêmes n'y étaient obligés que pendant la durée de leur État. En outre, pour savoir si on peut conclure de l'Écriture que l'entendement humain a une nature corrompue, j'ai voulu rechercher si la Religion catholique, c'est-à-dire la loi divine révélée à la totalité du genre humain par les Prophètes et les Apôtres, est autre que celle qu'enseigne aussi la lumière naturelle ? Puis, si les miracles ont eu lieu contrairement à l'ordre de la nature et s'ils prouvent l'existence de la providence de Dieu de façon plus claire et plus certaine que les choses connues de nous clairement et distinctement par leurs premières causes ? Mais comme, dans ce qu'enseigne expressément l'Écriture, je n'ai rien trouvé qui ne s'accordât avec l'entendement et qui lui contredît, voyant en outre que les Prophètes n'ont rien enseigné que des choses extrêmement simples pouvant être aisément perçues par tous, et ont seulement usé, pour les exposer, du style et, pour les appuyer, des raisons qui pouvaient le mieux amener la multitude à la dévotion envers Dieu, j'ai acquis l'entière conviction que l'Écriture laisse la raison absolument libre et n'a rien de commun avec la philosophie, mais que l'une et l'autre se maintiennent par une force propre à chacune. Pour donner de ce principe une démonstration rigoureuse et préciser entièrement ce point, je montre suivant quelle méthode l'Écriture doit être interprétée et que toute la connaissance qu'elle peut donner des choses spirituelles, doit être tirée d'elle seule et non de ce que nous savons par la lumière naturelle. Je fais connaître ensuite les préjugés nés de ce que le vulgaire (attaché à la superstition et qui préfère les restes des temps anciens à l'éternité même) adore les livres de l'Écriture plutôt que la parole même de Dieu. Puis je montre que la parole révélée de Dieu, ce n'est pas un certain nombre de livres, mais une idée simple de la pensée divine telle qu'elle s'est fait connaître aux Prophètes par révélation : à savoir qu'il faut obéir à Dieu de toute son âme, en pratiquant la justice et la charité. Et je fais voir que cette doctrine est enseignée dans l'Écriture suivant la compréhension et les opinions de ceux à qui les Prophètes et les Apôtres avaient accoutumé de prêcher la parole de Dieu, précaution nécessaire pour qu'elle fût adoptée par les hommes sans aucune répugnance et de toute leur âme. Ayant ainsi fait connaître les fondements de la foi, je conclus enfin que la connaissance révélée n'a d'autre objet que l'obéissance, et est ainsi entièrement distincte de la connaissance naturelle, tant par son objet que par ses principes et ses moyens, que ces deux connaissances n'ont rien de commun, mais peuvent l'une et l'autre occuper leur domaine propre sans se combattre le moins du monde et sans qu'aucune des deux doive être la servante de l'autre. En outre, puisque les hommes ont des complexions différentes et que l'un se satisfait mieux de telles opinions, l'autre de telles autres, que ce qui est objet de religieux respect pour celui-ci, excite le rire de celui-là, je conclus encore qu'il faut laisser à chacun la liberté de son jugement et le pouvoir d'interpréter selon sa complexion les fondements de la foi, et juger de la foi de chacun selon ses œuvres seulement, se demandant si elles sont conformes ou non à la piété, car de la sorte, tous pourront obéir à Dieu d'un entier et libre consentement et seules la justice et la charité auront pour tous du prix. Après avoir fait connaître cette liberté donnée à tous par la loi divine, je passe à la deuxième partie du sujet : cette liberté peut et même doit être accordée sans danger pour la paix de l'État et le droit du souverain, elle ne peut être enlevée sans grand danger pour la paix et grand dommage pour l'État. Pour le démontrer, je pars du Droit Naturel de l'individu, lequel s'étend aussi loin que son désir et sa puissance, nul suivant le droit de la Nature n'étant tenu de vivre selon la complexion d'autrui, chacun étant le défenseur de sa liberté propre. Je montre de plus qu'en réalité nul ne fait abandon de son droit, sinon celui qui transfère à un autre son pouvoir de se défendre et que, de toute nécessité, le détenteur du droit naturel absolu se trouve être celui à qui tous ont transféré, avec leur pouvoir de se défendre, leur droit de vivre suivant leur complexion propre; et par là j'établis que les détenteurs du souverain commandement dans l'État ont, dans la mesure de leur pouvoir, droit à tout et sont seuls défenseurs du droit et de la liberté, tandis que les autres doivent agir en tout selon leur seul décret. Comme personne cependant ne peut être privé du pouvoir de se défendre au point qu'il cesse d'être un homme, j'en conclus que nul ne peut être entièrement privé de son droit naturel, et que les sujets conservent, comme par un droit de Nature, certaines franchises qui ne peuvent leur être ravies sans grand danger pour l'État et qui, ou bien leur sont accordées tacitement, ou bien sont stipulées avec ceux qui commandent. Après ces considérations, je passe à la République des Hébreux dont je parle assez longuement, montrant en quelles conditions, par quels hommes et quels décrets la Religion a commencé d'avoir force de loi, et indiquant en passant d'autres particularités qui m'ont paru mériter d'être connues. Après cela, j'établis que ceux qui détiennent le souverain commandement ne sont pas seulement les gardiens et les interprètes du droit civil, mais aussi du droit sacré, et que seuls ils ont le droit de décider ce qui est juste, ce qui est injuste, ce qui est conforme ou contraire à la piété; ma conclusion est enfin que pour maintenir ce droit le mieux possible et assurer la sûreté de l'État, il faut laisser chacun libre de penser ce qu'il voudra et de dire ce qu'il pense.

Tel est, Lecteur Philosophe, l'ouvrage que je te donne à examiner avec la conviction qu'en raison de l'importance et de l'utilité de son objet, qu'on le prenne dans sa totalité ou dans chacun de ses chapitres, il ne recevra pas de toi mauvais accueil; j'aurais là-dessus plusieurs choses à ajouter, mais je ne veux pas que cette préface s'allonge et devienne un volume, je crois d'ailleurs que l'essentiel est connu surabondamment des philosophes. Aux non-philosophes je n'ai cure de recommander ce Traité, n'ayant pas de raison d'espérer qu'il puisse leur convenir en aucune façon. Je sais, en effet, combien sont enracinés dans leur âme les préjugés auxquels sous couleur de piété ils ont donné leur adhésion. Je sais aussi qu'il est également impossible d'extirper de l'âme du vulgaire la superstition et la crainte. Je sais enfin qu'en lui l'insoumission tient lieu de constance et qu'il n'est pas gouverné par la Raison, mais emporté par la Passion à la louange et au blâme. Je n'invite donc pas à lire cet ouvrage le vulgaire et ceux qui sont agités des mêmes passions que lui; bien plutôt préférerais-je de leur part une entière négligence à une interprétation qui, étant erronée suivant leur coutume invariable, leur donnerait occasion de faire le mal, et, sans profit pour eux-mêmes, de nuire à ceux qui philosopheraient plus librement, n'était qu'ils croient que la Raison doit être la servante de la Théologie; à ces derniers, en effet, j'ai la conviction que cet ouvrage sera très utile.

Comme d'ailleurs beaucoup n'auront ni le loisir ni le goût de tout lire, je suis obligé de prévenir ici comme à la fin du Traité que je n'ai rien écrit que je ne sois prêt à soumettre à l'examen et au jugement des souverains [3] de ma Patrie; s'ils jugent, en effet, que j'ai dit quelque chose de contraire aux lois de la patrie ou au salut public, je veux que cela soit comme n'ayant pas été dit. Je sais que je suis homme et que j'ai pu me tromper; j'ai mis tous mes soins toutefois à ne me pas tromper et en premier lieu à ne rien écrire qui ne s'accordât parfaitement avec les lois de la patrie, la piété et les bonnes mœurs.

CHAPITRE PREMIER

De la Prophétie

Une Prophétie ou Révélation est la connaissance certaine, révélée aux hommes par Dieu, d'une chose quelconque. Quant au Prophète, c'est celui qui interprète les choses révélées par Dieu à d'autres personnes incapables d'en avoir une connaissance certaine, et ne pouvant par suite les saisir que par la foi seulement. Prophète en effet se dit chez les Hébreux *nabi* *, c'est-à-dire orateur et interprète, et dans l'Écriture s'emploie toujours pour interprète de Dieu, comme il ressort du chapitre VII, verset 1, de l'Exode, où Dieu dit à Moïse : *Et voici que je te constitue Dieu de Pharaon et Aaron ton frère sera ton prophète*, comme s'il disait : puisque Aaron, interprétant à Pharaon ce que tu dis, joue le rôle de prophète, tu seras donc comme le Dieu de Pharaon, c'est-à-dire celui qui remplit le rôle de Dieu.

Nous traiterons des Prophètes dans le chapitre suivant, ici de la Prophétie. Il suit de la définition que j'ai donnée, qu'on peut appeler Prophétie la connaissance naturelle. Car ce que nous connaissons par la lumière naturelle dépend de la seule connaissance de Dieu et de ses décrets éternels. Toutefois cette connaissance naturelle étant commune à tous les hommes, car elle dépend de principes communs à tous, le vulgaire toujours assoiffé de raretés et d'étrangetés, méprisant les dons naturels, n'en fait pas grand cas; il entend donc l'exclure quand il parle de la connaissance prophétique. La naturelle n'en a pas moins

* Voir note I.

tout autant de droit qu'une autre, quelle qu'elle soit, à s'appeler divine, puisque c'est la nature de Dieu en tant que nous en participons, et les décrets divins qui nous la dictent en quelque sorte. Elle diffère d'ailleurs de celle que tous nomment divine, en ce point seulement que cette dernière s'étend au delà des limites de la première et ne peut s'expliquer par les lois de la nature humaine considérée en elle-même; mais à l'égard de la certitude qu'enveloppe la connaissance naturelle et de la source d'où elle découle (qui est Dieu), elle ne le cède aucunement à la prophétique. A moins qu'on ne veuille entendre ou plutôt rêver que les prophètes ont bien eu un corps d'homme, mais non une âme humaine et que, par suite, leurs sensations et leur conscience étaient d'une tout autre nature que les nôtres.

Toute divine cependant qu'est la science naturelle, on ne peut nommer Prophètes * ceux qui en sont les propagateurs. Car ce qu'ils enseignent, les autres hommes peuvent le percevoir et le saisir tout aussi bien qu'eux et avec une certitude égale, non par la foi seule.

Puis donc que notre âme, par cela seul qu'elle contient objectivement la nature de Dieu et en participe, a le pouvoir de former certaines notions expliquant la nature des choses et enseignant l'usage de la vie, nous pouvons à juste titre admettre que la cause première de la révélation est la nature de l'âme conçue précisément comme capable de connaissance naturelle, car tout ce que nous connaissons clairement et distinctement, l'idée de Dieu (nous venons de l'indiquer) et la nature nous le dictent, non avec des paroles sans doute, mais en un mode l'emportant de beaucoup en excellence, et qui s'accorde très bien avec la nature de l'âme, comme l'a indubitablement éprouvé en lui-même quiconque a goûté la certitude de l'entendement. Comme toutefois mon dessein principal est de parler de ce qui concerne seulement l'Écriture, il suffira de ce peu de mots sur la lumière naturelle. Je passe donc, pour en traiter plus longuement, aux autres causes et moyens par où Dieu révèle aux hommes ce qui dépasse les limites de la connaissance naturelle et même ne les dépasse pas (rien n'empêche en effet que Dieu ne communique aux hommes en d'autres modes ce que nous-mêmes connaissons par la lumière naturelle).

Tout ce cependant qui peut être dit de ces causes et

* Voir note II.

moyens, doit être tiré de la seule Écriture. Que pouvons-nous dire en effet sur des choses dépassant les limites de notre entendement hors ce qu'ont transmis les Prophètes eux-mêmes, soit oralement, soit par écrit ? Et n'ayant aujourd'hui nuls Prophètes, que je sache, il ne nous reste qu'à dérouler les volumes sacrés à nous laissés par les Prophètes; avec la précaution toutefois de n'admettre rien en pareille matière ou de ne rien attribuer aux Prophètes qu'ils n'aient clairement professé eux-mêmes. Il faut ici observer toutefois que les Juifs ne font jamais mention de causes moyennes, c'est-à-dire particulières, et n'en ont point souci mais recourent toujours à Dieu par religion, piété ou, comme on dit vulgairement, dévotion. Si, par exemple, ils gagnent quelque argent dans un marché, ils disent que cet argent leur a été apporté par Dieu; s'il leur arrive de désirer quelque objet, que Dieu a disposé leur cœur d'une certaine façon; et s'ils pensent quelque chose, que Dieu leur a parlé. Il ne faut donc pas voir une prophétie et une connaissance surnaturelle partout où l'Écriture dit que Dieu a parlé, mais seulement où elle affirme expressément qu'il y a eu prophétie et révélation, ou que cela ressort des circonstances du récit.

En parcourant donc les livres sacrés, nous verrons que ce que Dieu a révélé aux Prophètes l'a été par des paroles, des figures ou par ces deux moyens à la fois, c'est-à-dire des paroles et des figures. Et il s'agit ou bien de paroles et de figures réellement perçues, existant en dehors de l'imagination du Prophète qui entend ou voit, ou bien de signes imaginaires, l'imagination du Prophète étant ainsi disposée, même dans la veille, qu'il lui semblât clairement entendre ou voir quelque chose.

Par exemple Dieu a révélé à Moïse par une parole réellement perçue les lois qu'il voulait qui fussent prescrites aux Hébreux, comme cela est établi par l'Exode (chap. XXV, *v.* 22), et *je serai auprès de toi et te parlerai de cette partie de la table*[1] *recouvrant l'arche qui est entre deux chérubins*, ce qui montre que Dieu a usé d'une voix réellement perçue, puisque Moïse trouvait là, toutes les fois qu'il le voulait, Dieu prêt à lui parler. Et, comme je le montrerai, seule cette parole par où fut prononcée la loi, a été une parole réellement perçue.

Je serais tenté de considérer comme réelle la voix par laquelle Dieu appela Samuel parce qu'il est dit dans Samuel[2] (I, chap. III, dernier verset) : *et de nouveau Dieu apparut à Samuel dans Silo, car Dieu se manifesta à Samuel dans Silo par la parole de Dieu ;* comme si l'auteur disait : l'apparition de Dieu à Samuel consista seulement en ce que Dieu se manifesta à lui par la parole, ou en ce que Samuel entendit Dieu lui parler. Toutefois, obligés comme nous sommes de distinguer entre la prophétie de Moïse et celle des autres Prophètes, il nous faut dire nécessairement que cette voix entendue par Samuel fut imaginaire ; et cela peut être conclu aussi de ce qu'elle reproduisait la voix d'Héli, que Samuel avait le plus accoutumé d'entendre et qu'il était par suite plus disposé à imaginer ; car, appelé trois fois par Dieu, il crut l'être par Héli. La voix qu'entendit Abimélech fut imaginaire, car il est dit (Genèse, chap. XX, *v.* 6) : *et Dieu lui dit en songe*, etc. Ce n'est donc pas pendant la veille, mais seulement dans son sommeil (c'est-à-dire au moment où l'imagination est le plus portée à imaginer des choses qui ne sont pas) qu'il put imaginer la volonté de Dieu.

Suivant l'opinion de quelques Juifs, les paroles du Décalogue ne furent pas prononcées par Dieu, mais ils croient que les Israélites entendirent seulement un bruit sans nulles paroles prononcées, et, pendant que durait ce bruit, perçurent par la pensée pure les lois du Décalogue. Moi-même j'ai été tenté de juger ainsi, voyant que le texte des Dix Commandements dans l'Exode diffère de celui du Deutéronome ; d'où semble résulter (puisque Dieu a parlé une fois seulement) que le Décalogue ne prétend pas enseigner les propres paroles de Dieu, mais seulement leur sens. Si cependant nous ne voulons pas faire violence à l'Écriture, il faut de toute façon accorder que les Israélites ont entendu une voix réelle. Car il est dit expressément (Deut., chap. V, *v.* 4) : *Dieu vous a parlé face à face*, etc. ; c'est-à-dire comme deux hommes ont accoutumé de se communiquer leurs idées par l'intermédiaire de leurs corps. Nous nous conformerons donc mieux à l'Écriture en croyant que Dieu a créé réellement une voix par laquelle il a révélé le Décalogue. Quant à la raison pour laquelle les mots et les manières de dire diffèrent d'un livre à l'autre, voir le chapitre VIII. Toute difficulté n'est cependant pas levée de la sorte. Car il semble bien contraire à la raison d'admettre qu'une chose créée, dépendant de Dieu en la même manière que les autres, puisse en son propre nom exprimer ou expliquer l'essence ou l'existence de Dieu matériellement ou en paroles ; à savoir en disant à la première personne : Je suis Jéhovah votre Dieu. A la vérité, si quelqu'un dit avec la bouche : *j'ai connu*, nul ne croira que la bouche a connu, mais bien l'âme de l'homme qui parle; comme toutefois la bouche appartient à la nature de cet homme, et qu'en outre celui à qui il parle, n'est pas sans avoir perçu la nature de l'entendement, il conçoit facilement par comparaison avec lui-même l'âme de celui dont il entend la parole. Mais étant donné des hommes qui ne connaissaient Dieu que de nom et désiraient lui parler pour acquérir la certitude de son existence, je ne vois pas comment satisfaction a été donnée à leur demande par une créature (n'ayant pas avec Dieu d'autre rapport que les autres choses créées et n'appartenant pas à sa nature) parce qu'elle a dit : Je suis Dieu. Je le demande en vérité : si Dieu avait tordu les lèvres de Moïse, que dis-je de Moïse ? d'une bête quelconque, de façon à en exprimer ces mots, à leur faire dire : je suis Dieu, auraient-ils connu par là l'existence de Dieu ? De plus il semble formellement affirmé par l'Écriture que Dieu lui-même a parlé (après être descendu à cet effet du ciel sur la montagne Sinaï) et que les Juifs ne l'ont pas seulement entendu, mais que les Chefs l'ont aussi vu (voir Exode, chap. XXIV). Et la Loi révélée à Moïse, cette loi intangible qui, sans addition ni retranchement, constitua le droit de la Patrie, n'a pas prescrit de croire que Dieu fût incorporel ni qu'il n'eût ni forme imaginable, ni figure; elle a enjoint seulement de croire qu'il y a un Dieu, d'avoir foi en lui et de l'adorer seul; et, pour qu'on ne s'écartât point de son culte, de ne lui point prêter une figure fictive et de n'en façonner aucune. N'ayant pas vu en effet la figure de Dieu, les Juifs ne pouvaient en façonner aucune qui reproduisît Dieu; elle eût reproduit nécessairement une chose créée, vue par eux et autre que Dieu; dès lors, s'ils adoraient Dieu à travers cette image, ils devaient penser non à Dieu, mais à la chose reproduite et rendre enfin à cette chose l'honneur et le culte de Dieu. Il y a plus, l'Écriture indique clairement que Dieu a une figure visible et que Moïse, au moment où il entendait Dieu lui parler, l'aperçut sans qu'il lui fût donné cependant d'en voir autre chose que sa partie postérieure. Je ne doute donc pas qu'il n'y ait là un mystère dont nous parlerons plus longuement par la suite. Je continuerai maintenant de montrer les endroits de l'Écriture indiquant les moyens par où Dieu a révélé aux hommes ses décrets.

Qu'une révélation par des figures visibles seules a eu lieu, cela est manifeste par le premier livre des Paralipomènes (chap. XXI) où Dieu montre à David sa colère par le moyen d'un ange tenant un glaive en main. De même pour Balaam. A la vérité, Maïmonide [3] et d'autres veulent que cette histoire (et toutes celles qui racontent l'apparition d'un ange comme l'histoire de Manué, d'Abraham pensant immoler son fils, etc.) soient arrivées pendant le sommeil, et nient que personne ait pu voir un ange les yeux ouverts, mais c'est un simple bavardage; ils n'ont eu d'autre souci que de torturer l'Écriture pour en tirer les billevesées d'Aristote et leurs propres fictions; ce qui est bien selon moi l'entreprise la plus ridicule du monde.

Par contre ce n'est point par des images réelles, mais par des images dépendant de la seule imagination du Prophète que Dieu a révélé à Joseph sa future suprématie. C'est par des images et des paroles qu'il a révélé à Josué qu'il combattrait pour les Israélites : il lui montra un ange porteur d'un glaive comme chef de l'armée, et il le lui avait révélé aussi par des paroles, et Josué l'avait appris de l'Ange. A Isaïe également (comme il est raconté au chapitre VI) il fut représenté par des figures que la providence de Dieu abandonnait le peuple; son imagination lui montra Dieu trois fois saint sur un trône très élevé et les Israélites souillés par la boue de leurs péchés et comme plongés dans le fumier, extrêmement éloignés de Dieu par conséquent. Il connut par là le très misérable état présent du peuple, et les calamités futures lui furent révélées par des paroles qui étaient comme prononcées par Dieu. A cet exemple je pourrais en ajouter beaucoup d'autres pris dans les Écritures sacrées, si je ne les croyais assez connus de tous.

Tout cela est confirmé clairement par un texte des Nombres (chap. XII, *vs.* 6 et 7) où il est dit : *Si quelqu'un de vous est un Prophète de Dieu, je me révélerai à lui dans une vision* (c'est-à-dire par des figures visibles et des signes à déchiffrer car, pour la Prophétie de Moïse, il dit qu'elle est une vision sans obscurité); *je lui parlerai en songe* (c'est-à-dire qu'il n'entendra pas des paroles et une voix réelles); *mais à Moïse je ne me révèle pas ainsi ; je lui parle de la bouche à la bouche et dans une vision mais non par énigmes et il aperçoit l'image de Dieu* [4] *;* c'est-à-dire il parle avec moi en me voyant comme un compagnon et sans épouvante, ainsi qu'on le voit dans l'Exode (chap. XXXIII, *v.* 17). Il faut donc admettre comme non douteux que les autres Prophètes n'ont pas entendu une voix réelle; et cela est confirmé encore davantage par le Deutéronome (chap. XXXIV, *v.* 10) où il est dit : *et il n'y eut* (proprement il ne se leva) *jamais aucun Prophète d'Israël qui comme Moïse connût Dieu face à face*, il faut entendre par la voix seulement, car Moïse lui-même n'avait jamais vu la face de Dieu (Exode, chap. XXXIII).

Je ne trouve pas dans l'Écriture sainte que Dieu se soit communiqué aux hommes par d'autres moyens que ceux-là; il ne faut donc, comme nous l'avons montré ci-dessus, en forger ou en admettre d'autres d'aucune sorte. Et nous connaissons à la vérité que Dieu peut se communiquer aux hommes immédiatement, car, sans employer de moyens corporels d'aucune sorte, il communique son essence à notre âme : toutefois, pour qu'un homme perçût par l'âme seule des choses qui ne sont point contenues dans les premiers fondements de notre connaissance et n'en peuvent être déduites, il serait nécessaire que son âme fût de beaucoup supérieure à l'âme humaine et la dépassât beaucoup en excellence. Je ne crois donc pas qu'aucun se soit élevé au-dessus des autres à une telle perfection si ce n'est le Christ à qui les décisions de Dieu qui conduisent les hommes au salut ont été révélées, sans paroles ni visions, immédiatement; de sorte que Dieu s'est manifesté aux apôtres par l'âme du Christ, comme autrefois à Moïse par le moyen d'une voix aérienne. La voix du Christ peut donc être appelée Voix de Dieu comme celle qu'entendait Moïse. En ce sens nous pouvons dire que la Sagesse de Dieu, c'est-à-dire une sagesse supérieure à l'humaine, a revêtu dans le Christ la nature humaine, et que le Christ a été la voie du salut [5].

Je dois avertir ici toutefois qu'en ce qui concerne la manière de voir de certaines Églises au sujet du Christ, je m'abstiens totalement d'en parler et ne nie pas ce qu'elles affirment, car j'avoue de bonne grâce que je ne le conçois pas. Ce que j'ai affirmé ci-dessus, je le conjecture d'après l'Écriture même. Je n'ai lu nulle part en effet que Dieu fût apparu au Christ ou lui eût parlé, mais que Dieu s'est révélé aux Apôtres par le Christ et que le Christ est la voie du salut, et enfin que la loi ancienne a été transmise par un Ange et non immédiatement par Dieu, etc. Si donc Moïse parlait avec Dieu face à face, comme un homme avec un compagnon (c'est-à-dire par le moyen de leurs deux corps), le Christ, lui, a communiqué avec Dieu d'âme à âme.

Nous affirmons donc que, sauf le Christ, personne n'a reçu de révélation de Dieu sans le secours de l'imagination, c'est-à-dire sans le secours de paroles et d'images, et en conséquence que, pour prophétiser, point n'est besoin d'une pensée plus parfaite, mais d'une imagination plus vive, comme je le montrerai plus clairement dans le chapitre suivant. Il faut chercher maintenant ce que l'Écriture Sainte entend par l'Esprit de Dieu descendu dans les Prophètes et, pour faire cette recherche, je me demanderai d'abord ce que signifie le mot hébreu *ruagh*, que le vulgaire traduit par Esprit.

Le mot *ruagh*, en son vrai sens, signifie vent, comme l'on sait; mais il s'emploie très souvent dans plusieurs autres significations qui dérivent de celle-là. Il se prend : 1° dans le sens d'haleine, comme dans le psaume CXXXV, *v.* 17 : *et il n'y a point aussi d'esprit dans leur bouche ;* 2° de souffle ou respiration, comme dans Samuel (I, chap. XXX, *v.* 12) : *et l'esprit lui revint*, c'est-à-dire il respira. Il se prend : 3° pour courage et force, comme dans Josué (chap. II, *v.* 11) : *l'esprit ne demeura plus ensuite en aucun homme*. De même dans Ezéchiel (chap. II, *v.* 2) : *un esprit* (c'est-à-dire une force) *est venu en moi qui m'a fait me dresser sur mes pieds*. 4° De ce sens est venu celui de vertu et aptitude, comme dans Job (chap. XXXII, *v.* 8) : *certes l'Esprit même est dans l'homme*, c'est-à-dire la science ne doit pas être cherchée uniquement chez les vieillards, car je trouve maintenant qu'elle dépend de la vertu et de la capacité particulière de chaque homme. De même dans les Nombres (chap. XXIX, *v.* 18) : *l'homme en qui est l'Esprit*. Le mot se prend ensuite : 5° pour sentiment intime comme dans les Nombres (chap. XIV, *v.* 24) : *parce qu'il eut un autre Esprit*, c'est-à-dire un autre sentiment intime ou une autre pensée. De même dans les Proverbes (chap. I, *v.* 23) : *je vous dirai mon Esprit* (c'est-à-dire ma pensée). Et dans ce cas il s'emploie pour signifier la volonté, c'est-à-dire le décret, l'appétit et le mouvement de l'âme; ainsi dans Ezéchiel (chap. I, *v.* 12) : *où leur esprit était d'aller, ils allaient*. De même dans Isaïe (chap. XXX, *v.* 1) : *et pour mêler une mixtion* [6] *et non par mon esprit*. Et chap. XXIX, *v.* 10 : *parce que Dieu répandit sur eux l'Esprit* (c'est-à-dire l'appétit) *de dormir*. Et dans les Juges (chap. VIII, *v.* 3) : *alors s'adoucit leur Esprit*, c'est-à-dire le mouvement de leur âme. De même dans les Proverbes (chap. VI, *v.* 33) *qui domine sur son Esprit* (c'est-à-dire son appétit) *que qui prend une ville* [7], et encore (chap. XXV, *v.* 28) : *un homme qui ne contraint pas son esprit.* Et dans Isaïe (chap. XXXIII, *v.* 11) : *votre esprit est un feu qui vous consume.* En outre ce mot *ruagh*, en tant qu'il signifie âme, sert à exprimer toutes les passions de l'âme et même les dons; ainsi un *Esprit élevé* pour signifier l'orgueil, un *Esprit bas* pour signifier l'humilité, un *Esprit de jalousie*, un *Esprit* (ou appétit) *de fornication*, un *Esprit de sagesse*, *de prudence*, *de courage*, c'est-à-dire (car les Hébreux usent plus souvent de substantifs que d'adjectifs) une âme sage, prudente, courageuse, un *Esprit de bienveillance*, etc. Le même mot signifie : 6° la pensée elle-même ou l'âme, comme dans l'Ecclésiaste (chap. III, *v.* 19) : *tous ont un même Esprit* (ou une même âme), et chap. XII, *v.* 7 : *et l'Esprit retourne à Dieu.* Enfin il signifie : 7° les régions du monde à cause des vents qui en soufflent, et aussi les côtés d'une chose quelconque qui regardent ces régions du monde (voir Ezéchiel, chap. XXVII, *v.* 9, et chap. XLII, *vs.* 16, 17, 18, 19, etc.).

Il faut noter maintenant qu'une chose est rapportée à Dieu, et qu'on dit qu'elle est de lui : 1° parce qu'elle appartient à sa nature et est comme une partie de Dieu, comme quand on dit *la puissance de Dieu, les yeux de Dieu ;* 2° parce qu'elle est au pouvoir de Dieu et agit selon son geste; ainsi, dans l'Écriture Sacrée, les cieux sont appelés *cieux de Dieu*, parce qu'ils sont le char et le domicile de Dieu; l'Assyrie est dite le fouet de Dieu et Nabuchodonosor le serviteur de Dieu, etc.; 3° parce qu'elle est dédiée à Dieu, comme le *temple de Dieu*, le *Nazaréen de Dieu*, le *pain de Dieu ;* 4° parce qu'elle a été transmise par les Prophètes et non révélée par la Lumière naturelle : c'est ainsi que la Loi de Moïse est appelée Loi de Dieu; 5° pour exprimer une chose au degré superlatif : par exemple des *montagnes de Dieu*, c'est-à-dire très élevées; *un sommeil de Dieu*, c'est-à-dire très profond, et c'est en ce sens qu'il faut expliquer Amos (chap. IV, *v.* 11) où Dieu lui-même parle ainsi : *je vous ai détruits comme la destruction de Dieu* (renversa) *Sodome et Gomorrhe*, c'est-à-dire cette mémorable destruction ; nulle autre explication ne peut être admise, puisque c'est Dieu lui-même qui parle. De même la science naturelle de Salomon est appelée science de Dieu, c'est-à-dire divine ou au-dessus du commun. Dans les Psaumes aussi, des cèdres sont dits *cèdres de Dieu*, pour exprimer leur grandeur inaccoutumée, et dans Samuel (I, chap. XI, *v.* 7), pour signifier une crainte extrêmement grande, on dit : *et une crainte de Dieu tomba sur le peuple.* En ce sens tout ce qui dépassait la faculté de comprendre des Juifs et dont ils ignoraient en ce temps les causes naturelles, ils avaient accoutumé de le rapporter à Dieu. Ainsi la tempête est dite une *parole de colère de Dieu ;* le tonnerre et la foudre sont les flèches de Dieu; ils croyaient en effet que Dieu tient les vents enfermés dans des cavernes qu'ils appelaient la chambre du trésor de Dieu, leur opinion différant de celle des Gentils en ce qu'ils faisaient non d'Éole, mais de Dieu, le maître des vents. Pour cette même raison ils appellent les miracles des œuvres de Dieu, c'est-à-dire produisant la stupeur. Car certes toutes les choses naturelles sont des œuvres de Dieu, et c'est le pouvoir de Dieu qui les a fait être et agir. En ce sens donc le Psalmiste appelle les miracles d'Égypte des puissances de Dieu, parce que, dans un extrême péril, ils ouvraient aux Hébreux une voie de salut tout à fait inespérée, excitant au plus haut point leur admiration.

Puis donc que les œuvres insolites de la Nature sont dites œuvres de Dieu et les arbres d'une grandeur inaccoutumée, arbres de Dieu, il n'y a pas à s'étonner le moins du monde que, dans la Genèse, les hommes très forts et d'une haute stature soient appelés fils de Dieu, même quand ils sont des brigands et des débauchés impies. D'une manière générale, tout ce en quoi un homme dépassait les autres, les anciens avaient accoutumé de le rapporter à Dieu, non seulement les Juifs, mais les Gentils; Pharaon, par exemple, quand il entendit l'interprétation de son songe, dit que la pensée des Dieux était en Joseph, et Nabuchodonosor aussi dit à Daniel que la pensée des Dieux saints était en lui. Rien de plus fréquent, même chez les Latins : ce qui est fait de main d'ouvrier, ils le disent fabriqué par une main divine, et si l'on voulait traduire cette expression en hébreu, il faudrait dire *fabriqué par la main de Dieu*, comme le savent les hébraïsants.

Par là s'expliquent et s'entendent facilement les passages de l'Écriture où il est fait mention de l'Esprit de Dieu. Ainsi *l'Esprit de Dieu, l'Esprit de Jéhovah*, dans certains passages, ne signifie rien de plus qu'un vent très violent, très sec et funeste comme dans Isaïe (chap. XL, *v.* 7) : *le vent de Jéhovah souffla sur lui*, c'est-à-dire un vent très sec et funeste. Et dans la Genèse (chap. I, *v.* 2) :

et le vent de Dieu (c'est-à-dire un vent très violent) *se mouvait sur les eaux*. Ensuite, la même expression signifie grand cœur : le cœur de Gédéon et celui de Samson sont appelés, dans l'Écriture Sacrée, *Esprit de Dieu*, c'est-à-dire très audacieux et prêts à tout. De même aussi toute vertu ou force au-dessus du commun est dite *Esprit ou vertu de Dieu*, comme dans l'Exode (chap. XXXI, *v.* 3), *et je le remplirai* (Béséléel) *de l'Esprit de Dieu*, c'est-à-dire (l'Écriture elle-même l'explique) d'un génie et d'un art au-dessus du commun. De même dans Isaïe (chap. II, *v.* 2) : *et l'Esprit de Dieu reposera sur lui*, c'est-à-dire, comme l'explique plus loin le Prophète lui-même, suivant une coutume très répandue dans l'Écriture Sainte, la vertu de la sagesse, de la prudence, du courage, etc. La mélancolie de Saül aussi est dite *mauvais Esprit de Dieu*, c'est-à-dire une mélancolie très profonde; les esclaves de Saül en effet, qui appelaient sa mélancolie, mélancolie de Dieu, l'engagèrent à appeler auprès de lui un musicien pour le récréer en jouant de la flûte, ce qui montre qu'ils entendaient par *mélancolie de Dieu* une mélancolie naturelle. Par *Esprit de Dieu* est ensuite désignée l'âme même de l'homme comme dans Job (chap. XXVII, *v.* 3) : *Et l'Esprit de Dieu dans mes narines*, allusion à ce qui se trouve dans la Genèse, que Dieu a gonflé d'un souffle de vie les narines de l'homme. De même Ezéchiel prophétisant aux morts dit (chap. XXXII, *v.* 14) : *Et je vous donnerai mon Esprit et vous ressusciterez*, c'est-à-dire je vous donnerai une vie nouvelle. En ce sens il est dit dans Job (chap. XXXIV, *v.* 34) : *s'il veut* (si Dieu veut) *il retirera à lui son Esprit* (c'est-à-dire l'âme qu'il nous a donnée) *et son souffle*. Il faut interpréter de même la Genèse (chap. VI, *v.* 3) : *Mon Esprit ne raisonnera jamais plus* (ou ne discernera plus) *dans l'homme parce qu'il est chair ;* c'est-à-dire dorénavant l'homme agira selon les décisions de la chair et non de l'âme que je lui ai donnée pour qu'il discernât le bien.

Pareillement dans le psaume XXI, *vs.* 12 et 13 : *Crée-moi un cœur pur, mon Dieu, et renouvelle en moi un Esprit de décence* (c'est-à-dire un appétit modéré), *ne me rejette pas de devant ta face et ne m'ôte point l'âme de ta Sainteté*. On croyait en effet que les péchés ont dans la chair leur unique origine, tandis que l'âme conseille seulement le bien. Le Psalmiste invoque donc le secours de Dieu contre l'appétit charnel et prie seulement pour que l'âme à lui donnée par ce Dieu saint soit conservée par Dieu. Maintenant, comme l'Écriture a coutume de représenter Dieu à l'image de l'homme, à cause de la faiblesse d'esprit du vulgaire, et de lui attribuer une âme, une sensibilité et des passions, voire un corps et une haleine, *Esprit de Dieu* s'emploie souvent pour âme, c'est-à-dire cœur, passion, force et haleine de la bouche de Dieu. Ainsi Isaïe (chap. XL, *v.* 13) demande *qui a disposé l'Esprit de Dieu* (c'est-à-dire son âme), autrement dit quel autre que Dieu détermine l'âme de Dieu à vouloir une chose. Et (chap. LXIII, *v.* 10) : *et ils ont affecté d'amertume et de tristesse l'Esprit de sa Sainteté*. De là vient qu'Esprit de Dieu s'emploie pour Loi de Moïse, parce que cette Loi exprime en quelque sorte l'âme de Dieu; ainsi dans Isaïe (même chap., *v.* 11) : où *est* (celui) *qui a mis au milieu d'eux l'Esprit de Sainteté*, savoir la Loi de Moïse comme il ressort clairement de tout le contexte; de même Néhémie (chap. IX, *v.* 20) : *et tu pourras donner ton bon Esprit* (c'est-à-dire ton âme) *pour les rendre capables de connaissance ;* il parle en effet du temps de la Loi et fait allusion aussi à cette parole du Deutéronome (chap. IV, *v.* 6) où Moïse dit : *parce qu'elle* (la Loi) *est votre science et votre sagesse*, etc. Pareillement dans le psaume CXLIII, *v.* 10 : *ton Esprit me conduira dans la plaine*, c'est-à-dire ton âme à nous révélée me conduira dans la voie droite. Esprit de Dieu signifie aussi, comme nous l'avons dit, haleine de Dieu, une haleine attribuée improprement à Dieu dans l'Écriture, comme lui est attribuée une âme, une sensibilité et un corps, par exemple dans le psaume XXXIII, *v.* 6. Puis il signifie le pouvoir de Dieu, la force ou vertu de Dieu comme dans Job (chap. XXXIII, *v.* 4) : *l'Esprit de Dieu m'a fait*, c'est-à-dire sa vertu et son pouvoir ou, si l'on préfère, son décret; le Psalmiste parlant poétiquement dit aussi : *les cieux ont été créés par l'ordre de Dieu et par l'Esprit* (c'est-à-dire le souffle) *de sa bouche* (c'est-à-dire par décret prononcé comme par un souffle) *a été créée toute leur armée*. De même dans le psaume CXXXIX, *v.* 7 : *et où irai-je* (pour être) *hors de ton Esprit, et où fuirai-je* (pour être) *hors de ta face?* c'est-à-dire (comme on voit clairement par l'amplification qui vient à la suite dans le psaume) : où puis-je aller pour être hors de ta puissance et de ta présence ? Enfin *Esprit de Dieu* s'emploie dans l'Écriture sacrée pour exprimer les affections de l'âme divine, savoir la bénignité et la miséricorde : comme dans Michée (chap. II, *v.* 7) : *l'Esprit de Dieu* (c'est-à-dire la miséricorde divine) *s'est-il rétréci? Ces choses* (funestes) *sont-elles ses œuvres?* De même dans Zacharie (chap. IV, *v.* 6) : *non par une armée ni par la violence, mais par mon Esprit seulement*, c'est-à-dire ma seule miséricorde. C'est dans ce sens que je crois devoir entendre le verset 12, chap. VII, de ce même Prophète : *et ils ont rendu leur cœur astucieux pour ne pas obéir à la Loi et aux commandements que Dieu leur envoya de son Esprit* (c'est-à-dire sa miséricorde) *par les premiers Prophètes.* Dans ce même sens, Aggée dit aussi (chap. IX, *v.* 5) : *et mon Esprit* (c'est-à-dire ma grâce) *demeure parmi vous, n'ayez crainte.* Quant au passage d'Isaïe (chap. XLVIII, *v.* 16) : *et maintenant m'a envoyé le Seigneur Dieu et son Esprit*, on peut entendre ou bien le cœur et la miséricorde de Dieu ou encore son âme révélée dans la Loi; car il dit : *dès le commencement* (c'est-à-dire la première fois que je suis venu auprès de vous pour vous prêcher la colère de Dieu et la sentence prononcée contre vous), *je n'ai pas parlé en secret ; au temps même qu'elle a été* (prononcée), *j'ai été présent* (ainsi qu'il l'a attesté au chapitre VII); mais maintenant je suis un messager de joie et envoyé par la miséricorde de Dieu pour chanter votre restauration. On peut aussi, comme je l'ai dit, entendre l'âme de Dieu révélée dans la Loi, ce qui voudrait dire qu'il est venu les avertir suivant l'ordre de la Loi telle qu'elle est énoncée dans le Lévitique (chap. XIX, *v.* 17). Il les avertirait donc dans les mêmes conditions et de la même manière que Moïse avait accoutumé. Enfin, comme Moïse, il terminerait en leur prédisant leur restauration. La première explication toutefois me semble mieux convenir.

Par tous ces exemples s'éclaircissent, pour revenir à notre propos, ces phrases de l'Écriture : *le Prophète a eu en lui l'Esprit de Dieu, Dieu a fait descendre son Esprit dans les hommes ; les hommes sont pleins de l'Esprit de Dieu et de l'Esprit Saint*, etc. Elles signifient simplement que les Prophètes avaient une vertu singulière et au-dessus du commun * et qu'ils pratiquaient la piété avec une constance extraordinaire. Que, de plus, ils percevaient la manière de penser ou de juger de Dieu : nous avons montré en effet que Esprit, en hébreu, signifie également âme et jugement de l'âme et que, pour ce motif, la Loi elle-même, qui exprimait une pensée de Dieu, s'appelait Esprit et pensée de Dieu; au même titre l'imagination des Prophètes, en tant que les décrets de Dieu étaient

* Voir note III.

révélés par elle, pouvait être appelée aussi l'Esprit et la pensée de Dieu, et l'on pouvait dire que les Prophètes avaient la pensée de Dieu. Et bien que dans notre âme aussi la pensée de Dieu et ses jugements éternels soient écrits, et qu'en conséquence nous aussi percevions la pensée de Dieu (pour parler comme l'Écriture), la connaissance naturelle, étant commune à tous, n'a pas, comme nous l'avons dit, autant de prix pour les hommes et surtout pour les Hébreux qui avaient la prétention d'être au-dessus de tous et qui même, par voie de conséquence, avaient accoutumé de mépriser la science commune à tous. Enfin on disait que les Prophètes avaient l'Esprit de Dieu parce que les hommes ignoraient les causes de la connaissance prophétique et en étaient étonnés et, pour cette raison, avaient accoutumé de la rapporter à Dieu comme toute chose prodigieuse et de l'appeler connaissance de Dieu.

Nous pouvons donc affirmer sans scrupule que les Prophètes n'ont perçu de révélation de Dieu qu'avec le secours de l'imagination, c'est-à-dire au moyen de paroles, d'images, tantôt réelles, tantôt imaginaires. Car, ne trouvant pas d'autres moyens que ceux-là dans l'Écriture, il ne nous est pas permis, nous l'avons montré, d'en forger d'autres. Quant aux Lois de la Nature par lesquelles cette révélation s'est faite, j'avoue les ignorer. Je pourrais sans doute, comme d'autres, dire que c'est par la puissance de Dieu, mais je croirais ainsi dire des paroles vaines. Cela reviendrait en effet à vouloir expliquer la forme de quelque objet singulier par quelque terme transcendantal [8]. Tout en effet a été produit par la puissance de Dieu. Bien plus la puissance de la nature n'étant rien que la puissance même de Dieu, il est certain que dans la mesure où nous ignorons les causes naturelles, nous ne connaissons pas la puissance de Dieu; il est donc insensé d'y recourir, quand nous ignorons la cause naturelle d'une chose, c'est-à-dire la puissance même de Dieu. Mais point n'est besoin que nous sachions la cause de la connaissance prophétique. Suivant l'avertissement donné plus haut, nous nous appliquons ici à la recherche des enseignements qui se trouvent dans l'Écriture pour en tirer notre conclusion, comme nous le ferions de données naturelles; quant aux causes de ces enseignements, nous ne nous en occupons pas [9].

Puis donc que les Prophètes ont perçu ce que Dieu leur a révélé à l'aide de l'imagination, on ne peut douter qu'ils n'aient perçu beaucoup de choses situées hors des limites de l'entendement, car avec des paroles et des images on peut composer beaucoup plus d'idées qu'avec les seuls principes et notions de l'entendement, sur lesquels se fonde toute notre connaissance naturelle.

On voit, par suite, pourquoi les Prophètes ont presque toujours perçu et enseigné toutes choses sous forme de paraboles et d'énigmes et pourquoi ils ont donné des choses spirituelles une expression corporelle; tout cela s'accorde mieux avec la nature de l'imagination. Nous ne nous étonnerons pas non plus de trouver dans l'Écriture ou les Prophètes un langage aussi impropre et obscur sur l'Esprit et la pensée de Dieu que celui des Nombres (chap. XI, *v.* 17) et des Rois (chap. XXII, *v.* 2, etc.). Ni que Michée ait vu Dieu assis, Daniel sous la forme d'un vieillard vêtu de vêtements blancs, Ezéchiel comme un grand feu, ni que les disciples du Christ aient vu l'Esprit-Saint descendant comme une colombe, les Apôtres sous forme de langues de feu, que Paul enfin, lors de sa conversion, ait vu une grande lumière. Toutes ces visions s'accordent pleinement avec les imaginations vulgaires sur Dieu et les Esprits. Enfin, comme l'imagination est vague et inconstante, la Prophétie ne restait pas longtemps présente aux Prophètes et n'était pas fréquente mais extrêmement rare, c'est-à-dire n'était donnée qu'à un très petit nombre d'hommes, et même chez eux ne se produisait que rarement. Puisqu'il en est ainsi, nous devons rechercher d'où les Prophètes ont pu tirer la certitude de ce qu'ils percevaient seulement par l'imagination et non par des principes certains de la pensée. Tout ce qu'on peut dire à ce sujet, toutefois, doit également être tiré de l'Écriture, puisque (nous l'avons déjà dit) nous n'en avons pas une science vraie, c'est-à-dire que nous ne pouvons l'expliquer par ses premières causes. Je vais d'ailleurs montrer dans le chapitre suivant où je traiterai des Prophètes quel est l'enseignement de l'Écriture touchant la certitude des Prophètes.

CHAPITRE II

Des Prophètes

Du chapitre précédent il suit, comme nous l'avons déjà indiqué, que les Prophètes ont été doués non d'une pensée plus parfaite, mais du pouvoir d'imaginer avec plus de vivacité, et les récits de l'Écriture le prouvent abondamment. Il est établi que Salomon, par exemple, bien qu'il l'emportât sur les autres hommes en sagesse, n'eut pas le don prophétique. De même ces hommes très avisés, Heman, Dorda, Calchol [1], n'ont pas été des Prophètes et, au contraire, des hommes incultes, étrangers à toute discipline, voire de simples femmes comme Agar, la servante d'Abraham, eurent le don prophétique. Cela s'accorde d'ailleurs, avec l'expérience et la raison : où domine le plus l'imagination il y a le moins d'aptitude à connaître les choses par l'entendement pur, et, au contraire, ceux qui sont supérieurs par l'entendement et le cultivent le plus, ont un pouvoir d'imaginer plus tempéré, plus contenu et comme refréné, pour qu'il ne se mêle pas à l'entendement. Chercher la sagesse et la connaissance des choses naturelles et spirituelles dans les livres des Prophètes, c'est donc s'écarter entièrement de la voie droite; suivant que le demandent l'époque, la Philosophie et mon sujet, j'ai décidé de montrer cela amplement, sans me soucier des cris que poussera la superstition : ne hait-elle point par-dessus tout ceux qui honorent la vraie science et la vie vraie ? Les choses en sont venues hélas! à tel point que des hommes faisant ouvertement profession de n'avoir aucune idée de Dieu et de ne le connaître que par les choses créées (dont ils ignorent les causes), ne rougissent pas d'accuser les Philosophes d'athéisme.

Pour procéder avec ordre je montrerai d'abord que les Prophètes ont différé non seulement à l'égard de l'imagination et du tempérament corporel propre à chacun d'eux, mais aussi à l'égard des opinions dont ils étaient imbus; par suite la Prophétie n'a jamais fait que les Prophètes eussent plus de science, comme je l'expliquerai bientôt plus amplement; mais il faut d'abord parler de la certitude propre aux Prophètes : car, d'une part, cela concerne le sujet de ce chapitre, de l'autre, cela sert aussi quelque peu à établir ce que nous avons dessein de démontrer.

Comme la simple imagination n'enveloppe pas de sa nature la certitude, ainsi que le fait toute idée claire et distincte, mais qu'il faut nécessairement, pour qu'on puisse être certain, qu'à l'imagination s'ajoute quelque chose qui est le raisonnement, on voit que la Prophétie par elle-même ne pouvait pas envelopper la certitude, puisqu'elle dépendait, comme nous l'avons montré, de la seule imagination. Les Prophètes donc n'étaient pas certains de la révélation de Dieu par la révélation elle-même, mais par quelque signe : cela se voit dans Abraham (voir Genèse, ch. XIV, *v.* 8) qui demanda un signe après avoir entendu la promesse de Dieu; il avait foi en Dieu et ne demandait pas un signe qui le fît croire en Dieu, mais qui lui fît savoir que Dieu lui avait fait telle promesse. Cela est encore mieux établi par ce que dit à Dieu Gédéon : *et fais-moi un signe* (pour que je sache) *que c'est toi qui as parlé* (voir Juges, chap. VI, *v.* 17). A Moïse aussi Dieu dit : *et que ceci* (soit) *pour toi un signe que je t'ai envoyé.* Ezéchias, qui savait depuis longtemps qu'Isaïe était Prophète, demanda un signe de la Prophétie prédisant son retour à la santé. Cela montre que les Prophètes ont toujours eu quelque signe leur donnant la certitude des choses qu'ils imaginaient par le don prophétique et, pour cette raison, Moïse avertit les Juifs (voir Deutéronome, chap. XVIII, dernier verset) qu'ils aient à demander au Prophète un signe, à savoir l'issue de quelque affaire à venir. La Prophétie est donc inférieure à cet égard à la connaissance naturelle qui n'a besoin d'aucun signe, mais enveloppe de sa nature la certitude. Et, en effet, cette certitude prophétique n'était pas une certitude mathématique, mais seulement une certitude morale [2]. Cela est établi par l'Écriture elle-même; dans le Deutéronome (chap. XIII), Moïse pose ce principe, en effet, que si quelque Prophète veut enseigner des Dieux nouveaux, alors même que sa doctrine serait confirmée par des signes et des miracles, il doit être condamné à mort; car, ajoute Moïse, Dieu lui-même fait des signes et des miracles pour tenter le peuple; et le Christ aussi donna le même avertissement à ses Disciples comme il est établi par Matthieu (chap. XXIV, *v.* 24). Bien mieux, Ezéchiel enseigne clairement (chap. XIV, *v.* 9) que Dieu trompe parfois les hommes par de fausses révélations; il dit, en effet : *et quand un Prophète* (un faux Prophète) *se sera laissé induire en erreur et aura dit une parole, c'est que moi, le Seigneur, je l'ai induit en erreur.* Michée (voir Rois, I, chap. XXII, *v.* 21) rend le même témoignage au sujet des Prophètes d'Achab.

Et bien que cela semble montrer que Prophétie et Révélation est une chose fort douteuse, elle avait cependant, comme nous l'avons dit, beaucoup de certitude. Car Dieu ne déçoit jamais les pieux et les élus, mais, conformément au proverbe ancien (voir Samuel, chap. XXIV, *v.* 14), et comme on le voit par l'histoire d'Abigaïl et son discours, Dieu se sert des hommes pieux comme instruments de sa piété et des impies comme exécuteurs et moyens de sa colère. Cela est établi aussi très clairement par ce qui arriva à Michée que nous venons de citer : quand Dieu en effet eut décidé de tromper Achab par des Prophètes, il ne se servit pour cela que de faux Prophètes, et révéla la chose comme elle était à l'homme pieux sans lui faire défense de prédire la vérité. Comme je l'ai dit cependant, la certitude du Prophète était seulement morale, parce que nul ne peut se justifier devant Dieu et se vanter d'être l'instrument de la piété de Dieu : l'Écriture l'enseigne et la chose est claire de soi; David, dont la piété est maintes fois attestée par l'Écriture, ne fut-il pas séduit par la colère de Dieu à dénombrer le peuple [3] ? Toute la certitude prophétique reposait donc sur ces trois fondements : 1° ils imaginaient les choses révélées très vivement, comme nous avons accoutumé de faire quand, pendant la veille, nous sommes affectés par des objets; 2° le signe; 3° et principalement leur cœur n'avait d'inclination que pour le juste et le bon. Ajoutons que si l'Écriture ne fait pas toujours mention du signe, il faut croire cependant que les Prophètes en ont toujours eu un : l'Écriture en effet, (beaucoup l'ont déjà noté), n'a pas l'habitude d'énoncer dans le récit toutes les conditions et circonstances, mais de supposer plutôt les choses déjà connues. On peut accorder en outre que les Prophètes qui ne prophétisaient rien de nouveau, mais seulement ce qui est contenu dans la Loi de Moïse, n'ont pas eu besoin de signe, parce qu'ils trouvaient dans la Loi la confirmation de leur prophétie. Par exemple la Prophétie de Jérémie au sujet de la destruction de Jérusalem était confirmée par les Prophéties des autres Prophètes et les menaces de la Loi; elle n'avait donc pas besoin d'un signe; mais Hananias, qui, à l'encontre de tous les Prophètes, prophétisait la prompte restauration de la cité, avait nécessairement besoin d'un signe [4]; autrement il aurait dû douter de sa Prophétie jusqu'à ce que l'événement en eût apporté la confirmation (voir Jérémie, chap. XXVIII, *v.* 9).

Puis donc que la certitude naissant des signes dans les Prophètes n'est pas une certitude mathématique (c'est-à-dire suivant d'une nécessité inhérente à la perception de la chose perçue ou vue), mais seulement une certitude morale, les signes ont été en conséquence adaptés aux opinions et à la capacité du Prophète; de façon que le signe donnant à tel Prophète la certitude au sujet de sa Prophétie, ne pût aucunement convaincre tel autre imbu d'opinions différentes; et, pour cette raison, les signes étaient autres pour chaque Prophète. De même aussi la révélation même différait, comme nous l'avons dit, dans chaque Prophète suivant la disposition de son tempérament corporel, de son imagination et en rapport avec les opinions qu'il avait embrassées auparavant. Les différences en rapport avec le tempérament étaient les suivantes : à un Prophète hilare étaient révélés les événements qui, comme les victoires et la paix, donnent aux hommes une émotion de joie. Des hommes de ce tempérament ont accoutumé en effet d'imaginer plus souvent pareilles choses; à un Prophète triste au contraire étaient révélés les maux tels que la guerre, les supplices, et ainsi, suivant que le Prophète était miséricordieux, affable, colérique, sévère, etc., il était plus apte à telles ou telles révélations. Les différences relatives à l'imagination consistaient en ce que, si le Prophète était raffiné, il percevait la pensée de Dieu dans un style également raffiné; s'il était confus, il la percevait confusément; et de même à l'égard des révélations qui étaient représentées par des images : si le Prophète était un homme de la campagne, c'étaient des bœufs et des vaches; s'il était un soldat, des chefs, une armée; enfin, s'il était homme de cour, il se représentait le trône du roi et autres choses semblables. Enfin il y avait aussi des différences en rapport avec la diversité des opinions des Prophètes; ainsi aux Mages qui croyaient aux absurdités de l'Astrologie, la naissance du Christ fut révélée (voir Matth., chap. II) par la représentation d'une étoile se levant à l'Orient; aux Augures de Nabuchodonosor fut révélée, dans les entrailles des victimes (voir Ezéchiel, chap. II, *v.* 26) la destruction de Jérusalem, que le même roi connut aussi par des oracles et par la direction des flèches qu'il jeta en l'air vers le haut. Aux Prophètes croyant que les hommes agissent par un libre choix de leur propre puissance, Dieu était révélé comme indifférent et comme ignorant les actions humaines à venir. Tout cela nous allons le démontrer point par point par l'Écriture.

Le premier point est établi par l'exemple d'Élisée (voir Rois, II, chap. III, *v.* 15) qui, pour prophétiser à Joram, demanda un instrument de musique et ne put percevoir la pensée de Dieu avant de s'être délecté à la musique de cet instrument : alors enfin il fit à Joram et à ses compagnons des prédictions joyeuses; précédemment il ne l'avait pas fait parce qu'il était en colère contre le roi; quand on est irrité contre quelqu'un, on peut imaginer à son sujet des maux, mais non des biens. Pour ce que prétendent d'autres, que Dieu ne se révèle pas à ceux qui sont dans la colère et la tristesse, ils rêvent, car Dieu a révélé à Moïse irrité contre Pharaon cet affreux carnage des nouveau-nés (voir Exode, chap. XI, *v.* 8), et cela sans user d'aucun instrument. Dieu se révéla aussi à Caïn furieux. A Ezéchiel impatient dans sa colère fut révélée la misère et l'insoumission des Juifs (voir Ezéchiel, chap. III, *v.* 14). Jérémie, accablé de tristesse et en proie à un profond dégoût de la vie, prophétisa les calamités suspendues sur les Juifs; si bien que Josias ne voulut pas le consulter, mais s'adressa à une femme de ce temps qu'il jugeait plus apte, en raison de sa complexion féminine, à lui révéler la miséricorde de Dieu (voir Paralip., II, chap. XXXIV). Michée ne prophétisa jamais à Achab quoi que ce fût de bon, ce qu'avaient fait cependant d'autres vrais Prophètes (comme on le voit par le premier livre des Rois, chap. XX), mais toute sa vie lui prophétisa des maux (voir Rois, I, chap. XXII, *v.* 8, et encore mieux Paralip., II, chap. XVIII, *v.* 7). Ainsi, suivant leurs divers tempéraments corporels, les Prophètes étaient plus aptes à telles ou telles révélations. En second lieu le style de la Prophétie variait suivant l'éloquence de chaque Prophète : les Prophéties d'Ezéchiel et d'Amos ne sont pas écrites d'un style élégant comme celles d'Isaïe et de Nahum, mais avec plus de grossièreté. Et si un connaisseur de la langue hébraïque voulait étudier ces différences avec plus de soin, qu'il compare les uns aux autres quelques chapitres des Prophètes se rapportant au même objet, il trouvera une grande diversité de style; qu'il compare par exemple le chapitre I de l'homme de cour Isaïe avec le chapitre V du campagnard Amos depuis le verset 21 jusqu'au verset 24; qu'il compare ensuite l'ordre suivi et les procédés employés dans la Prophétie écrite par Jérémie contre Edom (chap. XLIX) avec l'ordre et les procédés d'Obadias; et encore Isaïe (chap. XL, *v.* 19 et 20, et le chapitre XLIV à partir du verset 8) avec Osée (chap. VIII, *v.* 6 et chap. XIII, *v.* 2). De même pour les autres : un examen attentif montrera aisément que Dieu n'a dans ses discours aucun style qui lui appartienne en propre, mais que de la seule culture et de la capacité des Prophètes dépendent son élégance, sa brièveté, sa sévérité, sa grossièreté, sa prolixité et son obscurité.

Les représentations prophétiques et les figurations énigmatiques, bien qu'ayant même signification, différaient aussi; la gloire de Dieu abandonnant le temple est représentée à Isaïe autrement qu'à Ezéchiel. Les rabbins, à la vérité, veulent que l'une et l'autre représentation aient été identiques, à cela près qu'Ezéchiel, en raison de sa rusticité, fut étonné sans mesure et par suite rapporta toutes les circonstances de sa vision. A moins cependant que les rabbins n'aient eu à ce sujet une tradition certaine, ce que je ne crois nullement, c'est une invention de leur part, car Isaïe vit des séraphins à six ailes, Ezéchiel des bêtes à quatre ailes; Isaïe vit Dieu vêtu et assis sur un trône royal, Ezéchiel le vit comme un feu; tous deux indubitablement se le représentèrent comme ils avaient accoutumé de l'imaginer. Les représentations variaient en outre non seulement par leur nature, mais aussi par leur clarté : celles de Zacharie étaient trop obscures pour qu'il pût les entendre lui-même sans explication, comme il ressort du récit qu'il en donne; celles de Daniel, même expliquées, ne purent être entendues par le Prophète lui-même. Et cela n'arriva point à cause de la difficulté de la chose révélée (il ne s'agissait en effet que de choses humaines, ne dépassant point les limites de la capacité humaine, sauf en ce qu'elles appartenaient à l'avenir), mais seulement parce que l'imagination de Daniel n'avait pas la même vigueur prophétique dans la veille et dans le sommeil : cela se voit à ce que, dès le début de la révélation, il fut effrayé au point qu'il désespéra presque de ses forces. En raison donc de la faiblesse de son imagination et de l'insuffisance de ses forces les choses lui furent représentées avec une extrême obscurité, et il ne put s'en faire une idée claire, même quand elles lui furent expliquées. Il faut noter ici que les paroles entendues par Daniel furent (comme nous l'avons montré plus haut) seulement imaginaires ; il n'est donc pas étonnant que, très troublé à ce moment, il ait imaginé ces paroles si confusément et obscurément qu'il n'ait pu ensuite en tirer aucune idée claire. Pour ceux qui disent que Dieu ne voulut pas révéler la chose clairement à Daniel, ils semblent n'avoir pas lu les paroles de l'ange qui dit expressément (voir chap. X, *v.* 14) *qu'il est venu pour faire connaître à Daniel ce qui arriverait à son peuple dans la suite des jours.* Ces choses demeurèrent donc obscures parce que nul ne se trouva en ce temps, dont l'imagination eût assez de vigueur pour qu'elles pussent lui être révélées clairement. Les Prophètes enfin, à qui fut révélé que Dieu enlèverait Élie, voulaient persuader à Élisée qu'Élie avait été transporté dans un autre endroit où ils pourraient le retrouver ; cela montre bien clairement qu'ils n'avaient pas entendu droitement la révélation de Dieu. Point n'est besoin de montrer cela plus amplement ici ; si quelque chose ressort en effet clairement de l'Écriture, c'est que Dieu fit à tel Prophète beaucoup plus qu'à tel autre la grâce du don prophétique. Au contraire je montrerai avec plus de soin et plus longuement que les Prophéties ou représentations différaient suivant les opinions embrassées par les Prophètes et que les Prophètes eurent des opinions différentes, voire opposées, et des préjugés différents (je dis à l'égard des choses spéculatives seulement, car, pour ce qui concerne la probité et les bonnes mœurs, il en faut juger tout autrement). J'insiste parce que je crois ce point d'une importance supérieure ; de là en effet je conclurai que la Prophétie n'a jamais accru la science des Prophètes, mais les a laissés dans leurs opinions préconçues et que, par suite, nous ne sommes nullement tenus d'avoir foi en eux pour ce qui a trait aux choses purement spéculatives.

Avec une surprenante précipitation tout le monde s'est

persuadé que les Prophètes ont eu la science de tout ce que l'entendement humain peut saisir, et, bien que certains passages de l'Écriture nous disent de la façon la plus claire que les Prophètes ont ignoré certaines choses, on aime mieux déclarer qu'on n'entend pas ces passages que d'accorder que les Prophètes aient ignoré quelque chose, ou bien l'on s'efforce de torturer le texte de l'Écriture pour lui faire dire ce que manifestement il ne veut pas dire. Certes, si l'on use de pareille liberté, c'en est fait de toute l'Écriture : nous essayerons vainement de démontrer quelque chose par l'Écriture, si l'on se permet de ranger les textes les plus clairs au nombre des choses obscures et impénétrables, ou de les interpréter à sa fantaisie. Rien par exemple de plus clair dans l'Écriture que ce fait : Josué, et peut-être aussi l'auteur qui a écrit son histoire, a cru que le soleil se mouvait autour de la terre, que la terre était immobile et que le soleil s'est arrêté pendant quelque temps. Beaucoup cependant, ne voulant pas accorder qu'il puisse y avoir aucun changement dans les cieux, expliquent ce passage de telle sorte qu'il semble ne rien dire de semblable; d'autres, qui ont appris à philosopher plus correctement, connaissant que la terre se meut et que le soleil au contraire est immobile, font des efforts désespérés pour tirer cette vérité de l'Écriture en dépit de ses réclamations manifestes. Je les admire en vérité. Je vous le demande : sommes-nous tenus de croire que Josué, un soldat, était versé dans l'Astronomie ? Qu'un miracle n'a pu lui être révélé, ou que la lumière du soleil n'a pu demeurer plus longtemps que de coutume au-dessus de l'horizon, sans que lui Josué connût la cause de ce phénomène ? Pour ma part, l'une et l'autre interprétation me semblent ridicules; j'aime donc mieux dire ouvertement que Josué a ignoré la vraie cause de cette prolongation de la lumière, qu'avec toute la foule présente il a cru que le soleil se mouvait autour de la terre et, ce jour-là, s'était arrêté quelque temps, et ne remarqua point que la grande quantité de glace alors en suspension dans l'air (voir Josué, chap. X, *v.* 11) ou quelque autre cause semblable que nous ne recherchons pas ici, avait pu produire une réfraction inaccoutumée. De même le signe de la rétrogradation de l'ombre fut révélé à Isaïe par un moyen à sa portée, savoir par la rétrogradation du soleil; car il croyait lui aussi que le soleil se meut et que la terre est immobile et n'eut jamais, même en songe, aucune idée des parhélies [5]. Nous pouvons l'admettre sans aucun scrupule, car le signe pouvait réellement apparaître et être prédit au roi par Isaïe bien que le Prophète en ignorât la vraie cause. Il faut en dire autant de la construction de Salomon, si du moins elle fut révélée par Dieu; autrement dit, toutes les mesures en furent révélées à Salomon par des moyens à sa portée et en rapport avec ses opinions, car n'étant pas tenus de croire que Salomon fût mathématicien, il nous est permis d'affirmer qu'il ignorait le rapport de la circonférence au diamètre du cercle et pensait avec la foule des ouvriers qu'ils sont l'un à l'autre comme 3 à 1; que si l'on peut dire que nous n'entendons pas le texte du livre I des Rois (chap. VII, *v.* 23), alors, en vérité, je ne sais pas ce que nous pouvons connaître par l'Écriture; car la construction est simplement décrite en cet endroit et d'une façon purement historique. Si maintenant l'on croyait pouvoir supposer que l'Écriture l'a entendu différemment, mais, pour quelque raison inconnue de nous, n'a pas voulu l'écrire comme elle l'entendait, alors il ne s'ensuit rien de moins qu'un renversement total de l'Écriture; car chacun pourra à aussi bon droit en dire autant de tous les passages de l'Écriture et tout ce que la malice humaine peut inventer d'absurde et de mauvais, il sera permis dès lors de le soutenir et mettre en pratique sous le couvert de l'Écriture. Ce que nous admettons ne contient d'ailleurs aucune impiété; car Salomon, Isaïe, Josué, encore que Prophètes, furent des hommes, et l'on doit juger que rien d'humain ne leur fut étranger. Par un moyen à la portée de Noé il lui fut révélé que Dieu détruirait le genre humain. Noé croyait en effet que, hors la Palestine, le monde était inhabité. Et non seulement des choses de cette sorte, mais d'autres de plus d'importance, les Prophètes ont pu les ignorer, et les ont effectivement ignorées sans que la piété en souffrît, car ils n'ont rien enseigné de particulier sur les attributs de Dieu, mais ils avaient à son sujet des opinions tout à fait vulgaires, et les révélations qu'ils eurent sont en rapport avec ces opinions, comme je le montrerai bientôt par beaucoup de témoignages de l'Écriture. On voit donc aisément que ce n'est pas à cause de l'élévation et de l'excellence de leur génie, mais pour leur piété et leur constance d'âme qu'ils sont loués et tenus en si haute estime.

Adam, le premier à qui Dieu se révéla, ignora que Dieu est omniprésent et omniscient; il se cacha de Dieu en effet et tenta en sa présence d'excuser son péché comme s'il eût été en présence d'un homme. C'est donc aussi par un moyen en rapport avec sa compréhension que Dieu se révéla à lui, c'est-à-dire comme un être qui n'est pas partout à la fois et qui eût ignoré le péché d'Adam ainsi que l'endroit où il était; Adam entendit en effet, ou crut entendre Dieu marcher dans le jardin, l'appeler et lui demander où il était, puis, remarquant son embarras, s'enquérir s'il avait mangé le fruit de l'arbre défendu. Adam ne connaissait aucun attribut de Dieu, sinon que Dieu était l'auteur de toutes choses. Dieu se mit aussi à la portée de Caïn en se révélant à lui comme un être qui eût ignoré les choses humaines, et pour que Caïn se repentît de son péché, point n'était besoin d'une connaissance plus haute de Dieu. A Laban Dieu se révéla comme le Dieu d'Abraham, parce que Laban croyait que chaque nation a son Dieu particulier (voir Genèse, chap. XXXI, *v.* 29). Abraham aussi ignora que Dieu est partout et connaît toutes choses; quand en effet il entendit la sentence portée contre les habitants de Sodome, il pria que Dieu ne l'exécutât point avant de savoir si tous étaient dignes de ce supplice; il dit en effet (voir Genèse, chap. XVIII, *v.* 24) : *peut-être se trouve-t-il cinquante justes dans cette cité.* Et Dieu ne se révéla pas à lui autrement, car voici comment il parla dans l'imagination d'Abraham : *je descendrai maintenant pour voir s'ils ont entièrement fait selon la plainte qui est venue jusqu'à moi ; si cela n'est pas je* (le) *saurai.* Le témoignage divin concernant Abraham (voir Genèse, chap. XVIII, *v.* 19) ne contient rien de plus que sa seule obéissance et qu'il instruisait ceux de sa maison à faire ce qui est juste et bon, mais non qu'il ait eu sur Dieu de hautes pensées. Moïse aussi ne perçut pas assez que Dieu est omniscient, et que toutes les actions humaines sont dirigées par son seul décret; alors en effet que Dieu lui avait dit (voir Exode, chap. III, *v.* 18) que les Israélites lui obéiraient, il révoqua la chose en doute et répliqua (voir Exode, chap. IV, *v.* 1) : *mais s'ils ne me croient pas et ne m'obéissent pas?* Et ainsi Dieu se révéla à lui comme indifférent et comme ignorant les actions humaines futures. Il lui donna en effet deux signes et dit (Exode, IV, *v.* 8) : *s'il arrive qu'ils ne croient pas au premier signe ils croiront au dernier ; que s'ils ne croient pas au dernier, prends alors un peu d'eau du fleuve,* etc. Et certes si l'on veut examiner sans idée préconçue les phrases de Moïse, on trouvera clairement que son opinion sur Dieu fut qu'il est un être qui a toujours existé, existe et existera toujours; et pour ce motif il le nomme Jéhovah, mot qui en hébreu exprime ces trois parties de la durée [6]; quant à la nature de Dieu, Moïse n'a rien enseigné sur elle, sinon qu'il est miséricordieux, bienveillant, etc., et suprêmement jaloux, comme il ressort d'un grand nombre de passages du Pentateuque. Il crut et enseigna en second lieu que cet être diffère de tous les autres à ce point qu'il ne peut s'exprimer par aucune image de chose visible, ni être vu, non pas à cause de la contradiction qu'impliquerait une telle vision, mais à cause de la faiblesse de l'homme; de plus, eu égard à la puissance, Dieu est pour Moïse singulier et unique. Il accorde bien qu'il y a des êtres tenant la place de Dieu (sans doute par ordre et en vertu d'un mandat de Dieu), c'est-à-dire des êtres auxquels Dieu a donné l'autorité, le droit et la puissance de diriger les nations, veiller sur elles et en prendre soin; mais cet être que les Juifs étaient tenus d'honorer, Moïse enseigna qu'il était le Dieu souverain et suprême, autrement dit (pour user d'un tour hébraïque) le Dieu des Dieux; c'est pourquoi dans le cantique de l'Exode (chap. XV, *v.* 11) il dit : *lequel parmi les Dieux est semblable à toi Jéhovah ?* Et Jétro (chap. XVIII, *v.* 11) : *maintenant je connais que Jéhovah est plus grand que tous les Dieux ;* c'est-à-dire je suis obligé d'accorder à Moïse que Jéhovah est plus grand que tous les Dieux et a une puissance unique. Moïse cependant a-t-il cru que ces êtres tenant la place de Dieu avaient été créés par lui ? On peut en douter attendu qu'il n'a rien dit, que nous sachions, sur leur création et leur origine. Il a enseigné en troisième lieu que cet être a fait sortir ce monde visible du chaos et y a établi l'ordre (voir Genèse, chap. I, *v.* 2), qu'il a mis dans la Nature les semences des choses et qu'il a par suite sur tout un droit et un pouvoir souverains, qu'en vertu de ce droit et de ce pouvoir souverains il a élu pour lui seul la nation des Hébreux (voir Deut., chap. X, *vs.* 14-15) ainsi qu'une région de la terre (voir Deut., chap. IV, *v.* 19, et chap. XXXII, *vs.* 8-9) et laissé les autres nations et les autres régions aux soins des autres Dieux qu'il s'est substitués; aussi était-il appelé Dieu d'Israël et Dieu de Jérusalem (voir livre II des Paralip., chap. XXXII, *v.* 19), tandis que les autres Dieux étaient appelés Dieux des autres nations. Pour ce même motif les Juifs croyaient que cette région élue par Dieu requérait un culte de Dieu tout particulier et entièrement différent de celui des autres régions, que même elle ne pouvait souffrir le culte des autres Dieux, propre aux autres régions; ces nations en effet, que le roi d'Assyrie conduisit dans les terres des Hébreux, on croyait qu'elles seraient déchirées par les lions parce qu'elles ignoraient le culte des Dieux de cette terre (voir Rois, II, chap. XVII, *vs.* 25-26, etc.). Et pour cette raison, suivant l'opinion d'Aben Ezra, Jacob dit à ses fils, quand il voulut regagner sa patrie, de se préparer à un nouveau culte et d'abandonner les Dieux étrangers, c'est-à-dire le culte des Dieux de la terre où ils étaient alors (voir Genèse, chap. XXXV, *vs.* 2-3). David aussi, pour faire entendre à Saül que ce roi l'avait contraint par ses persécutions à vivre hors de la patrie, dit qu'il a été mis hors de l'héritage de Dieu et qu'on l'a envoyé servir d'autres Dieux (voir Samuel, I, chap. XXVI, *v.* 19). Moïse a cru enfin que cet être, c'est-à-dire Dieu, avait sa demeure dans les cieux (voir Deut., chap. XXXIII, *v.* 26) et cette opinion a été très répandue parmi les Gentils. Si nous considérons les révélations qu'eut Moïse, nous trouverons qu'elles furent adaptées à ces opinions; comme il croyait en effet que la nature de Dieu était soumise à ces conditions que nous avons dites, savoir la miséricorde, la bienveillance, etc., Dieu se révéla donc à lui conformément à cette opinion et sous ces attributs (voir Exode, chap. XXXIV, *vs.* 6-7, où est raconté de quelle manière Dieu apparut à Moïse, et Décalogue, chap. XX, *vs.* 4, 5). Il est raconté en outre au chapitre XXXIII, verset 8, que Moïse demanda à Dieu de se laisser voir à lui; mais Moïse, nous l'avons déjà dit, n'ayant formé dans son cerveau aucune image de Dieu, et Dieu, je l'ai montré, ne se révélant aux Prophètes que conformément à la disposition de leur imagination, Dieu n'apparut à Moïse sous aucune image. Je dis qu'il en fut ainsi parce que l'imagination de Moïse répugnait à ce qu'il en fût autrement; d'autres Prophètes en effet témoignent qu'ils ont vu Dieu, ainsi Isaïe, Ezéchiel, Daniel, etc. C'est pour cette raison que Dieu répondit à Moïse : *tu ne pourras voir ma face*, et comme Moïse croyait que Dieu était visible, c'est-à-dire que pour lui il n'y avait nulle contradiction entre la nature divine et la visibilité, sans quoi il n'eût pas demandé à le voir, Dieu ajouta donc : *parce que nul ne peut me voir et rester en vie.* Dieu donna donc une raison en accord avec l'opinion de Moïse : il ne dit pas qu'il y eût contradiction, comme il y a en réalité, entre la nature divine et la visibilité; mais qu'il n'arrive pas que Dieu soit vu par l'homme a cause de la faiblesse de l'homme. De plus, pour révéler à Moïse que les Israélites, pour avoir adoré un veau, étaient devenus semblables aux autres nations, Dieu dit (chap. XXXIII, *vs.* 1, 2, 3) qu'il enverra un ange, c'est-à-dire un être prenant soin des Israélites à la place de l'Être suprême; quant à lui, il ne veut plus être parmi eux. De la sorte il n'y avait plus rien qui pût faire croire à Moïse que les Israélites étaient plus aimés de Dieu que les autres nations également commises aux soins d'autres êtres, c'est-à-dire aux soins des anges; c'est ce qui ressort du verset 16 de ce chapitre. Enfin, comme Moïse croyait que Dieu habite les cieux, Dieu se révélait comme descendant du ciel sur la montagne et Moïse au contraire montait au haut de la montagne pour parler à Dieu; il n'eût pas eu besoin de le faire s'il avait pu imaginer Dieu en tout lieu avec la même facilité. Les Israélites n'ont à peu près rien su de Dieu, bien qu'il se soit révélé à Moïse; ils l'ont fait voir plus que suffisamment, quand ils transférèrent, quelques jours après, à un veau l'honneur et le culte de Dieu, et crurent que c'était lui, ces Dieux qui les avaient tirés d'Égypte. Certes on ne doit pas croire que des hommes accoutumés aux superstitions des Égyptiens, grossiers et épuisés par les malheurs de la servitude, aient eu de Dieu quelque connaissance saine ou que Moïse leur ait enseigné autre chose qu'une règle de vie, non en philosophe et de façon que, devenus entièrement libres, ils fussent par là même contraints de bien vivre, mais en législateur et de façon qu'ils y fussent contraints par le commandement de la Loi. Ainsi la règle du bien vivre, c'est-à-dire la vie vraie, le culte et l'amour de Dieu, fut pour eux plutôt une servitude qu'une vraie liberté, une grâce et un don de Dieu. Moïse leur ordonna d'aimer Dieu et d'observer sa Loi pour reconnaître les bienfaits passés de Dieu (c'est-à-dire la liberté succédant à la servitude d'Égypte, etc.); en outre il les détourna par de terrifiantes menaces de la transgression de ces commandements et, au contraire, promit que beaucoup de biens en récompenseraient l'observation. Moïse enseigna donc les Hébreux comme des parents ont accoutumé d'enseigner des enfants entièrement privés de raison. C'est pourquoi il est certain qu'ils ont ignoré [7] l'excellence de la vertu et la vraie béatitude. Jonas crut fuir la présence de Dieu, ce qui semble montrer que lui aussi crut que Dieu avait commis le soin des autres régions hors de la Judée à d'autres puissances qu'il se serait substituées. Et l'on ne voit personne dans l'Ancien

Testament qui ait parlé de Dieu d'une façon plus rationnelle que Salomon, qui, par la lumière naturelle, l'emporta sur tout son siècle; c'est pourquoi aussi il se jugea supérieur à la Loi (car elle a été établie pour ceux-là seulement à qui font défaut la Raison et les enseignements de la lumière naturelle), et il fit peu de cas de toutes les lois concernant le roi, lesquelles se composaient de trois principales (voir Deut., chap. XVII, *vs.* 16, 17); bien plus, il les viola manifestement, en quoi il eut tort toutefois, et sa conduite ne fut pas digne d'un philosophe, adonné qu'il était aux plaisirs; il enseigna que tous les biens de fortune sont choses vaines pour les mortels (voir Eccl.), que les hommes n'ont rien de plus excellent que l'entendement, et que la déraison est le pire supplice dont ils puissent être punis (voir Proverbes, chap. VII, *v.* 22).

Mais revenons aux Prophètes pour signaler selon notre dessein leurs divergences d'opinions. Les manières de voir d'Ezéchiel parurent aux Rabbins qui nous ont transmis les livres des Prophètes (ceux qui subsistent) si contraires à celles de Moïse (voir le récit dans le traité du Sabbat, chap. I, fol. 13, p. 2) qu'ils étaient prêts à décider de ne pas admettre le livre d'Ezéchiel au nombre des livres canoniques, et ils l'auraient entièrement exclu si un certain Hananias [8] n'avait entrepris de l'expliquer, ce qu'on dit qu'il finit par faire avec beaucoup de peine et d'application (ainsi qu'il est raconté dans le susdit traité du Sabbat). Mais de quelle façon l'expliqua-t-il : c'est ce qui n'est pas suffisamment établi. Écrivit-il un commentaire qui peut-être a péri, ou changea-t-il et corrigea-t-il à son goût les paroles et les discours d'Ezéchiel (l'audace ne lui manquait pas pour cela) ? Quoi qu'il en soit, le chapitre XVIII au moins ne paraît pas s'accorder avec le verset 7, chapitre XXXIV, de l'Exode, ni avec le verset 18, chapitre XXXII, de Jérémie, etc. Samuel croyait que Dieu, après avoir décrété quelque chose, ne revenait jamais sur son décret (voir Samuel, liv. I, chap. XV, *v.* 29). A Saül en effet, repentant de son péché et qui voulait adorer Dieu et lui demander grâce, il dit que Dieu ne changerait pas le décret rendu contre lui. A Jérémie, tout le contraire fut révélé (voir chap. XVII, *vs.* 8, 10) : Dieu, quoi qu'il eût décrété de mauvais ou de bon à l'égard d'une nation, revenait sur son décret au cas qu'un changement en mieux ou en pis se produisît dans les hommes, après la sentence rendue. La doctrine de Joël fut que Dieu se repent seulement du mal (voir chap. II, *v.* 13). Du chapitre IV de la Genèse, verset 7, enfin, il ressort très clairement que l'homme peut vaincre la tentation du péché et bien agir, cela est dit à Caïn, qui cependant ne la vainquit jamais, comme on le voit dans l'Écriture même et aussi dans Josèphe. La même doctrine ressort avec la plus grande évidence du chapitre ci-dessus visé de Jérémie; car, dit-il, Dieu se repent du décret rendu contre les hommes ou en leur faveur, quand les hommes veulent changer leurs mœurs et leur manière de vivre. Au contraire rien n'est enseigné par Paul plus ouvertement que la doctrine suivant laquelle les hommes n'ont aucun pouvoir sur les tentations de la chair, sinon par une vocation singulière et par la grâce de Dieu. Voyez Épître aux Romains, chapitre IX, depuis le verset 10, etc., et observez qu'au chapitre III, verset 5, et chapitre VI, verset 19, où il attribue à Dieu la justice, il se repent d'avoir parlé ainsi à la manière humaine et à cause de la faiblesse de la chair.

Il est donc plus que suffisamment établi par là que les révélations de Dieu, comme nous nous proposions de le montrer, ont été adaptées à la compréhension et aux opinions des Prophètes; que les Prophètes ont pu ignorer et ont réellement ignoré les choses de pure spéculation qui ne se rapportent pas à la charité et à l'usage de la vie; enfin qu'ils ont eu des opinions opposées. Il s'en faut donc de beaucoup qu'on doive tirer d'eux la connaissance des choses naturelles et spirituelles. Notre conclusion, par suite, est que nous ne sommes pas tenus d'avoir foi dans les Prophètes, sinon pour ce qui est la fin et la substance de la révélation. Pour le reste, chacun peut croire librement comme il lui plaît; par exemple la révélation de Caïn nous enseigne seulement que Dieu a averti Caïn qu'il eût à mieux vivre; cela seulement est l'objet et la substance de la révélation et non d'enseigner la liberté de la volonté ou une doctrine philosophique. Encore que, dans les paroles de cette admonition et dans la manière dont elle est donnée, la liberté de la volonté soit très clairement contenue, il nous est loisible cependant de porter un jugement contraire, puisque ces paroles et cette manière sont adaptées à la compréhension du seul Caïn. De même la révélation de Michée veut enseigner seulement que Dieu a révélé à Michée la véritable issue de la bataille d'Achab contre Aram, et par conséquent c'est cela seul que nous sommes tenus de croire; tout ce qui s'y trouve contenu en sus au sujet du véritable esprit de Dieu et du faux, et de l'armée du ciel se tenant des deux côtés de Dieu, ainsi que les autres circonstances de la révélation, ne nous touchent pas le moins du monde; que chacun en juge donc comme il lui paraîtra s'accorder le mieux avec sa raison. A l'égard des arguments par lesquels Dieu montre à Job que tout est en sa puissance — si tant est que cette révélation fut faite à Job et que l'auteur ait voulu raconter une histoire et non (comme quelques-uns le croient) revêtir ses idées d'une forme imagée — il faut en dire autant : ces arguments sont à la portée de Job et propres à le convaincre, lui; ils n'ont rien d'universel et ne sont pas pour convaincre tout le monde. On ne doit pas juger autrement des raisons par lesquelles le Christ convainc les Pharisiens d'insoumission et d'ignorance et exhorte ses disciples à la vie vraie : il a adapté ses raisons aux opinions et aux principes de chacun. Quand par exemple il dit aux Pharisiens (voir Matth., chap. XII) : *et si Satan rejette Satan dehors, il est divisé contre lui-même : comment son royaume subsisterait-il*, il n'a voulu que convaincre les Pharisiens par leurs propres principes; il n'a pas voulu enseigner qu'il y ait des Démons et un royaume des Démons. De même quand il dit à ses disciples (Matth., XVIII, *v.* 10) : *prenez garde de ne mépriser aucun de ces petits, car je vous dis que leurs anges sont dans les cieux*, etc., il ne veut enseigner rien d'autre sinon qu'ils ne doivent pas être orgueilleux et ne doivent mépriser personne; il ne veut pas enseigner ce qui est impliqué dans le tour dont il use pour mieux persuader ses disciples. Il faut dire exactement la même chose des procédés et des signes dont usent les Apôtres; point n'est besoin d'en parler ici plus longuement; car, si je devais énumérer tous les passages de l'Écriture écrits seulement pour un homme, c'est-à-dire adaptés à la compréhension d'une certaine personne et qu'on ne peut, sans grand dommage pour la Philosophie, présenter comme enseignement divin, je m'écarterais beaucoup de la brièveté à laquelle je m'efforce; qu'il suffise donc d'avoir touché quelques points peu nombreux et d'intérêt général; le lecteur curieux examinera les autres par lui-même. Toutefois, bien que seules les observations qui précèdent sur les Prophètes et la Prophétie tendent directement au but que je me propose et qui est de séparer la Philosophie de la Théologie, puisque j'ai été amené à parler de cette question en général, il convient de rechercher encore si le don prophétique a appartenu en particulier aux seuls Hébreux, ou s'il est commun à toutes les nations; puis ce qu'il faut penser de la vocation des Hébreux; ce sera l'objet du chapitre suivant.

CHAPITRE III

De la vocation des Hébreux
et si le
don prophétique fut particulier aux Hébreux

La vraie félicité et la béatitude ne consistent pour chacun que dans la jouissance du bien et non dans cette gloire d'être le seul à en jouir, les autres en étant exclus; s'estimer en possession d'une béatitude plus grande, en effet, parce qu'on est seul dans une condition bonne, les autres non, ou parce qu'on jouit d'une béatitude plus grande et qu'on a meilleure fortune que les autres, c'est ignorer la vraie félicité et la béatitude; la joie qu'on éprouve à se croire supérieur, si elle n'est pas tout enfantine, ne peut naître que de l'envie et d'un mauvais cœur. Par exemple la vraie félicité et la béatitude d'un homme consistent dans la seule sagesse et la connaissance du vrai, nullement en ce qu'il serait plus sage que les autres, ou en ce que les autres seraient privés de sagesse, car cela n'augmente aucunement sa propre sagesse, c'est-à-dire sa vraie félicité. Qui donc se réjouit à ce propos, se réjouit du mal d'autrui, il est envieux et méchant, et ne connaît ni la vraie sagesse ni la tranquillité de la vie vraie. Quand donc l'Écriture dit, pour exhorter les Hébreux à l'obéissance à la loi, que Dieu les a élus entre les autres nations (voir Deut., chap. X, *v.* 15), qu'il est près d'eux et non des autres (Deut., chap. X, *vs.* 4, 7), qu'à eux seuls il a prescrit des lois justes (*ibid.*, chap. X, *v.* 8), enfin qu'il a accordé à eux seuls le privilège de le connaître (*ibid.*, *v.* 32), il se met en parlant à la portée des Hébreux qui, nous l'avons montré dans le chapitre précédent et au témoignage même de Moïse (Deut., chap. IX, *vs.* 6, 7), ne connaissaient pas la vraie béatitude; ils n'eussent pas en effet été en possession d'une béatitude moindre si Dieu avait également appelé tous les hommes au salut; Dieu ne leur eût pas été moins propice, encore qu'il eût accordé aux autres une assistance égale; les lois n'eussent pas été moins justes, et eux-mêmes moins sages, quand elles auraient été prescrites à tous; les miracles n'auraient pas moins montré la puissance de Dieu s'ils avaient été faits pour d'autres nations; et enfin les Hébreux ne seraient pas moins tenus d'honorer Dieu, quand même Dieu aurait accordé tous ces dons à tous également. Pour ce que Dieu a dit à Salomon (voir Rois, I, chap. III, *v.* 12) que personne après lui ne l'égalerait en sagesse, cela paraît être seulement une manière de parler pour signifier sa haute sagesse : quoi qu'il en soit, il ne faut pas du tout croire que Dieu ait promis à Salomon, pour sa plus grande félicité, qu'il n'accorderait à personne après lui une sagesse aussi grande; car cela ne pouvait accroître en rien l'entendement de Salomon, et ce roi prudent n'eût pas eu moins de grâces à rendre à Dieu pour un si grand bienfait, alors même que Dieu lui aurait annoncé son intention de donner à tous une sagesse égale.

Tout en disant que Moïse dans les passages ci-dessus visés du Pentateuque s'est mis par son langage à la portée des Hébreux, nous ne voulons cependant pas nier que Dieu ait prescrit à eux seuls ces lois du Pentateuque, qu'à eux seulement il ait parlé et qu'enfin les Hébreux aient vu tant de choses faites pour étonner, comme il n'en est arrivé à aucune autre nation; ce que nous prétendons, c'est que Moïse a voulu par un langage de cette sorte et usant surtout de telles raisons, instruire les Hébreux au culte de Dieu et les y mieux attacher par un moyen en rapport avec leur enfance d'esprit. Nous prétendons en outre montrer que les Hébreux n'ont pas excellé sur les autres nations par la science ni la piété, mais bien en autre chose; ou (pour parler comme l'Écriture un langage à leur portée) que les Hébreux, en dépit des avertissements souvent reçus, n'ont pas été les élus de Dieu pour la vie vraie et les hautes spéculations, mais pour tout autre chose. Pour quelle chose, c'est ce que je montrerai en procédant par ordre.

Avant de commencer toutefois, je veux expliquer ici en peu de mots ce que par la suite j'entendrai par gouvernement de Dieu, secours de Dieu externe et interne, par élection de Dieu et enfin par fortune. Par gouvernement de Dieu [1] j'entends l'ordre fixe et immuable de la Nature, autrement dit l'enchaînement des choses naturelles; nous avons dit plus haut en effet et montré ailleurs [2] que les lois universelles de la Nature suivant quoi tout se fait et tout est déterminé, ne sont pas autre chose que les décrets éternels de Dieu qui enveloppent toujours une vérité et une nécessité éternelles; que nous disions donc que tout se fait suivant les lois de la Nature ou s'ordonne par le décret ou le gouvernement de Dieu, cela revient au même. En second lieu la puissance de toutes les choses naturelles n'étant autre chose que la puissance même de Dieu, par quoi tout se fait et tout est déterminé, il suit de là que tout ce dont l'homme, partie lui-même de la Nature, tire secours par son travail pour la conservation de son être, et tout ce qui lui est offert par la Nature sans exiger de travail de lui, lui est en réalité offert par la seule puissance divine, en tant qu'elle agit soit par la nature même de l'homme, soit par des choses extérieures à la nature même de l'homme. Tout ce donc que la nature humaine peut produire par sa seule puissance pour la conservation de son être, nous pouvons l'appeler secours interne [3] de Dieu, et secours externe tout ce que produit d'utile pour lui la puissance des choses extérieures. De là ressort aisément ce que l'on doit entendre par élection de Dieu; nul en effet n'agissant que suivant l'ordre prédéterminé de la Nature, c'est-à-dire par le gouvernement et le décret éternel de Dieu, il suit de là que nul ne choisit sa manière de vivre et ne fait rien, sinon par une vocation singulière de Dieu qui a élu tel individu de préférence aux autres pour telle œuvre ou telle manière de vivre. Par fortune enfin, je n'entends rien d'autre que le gouvernement de Dieu en tant qu'il gouverne les choses humaines par des causes extérieures et inattendues. Après avoir posé ces définitions, revenons à notre objet et voyons pour quelle raison la nation hébraïque a été dite élue de préférence aux autres. Pour le montrer, je procéderai comme il suit.

Tout ce qui peut être l'objet d'un désir honnête de notre part se ramène à l'un de ces trois objets principaux : connaître les choses par leurs premières causes; dompter nos passions, c'est-à-dire acquérir l'état de vertu; et enfin vivre en sécurité avec un corps sain. Les moyens qui servent directement à l'acquisition du premier objet et du second, et qui peuvent en être considérés comme causes prochaines et efficientes, sont contenus dans la nature humaine elle-même; pour cette raison, il faut admettre sans réserve que ces dons n'appartiennent en propre à aucune nation, mais ont toujours été communs à tout le genre humain; juger autrement serait rêver que la Nature a jadis procréé divers genres d'hommes. Mais les moyens qui servent à vivre en sécurité et à conserver son corps résident principalement dans les choses extérieures, et par suite sont appelés dons de fortune, parce qu'ils dépendent à un haut degré du gouvernement des causes extérieures, lequel est ignoré de nous; de telle sorte que, à cet égard, l'insensé est presque aussi heureux ou malheureux que le mieux avisé. Cependant, pour vivre en sécurité et éviter les attaques des autres hommes et aussi des bêtes, le gouvernement de la vie humaine et la vigilance sont d'un grand secours. Et la raison et l'expérience ont enseigné que le plus sûr moyen d'y atteindre est la formation d'une société ayant des lois bien établies, l'occupation d'une certaine région du monde et la réunion en un même corps social des forces de tous. Pour former et conserver une société toutefois, une complexion et une vigilance peu ordinaires sont requises; cette société donc donnera le plus de sécurité et sera le plus stable et le moins sujette à la fortune qui est le plus fondée et gouvernée par des hommes bien avisés et vigilants; au contraire, celle qui se compose d'hommes d'une complexion grossière, dépend le plus de la fortune et a le moins de stabilité. Si cependant elle a subsisté longtemps, cela est dû au gouvernement d'un autre, non au sien propre; si elle a surmonté de grands périls et que ses affaires aient prospéré, elle ne pourra pas ne pas admirer et adorer le gouvernement de Dieu (en tant que Dieu agit par des causes extérieures inconnues et non par la nature et la pensée humaines), puisque tout lui est arrivé d'une façon très inattendue et contrairement à l'opinion; ce qui réellement peut être tenu pour miraculeux.

C'est donc seulement en cela que les nations se distinguent les unes des autres, je veux dire eu égard au régime social et aux lois sous lesquelles elles vivent et se gouvernent; et la nation hébraïque a été élue par Dieu plus que les autres, eu égard non à l'entendement ni à la tranquillité d'âme, mais au régime social et à la fortune qui lui donna un empire et le lui conserva tant d'années [4]. Cela ressort avec la plus grande clarté de l'Écriture elle-même; en la parcourant même sans application, on voit clairement que si les Hébreux l'ont emporté en quelque chose sur les autres nations, c'est par la prospérité de leurs affaires, en ce qui touche la sécurité de la vie, et par le bonheur qu'ils ont eu de surmonter de grands dangers; tout cela surtout par le seul secours externe de Dieu; pour tout le reste, ils furent égaux aux autres et Dieu est également propice à tous. A l'égard de l'entendement, il est établi (nous l'avons montré dans le chapitre précédent) qu'ils eurent, sur Dieu et la nature, des pensées très vulgaires; ce n'est donc pas à cet égard qu'ils furent élus par Dieu plus que les autres. Ce n'est pas non plus à l'égard de la vertu et de la vie vraie; à cet égard ils furent égaux aux autres nations et très peu d'entre eux furent élus; leur vocation et élection donc consiste dans la seule félicité temporelle de leur État et dans des avantages matériels. Nous ne voyons pas non plus que Dieu ait promis autre chose aux Patriarches * ou à leurs successeurs; bien plus, la Loi ne promet rien d'autre aux Hébreux pour leur obéissance que l'heureuse continuation de leur État et les autres avantages de cette vie et au contraire pour leur insoumission et la rupture du pacte, la ruine de l'État et les pires désastres. Rien d'étonnant à cela, car la fin de toute société et de tout État est (comme il est évident par ce qui a été dit et comme nous le montrerons plus amplement par la suite) de vivre dans la sécurité et de posséder certains avantages. Or l'État ne peut subsister que par des Lois auxquelles chacun soit tenu : si tous les membres d'une même société veulent donner congé aux lois, par cela même ils détruiront la Société et l'État. Rien donc n'a pu être promis à la Société des Hébreux, pour la constante observation des lois, que la sécurité ** de la vie et des avantages matériels et au contraire pour l'insoumission, nul supplice plus assuré n'a pu être prédit que la ruine de l'État et les maux qui en découlent communément, ainsi que d'autres qui devaient naître pour eux particulièrement de la ruine de leur État, mais de cela point n'est besoin de traiter ici plus longuement. J'ajoute seulement que les Lois de l'Ancien Testament ont aussi été révélées et prescrites aux Juifs seuls; Dieu en effet les ayant élus seulement pour constituer une Société et un État particuliers, ils devaient nécessairement avoir aussi des lois particulières. Quant aux autres nations,

* Voir note IV.
** Voir note V.

Dieu leur a-t-il également prescrit des lois particulières et s'est-il révélé à leurs législateurs suivant le mode prophétique, c'est-à-dire sous les attributs dont les Prophètes avaient accoutumé de le revêtir dans leur imagination ? Ce point n'est pas suffisamment établi à mes yeux; ce qu'on voit du moins dans l'Écriture, c'est que d'autres nations ont eu, par le gouvernement externe de Dieu, un empire et des lois particulières; pour le montrer, je citerai deux passages seulement. Dans la Genèse (chap. XIV, *vs.* 18, 19, 20), il est raconté que Melchisédec fut roi à Jérusalem et pontife du Dieu très haut, qu'il bénit Abraham suivant le droit du Pontife (voir Nombres, chap. VI, *v.* 23) et qu'Abraham, chéri de Dieu, donna à ce Pontife de Dieu la dixième partie de tout son butin. Tout cela montre assez clairement que Dieu, avant qu'il eût fondé la nation israélite, avait établi des rois et des pontifes à Jérusalem et leur avait prescrit des rites et des lois; quant à savoir si c'est suivant le mode prophétique, je ne puis, comme je l'ai dit plus haut, le décider. Je me persuade du moins qu'Abraham, pendant le temps qu'il a vécu là, a vécu religieusement suivant ces lois. Abraham en effet n'a reçu en particulier de Dieu aucun rite, et néanmoins il est dit (Genèse, chap. XXVI, *v.* 5) qu'Abraham observa le culte, les préceptes, les institutions et les lois de Dieu, par quoi il faut indubitablement entendre le culte, les préceptes, les institutions et les lois du roi Melchisédec. Malachie (chap. I, *vs.* 10,11), adresse aux Juifs ce reproche : *Quel est celui d'entre vous qui fermera les portes* (du Temple) *pour qu'on ne mette pas ce soir le feu sur mon autel? Je ne me complais pas en vous, etc. Car, depuis le lever du soleil jusqu'à son coucher, mon nom est grand parmi les nations et partout le parfum m'est apporté et une oblation pure ; car mon nom est grand parmi les nations, dit le Dieu des armées.* Ces paroles ne pouvant s'entendre qu'au présent, seul temps admissible, à moins qu'on ne veuille faire violence au texte, prouvent surabondamment que les Juifs, à cette date, n'étaient pas plus chéris de Dieu que les autres nations; que même Dieu se faisait alors connaître par des miracles aux autres nations plus qu'aux Juifs qui, à ce moment, avaient sans miracles reconquis en partie leur empire; et aussi que les Nations avaient des rites et des cérémonies par où elles se rendaient agréables à Dieu. Mais je laisse de côté cette question, car il suffit à mon dessein d'avoir montré que l'élection des Juifs concernait uniquement la félicité temporelle du corps et la liberté c'est-à-dire l'existence de l'État, ainsi que la façon dont ils l'ont constitué et les moyens par lesquels ils l'ont conservé, conséquemment aussi les lois en tant qu'elles étaient nécessaires à l'établissement de cet État particulier; et enfin le mode suivant lequel elles furent révélées; quant au reste et à ce qui constitue la vraie félicité de l'homme, ils n'ont pas été supérieurs aux autres. Quand donc il est dit dans l'Écriture (voir Deut., chap. IV, *v.* 7) que nulle nation n'a des Dieux qui soient aussi près d'elle que Dieu est près des Juifs, il faut l'entendre seulement à l'égard de l'État et pour le temps où tant d'événements miraculeux lui sont arrivés. A l'égard de l'entendement et de la vertu, c'est-à-dire de la béatitude, Dieu, comme nous l'avons dit et montré par la Raison même, est également propice à tous; cela d'ailleurs ressort assez de l'Écriture elle-même, car le Psalmiste dit (Psaume CXLV, *v.* 18) : *Dieu est proche de tous ceux qui l'appellent, de tous ceux qui l'appellent vraiment*. Et dans le même Psaume (*v.* 9) : *Dieu est bienveillant pour tous et sa miséricorde s'étend à tout ce qu'il a fait*. Dans le Psaume XXXV, verset 15, il est dit que Dieu a donné à tous le même entendement et cela dans ces mots : *qui forme leur cœur de même sorte ;* les Hébreux croyaient en effet que le cœur est le siège de l'âme et de l'entendement, j'estime que cela est assez connu de tous. De plus, du chapitre XXVIII, verset 8, de Job, il ressort que Dieu a prescrit à tous cette loi de révérer Dieu et de s'abstenir des œuvres mauvaises, c'est-à-dire de bien agir, et c'est ainsi que Job, bien qu'il fût un Gentil, fut de tous le plus agréable à Dieu parce qu'il l'emporta sur tous en piété et en religion. Il ressort enfin très clairement de Jonas (chap. IV, *v.* 2) que ce n'est pas seulement à l'égard des Juifs, mais à l'égard de tous, que Dieu est propice, miséricordieux, indulgent, d'une ample bienveillance et repentant du mal; Jonas dit en effet : *j'avais décidé auparavant de fuir à Tharsis parce que je savais* (par les paroles de Moïse qui se trouvent Exode, chapitre XXXIV, verset 6) *que tu es un Dieu propice, miséricordieux*, etc., et par suite que tu pardonnerais aux Ninivites. Nous concluons donc (puisque Dieu est également propice à tous et que les Hébreux n'ont été élus de Dieu qu'en ce qui concerne la Société temporelle et l'État) qu'un individu juif considéré seul, en dehors de la Société et de l'État, ne possède aucun don de Dieu qui le mette au-dessus des autres et qu'il n'y a aucune différence entre lui et un Gentil. Puis donc qu'il est vrai que Dieu est bienveillant, miséricordieux, etc., à l'égard de tous et que la fonction d'un Prophète fut moins d'enseigner les lois particulières de la patrie que la vertu véritable et d'en instruire les hommes, il n'est pas douteux que toutes les nations n'aient eu des Prophètes et que le don prophétique n'ait pas été particulier aux Hébreux. Cela d'ailleurs est attesté par l'histoire, tant la profane que la sacrée; et s'il ne ressort pas des Récits Sacrés de l'Ancien Testament que les autres nations aient eu autant de Prophètes que les Hébreux ou même qu'aucun Prophète gentil leur ait été envoyé expressément par Dieu, cela n'importe en rien, car les hébreux ont eu soin de raconter leurs propres affaires seulement et non celles des autres nations. Il suffit donc que nous trouvions dans l'Ancien Testament que des incirconcis, des Gentils comme Noé, Hénoch, Abimélech, Balaam, etc., ont prophétisé et qu'en outre les Prophètes hébreux ont été envoyés par Dieu non seulement pour leur propre nation mais pour beaucoup d'autres. Ezéchiel en effet prophétisa pour toutes les nations connues de son temps. Obadias ne fut prophète, que nous sachions, que pour les seuls Iduméens, et Jonas le fut surtout pour les Ninivites. Isaïe ne se borne pas à déplorer les calamités des Juifs et à célébrer leur rétablissement, il parle aussi d'autres nations; il dit en effet chapitre XVI, *v.* 9 : *c'est pourquoi je pleurerai sur Jazer*, et au chapitre XIX prédit d'abord les calamités des Égyptiens, puis leur rétablissement (chap. XIX, *vs.* 19, 20, 21, 25), c'est-à-dire que Dieu leur enverra un Sauveur qui les délivrera et que Dieu se fera connaître d'eux et qu'enfin les Égyptiens l'honoreront par des sacrifices et des offrandes; il appelle finalement cette nation le *peuple d'Égypte béni de Dieu ;* tout cela paraît grandement mériter d'être noté. Jérémie enfin n'est pas nommé Prophète de la nation hébraïque seulement, mais Prophète des nations sans distinction (voir Jérémie, chap. I, *v.* 5); il pleure dans ses prédictions les calamités des nations et prédit aussi leur rétablissement; il dit en effet (chap. XLVIII, *v.* 31) au sujet des Moabites : *c'est pourquoi je parlerai à cause de Moab et j'élèverai une clameur au sujet de tout Moab*, etc., chap. XXXVI : *c'est pourquoi mon cœur retentit comme un tambour à cause de Moab ;* enfin il prédit leur rétablissement comme aussi celui des Égyptiens, des Ammonites et des Élamites. Il n'est donc pas douteux que les autres nations n'aient, comme les Juifs, leurs Prophètes qui ont prophétisé pour elles et pour les Juifs. Bien que l'Écriture ne fasse mention que du seul Balaam à qui fut révélé l'avenir des Juifs et des autres nations, il ne faut cependant pas croire que Balaam ait prophétisé en cette seule occasion; il ressort en effet très clairement de l'histoire elle-même qu'il s'était distingué depuis longtemps par la prophétie et d'autres dons divins. Quand Balak en effet le fait venir, il dit (Nombres, chap. XXII, *v.* 6) : *parce que je sais que celui que tu bénis est béni, et maudit celui que tu maudis.* Il avait donc cette même vertu que Dieu accorde (voir Genèse, chap. XII, *v.* 3) à Abraham. Balaam en second lieu répond aux envoyés en homme habitué aux prophéties, qu'ils aient à l'attendre jusqu'à ce que la volonté de Dieu lui soit révélée. Quand il prophétisait, c'est-à-dire interprétait la vraie pensée de Dieu, il avait accoutumé de dire de lui-même : *la parole de celui qui entend les paroles de Dieu et qui connaît la science* (ou la pensée et la prescience) *du Très-Haut, qui voit la vision du Tout-Puissant, qui tombe à terre et qui a les yeux ouverts.* Enfin, après qu'il eut béni les Hébreux par ordre de Dieu, il commença (telle était sa coutume en effet) de prophétiser et de prédire l'avenir pour les autres nations. Tout cela indique surabondamment qu'il fut toujours Prophète ou prophétisa plusieurs fois et (cela encore est à noter) qu'il eut ce qui surtout donnait aux Prophètes la certitude de la vérité de la prophétie, savoir un cœur n'ayant d'inclination que pour le juste et le bon. Il ne bénissait pas en effet, ni ne maudissait qui il voulait, comme le pensait Balak, mais seulement ceux que Dieu voulait qui fussent bénis ou maudits; et c'est ainsi qu'il répondit à Balak : *quand Balak me donnerait assez d'argent et d'or pour remplir son palais, je ne pourrais transgresser le commandement de Dieu, et faire du bien et du mal à mon choix; ce que Dieu dira, je le dirai.* Pour ce qui touche la colère de Dieu contre lui, pendant son voyage, la même chose arriva à Moïse quand il allait en Égypte par l'ordre de Dieu (voir Exode, chap. IV, *v.* 24), et quant à l'argent qu'il recevait pour prophétiser, Samuel en faisait autant (voir Samuel, I, chap. IX, *vs.* 7, 8); s'il a péché en quelque autre point (voir à ce sujet Épître II de Pierre, chap. II, *vs.* 15, 16, et Ép. de Jude, 11) : *nul n'est si juste qu'il agisse toujours bien et ne pèche jamais* (voir Ecclés., chap. VII, *v.* 20). Et certes ses discours ont dû avoir toujours beaucoup de force devant Dieu, et sa puissance pour maudire fut assurément très grande, puisqu'on trouve si souvent dans l'Écriture, pour attester la grande miséricorde de Dieu envers les

Hébreux, que Dieu ne voulut pas écouter Balaam et qu'il changea sa malédiction en bénédiction (voir Deut., chap. XXIII, *v.* 6; Josué, chap. XXIV, *v.* 10; Néhem., chap. XIII, *v.* 2); il fut donc indiscutablement très agréable à Dieu, car les discours des impies et leurs malédictions ne touchent pas Dieu le moins du monde. Puis donc que cet homme fut un vrai Prophète et est cependant nommé par Josué *devin*, c'est-à-dire *augure* (chap. XIII, *v.* 32), il est certain que ce nom est pris en bonne part, que ceux que les Gentils avaient accoutumé d'appeler augures et devins furent de vrais Prophètes, et que ceux que l'Écriture accuse et condamne maintes fois furent de faux devins trompant les Gentils comme les faux Prophètes trompaient les Juifs. C'est ce qui ressort d'ailleurs assez clairement d'autres passages de l'Écriture. Nous concluons donc que le don prophétique n'a pas été particulier aux Juifs, mais commun à toutes les nations. Les Pharisiens cependant soutiennent âprement, contrairement à cette conclusion, que ce don divin fut particulier à leur nation et que les autres nations ont prédit l'avenir par je ne sais quelle vertu diabolique (de quelles inventions la superstition n'est-elle pas capable ?). Le texte principal qu'ils produisent pour appuyer leur opinion de l'autorité de l'Ancien Testament est tiré de l'Exode (chap. XXXIII, *v.* 16) où Moïse dit : *pourquoi connaîtra-t-on que moi et mon peuple avons trouvé grâce à tes yeux? certes c'est quand tu marcheras avec nous ; et nous serons séparés, moi et ton peuple, de tout ce qui est à la surface de la terre.* De là ils veulent inférer que Moïse a demandé à Dieu d'être présent aux Juifs et de se révéler à eux par des Prophéties et de n'accorder ensuite cette grâce à aucun autre peuple. Il serait risible, certes, que Moïse eût envié aux autres nations la présence de Dieu ou osé demander à Dieu quoi que ce fût de semblable. En réalité, quand Moïse eut appris à connaître la complexion de sa nation et son âme insoumise, il vit clairement qu'il ne pourrait mener à bonne fin l'œuvre entreprise sans le plus grand des miracles et un secours externe tout particulier de Dieu et que les Juifs périraient sans ce secours; pour qu'il fût bien établi que Dieu voulait les conserver, il demanda donc le secours particulier de Dieu. C'est ainsi qu'il dit (chap. XXXIV, *v.* 9) : *si je trouve grâce à tes yeux, Seigneur, que le Seigneur marche à ma prière parmi nous, car ce peuple est insoumis,* etc. La raison donc pour laquelle il demanda un secours particulier de Dieu, c'est que le peuple était insoumis. Ce qui montre encore plus clairement que Moïse n'a pas demandé autre chose que ce secours externe singulier, c'est la réponse même de Dieu; il répond, en effet (même chap., *v.* 10) : *Voici, je conclus une alliance par laquelle je ferai devant tout ton peuple des merveilles qui n'ont point été faites sur toute la terre ni dans toutes les nations*, etc. Ainsi Moïse n'a en vue que l'élection des Hébreux telle que je l'ai expliquée et n'a pas demandé autre chose à Dieu. Je trouve cependant dans l'Épître de Paul aux Romains un autre texte qui me frappe davantage; je veux parler de ce passage du chapitre III, *vs.* 1, 2, où Paul semble exposer une doctrine différente de la nôtre : *quel est donc, dit-il, l'avantage du Juif, et quel est le profit de la circoncision? Il est grand en toute manière, mais surtout en ce que les paroles de Dieu lui ont été confiées.* Mais si nous considérons attentivement la doctrine que Paul veut avant tout exposer ici, nous ne trouverons rien qui contredise à la nôtre; au contraire, il enseigne précisément ce que nous enseignons; il dit, en effet (même chap., *v.* 29), que Dieu est le Dieu des Juifs et aussi des Gentils, et au chapitre II, *vs.* 25, 26 : *si le circoncis s'écarte de la foi, la circoncision deviendra prépuce et, au contraire, si l'incirconcis observe le commandement de la loi, son prépuce sera réputé circoncision.* Il dit en second lieu (chap. III, *v.* 9, et chap. IV, *v.* 15) que tous également, c'est-à-dire tant les Juifs que les Gentils, sont soumis au péché, et qu'il n'y a pas péché sans le commandement et la loi. De là ressort, avec la dernière évidence, que la Loi a été révélée à tous absolument, comme nous l'avons montré plus haut par Job (chap. XXVIII, *v.* 28) et que tous ont vécu sous elle, je parle de cette loi qui concerne seulement la vertu vraie, non de celle qui est établie à l'égard de chaque État, en rapport avec sa constitution, et adaptée à la complexion propre d'une seule nation. La conclusion de Paul est enfin que Dieu est le Dieu de toutes les nations, c'est-à-dire est également propice à tous et que tous s'étant trouvés également soumis à la loi et au péché, Dieu a envoyé son Christ à toutes les nations pour les délivrer [5] pareillement de la servitude de la loi, de façon que les hommes ne fissent plus ce qui est bien par le commandement de la loi, mais par un décret constant de l'âme. Paul enseigne donc précisément la doctrine que nous soutenons. Quand, par suite, il dit qu'*aux Juifs seulement ont été confiées les paroles de Dieu*, il faut entendre qu'eux seuls ont eu le dépôt des Lois par écrit, tandis que les autres nations en avaient eu seulement la révélation et le dépôt dans l'esprit, ou bien il faut dire (puisqu'il s'applique à repousser une objection ne pouvant venir que des Juifs) que Paul, dans sa réponse, s'est mis à la portée des Juifs et a parlé suivant les opinions alors reçues parmi eux; pour enseigner, en effet, ce qu'il avait en partie vu lui-même, en partie appris par ouï-dire, il était Grec avec les Grecs et Juif avec les Juifs [6].

Il nous reste seulement à répondre aux raisons que croient avoir quelques-uns de se persuader que l'élection des Juifs ne fut pas temporelle et relative au seul empire, mais éternelle. Nous voyons, disent-ils, qu'après la ruine de leur Empire, les Juifs dispersés en tous lieux et séparés de toutes les nations ont survécu tant d'années, ce qui n'a été donné à aucun autre peuple; de plus l'Écriture Sacrée semble enseigner en beaucoup de passages que Dieu a élu les Juifs pour l'éternité et qu'ainsi, en dépit de la ruine de leur empire, ils n'en demeurèrent pas moins les élus de Dieu. Les passages que l'on croit enseigner le plus clairement cette doctrine sont principalement : 1° Jérémie (chap. XXXI, *v.* 36), où le Prophète atteste que la semence d'Israël demeurera dans l'éternité la nation de Dieu, comparant les Juifs avec l'ordre fixe des cieux et de la Nature; 2° Ézéchiel (chap. XX, *v.* 32), où le sens paraît être qu'en dépit de l'application qu'ils pourraient mettre à abandonner le culte de Dieu, Dieu les rassemblera de toutes les régions où ils se sont dispersés et les conduira au désert des peuples comme il conduisit leurs ancêtres au désert d'Égypte, puis enfin, après les avoir séparés des rebelles et des transfuges, les fera monter sur la montagne de sa sainteté où toute la famille d'Israël le servira. Outre ces passages, on a coutume, les Pharisiens surtout, d'en citer d'autres; mais je crois que j'aurai répondu à tous de façon satisfaisante quand j'aurai répondu à ces deux-là; ce que je ferai sans grand-peine en montrant, par l'Écriture elle-même, que Dieu n'a pas élu les Hébreux pour l'éternité, mais seulement dans les mêmes conditions qu'auparavant les Chananéens : comme nous l'avons fait voir ci-dessus, ces derniers eurent aussi des pontifes qui servaient Dieu religieusement et cependant Dieu les rejeta en raison de leur amour du plaisir, de leur mollesse et de leur faux culte. Moïse, en effet, dans le Lévitique (chap. XVIII, *vs.* 27, 28) avertit les Israélites de ne pas se souiller d'incestes comme les Chananéens pour que la terre ne les vomisse pas comme elle a vomi les nations qui habitaient ces contrées; et dans le Deutéronome (chap. VIII, *vs.* 19, 20) il les menace dans les termes les plus exprès d'une ruine totale : *Je vous atteste aujourd'hui*, leur dit-il, *que vous périrez entièrement ; comme les nations que Dieu fait périr devant vous, ainsi périrez-vous.* Et de la même manière on trouve dans la Loi d'autres passages indiquant expressément que Dieu n'a pas élu la nation des Hébreux absolument et pour l'éternité. Si donc les Prophètes leur ont prédit une alliance nouvelle et éternelle, de connaissance de Dieu, d'amour et de grâce, il est facile de se convaincre que cette promesse est faite aux pieux seulement. Dans ce même chapitre d'Ézéchiel que nous venons de citer, il est dit expressément, en effet, que Dieu séparera d'eux les rebelles et les transfuges; et dans Sophonie (chap. III, *vs.* 12, 13) que Dieu détruira les superbes et laissera subsister les pauvres. Puis donc que cette élection concerne la vertu véritable, on ne doit pas penser qu'elle a été promise seulement aux hommes pieux d'entre les Juifs à l'exclusion des autres, mais on doit croire indubitablement que les vrais Prophètes gentils, et nous avons montré que toutes les nations en avaient eu, ont promis la même élection aux fidèles de leurs nations et leur ont apporté la même consolation. Cette alliance éternelle de connaissance et d'amour de Dieu est donc universelle, comme il ressort aussi avec la plus grande évidence de Sophonie (chap. III, *vs.* 10, 11). Ainsi l'on ne doit admettre aucune différence à cet égard entre les Juifs et les Gentils, et il n'y a aucune autre élection particulière aux Juifs en dehors de celle que nous avons déjà exposée. Si les Prophètes, à cette élection qui concerne seulement la vertu véritable, mêlent beaucoup de paroles se rapportant aux sacrifices et à d'autres cérémonies, à la réédification du Temple et de la Ville, c'est qu'ils ont voulu, selon la coutume et la nature de la prophétie, expliquer les choses spirituelles sous des figures propres à faire entendre en même temps aux Juifs, dont ils étaient les Prophètes, que la restauration de l'État et du Temple devait être attendue au temps de Cyrus. Aujourd'hui donc les Juifs n'ont absolument rien à s'attribuer qui doive les mettre au-dessus de toutes les nations. Quant à leur longue durée à l'état de nation dispersée et ne formant plus un État, elle n'a rien du tout de surprenant, les Juifs ayant vécu à part de toutes les nations de façon à s'attirer la haine universelle et cela non seulement par l'observation de rites extérieurs opposés à ceux des autres nations, mais par le signe de la circoncision auquel ils restent religieusement attachés. Que la haine des nations soit très propre à assurer la conservation des Juifs, c'est d'ailleurs ce qu'a montré l'expérience. Quand un roi d'Espagne contraignit les Juifs à embrasser la religion de l'État ou à s'exiler, un très grand nombre devinrent catholiques romains et ayant part dès lors à tous les privilèges des Espagnols de race, jugés dignes des mêmes honneurs, ils se fondirent si bien avec les Espagnols que, peu de temps après, rien d'eux ne subsistait, non pas même le souvenir. Il en fut tout autrement de ceux que le roi de Portugal obligea à se convertir; ils continuèrent à vivre séparés parce qu'ils étaient exclus de toutes les charges honorifiques. J'attribue aussi une telle valeur en cette affaire au signe de la circoncision, qu'à lui seul je le juge capable d'assurer à cette nation juive une existence éternelle; si même les principes de leur religion n'amollissaient leurs cœurs, je croirais sans réserve, connaissant la mutabilité des choses humaines, qu'à une occasion donnée les Juifs rétabliront leur empire et que Dieu les élira de nouveau. De l'importance que peut avoir une particularité telle que la circoncision, nous trouvons un exemple remarquable dans les Chinois : eux aussi conservent très religieusement l'espèce de queue qu'ils ont sur la tête comme pour se distinguer de tous les autres hommes, et par là ils se sont conservés pendant des milliers d'années, dépassant de beaucoup en antiquité toutes les nations; ils n'ont pas maintenu leur empire sans interruption, mais l'ont toujours relevé quand il s'est trouvé ruiné et le relèveront encore sans aucun doute sitôt que le courage des Tartares commencera d'être affaibli par une vie molle et luxueuse. Enfin, si l'on voulait soutenir qu'à tel ou tel titre les Juifs ont été pour l'éternité élus par Dieu, je n'y contredirais pas, pourvu qu'il fût entendu que leur élection, soit temporaire, soit éternelle, en tant qu'elle leur est particulière, se rapporte uniquement à l'empire et aux avantages matériels (nulle autre différence n'existant d'une nation à une autre), tandis qu'à l'égard de l'entendement et de la vertu véritable aucune nation n'a été faite distincte d'une autre, et qu'ainsi il n'en est pas une que Dieu, à cet égard, ait élue de préférence aux autres.

CHAPITRE IV

De la Loi Divine

Le mot de loi pris absolument s'applique toutes les fois que les individus pris un à un, qu'il s'agisse de la totalité des êtres ou de quelques-uns de même espèce, se conforment à une seule et même règle d'action bien déterminée; une loi dépend d'ailleurs tantôt d'une nécessité de nature, tantôt d'une décision des hommes. Une loi dépend d'une nécessité de nature quand elle suit nécessairement de la nature même ou de la définition d'un objet; elle dépend d'une décision prise par les hommes, et alors elle s'appelle plus justement une règle de droit, quand, pour rendre la vie plus sûre et plus commode, ou pour d'autres causes, des hommes se la prescrivent et la prescrivent à d'autres. Que, par exemple, tous les corps, quand ils viennent à en rencontrer d'autres plus petits, perdent de leur mouvement autant qu'ils en communiquent, c'est une loi universelle de tous les corps, qui suit d'une nécessité de nature. De même encore qu'un homme, quand il se rappelle une chose, s'en rappelle aussitôt une autre semblable, ou qu'il avait perçue en même temps que la première, c'est une loi qui suit nécessairement de la nature humaine. Au contraire, que les hommes abandonnent ou soient contraints d'abandonner quelque chose du droit qu'ils ont de nature et s'astreignent à une certaine règle de vie, cela dépend d'une décision humaine. Et tout en accordant sans restriction que toutes choses sont déterminées en vertu des lois universelles de la Nature à exister et à agir d'une certaine manière bien déterminée, je maintiens que des lois de cette sorte dépendent d'une décision prise par les hommes : 1° parce que l'homme, dans la mesure où il est une partie de la Nature, constitue une partie de sa puissance; ce donc qui suit d'une nécessité de la nature humaine, c'est-à-dire de la Nature même en tant que nous la concevons comme définie par la nature humaine, bien que nécessaire, tire son origine de la puissance de l'homme; on peut très bien dire, pour cette raison, que l'établissement de ces lois dépend d'une décision prise par les hommes; puisqu'il dépend en premier lieu de la puissance de l'âme humaine et que cette âme, en tant qu'on la considère comme capable de vérité et d'erreur dans ses perceptions, peut être conçue très clairement sans ces lois, bien qu'elle ne puisse l'être sans une loi nécessaire au sens que nous venons de définir. 2° J'ai dit que ces lois dépendent d'une décision prise par les hommes parce que nous devons définir et expliquer les choses par leurs causes prochaines et que des considérations tout à fait générales sur le destin et l'enchaînement des causes ne nous sont d'aucun usage quand il s'agit de former et d'ordonner nos pensées relatives aux choses particulières. Ajoutons que nous ignorons entièrement la coordination même et l'enchaînement des choses, c'est-à-dire que nous ignorons comment les choses sont ordonnées et enchaînées dans la réalité et qu'ainsi, pour l'usage de la vie, il est préférable et même nécessaire de les considérer comme des possibles [1]. Voilà pour ce qui est de la loi considérée absolument.

C'est toutefois par métaphore que le mot de loi se voit appliqué aux choses naturelles, et communément l'on n'entend pas par loi autre chose qu'un commandement, que les hommes peuvent également exécuter ou négliger, attendu qu'il astreint la puissance de l'homme dans des limites déterminées au-delà desquelles cette puissance s'étend, et ne commande rien qui dépasse ses forces; il semble donc que l'on doive définir la loi plus particulièrement comme une règle de vie que l'homme s'impose à lui-même ou impose à d'autres pour une fin quelconque. Toutefois, comme la vraie fin des lois n'apparaît d'ordinaire qu'à un petit nombre et que la plupart des hommes sont à peu près incapables de la percevoir, leur vie n'étant d'ailleurs rien moins que conforme à la Raison, les législateurs ont sagement institué une autre fin bien différente de celle qui suit nécessairement de la nature des lois; ils promettent aux défenseurs des lois ce que le vulgaire aime le plus, tandis qu'ils menacent leurs violateurs de ce qu'il redoute le plus. Ils se sont ainsi efforcés de contenir le vulgaire dans la mesure où il est possible de le faire, comme on contient un cheval à l'aide d'un frein. De là cette conséquence qu'on a surtout tenu pour loi une règle de vie prescrite aux hommes par le commandement d'autres hommes, si bien que, suivant le langage courant, ceux qui obéissent aux lois, vivent sous l'empire de la loi et qu'ils semblent être asservis. Il est très vrai que celui qui rend à chacun le sien par crainte du gibet, agit par le commandement d'autrui et est contraint par le mal qu'il redoute; on ne peut dire qu'il soit juste; mais celui qui rend à chacun le sien parce qu'il connaît la vraie raison des lois et leur nécessité, agit en constant accord avec lui-même et par son propre décret, non par le décret d'autrui; il mérite donc d'être appelé juste. C'est là, je pense, ce qu'a voulu enseigner Paul quand il a dit que ceux qui vivaient sous l'empire de la loi ne pouvaient être justifiés par la loi : la justice en effet telle qu'on la définit communément est une volonté constante et perpétuelle de rendre à chacun le sien. Dans le même sens, Salomon (Proverbes, chap. XXI, *v.* 15) dit que le Juste a de la joie quand vient le jugement et que les injustes tremblent. Puis donc que la Loi n'est rien d'autre qu'une règle de vie que les hommes se prescrivent à eux-mêmes ou prescrivent à d'autres en vue de quelque fin, il paraît y avoir lieu de distinguer la Loi en humaine et divine. Par loi humaine j'entends une règle de vie servant seulement à la sécurité de la vie et de l'État; par loi divine une règle ayant pour objet seulement le souverain bien, c'est-à-dire la vraie connaissance et l'amour de Dieu. La raison pour laquelle j'appelle une telle loi divine, tient à la nature du souverain bien, que je vais ici même montrer en quelques mots aussi clairement que je pourrai.

L'entendement étant la meilleure partie de notre être, il est certain que si nous voulons vraiment chercher l'utile, nous devons par-dessus tout nous efforcer de parfaire notre entendement autant qu'il est possible, car dans sa perfection doit consister notre souverain bien. De plus, toute notre connaissance et la certitude qui exclut réellement et complètement le doute, dépendent de la seule connaissance de Dieu, tant parce que sans Dieu rien ne peut être ni être conçu, que parce que nous pouvons douter de tout aussi longtemps que nous n'avons pas de Dieu une idée claire et distincte. Il suit de là que notre souverain bien et notre perfection dépendent de la seule connaissance de Dieu, etc. En outre, puisque rien ne peut être ni être conçu sans Dieu, il est certain que tous les êtres de la nature enveloppent et expriment l'idée de Dieu à proportion de leur essence et de leur perfection; par où l'on voit que plus nous connaissons de choses dans la nature, plus grande et plus parfaite est la connaissance de Dieu que nous acquérons, autrement dit (puisque connaître l'effet par la cause n'est autre chose que connaître quelque propriété de la cause), plus nous connaissons de choses dans la nature, plus parfaitement nous connaissons l'essence de Dieu (qui est cause de toutes choses); et ainsi toute notre connaissance, c'est-à-dire notre souverain bien, ne dépend pas seulement de la connaissance de Dieu, mais consiste du tout en elle. Cela suit encore de ce que l'homme est plus parfait à proportion de la nature et de la perfection de la chose qu'il aime par-dessus tout et inversement; celui-là donc est nécessairement le plus parfait et participe le plus à la souveraine béatitude, qui aime par-dessus tout la connaissance intellectuelle de Dieu, c'est-à-dire de l'être tout parfait, et en tire le plus de délectation. C'est donc à cela, je veux dire à la connaissance et à l'amour de Dieu, que se ramène notre souverain bien et notre béatitude. Par suite les moyens que nécessite cette fin de toutes les actions humaines, à savoir Dieu lui-même en tant que son idée est en nous, peuvent être appelés commandements de Dieu, puisqu'ils nous sont prescrits en quelque sorte par Dieu même en tant qu'il existe dans notre âme; et ainsi une règle de vie qui a cette fin pour objet est très bien dite loi divine. Quels sont maintenant ces moyens, quelle règle de vie cette fin nécessite-t-elle? Comment rattacher à cette fin les principes du meilleur gouvernement et régler par sa considération les rapports des hommes entre eux ? Ces questions rentrent dans l'Éthique universelle. Je continuerai ici à parler de la loi divine seulement en général.

Puis donc que l'amour de Dieu est la suprême félicité et la béatitude de l'homme, la fin ultime et le but de toutes les actions humaines, celui-là seul suit la loi divine qui a souci d'aimer Dieu, non par crainte du supplice ni par amour d'une autre chose, telle que les plaisirs, le renom, etc., mais pour cette raison seulement qu'il connaît Dieu, autrement dit qu'il connaît que la connaissance et l'amour de Dieu est le souverain bien. Toute la loi divine donc se résume dans cet unique précepte : aimer Dieu comme un bien souverain; et cela, nous l'avons dit, non par crainte d'un supplice ou d'un châtiment, ni par amour d'une autre chose de laquelle nous désirons du plaisir. La leçon contenue dans l'idée de Dieu, c'est en effet que Dieu est notre souverain bien, autrement dit que la connaissance et l'amour de Dieu est la fin dernière à laquelle doivent tendre toutes nos actions. L'homme charnel toutefois ne peut connaître cette vérité, et elle lui paraît vaine parce qu'il a de Dieu une connaissance trop insuffisante, et aussi parce qu'il ne trouve dans ce souverain bien rien qu'il puisse toucher ou manger ou qui affecte la chair, dont il recherche le plus les délices, puisque ce bien consiste dans la contemplation seule et dans la pensée pure. Mais ceux qui reconnaîtront que rien en eux n'a plus de prix que l'entendement et une âme saine, jugeront sans doute cette vérité très solide. Nous avons ainsi expliqué en quoi consiste essentiellement la loi divine et quelles lois sont des lois humaines : ce sont toutes celles qui visent un autre but, à moins qu'elles n'aient été établies par révélation, car avoir égard à une révélation, c'est aussi une façon de rapporter les choses à Dieu (nous l'avons montré ci-dessus), et en ce sens la loi de Moïse, bien qu'elle ne soit pas universelle et soit surtout adaptée à la complexion propre et à la conservation d'un certain peuple, peut être appelée Loi de Dieu ou Loi divine, puisque nous la croyons établie par la lumière prophétique. Ayant égard maintenant à la nature de la loi divine, nous verrons : 1° qu'elle est universelle, c'est-à-dire commune à tous les hommes, car nous l'avons déduite de la nature humaine prise dans son universalité; 2° qu'elle n'exige pas qu'on ait foi dans des récits historiques, quel qu'en soit le contenu. Puisqu'en effet cette Loi divine naturelle se connaît par la seule considération de la nature humaine, il est certain que nous pouvons la concevoir également bien en Adam et en un autre homme quelconque; dans un homme qui vit parmi les hommes et dans un homme qui mène une vie solitaire. Et la foi dans les récits historiques, alors même qu'elle envelopperait une certitude, ne peut nous donner la connaissance de Dieu ni, conséquemment, l'amour de Dieu. L'amour de Dieu naît de sa connaissance et la connaissance de Dieu doit se puiser dans des notions communes, certaines et connues par elles-mêmes. Il s'en faut donc de beaucoup que la foi dans les récits historiques soit une condition sans laquelle nous ne puissions parvenir au souverain bien. Toutefois, si la foi dans les récits historiques ne peut nous donner la connaissance et l'amour de Dieu, nous ne nions pas que la lecture n'en soit très utile [2] en ce qui concerne la vie civile; plus nous aurons observé, en effet, et mieux nous connaîtrons les mœurs et les conditions des hommes, qu'on ne peut mieux connaître que par leurs actions, plus nous acquerrons de prudence pour vivre parmi eux et mieux nous saurons adapter nos actions et notre vie à leur complexion dans la mesure où cela est raisonnable. Nous voyons : 3° que cette loi divine naturelle n'exige pas de cérémonies rituelles, c'est-à-dire d'actions qui en elles-mêmes sont indifférentes et ne sont appelées bonnes qu'en vertu d'une institution, ou qui figurent [3] un bien nécessaire au salut, ou, si l'on préfère, n'exige pas d'actions dont la justification surpasse l'humaine compréhension. La Lumière Naturelle en effet n'exige rien que n'atteigne cette lumière même et requiert cela seulement qu'elle peut nous faire connaître très clairement comme un bien, c'est-à-dire comme un moyen de parvenir à notre béatitude; or les choses qui sont bonnes seulement par commandement et institution ou parce qu'elles figurent quelque bien, ne peuvent ajouter de perfection à notre entendement et ne sont que de pures ombres; on ne peut les compter au nombre des actions qu'engendre l'entendement et qui sont comme les fruits d'une âme saine. Point n'est besoin de montrer cela plus longuement ici. Nous voyons enfin : 4° que la plus haute récompense de la loi divine consiste à connaître cette loi même, c'est-à-dire Dieu, et à l'aimer en êtres vraiment libres, d'une âme pure et constante, tandis que le châtiment est la privation de ces biens et la servitude de la chair, c'est-à-dire une âme inconstante et flottante.

Après ces observations, nous pouvons rechercher : 1° si par la Lumière Naturelle nous pouvons concevoir Dieu comme un législateur ou un prince prescrivant des lois aux hommes; 2° ce qu'enseigne l'Écriture sacrée au sujet de cette lumière et de cette loi naturelle; 3° à quelle fin les cérémonies religieuses ont été autrefois instituées; 4° enfin quel intérêt il y a à connaître les récits sacrés et à croire en eux. Les deux premiers points seront traités dans ce chapitre, les deux derniers dans le suivant.

Ce qu'il faut admettre au sujet de la première question se déduit facilement de la nature de la volonté de Dieu, qui ne se distingue de l'entendement divin que relativement à notre raison, c'est-à-dire que la volonté de Dieu et son entendement sont en réalité une seule et même chose et ne se distinguent que relativement aux pensées que nous formons au sujet de l'entendement divin. Par exemple, quand nous avons égard seulement à ce que la nature du triangle est contenue de toute éternité dans la nature de Dieu comme une vérité éternelle, alors nous disons que

Dieu a l'idée du triangle, ou conçoit par l'entendement la nature du triangle. Quand ensuite nous avons égard à ce que la nature du triangle est contenue dans la nature de Dieu par la seule nécessité de cette nature et non par la nécessité de l'essence et de la nature du triangle, et même que la nécessité de l'essence et des propriétés du triangle, en tant que conçues comme vérités éternelles, dépend de la seule nécessité de la nature divine et de l'entendement divin, non de la nature du triangle, alors nous appelons volonté ou décret de Dieu cela même que précédemment nous avons appelé entendement de Dieu. Ainsi, relativement à Dieu, c'est tout un de dire que Dieu a de toute éternité voulu et décrété que les trois angles d'un triangle fussent égaux à deux droits, ou que Dieu a conçu cette vérité par son entendement. Il suit de là que les affirmations et les négations de Dieu enveloppent toujours une nécessité, autrement dit une vérité éternelle. Si donc par exemple Dieu a dit à Adam : je ne veux pas que tu manges le fruit de l'arbre de la science du bien et du mal, il impliquerait contradiction qu'Adam pût en manger, et il serait par suite impossible qu'Adam en mangeât. Puisque cependant l'Écriture raconte que Dieu l'a interdit à Adam et que néanmoins Adam en a mangé, on devra dire nécessairement que Dieu a révélé à Adam le mal qui serait pour lui la conséquence nécessaire de cette manducation, mais non la nécessité de la conséquence de ce mal. Par là il arriva qu'Adam a perçu cette révélation non comme une vérité éternelle et nécessaire, mais comme une loi, c'est-à-dire comme une règle instituant qu'un certain profit ou un dommage sera la conséquence d'une certaine action, non par une nécessité inhérente à la nature même de l'action, mais en vertu du bon plaisir et du commandement absolu d'un prince. Ainsi, pour Adam [4] seulement et par suite de son défaut de connaissance, cette révélation devint une loi et Dieu se posa en législateur et en prince. Pour cette même cause et par suite d'un défaut de connaissance, le Décalogue fut une loi pour les Hébreux seulement; ne connaissant pas en effet l'existence de Dieu comme une vérité éternelle, cela même qui leur fut révélé dans le Décalogue, à savoir que Dieu existe et doit seul être adoré, ils durent le percevoir comme une loi; si Dieu leur avait parlé immédiatement sans user d'intermédiaires corporels d'aucune sorte, ils ne l'eussent pas perçu comme une loi, mais comme une vérité éternelle. Ce que nous disons d'Adam et des Israélites, on doit le dire aussi de tous les Prophètes qui ont écrit des lois au nom de Dieu; ils n'ont pas perçu les décrets de Dieu adéquatement, comme on perçoit des vérités éternelles. Il faut dire par exemple de Moïse aussi qu'il a perçu par une révélation, ou tiré des principes à lui révélés, la façon dont le peuple d'Israël pouvait le mieux s'unir dans une certaine région du monde et former une société nouvelle, autrement dit constituer un État; de même la façon dont ce peuple pouvait le mieux être contraint à l'obéissance. Il n'a pas perçu par contre et aucune révélation ne lui a fait connaître que cette façon fût la meilleure, il n'a pas su davantage que, par l'obéissance commune du peuple réuni dans telle région, le but que visaient les Israélites serait nécessairement atteint. Il n'a donc pas perçu toutes ces choses comme des vérités éternelles, mais comme des choses commandées et instituées et les a prescrites comme des lois voulues par Dieu. De là vint qu'on se représenta Dieu comme un régulateur, un législateur, un roi, alors que tous ces attributs appartiennent à la nature humaine seulement et doivent être entièrement écartés de celle de Dieu. Il faut dire cela, affirmé-je, des Prophètes seulement qui, au nom de Dieu, ont écrit des lois, mais non du Christ; du Christ, bien qu'il semble aussi avoir écrit des lois au nom de Dieu, on doit juger au contraire qu'il a perçu les choses en vérité et les a connues adéquatement; car le Christ fut non un Prophète [5] mais la bouche de Dieu. Dieu par l'âme du Christ (ainsi que nous l'avons montré au chapitre I) comme auparavant par les Anges, c'est-à-dire par une voix créée, par des visions, etc., a révélé certaines choses au genre humain. Il serait pour cette raison aussi contraire à la Raison d'admettre que Dieu a adapté ses révélations aux opinions du Christ, que de supposer qu'il les avait précédemment adaptées aux opinions des Anges, c'est-à-dire d'une voix créée et de visions, pour communiquer aux Prophètes les vérités à révéler; supposition telle qu'il n'en peut être de plus absurde; d'autant que le Christ a été envoyé pour enseigner non seulement les Juifs, mais tout le genre humain, de sorte qu'il ne suffisait pas qu'il eût une âme adaptée aux opinions des Juifs seulement; elle devait l'être aux opinions communes à tout le genre humain et aux enseignements universels, c'est-à-dire en rapport avec les notions communes et les idées vraies. Certes Dieu s'est révélé au Christ ou à la pensée du Christ immédiatement et non par des paraboles et des images comme il s'était révélé aux Prophètes. Nous connaissons nécessairement par là que le Christ a vraiment perçu les choses révélées, c'est-à-dire les a connues intellectuellement; car on dit qu'une chose est connue intellectuellement quand elle est perçue par la pensée pure en dehors des paroles et des images. Le Christ donc a perçu les choses révélées et les a connues en vérité; par suite, s'il les a jamais prescrites comme des lois, il l'a fait à cause de l'ignorance et de l'obstination du peuple. En cela il a tenu la place de Dieu, s'adaptant à la complexion du peuple et, bien qu'il ait parlé un peu plus clairement que les Prophètes, enseignant les choses révélées d'une façon encore obscure et souvent par des paraboles, surtout quand il parlait à des hommes à qui il n'avait pas encore été donné de connaître le royaume des cieux (voir Matth., chap. XIII, *v.* 10, etc.). Et sans aucun doute pour ceux à qui il avait été donné de connaître les mystères des cieux, il enseigna ces mêmes choses non comme des lois, mais comme des vérités éternelles; et par là il les libéra de la servitude de la loi et néanmoins la confirma et l'écrivit à jamais au fond des cœurs. C'est là ce que Paul semble indiquer en quelques passages, savoir Epître aux Romains, chapitre VII, verset 8, et chapitre III, verset 32. Toutefois lui aussi ne veut pas parler ouvertement, mais, comme il le dit chapitre III, verset 5, et chapitre VI, verset 19, de la même Epître, il parle suivant la coutume des hommes, ce qu'il fait expressément observer quand il donne à Dieu le nom de juste. Sans doute aussi à cause de la faiblesse de la chair, il attribue à Dieu par fiction la miséricorde, la grâce, la colère, etc., et adapte ses paroles à la complexion du vulgaire, c'est-à-dire (comme il le dit, Epître première aux Corinthiens, chap. III, *vs.* 1, 2) des hommes de chair. Aux chapitre IX, verset 18, de l'Epître aux Romains en effet il enseigne comme vérité absolue que la colère de Dieu et sa miséricorde ne dépendent pas des œuvres des hommes, mais de la seule élection de Dieu, c'est-à-dire de sa volonté; puisque nul n'est justifié par les œuvres de la loi, mais par la foi seule (voir Epître aux Romains, chap. III, *v.* 28), par quoi il n'entend certainement autre chose que le plein consentement de l'âme; et enfin que nul n'est bienheureux s'il n'a en lui l'esprit du Christ (voir Epître aux Romains, chap. VIII, *v.* 9), par où il perçoit en effet les lois de Dieu comme des vérités éternelles. Nous concluons donc que Dieu ne peut être qualifié de législateur, de prince, et n'est appelé juste, miséricordieux, etc., que suivant la façon de comprendre du vulgaire et par un défaut de connaissance. En réalité, Dieu agit et dirige toutes choses par la seule nécessité de sa nature et de sa perfection, et ses décrets et volitions sont des vérités éternelles et enveloppent toujours une nécessité. C'est là ce que je m'étais proposé d'expliquer et de montrer en premier lieu.

Passons maintenant au *second* point, parcourons le Livre sacré et voyons ce qu'il enseigne au sujet de la Lumière Naturelle et de cette loi divine. Le premier texte que nous rencontrons est l'histoire même du premier homme où il est raconté que Dieu commanda à Adam de ne pas manger du fruit de l'arbre de la science du bien et du mal; ce qui semble signifier que Dieu commanda à Adam de faire et de chercher le bien pour cette raison qu'il est le bien et non en tant qu'il est contraire au mal, c'est-à-dire de chercher le bien par amour du bien et non par crainte du mal. Qui fait le bien en effet, nous l'avons montré déjà, par connaissance vraie et amour du bien, agit librement et d'une âme constante; qui au contraire le fait par crainte du mal, agit contraint par le mal qu'il redoute et en esclave, et vit sous le commandement d'autrui. Cet unique précepte donné à Adam par Dieu comprend donc toute la loi divine naturelle et s'accorde entièrement avec l'enseignement de la Lumière Naturelle. Et il ne serait pas difficile d'expliquer toute cette histoire ou parabole du premier homme par ce principe. J'aime mieux cependant omettre cette explication, tant parce que je ne puis être absolument certain que mon explication s'accorde avec la pensée du narrateur, que parce que la plupart n'accordent pas que cette histoire soit une parabole, mais admettent sans réserve qu'elle est un simple récit. Il sera donc préférable de citer ici d'autres passages de l'Écriture empruntés en premier lieu à cet auteur qui parle par la vertu de la lumière naturelle, par où il l'emporta sur tout son siècle, et dont les sentences inspirent au peuple autant de religieux respect que celles des Prophètes; je pense à Salomon dont les livres sacrés célèbrent non le don prophétique et la piété, mais la prudence et la sagesse. Salomon donc, dans ses Proverbes, appelle l'entendement humain une fontaine de vie vraie et fait consister l'infortune dans la seule déraison. Il dit en effet (chap. XVI, *v.* 22) : *L'entendement est pour son seigneur* [o] *une source*

[o] Hébraïsme. Qui possède une chose ou la contient en sa nature est dit le Seigneur de cette chose; ainsi l'oiseau est dit en hébreu le

de vie et le supplice de l'insensé est sa déraison ; or il est à noter que par vie, absolument parlant, on entend en hébreu la vie vraie, comme le montre le Deutéronome (chap. XXX, *v.* 19). Salomon fait donc consister le fruit de l'entendement dans la seule vie vraie et le supplice dans sa seule privation, ce qui s'accorde entièrement avec ce que nous avons noté en quatrième lieu au sujet de la loi divine naturelle. Que d'ailleurs cette source de vie, c'est-à-dire le seul entendement, prescrit des lois aux sages comme nous l'avons aussi montré, c'est ce que ce même sage enseigne ouvertement, car il dit (chap. XIII, *v.* 14) : *La loi du prudent est source de vie*, c'est-à-dire, comme on le voit par le texte cité ci-dessus, qu'elle est l'entendement. De plus, au chapitre III, verset 13, il enseigne très expressément que l'entendement donne à l'homme la béatitude et la félicité ainsi que la vraie tranquillité d'âme. Il dit en effet : *bienheureux l'homme qui a trouvé la science et le fils de l'homme qui a instruit l'entendement.* La raison en est (comme on voit par la suite, *vs.* 16, 17) *que l'entendement donne directement la durée des jours* [o], *indirectement les richesses et l'honneur : ses voies* (celles que la science fait connaître) *sont aimables et tous ses sentiers pacifiques.* Seuls donc les sages, suivant la parole de Salomon, vivent dans la paix et la constance de l'âme et non comme les impies, dont l'âme flotte en proie aux passions contraires et qui par suite (comme le dit Isaïe, chap. LVII, *v.* 20) n'ont ni paix ni repos. Il nous faut noter enfin, surtout dans ces Proverbes de Salomon, ce qui se trouve au second chapitre, attendu que cela confirme très clairement notre manière de voir. C'est ainsi qu'il commence au verset 3 : *Si en effet tu te fais le héraut de la prudence et donnes ta voix à l'intelligence*, etc., *tu connaîtras la crainte de Dieu et trouveras la science* (ou plutôt l'amour, car le mot *jadah* signifie les deux), *Dieu en effet donne la sagesse, de sa bouche* (découle) *la science et la prudence.* Par ces paroles il montre très clairement premièrement que seule la sagesse ou encore l'entendement nous enseigne à craindre Dieu sagement, c'est-à-dire à lui rendre un culte vraiment religieux. Il enseigne en second lieu que la sagesse et la science ont leur source en Dieu et que Dieu nous les donne; c'est

Seigneur des ailes parce qu'il possède des ailes; le Seigneur de l'entendement est l'homme entendant parce qu'il a un entendement. (Note de l'auteur.)

[o] Hébraïsme ne signifiant autre chose que la vie. (Note de l'auteur.)

précisément ce que nous avons montré ci-dessus, à savoir que notre entendement et notre science dépendent de la seule idée ou connaissance de Dieu, en tirent leur origine et y trouvent leur achèvement. Il continue au verset 9 en enseignant très expressément que cette science contient la véritable Ethique et la vraie Politique, lesquelles s'en déduisent : *alors tu connaîtras la Justice et le Jugement et les voies droites* (et) *ton bon chemin ;* non content de cela, il poursuit : *quand la science entrera dans ton cœur et que la sagesse te sera douce, alors ta prévoyance* [o] *veillera sur toi et la prudence te gardera.* Tout cela s'accorde entièrement avec la science naturelle, qui enseigne l'Ethique et la véritable vertu quand nous avons acquis la connaissance des êtres et goûté l'excellence de la science. Ainsi la félicité et la tranquillité de celui qui cultive l'entendement naturel, suivant la pensée même de Salomon, ne dépendent pas du pouvoir de la fortune (c'est-à-dire d'un secours externe de Dieu), mais principalement de sa propre vertu interne (c'est-à-dire d'un secours interne de Dieu), parce qu'en étant vigilant, actif et bien avisé, il pourvoit pour le mieux à sa propre conservation. Il ne faut pas négliger enfin ce passage de Paul qui se trouve au chapitre I, verset 20, de l'Epître aux Romains, et où il est dit (suivant la version que donne Tremellius [6] du texte syriaque) : *les choses divines cachées depuis les fondements du monde sont aperçues par l'entendement dans les créatures de Dieu, de même que sa vertu et sa divinité, qui est éternelle, de sorte qu'ils sont sans excuse.* Il montre ainsi assez clairement la vertu de Dieu et sa divinité éternelle par où se peut savoir et d'où il faut déduire quelles choses doivent être recherchées, quelles évitées; et ainsi il en conclut que tous sont sans excuse et que l'ignorance ne peut être justement alléguée; il n'en serait pas ainsi s'il parlait de la lumière surnaturelle, de la passion soufferte par le Christ dans sa chair et de sa résurrection, etc. Aussi ajoute-t-il plus bas au verset 24 : *Pour cette raison Dieu les a livrés aux concupiscences immondes de leurs cœurs,* etc., jusqu'à la fin du chapitre; ainsi parle-t-il des vices de l'ignorance et les décrit-il comme les supplices de l'ignorance, ce qui s'accorde pleinement avec le Proverbe de Salomon (chap. XVI, *v.* 22) déjà cité : *et le supplice des insensés est leur déraison.* Rien d'étonnant donc que Paul dise : ceux qui font

[o] *Mezima* signifie proprement pensée, délibération et vigilance. (Note de l'auteur.)

le mal sont inexcusables. Car chacun récolte suivant qu'il a semé, le mal engendre le mal nécessairement s'il n'est pas corrigé et le bien engendre le bien s'il s'accompagne de la constance de l'âme. Ainsi l'Écriture recommande absolument la Lumière Naturelle et la Loi divine Naturelle et j'achève ainsi de traiter les questions que je m'étais proposé d'examiner dans ce chapitre.

CHAPITRE V

De la raison pour laquelle des cérémonies ont été instituées et de la foi aux histoires ; pour quelle raison et à quels hommes elle est nécessaire.

Nous avons montré dans le chapitre précédent que la loi divine qui donne aux hommes la véritable béatitude et leur enseigne la vie vraie, est commune à tous les hommes; bien mieux, nous l'avons déduite de la nature humaine de façon qu'on doit l'estimer innée à l'âme humaine et comme écrite en elle. Au contraire, les cérémonies du culte, celles au moins qui se trouvent dans l'Ancien Testament, ont été instituées pour les Hébreux seulement et adaptées à leur État de telle sorte que pour la plus grande part elles n'ont pu être célébrées que par la communauté entière, non par les individus isolés. Il est donc certain qu'elles n'ont point trait à la loi divine et ne contribuent en rien à la béatitude et à la vertu, mais concernent uniquement l'élection des Hébreux, c'est-à-dire (suivant ce que nous avons montré dans le chapitre III), la seule félicité temporelle des corps et la tranquillité de l'État, puisqu'elles ne pouvaient être d'aucun usage sinon pendant la durée de l'État. Si donc, dans l'Ancien Testament, ces cérémonies sont rapportées à la loi de Dieu, c'est seulement parce qu'elles ont été instituées en vertu d'une révélation ou tirées de principes révélés. Toutefois comme un raisonnement, si solide qu'il soit, n'a guère de force aux yeux des Théologiens ordinaires, il convient de confirmer par l'autorité de l'Écriture ce que nous venons de montrer; nous ferons voir ensuite, pour rendre la chose plus claire, pour quelle raison et comment les cérémonies servaient au maintien et à la conservation de l'État des Juifs. Nul enseignement plus clair dans Isaïe que celui qui identifie la loi divine au sens le plus absolu du mot à cette loi universelle consistant en une vraie règle de vie, non du tout aux cérémonies; dans le chapitre I, *v.* 10, le Prophète appelle en effet sa nation à entendre de lui la Loi divine, d'où il commence par exclure les sacrifices de tous genres et toutes les fêtes, après quoi il enseigne la loi elle-même (voir *vs.* 16, 17) et la résume en ce peu de préceptes : purification de l'âme, pratique ou constant usage des vertus, c'est-à-dire des bonnes actions, secours apportés aux pauvres. Non moins éclatant ce témoignage que nous trouvons dans le psaume XL, versets 7, 9; le Psalmiste s'adresse ainsi à Dieu : *tu n'as pas voulu de sacrifice ni d'offrande, tu m'as perforé les oreilles* [o], *tu n'as pas demandé d'holocauste ni d'oblation pour le péché*; *j'ai voulu accomplir ta volonté, mon Dieu, car ta loi est dans mes entrailles.* Il n'a donc en vue que cette loi de Dieu, écrite dans les entrailles ou dans l'âme, et il en exclut les cérémonies; elles ne sont bonnes en effet qu'en vertu d'une institution, non par leur nature propre, et ne sont pas en conséquence écrites dans les âmes. D'autres passages se trouveraient dans l'Écriture pour l'attester, mais il suffit de ces deux citations. Que d'ailleurs les cérémonies n'aident en rien à la béatitude, mais concernent seulement le bien temporel de l'État, cela est établi par l'Écriture même qui, pour l'observation des cérémonies, ne promet que des avantages matériels et des plaisirs charnels, et réserve la béatitude pour la loi divine universelle. Dans les cinq livres, communément attribués à Moïse, il n'est rien promis d'autre, comme nous l'avons dit ci-dessus, que cette félicité temporelle, je veux dire des honneurs ou encore du renom, des victoires, des richesses, des plaisirs et la santé du corps. Et bien qu'outre les cérémonies prescrites, ces cinq livres contiennent beaucoup de préceptes moraux, ces derniers ne s'y trouvent pas en tant qu'enseignements moraux communs à l'universalité des hommes, mais comme des commandements adaptés surtout à la compréhension et à la complexion de la seule nation des Hébreux et se rapportant à la seule utilité de leur État. Par exemple Moïse n'enseigne pas aux Juifs à la façon d'un docteur ou d'un Prophète à ne pas tuer et à ne pas voler; il le leur ordonne à la façon d'un législateur et

[o] Par cette phrase il faut entendre : rendu capable de perception. (Note de l'auteur.)

d'un prince; il ne prouve pas par le raisonnement la vérité de ces enseignements, il joint à des commandements la menace d'un châtiment qui peut et doit varier, comme l'expérience l'a assez montré, suivant la complexion propre à chaque nation. C'est ainsi qu'ordonnant de ne pas commettre l'adultère, il a en vue le bien public seulement et l'intérêt de l'État; s'il avait voulu donner un enseignement moral qui concernât la tranquillité de l'âme et la vraie béatitude des individus, il n'eût pas condamné seulement l'action externe, mais aussi le consentement même de l'âme; comme l'a fait le Christ qui donne seulement des enseignements universels (voir Matth., chap. V, *v.* 28); pour cette raison le Christ promet une récompense spirituelle et non corporelle comme Moïse : le Christ, je l'ai dit, a été envoyé non pour conserver l'État et instituer des lois, mais pour enseigner la seule loi universelle. Par là nous connaissons aisément que le Christ n'a nullement abrogé la loi de Moïse, puisqu'il n'a voulu introduire dans la société aucunes lois nouvelles, et n'a eu d'autre souci que de donner des enseignements moraux et de les distinguer des lois de l'État. Cela surtout à cause de l'ignorance des Pharisiens qui pensaient que, pour vivre dans la béatitude, il suffit d'observer les règles juridiques de l'État, c'est-à-dire la loi de Moïse, alors que cette loi, comme nous l'avons dit, n'a égard qu'au bien de l'État et a servi non à éclairer les Hébreux, mais à les contraindre. Mais revenons à notre propos et citons d'autres passages de l'Écriture qui, pour l'observation des cérémonies, ne promettent rien de plus que des avantages matériels et réservent la béatitude pour la seule loi divine universelle. Nul parmi les Prophètes ne l'a enseigné plus clairement qu'Isaïe; au chapitre LVIII, après avoir condamné l'hypocrisie, recommandé la liberté et la charité envers soi-même et envers le prochain, il fait ces promesses : *alors éclatera ta lumière comme une aurore et ta santé fleurira aussitôt, et ta justice ira devant toi et la gloire de Dieu*[1] *te réunira au troupeau*[o]. Ensuite il recommande aussi la célébration du sabbat et fait cette promesse à ceux qui l'observent avec diligence : *alors tu goûteras du plaisir avec Dieu*[oo] *et je te ferai chevaucher sur*

[o] Hébraïsme, qui désigne le moment de la mort; *se réunir au troupeau des siens* signifie mourir (V. Genèse, chap. XLIX, *vs.* 29, 33). (Note de l'auteur.)

[oo] Cela veut dire : goûter un plaisir honnête, comme on dit en hollandais : *mit Godt en mit eere*, « avec Dieu et avec honneur ». (Note de l'auteur.)

les sommets de la terre [o] *et je ferai que tu manges l'héritage de Jacob ton père, comme l'a dit la bouche de Jéhovah.* Nous voyons donc que le Prophète promet, pour la liberté et la charité, une âme saine dans un corps sain et aussi la gloire de Dieu après la mort; et pour l'observation des cérémonies il ne promet autre chose que la sécurité de l'État, la prospérité et la félicité temporelle. Dans les Psaumes XV et XXIV, il n'est fait nulle mention des cérémonies, mais seulement des enseignements moraux, ce qui tient assurément à ce qu'il est question seulement de la béatitude et qu'elle est le seul objet que se propose l'auteur, bien qu'il en parle par parabole : il est certain en effet que, dans ce texte, il faut entendre par montagne et tentes de Dieu, et par séjour dans ces lieux, la béatitude et la tranquillité de l'âme, non la montagne de Jérusalem ni le tabernacle de Moïse; car ces derniers lieux n'étaient habités par personne et seuls ceux de la tribu de Lévi en avaient l'administration. De plus toutes ces sentences de Salomon citées dans le chapitre précédent promettent la vraie béatitude à ceux-là seuls qui cultivent l'entendement et la sagesse, attendu que seuls ils connaissent vraiment la crainte de Dieu et honorent la science. Que d'ailleurs, après la destruction de leur État, les Hébreux ne sont plus tenus à observer les cérémonies, c'est ce que montre Jérémie qui a vu et prédit la dévastation suspendue sur la ville et dit : *Dieu aime seulement ceux qui savent et connaissent qu'il fait régner dans le monde la miséricorde, le jugement et la justice; dans l'avenir donc ceux-là seuls qui savent cela devront être jugés dignes de louange* (voir chap. IX, *v.* 23), comme s'il disait qu'après la dévastation de la ville, Dieu n'a plus à l'égard des Juifs d'exigence particulière, et leur demande uniquement d'observer la loi naturelle qui astreint tous les mortels. Le Nouveau Testament confirme entièrement cette vérité; là, nous l'avons dit, ne se trouvent que des enseignements moraux, et le royaume des cieux est promis à ceux qui les observent; pour les cérémonies, elles furent abandonnées par les Apôtres après qu'on eut commencé de prêcher l'Évangile aux nations soumises aux lois d'un autre État. Quant au fait que les Pharisiens conservèrent en grande partie les cérémonies israélites après la perte de l'État, il faut y voir une marque d'hostilité contre les chrétiens plutôt qu'un dessein de plaire à Dieu. Après la

[o] Par là il entend : avoir le pouvoir, comme le cavalier tient en main sa monture. (Note de l'auteur.)

première dévastation de la ville en effet, quand les captifs eurent été conduits à Babylone, comme alors ils n'étaient, que je sache, point divisés en sectes, ils négligèrent aussitôt les cérémonies, renoncèrent même à la loi de Moïse, abandonnèrent à l'oubli, comme entièrement superflu, le droit de leur patrie et commencèrent à se mêler aux autres nations, comme il est surabondamment établi par Esdras et Néhémie. Il est donc hors de doute que les Juifs après la dissolution de l'État ne sont pas plus tenus par la loi de Moïse qu'ils ne l'étaient avant la fondation de leur société et de leur État. Aussi longtemps qu'ils ont vécu parmi les autres nations, avant leur sortie d'Égypte, ils n'ont pas eu de lois particulières et n'étaient tenus qu'à l'observation du droit naturel et aussi sans doute des règles en vigueur dans l'État où ils vivaient, en tant qu'elles ne contredisaient pas à la loi divine naturelle. Pour les sacrifices à Dieu offerts par les Patriarches, ils s'expliquent par le désir d'exciter davantage à la dévotion leur âme accoutumée dès l'enfance à ces sacrifices; car tous les hommes, à dater d'Enos, avaient accoutumé d'offrir des sacrifices pour s'exciter le plus possible à la dévotion. Les Patriarches ont sacrifié à Dieu non du tout par le commandement d'une règle divine ni par une connaissance qu'ils auraient tirée des fondements universels de la loi divine, mais par conformité seulement à une habitude de leur temps; et si ces sacrifices leur ont été commandés, ce commandement n'a pas été autre que celui de la loi de l'État où ils vivaient et par laquelle eux aussi étaient tenus, comme nous l'avons déjà noté ici même et aussi au chapitre III en parlant de Melchisédec.

Je pense avoir ainsi confirmé ma manière de voir par l'autorité de l'Écriture; il reste à montrer comment et pour quelle raison les cérémonies servaient à la conservation et au maintien de l'État des Hébreux, ce que je ferai voir, aussi brièvement que je pourrai, par des principes universels. Ce n'est pas seulement parce qu'elle protège contre les ennemis, que la Société est très utile et même nécessaire au plus haut point, c'est aussi parce qu'elle permet de réunir un grand nombre de commodités; car, si les hommes ne voulaient pas s'entraider, l'habileté technique et le temps leur feraient également défaut pour entretenir leur vie et la conserver autant qu'il est possible. Nul n'aurait, dis-je, le temps ni les forces nécessaires s'il lui fallait labourer, semer, moissonner, moudre, cuire, tisser, coudre et effectuer bien d'autres travaux utiles à l'entretien de la vie; pour ne rien dire des arts ni des sciences, qui sont aussi suprêmement nécessaires à la perfection de la nature humaine et à sa béatitude. Nous voyons en effet ceux qui vivent en barbares, sans civilisation, mener une vie misérable et presque animale, et cependant le peu qu'ils ont, tout misérable et grossier, ils ne se le procurent pas sans se prêter mutuellement une assistance quelle qu'elle soit. Si les hommes étaient ainsi disposés par la Nature qu'ils n'eussent de désir que pour ce qu'enseigne la vraie Raison, certes la société n'aurait besoin d'aucunes lois, il suffirait absolument d'éclairer les hommes par des enseignements moraux pour qu'ils fissent d'eux-mêmes et d'une âme libérale ce qui est vraiment utile. Mais tout autre est la disposition de la nature humaine; tous observent bien leur intérêt, mais ce n'est pas suivant l'enseignement de la droite Raison; c'est le plus souvent entraînés par leur seul appétit de plaisir et les passions de l'âme (qui n'ont aucun égard à l'avenir et ne tiennent compte que d'elles-mêmes) qu'ils désirent quelque objet et le jugent utile. De là vient que nulle société ne peut subsister sans un pouvoir de commandement et une force, et conséquemment sans des lois qui modèrent et contraignent l'appétit du plaisir et les passions sans frein. Toutefois la nature humaine ne supporte pas d'être contrainte absolument, et comme le dit Sénèque le Tragique : *nul n'a longtemps exercé un pouvoir de violence, un pouvoir modéré dure.* Aussi longtemps en effet que les hommes agissent seulement par crainte, ils font ce qui est le plus contre leur volonté, et ne considèrent aucunement l'utilité et la nécessité de l'action, mais n'ont souci que de sauver leur tête et de ne pas s'exposer à subir un supplice. Bien plus, il leur est impossible de ne pas prendre plaisir au mal et au dommage du maître qui a pouvoir sur eux, fût-ce à leur grand détriment, de ne pas lui souhaiter du mal et lui en faire quand ils peuvent. Il n'est rien en outre que les hommes puissent moins souffrir qu'être asservis à leurs semblables et régis par eux. Rien de plus difficile enfin que de ravir aux hommes une liberté, après qu'on la leur a concédée. D'où suit premièrement que toute société doit, s'il est possible, instituer un pouvoir appartenant à la collectivité de façon que tous soient tenus d'obéir à eux-mêmes et non à leurs semblables; si le pouvoir appartient à quelques-uns seulement ou à un seul, ce dernier doit avoir quelque chose de supérieur à la nature humaine ou du moins s'efforcer de son mieux de le faire croire au vulgaire. En second lieu, les lois devront être instituées en tout État de façon que les hommes soient contenus moins par la crainte que par l'espoir de quelque bien particulièrement désiré; de la sorte chacun fera son office avec ardeur. Enfin, puisque l'obéissance consiste en ce qu'on exécute des commandements par soumission à la seule autorité du chef qui commande, on voit qu'elle n'a aucune place dans une société où le pouvoir appartient à tous et où les lois sont établies par le consentement commun; et soit que, dans une société de cette sorte, les lois augmentent en nombre, soit qu'elles diminuent, le peuple n'en reste pas moins également libre, puisqu'il n'agit pas par soumission à l'autorité d'autrui, mais par son propre consentement. Il en va tout autrement quand un seul détient un pouvoir absolu; tous alors exécutent les commandements du pouvoir par soumission à l'autorité d'un seul, et ainsi, à moins que les hommes n'aient été dressés dès le principe à être suspendus à la parole du chef qui commande, il lui sera difficile en cas de besoin d'instituer des lois nouvelles et d'enlever au peuple une liberté une fois concédée.

Après ces considérations générales, revenons à l'organisation politique des Hébreux. A leur sortie d'Égypte, ils n'étaient tenus par le droit d'aucune nation, il leur était donc possible d'établir des lois nouvelles selon leur bon plaisir, c'est-à-dire de constituer un droit nouveau, de fonder leur Etat dans le lieu de leur choix et d'occuper les terres qu'ils voudraient. Ils n'étaient toutefois rien moins que préparés à établir sagement des règles de droit et à exercer le pouvoir collectivement puisque tous étaient d'une complexion grossière et déprimés par la servitude subie. Le pouvoir dut donc rester aux mains d'un seul, capable de commander aux autres, de les contraindre par la force, de prescrire enfin des lois et de les interpréter par la suite. Ce pouvoir, Moïse put aisément continuer de le détenir parce qu'il l'emportait sur les autres par une vertu divine, comme il le persuada au peuple et le montra par de nombreux témoignages (voir Exode, chap. XIV, dernier verset, et chap. XIX, *v.* 9); il établit donc et imposa des règles de droit par la vertu divine qui le distinguait. Mais il prit le plus grand soin de faire que le peuple remplît son office moins par crainte que de son plein gré. Deux raisons principales l'y contraignaient: d'abord l'insoumission naturelle du peuple (qui ne souffrait pas d'être dominé par la force seule) et la menace d'une guerre exigeant, pour être heureuse, que les soldats fussent conduits plutôt par la persuasion que par des châtiments et des menaces; de la sorte en effet, chacun s'efforce de se distinguer par son courage et sa grandeur d'âme plutôt que d'échapper seulement au supplice. Pour cette raison Moïse, par sa vertu divine et sur l'ordre divin, introduisit la religion dans l'État, de façon que le peuple fît son office plus par dévotion que par crainte. En second lieu il lia les Hébreux par des bienfaits et leur fit au nom de Dieu de nombreuses promesses pour l'avenir; et il n'établit pas des lois d'une sévérité excessive. Tout cela, on nous l'accordera facilement, si l'on s'applique à l'étude de cette histoire, surtout si l'on a égard aux circonstances qui étaient requises pour la condamnation d'un coupable. Enfin, pour que le peuple, qui ne pouvait pas s'appartenir, fût suspendu à la parole du chef qui commandait, il ne permit pas que ces hommes accoutumés à la servitude fissent rien suivant leur bon plaisir; car le peuple ne pouvait rien faire sans être tenu de se rappeler la loi et d'exécuter les commandements dépendant de la seule décision du chef. Il ne lui était pas permis de faire quoi que ce fût à sa guise, il était tenu de se conformer à un certain rite déterminé pour labourer, semer, moissonner; de même il ne pouvait prendre de nourriture, se vêtir, se soigner la tête et la barbe, se réjouir, ni faire absolument quoi que ce fût, sinon en se conformant à des rites obligatoires et à des commandements prescrits par les lois. Et cela ne suffisait pas encore; il fallait aussi que sur les poteaux placés au seuil des maisons, dans les mains et entre les yeux il eût toujours quelque signe le rappelant à l'obéissance. Tel fut donc le but des cérémonies du culte : faire que les hommes n'agissent jamais suivant leur propre décret, mais toujours sur le commandement d'autrui, et reconnussent dans toutes leurs actions et dans toutes leurs méditations qu'ils ne s'appartenaient en rien mais étaient entièrement soumis à une règle posée par autrui. Il résulte de tout cela plus clair que le jour que les cérémonies du culte ne contribuent en rien à la béatitude, que celles que prescrit l'Ancien Testament, et même toute la loi de Moïse, se rapportent uniquement à l'État des Hébreux et par conséquent à des commodités corporelles [2]. Quant aux cérémonies du culte chrétien telles que le Baptême, la Communion du Seigneur, les fêtes, les oraisons externes et toutes celles qui peuvent exister en outre, et sont et ont toujours été communes à tous les chrétiens, si elles ont été instituées par le Christ ou les

Apôtres (ce qui à mes yeux n'est pas encore bien établi), elles l'ont été à titre de signes extérieurs de l'Église universelle, non comme des choses qui contribuent à la béatitude ou qui aient en elles-mêmes aucun caractère sacré. C'est pourquoi, bien que ces cérémonies n'aient pas été instituées dans un intérêt politique, elles l'ont été cependant en vue de la Société entière, et par conséquent celui qui vit seul n'est nullement lié par elles : bien plus, celui qui vit dans un État où la religion chrétienne est interdite, est tenu de s'abstenir de ces cérémonies et il pourra néanmoins vivre dans la béatitude. Un exemple de cette situation se trouve au Japon, où la religion chrétienne est interdite; les Hollandais qui habitent ce pays, sont tenus, par ordre de la Société des Indes Orientales, de s'abstenir de tout culte extérieur. Je ne pense pas, pour le moment, pouvoir confirmer cela par une autre autorité; et, bien qu'il ne soit pas difficile de le déduire des principes du Nouveau Testament, et peut-être de le montrer en outre par des témoignages clairs, j'aime mieux laisser cette question parce que j'ai hâte d'en traiter une autre. Je continue donc et passe au *deuxième* point que j'ai décidé de traiter dans ce chapitre; savoir, à quels hommes la Foi aux Récits historiques contenus dans les livres saints est nécessaire et pour quelle raison. Pour faire cette recherche à l'aide de la lumière naturelle, il semble qu'on doive procéder de la manière suivante.

Pour faire accepter aux hommes une croyance ou les en détourner, s'il s'agit d'une chose qui n'est pas connue par elle-même, on devra nécessairement partir de certains points accordés et s'appuyer pour convaincre sur l'expérience ou sur la raison, c'est-à-dire sur les faits que, par les sens, les hommes constatent dans la Nature, ou sur des axiomes de l'intellect connus par eux-mêmes. Mais, à moins que l'expérience ne soit telle qu'elle puisse donner lieu à une connaissance claire et distincte, tout en convainquant l'homme, elle n'affectera pas l'entendement et ne dissipera pas les nuages qui l'obscurcissent, comme le fait la déduction dans l'ordre dû de la vérité à établir, appuyée sur les seuls axiomes de l'intellect, c'est-à-dire fondée sur la seule vertu de l'entendement, surtout s'il s'agit d'une chose spirituelle et ne tombant en aucune manière sous les sens. Il faut toutefois le plus souvent, pour établir une vérité par les seules notions de l'intellect, un long enchaînement de perceptions et en outre une extrême prudence, un esprit clairvoyant et une très grande possession de soi, toutes qualités qui se trouvent rarement dans les hommes; par suite ils aiment mieux se laisser instruire par l'expérience que tirer toutes leurs perceptions d'un petit nombre d'axiomes et les enchaîner les unes aux autres. Si donc l'on veut enseigner une doctrine à toute une nation, pour ne pas dire à tout le genre humain, et la faire entendre de tous dans toutes ses parties, on est obligé de l'établir en faisant appel à l'expérience, et d'adapter très exactement ses raisons et les définitions des choses à enseigner à la compréhension de la foule, qui constitue la majeure partie du genre humain, renonçant à enchaîner ses raisons et à donner des définitions comme il faudrait pour pouvoir les mieux enchaîner; autrement on n'écrit que pour les doctes, c'est-à-dire qu'on ne pourra être compris que d'un nombre d'hommes relativement très petit. Puis donc que toute l'Écriture a été révélée à l'usage d'une nation entière au début, et ensuite de tout le genre humain, nécessairement son contenu a dû être adapté à la compréhension de la foule et prouvé par l'expérience seule. Expliquons ce point plus clairement. Les enseignements de l'Écriture, qui sont d'ordre spéculatif, sont essentiellement qu'il y a un Dieu, c'est-à-dire un être qui a fait, dirige et conserve toutes choses avec une sagesse souveraine; qui prend le plus grand soin des hommes, de ceux, veux-je dire, qui vivent pieusement et honnêtement; quant aux autres, il les punit par de nombreux supplices et les sépare des bons. Ces enseignements, l'Écriture les établit par l'expérience seule, je veux dire par les histoires qu'elle raconte; et elle ne donne point de définitions de ces choses, mais adapte toutes ses pensées et toutes ses raisons à la compréhension du vulgaire. Et, bien que l'expérience ne puisse donner de ces choses aucune connaissance claire ni enseigner ce qu'est Dieu et de quelle façon il conserve et dirige toutes choses et prend soin des hommes, elle peut cependant instruire et éclairer les hommes dans une mesure suffisante pour imprimer dans leurs âmes l'obéissance et la dévotion [3]. Je pense avoir suffisamment établi par là à quels hommes la foi aux histoires contenues dans les livres sacrés est nécessaire, et pour quelles raisons; car il suit très évidemment de ce que je viens de montrer que la connaissance de ces histoires et la foi à leur vérité sont nécessaires au plus haut point au vulgaire dont l'esprit est incapable de percevoir les choses clairement et distinctement. En second lieu, que celui qui les nie parce qu'il ne croit pas qu'il y ait un Dieu et une providence, est un impie; celui au contraire qui les ignore et néanmoins croit par la lumière naturelle qu'il y a un Dieu et ce qui s'ensuit, qui d'autre part observe la vraie règle de vie, celui-là possède entièrement la béatitude et la possède même plus réellement que le vulgaire, parce qu'il n'a pas seulement des opinions vraies, mais une connaissance claire et distincte. Il suit enfin de ce que j'ai montré ci-dessus, que celui qui ignore ces histoires de l'Écriture et ne sait rien par la lumière naturelle est sinon un impie, c'est-à-dire un insoumis, du moins un être placé en dehors de l'humanité et presque une brute, et ne possède aucun don de Dieu. Notons toutefois que, parlant ici de l'extrême nécessité pour le vulgaire de connaître les récits de l'Écriture, nous n'entendons pas dire que l'entière connaissance de tous ces récits soit nécessaire, mais seulement de ceux qui ont le plus d'importance et qui, à eux seuls, sans le secours des autres, exposent avec assez d'évidence la doctrine indiquée ci-dessus et ont le plus de force pour mouvoir les âmes humaines. Si en effet tous les récits de l'Écriture étaient nécessaires pour prouver cette doctrine et qu'on ne pût conclure en sa faveur que par la considération de toutes ces histoires, certes la démonstration de cette doctrine et son adoption finale excéderaient la compréhension et les forces non seulement de la foule, mais de l'humanité en général; qui pourrait en effet avoir égard à la fois à un si grand nombre de récits, à tant de circonstances et de parties de la doctrine qu'il faudrait extraire d'histoires si nombreuses et si diverses ? Pour moi du moins je ne puis me persuader que les hommes qui nous ont laissé l'Écriture telle que nous l'avons, aient possédé les qualités d'esprit qui les eussent rendus capables d'une telle démonstration, encore bien moins que la doctrine de l'Écriture ne puisse être comprise qu'après avoir pris connaissance des contestations soulevées dans la maison d'Isaac, des conseils donnés par Achitophel à Absalon, de la guerre civile de Juda et d'Israël et des autres chroniques; ou encore que les premiers Juifs contemporains de Moïse n'aient pas tiré des histoires connues d'eux, aussi facilement que les contemporains d'Esdras, une démonstration de la doctrine de l'Écriture. Mais nous reviendrons plus longuement sur ce sujet par la suite. Le vulgaire donc est tenu de connaître seulement les histoires qui peuvent le plus émouvoir les âmes et les disposer à l'obéissance et à la dévotion. Toutefois le vulgaire est peu capable par lui-même de porter un jugement sur ces matières, d'autant qu'il se plaît aux récits et à l'issue singulière et inattendue des événements plus qu'à la doctrine même enseignée par les histoires; il a pour cette cause besoin, en plus des histoires, de Pasteurs ou Ministres de l'Église qui lui donnent un enseignement en rapport avec la faiblesse de sa complexion spirituelle. Ne nous écartons pas cependant de notre propos et tenons-nous-en à la conclusion que nous avions surtout dessein d'établir; savoir que la foi aux récits, quels qu'ils puissent être finalement, n'a pas de rapport avec la loi divine, ne donne pas aux hommes par elle-même la béatitude, n'a d'utilité qu'autant qu'elle sert à établir une doctrine et qu'enfin à cet égard certaines histoires l'emportent sur d'autres. Les récits contenus dans l'Écriture ont plus de prix que l'histoire profane, et plus de prix les uns que les autres, dans la mesure où l'on peut s'en servir pour répandre des opinions salutaires. Si donc on lit les récits de l'Écriture sacrée et qu'on y ait foi sans avoir égard à la doctrine qu'elle s'est proposé d'enseigner par leur moyen et sans corriger sa vie, c'est exactement comme si on lisait le Coran ou des poèmes dramatiques ou du moins des chroniques ordinaires dans le même esprit que le vulgaire a accoutumé d'apporter à ses lectures; et au contraire, comme nous l'avons dit, on peut ignorer complètement ces récits, si l'on a néanmoins des opinions salutaires et qu'on observe la vraie règle de vie [4], on possède l'absolue béatitude et l'on a vraiment en soi l'esprit du Christ. Les Juifs ont une manière de voir tout autre; ils admettent que les opinions vraies et l'observation de la vraie règle de vie ne servent en rien à la béatitude aussi longtemps qu'on les embrasse par la seule lumière naturelle et non comme des enseignements révélés à Moïse à la manière prophétique : Maïmonide a l'audace de l'affirmer dans ce passage (chap. VIII des Rois [5], loi II) : *quiconque accepte les sept commandements* [o] *et les exécute diligemment, est au nombre des hommes pieux dans les nations et la vie future est son héritage ; pourvu qu'il ait accepté et exécuté ces commandements parce que Dieu les a prescrits dans la loi et nous a révélé par Moïse qu'il avait donné ces commandements auparavant aux fils*

[o] N. B. Les Juifs croient que Dieu a donné à Noé sept commandements qui seuls sont valables pour toutes les nations; il en aurait donné un grand nombre d'autres à la nation des Hébreux, uniquement pour qu'elle jouît d'une béatitude supérieure. (Note de l'auteur.)

de Noé ; mais, s'il les exécute sous la conduite de la Raison, il n'a pas droit de cité parmi nous et n'est pas au nombre des hommes pieux et instruits dans les Nations [6]. Telles sont les paroles de Maïmonide, et Joseph, fils de Shem Tob, ajoute dans son livre *Kebod Elohim* ou *Gloire de Dieu* qu'il n'a servi de rien au salut d'Aristote (qu'il croit avoir écrit l'Éthique suprême, et estime par-dessus tous) de n'avoir méconnu aucun des préceptes appartenant à la véritable morale prescrite et exposée par lui-même dans son Éthique et de les avoir appliqués diligemment, parce qu'il n'avait pas reçu cette doctrine comme une révélation par la voie prophétique, mais l'avait formée sous le commandement de la Raison. Ce ne sont là en vérité que des illusions mensongères n'ayant de fondement ni dans la raison ni dans l'autorité de l'Écriture, comme je crois qu'en conviendra quiconque aura lu attentivement ce chapitre; il suffit donc, pour réfuter cette opinion, d'en rendre compte. Je n'ai pas non plus l'intention de réfuter ceux qui admettent que la Lumière naturelle ne peut rien enseigner de bon sur ce qui touche au salut; cette thèse en effet, ceux-là mêmes qui l'adoptent, puisqu'ils ne se reconnaissent à eux-mêmes aucune Raison droite, ne peuvent la soutenir par aucune raison. Et s'ils se vantent de posséder quelque don supérieur à la Raison, c'est une pure fiction et quelque chose d'inférieur à la Raison, comme le montre leur façon ordinaire de vivre. Mais point n'est besoin de parler d'eux plus ouvertement. J'ajoute seulement qu'on ne peut connaître personne qu'à ses œuvres. Qui donc porte en abondance des fruits tels que la charité, la joie, la paix, l'égalité d'âme, la bonté, la bonne foi, la douceur, l'innocence, la possession de soi, toutes choses auxquelles, comme l'a dit Paul (Épître aux Galates, chap. V, *v*. 22), la loi n'est pas opposée, qu'il ait été instruit par la seule Raison ou par la seule Écriture, est bien réellement instruit par Dieu et possède la béatitude. J'ai donc achevé l'examen des points que je me suis proposé de traiter au sujet de la loi divine.

CHAPITRE VI

Des Miracles

De même que cette science qui dépasse la compréhension de l'homme est appelée divine, les hommes ont accoutumé d'appeler ouvrage divin, c'est-à-dire ouvrage de Dieu, un ouvrage dont la cause est ignorée du vulgaire; le vulgaire pense en effet que la puissance et la providence de Dieu n'apparaissent jamais plus clairement que lorsqu'il semble arriver dans la Nature quelque chose d'insolite et de contraire à l'opinion qu'il en a en vertu d'habitudes acquises; surtout si cet événement est pour lui l'occasion d'un gain ou d'un avantage; et il estime que nulle preuve plus claire ne peut être donnée de l'existence de Dieu qu'une apparente dérogation à l'ordre de la Nature. Pour cette raison, ceux-là lui semblent supprimer Dieu ou au moins la providence de Dieu, qui expliquent les choses et les miracles par des causes naturelles ou s'appliquent à les connaître clairement. Il estime, autrement dit, que Dieu n'agit pas aussi longtemps que la Nature agit suivant l'ordre accoutumé; et au contraire que la puissance de la Nature et les causes naturelles sont inactives quand Dieu agit. Il imagine donc deux puissances numériquement distinctes l'une de l'autre : la puissance de Dieu et celle des choses naturelles, cette dernière déterminée cependant par Dieu en une certaine manière ou créée par Dieu (comme la plupart aiment mieux croire aujourd'hui). Quant à ce qu'il entend par l'une et l'autre et aussi par Dieu et par Nature, il n'en sait rien, sinon qu'il imagine la puissance de Dieu semblable au pouvoir d'une majesté royale, celle de la Nature semblable à une force déchaînée. Le vulgaire donc appelle miracles ou ouvrages de Dieu les ouvrages insolites de la Nature et, tant par dévotion que par désir de protester contre ceux qui cultivent les sciences de la nature, préfère ignorer les causes naturelles des choses et ne veut entendre parler que de ce qu'il ignore le plus et par suite admire le plus. Cela tient à ce qu'il n'y a pour lui de raison d'adorer Dieu et de tout rapporter à sa puissance et à sa volonté, qu'autant qu'on supprime les causes naturelles et imagine des choses supérieures à l'ordre de la Nature; et la puissance de Dieu ne lui paraît jamais plus admirable que lorsqu'il se représente la puissance de la Nature comme vaincue par Dieu. Opinion qui semble avoir son origine chez les premiers Juifs : pour convaincre les Gentils de leur temps qui adoraient des Dieux visibles, tels que le Soleil, la Lumière, la Terre, l'Eau, l'Air, etc., et leur montrer que ces Dieux étaient faibles et inconstants, c'est-à-dire changeants et soumis au commandement d'un Dieu invisible, ces Juifs racontaient leurs miracles et s'efforçaient de montrer en outre par là que toute la Nature était dirigée à leur seul profit par le Dieu qu'ils adoraient. Cela plut tellement aux hommes que jusqu'à notre temps ils n'ont pas cessé de forger par l'imagination des miracles pour qu'on les crût plus aimés de Dieu que les autres et qu'on vît en eux la cause finale en vue de laquelle Dieu a créé et dirige continuellement toutes choses. Quelles ne sont pas les prétentions de l'humaine déraison, l'absence de toute idée saine de Dieu et de la nature, dans la confusion qu'elle fait entre les décisions de Dieu et celles des hommes, dans les limites enfin qu'elle assigne fictivement à la Nature dont elle croit l'homme la partie principale! Mais en voilà assez sur les opinions et les préjugés du vulgaire concernant la Nature et les miracles; toutefois, pour procéder avec ordre en cette matière, je montrerai : 1° qu'il n'arrive rien qui soit contre la Nature et qu'elle conserve un ordre éternel, fixe et immuable et je ferai voir en même temps ce qu'il faut entendre par un miracle; 2° que nous ne pouvons par les miracles connaître ni l'essence, ni l'existence, ni par conséquent la providence de Dieu, tandis qu'on les peut connaître beaucoup mieux par l'ordre fixe et immuable de la Nature. 3° Je montrerai aussi, par quelques exemples tirés de l'Écriture, que l'Écriture elle-même, par décrets et volitions de Dieu et conséquemment providence divine, n'entend rien d'autre que l'ordre même de la Nature, conséquence nécessaire de ses lois éternelles. Enfin, 4° je traiterai de la façon dont il faut interpréter les miracles de l'Écriture et de ce qui est à noter principalement dans les récits des miracles. Telles sont les principales thèses rentrant dans le sujet du présent chapitre, et je crois ces considérations de grande importance pour l'objet même de tout l'ouvrage.

A l'égard de la *première* thèse on en fait voir aisément la vérité par le principe démontré au chapitre IV au sujet de la loi divine : que tout ce que Dieu veut ou détermine enveloppe une nécessité et une vérité éternelles. Nous avons conclu en effet de ce que l'entendement de Dieu ne se distingue pas de sa volonté, que c'est tout un de dire que Dieu veut quelque chose et qu'il conçoit quelque chose : la même nécessité qui fait que Dieu par sa nature et sa perfection conçoit une chose comme elle est, fait aussi qu'il la veut comme elle est. Puis donc que nécessairement rien n'est vrai, sinon par un décret divin, il suit de là très clairement que les lois universelles de la nature sont de simples décrets divins découlant de la nécessité et de la perfection de la nature divine. Si donc quelque chose arrivait dans la Nature qui contredît à ses lois universelles, cela contredirait aussi au décret, à l'entendement et à la nature de Dieu; ou, si l'on admettait que Dieu agit contrairement aux lois de la Nature, on serait obligé d'admettre aussi qu'il agit contrairement à sa propre nature, et rien ne peut être plus absurde. La démonstration pourrait encore se tirer aisément de ce que la puissance de la Nature est la puissance même et la vertu de Dieu, et la puissance de Dieu absolument identique à son essence; mais j'aime mieux laisser cela de côté quant à présent. Il n'arrive donc rien dans la Nature [o] qui contredise à ses lois universelles; ou même qui ne s'accorde avec ses lois ou n'en soit une conséquence. Tout ce qui arrive en effet, arrive par la volonté et le décret éternel de Dieu; c'est-à-dire, comme nous l'avons déjà montré, rien n'arrive que suivant des lois et des règles enveloppant une nécessité éternelle. La Nature observe donc toujours des lois et des règles qui enveloppent, bien qu'elles ne nous soient pas toutes connues, une nécessité et une vérité éternelles, et par suite un ordre fixe et immuable. Aucune bonne raison n'invite à attribuer à la Nature une puissance et une vertu limitées et à croire que

[o] Je n'entends pas ici par Nature la matière seulement et ses affections, mais outre la matière une infinité d'autres choses. (Note de l'auteur.)

ses lois s'appliquent à certaines choses seulement, non à toutes; car puisque la vertu et la puissance de la Nature est la vertu même et la puissance de Dieu, que les lois et règles de la Nature sont les décrets mêmes de Dieu, il faut croire sans restriction que la puissance de la Nature est infinie et que ses lois sont assez larges pour s'étendre à tout ce qui est conçu par l'entendement divin. En juger autrement, ne serait-ce pas admettre que Dieu a créé une Nature si impuissante et établi des lois et des règles si stériles, qu'il est souvent obligé de lui venir en aide pour qu'elle se conserve et que les choses tournent selon son vœu ? et j'estime une telle croyance aussi contraire que possible à la raison. De ces principes donc que rien n'arrive dans la nature qui ne suive de ses lois; que ses lois s'étendent à tout ce que conçoit l'entendement divin; qu'enfin la Nature observe un ordre fixe et immuable, il suit très clairement que le nom de miracle ne peut s'entendre que par rapport aux opinions des hommes et signifie tout uniment un ouvrage dont nous ne pouvons assigner la cause par l'exemple d'une autre chose accoutumée, ou que du moins ne peut expliquer l'auteur relatant le miracle. Je pourrais dire à la vérité qu'un miracle est un événement dont on ne peut assigner la cause par les principes des choses naturelles tels que la Lumière Naturelle les fait connaître; toutefois, puisque les miracles ont été faits à la mesure de la compréhension du vulgaire, lequel ignorait totalement les principes des choses naturelles, il est certain que les anciens ont tenu pour miracle ce qu'ils ne pouvaient expliquer par le moyen dont le vulgaire a coutume d'user pour expliquer les choses naturelles, c'est-à-dire en recourant à sa mémoire pour se rappeler un cas semblable qu'il se représente sans surprise à l'ordinaire; le vulgaire en effet estime assez connaître ce qu'il voit sans surprise. Les anciens donc et presque tous les hommes jusqu'au temps présent n'ont eu d'autre règle applicable aux miracles; il n'est pas douteux en conséquence que les livres saints ne racontent beaucoup de faits soi-disant miraculeux dont il serait facile d'assigner la cause par les principes connus des choses naturelles; nous l'avons déjà indiqué au chapitre II en parlant de l'arrêt du soleil au temps de Josué et de sa rétrogradation au temps d'Achaz, mais nous traiterons ce point plus longuement tout à l'heure, ayant promis de nous occuper dans ce chapitre de l'interprétation des miracles.

Il est temps maintenant de passer à ma *deuxième* proposition, je veux dire de montrer que l'on ne peut connaître l'essence de Dieu non plus que son existence ou sa providence[1] par les miracles, mais au contraire qu'on les perçoit beaucoup mieux par l'ordre fixe et immuable de la Nature; pour le démontrer, je procéderai comme il suit. L'existence de Dieu, n'étant pas connue par elle-même *, doit nécessairement se conclure de notions dont la vérité soit si ferme et inébranlable qu'il ne puisse y avoir ni être conçu de puissance capable de les changer. Du moins faut-il qu'à partir du moment où nous en conclurons l'existence de Dieu elles nous apparaissent telles si nous voulons que notre conclusion ne soit exposée à aucun risque de doute; si nous pouvions concevoir que ces notions fussent changées par quelle puissance que ce fût, nous douterions de leur vérité et par suite nous douterions aussi de notre conclusion, c'est-à-dire de l'existence de Dieu, et ne pourrions jamais être certains de rien. En second lieu nous savons qu'une chose ne s'accorde avec la Nature ou lui contredit qu'autant que nous avons montré qu'elle s'accorde avec ces mêmes notions fondamentales ou leur contredit. Par suite si nous pouvions concevoir que quelque chose arrivât dans la Nature par une puissance (quelle qu'elle pût être) qui contredît à la Nature, c'est donc que cette chose contredirait à ces notions premières et devrait être rejetée comme absurde, ou bien il nous faudrait douter des notions premières (comme nous venons de le montrer) et conséquemment de Dieu et de tout ce que nous avons perçu par un moyen quelconque. Tant s'en faut donc que les miracles, si l'on entend par là des ouvrages qui contredisent à l'ordre de la Nature, nous montrent l'existence de Dieu; ils nous en feraient douter, au contraire, alors que sans les miracles nous pourrions en être certains, je veux dire quand nous savons que tout dans la Nature suit un ordre fixe et immuable. Soit posé cependant qu'un miracle est ce qui ne peut être expliqué par des causes naturelles; cela peut s'entendre en deux sens : ou bien que la chose dont il s'agit a des causes naturelles, mais dont la recherche n'est pas possible à l'entendement humain, ou bien qu'elle ne reconnaît aucune cause sinon Dieu, c'est-à-dire la volonté de Dieu. Mais puisque tout ce qui arrive par des causes naturelles arrive aussi par la seule puissance et la volonté de Dieu, il faudra nécessairement en venir à dire qu'un

* Voir note VI.

miracle, qu'il ait ou n'ait pas des causes naturelles, est un ouvrage qui passe l'humaine compréhension. Or par un tel ouvrage et plus généralement par quoi que ce soit qui dépasse notre compréhension, nous ne pouvons rien connaître. Tout ce, en effet, que nous connaissons clairement et distinctement doit nous être connu ou par soi ou par quelque autre chose qui est connue clairement et distinctement par elle-même. Nous ne pouvons donc par un miracle, c'est-à-dire par un ouvrage qui passe notre compréhension, connaître ni l'essence de Dieu ni son existence, ni quoi que ce soit absolument de Dieu et de la Nature. Au contraire, quand nous savons que tout est déterminé et établi par Dieu et que les opérations qui se font dans la Nature sont des conséquences de l'essence de Dieu, que les lois de la Nature sont des décrets éternels et des volitions de Dieu, il en faut conclure absolument que nous connaissons Dieu et la volonté de Dieu d'autant mieux que nous connaissons mieux les choses naturelles et concevons plus clairement en quelle manière elles dépendent de leur première cause et comment elles opèrent suivant les lois éternelles de la Nature. Eu égard à notre entendement on appellera donc ouvrages de Dieu et on rapportera à sa volonté à bien meilleur droit les ouvrages que nous connaissons clairement et distinctement, que ceux que nous ignorons entièrement, alors même qu'ils occupent l'imagination et ravissent les hommes en admiration; puisque seuls les ouvrages de la Nature que nous connaissons clairement et distinctement nous donnent de Dieu une connaissance plus haute et nous manifestent avec une entière clarté sa volonté et ses décrets. Ceux-là donc montrent à plaisir la frivolité de leur esprit, qui recourent à la volonté de Dieu sitôt qu'ils ignorent quelque chose [2]; façon bien ridicule de confesser leur ignorance. De plus, alors même que nous pourrions conclure quelque chose des miracles, nous ne pourrions en aucune façon en conclure l'existence de Dieu. Un miracle, en effet, est un ouvrage limité et n'exprime jamais qu'une certaine puissance limitée; il est donc certain que d'un tel effet nous ne pouvons conclure l'existence d'une cause dont la puissance soit infinie, mais tout au plus d'une cause dont la puissance soit plus grande que celle de l'effet. Je dis *tout au plus ;* de beaucoup de causes réunies peut suivre, en effet, un ouvrage dont la force et la puissance est inférieure à la vérité, à la puissance de toutes ces causes ensemble, mais de beaucoup supérieure à la puissance de chacune en particulier. Mais puisque les Lois de la Nature (comme nous l'avons déjà montré) s'étendent à une infinité d'objets et sont conçues par nous avec une certaine sorte d'éternité et que la Nature procède suivant ces lois dans un ordre fixe et immuable, ces lois mêmes manifestent, dans la mesure qui leur est propre, l'infinité de Dieu, son éternité et son immutabilité. Nous concluons donc que, par les miracles, nous ne pouvons connaître Dieu, son existence et sa providence et que nous pouvons les conclure bien mieux de l'ordre fixe et immuable de la Nature. Je parle dans cette conclusion d'un miracle en tant qu'on n'entend par là simplement un ouvrage qui passe l'humaine compréhension ou est cru la dépasser; en tant, en effet, qu'il serait supposé détruire ou interrompre l'ordre de la Nature, ou contredire à ses lois, non seulement (nous l'avons montré) il ne pourrait donner aucune connaissance de Dieu, mais, au contraire, il ravirait celle que nous avons naturellement et nous ferait douter de Dieu et de tout. Je ne reconnais ici aucune différence entre un ouvrage contraire à la Nature et un ouvrage surnaturel (c'est-à-dire, comme le prétendent quelques-uns, un ouvrage qui ne contredit pas à la Nature et cependant ne peut être produit ou exécuté par elle). Le miracle, en effet, se produisant non hors de la Nature, mais en elle, alors même qu'on le qualifie seulement de sur-naturel, il interrompt encore nécessairement l'ordre de la Nature que nous concevons autrement comme fixe et immuable en vertu des décrets de Dieu. Si donc il arrivait quelque chose dans la Nature qui ne suivît pas de ses propres lois, cela contredirait à l'ordre nécessaire que Dieu a établi pour l'éternité dans la Nature par le moyen des lois universelles de la Nature; cela donc serait contraire à la Nature et à ses lois et conséquemment la foi au miracle nous ferait douter de tout et nous conduirait à l'Athéisme. Et je pense avoir ainsi établi ce que je me proposais en deuxième lieu par des raisons assez solides; d'où nous pouvons conclure à nouveau qu'un miracle qui serait contraire à la Nature, ou aussi bien sur-naturel, est une pure absurdité; on ne peut, par suite, entendre par miracle dans les livres sacrés qu'un ouvrage de la Nature qui, comme nous l'avons dit, passe la compréhension humaine ou est cru la passer.

Avant de passer à mon troisième point, il me paraît convenable de confirmer par l'autorité de l'Écriture cette manière de voir que je défends; à savoir, que par les miracles nous ne pouvons connaître Dieu. Bien que l'Écriture ne l'enseigne ouvertement nulle part, cela peut aisément se conclure de cette prescription de Moïse (Deut., chap. XIII) qui condamne à mort un Prophète d'erreur en dépit des miracles qu'il fait; il s'exprime ainsi : Quand bien même *il arriverait un signe et un prodige qu'il a prédit*, etc., *garde-toi* cependant *de croire aux paroles de ce Prophète*, etc., parce que le Seigneur *votre Dieu vous tente*, etc. *Que ce Prophète* donc *soit condamné à mort*, etc., d'où il suit clairement que même de faux Prophètes peuvent faire des miracles et que les hommes, s'ils ne sont pas défendus par la vraie connaissance et l'amour de Dieu, peuvent par les miracles s'attacher aussi facilement à de faux Dieux qu'au Vrai Dieu. Moïse ajoute en effet : *parce que le Seigneur votre Dieu vous tente pour savoir si vous l'aimez d'un cœur pur et de toute votre âme.* En second lieu les Israélites, avec tant de miracles, n'ont jamais pu former de Dieu une idée saine comme l'atteste l'expérience. Quand ils se persuadèrent en effet que Moïse était parti, ils demandèrent à Aaron des dieux visibles, et un veau, quelle honte! figura pour eux cette idée de Dieu que tant de miracles leur avaient enseigné à former. Asaph, en dépit des nombreux miracles dont il avait ouï parler, douta de la providence de Dieu et se fût écarté de la voie droite s'il n'avait connu enfin la vraie béatitude (voir Psaume LXXIII). Même Salomon dans un temps de grande prospérité pour les Juifs soupçonne que tout arrive par chance (voir Ecclésiaste, chap. III, *vs.* 19, 20, 21, et chap. IX, *vs.* 2, 3, etc.). Pour presque tous les Prophètes enfin ce fut une question très obscure que de savoir comment l'ordre de la Nature et les événements humains peuvent s'accorder avec l'idée qu'ils avaient formée de Dieu, tandis que les Philosophes, s'efforçant de connaître les choses, non par des miracles, mais par des idées claires, l'ont toujours trouvée très claire; ceux, veux-je dire, qui font consister la vraie félicité dans la seule vertu et la tranquillité de l'âme et dont l'effort ne tend pas à se soumettre la Nature, mais au contraire à lui obéir, d'autant qu'ils savent avec certitude que Dieu a égard non au genre humain seulement, mais à la Nature entière. Il est donc établi par l'Écriture même que les miracles ne donnent pas la vraie connaissance de Dieu ni n'enseignent clairement la providence de Dieu. A la vérité l'on trouve souvent dans l'Écriture que Dieu a fait des prodiges pour se faire connaître des hommes, comme par exemple dans l'Exode (chap. X, *v.* 2) on voit qu'il a trompé les Égyptiens et a donné de lui-même des signes pour que les Israélites connussent qu'il était Dieu; il ne suit pas de là cependant que les miracles donnent réellement de tels enseignements, mais seulement que, les opinions des Juifs étant ce qu'elles étaient, ils pouvaient aisément se laisser convaincre par des miracles. Nous avons clairement montré plus haut au chapitre II que les arguments d'ordre prophétique ou, ce qui revient au même, appuyés sur une révélation, ont pour point de départ non des notions universelles et communes, mais un simple accord entre des croyances qui peuvent être absurdes, ou encore les opinions de ceux à qui la révélation est faite, autrement dit, que l'Esprit saint veut convaincre. De cela, nous avons donné beaucoup d'exemples et même nous l'avons illustré par le témoignage de Paul qui était Grec avec les Grecs et Juif avec les Juifs. Mais si ces miracles pouvaient convaincre les Égyptiens et les Juifs en vertu des croyances sur lesquelles ils s'accordaient, ils ne pouvaient donner cependant de Dieu une idée vraie et une véritable connaissance; ils pouvaient faire seulement qu'on accordât l'existence d'une Divinité plus puissante qu'aucune chose connue, et qui avait souci des Hébreux, auxquels tout réussissait alors au delà de leurs espérances, plus que des autres hommes; ils ne pouvaient faire qu'on sût que Dieu a de tous un égal souci; cela, le Philosophe seul peut l'enseigner. Aussi les Juifs et tous ceux qui doivent leur idée de la Providence Divine aux dissemblances et aux inégalités de fortune observées dans les affaires humaines, ont-ils acquis la conviction que les Juifs étaient plus aimés de Dieu que les autres, bien qu'ils ne l'emportassent pas sur les autres en vraie perfection humaine, comme nous l'avons déjà montré au chapitre III.

Je passe donc au *troisième* point, c'est-à-dire, je vais montrer par l'Écriture que les décrets et commandements de Dieu ne sont rien en réalité que l'ordre de la Nature; autrement dit, quand l'Écriture dit que telle chose ou telle autre est arrivée par la volonté de Dieu, il faut entendre en réalité simplement que cela est arrivé conformément aux lois et à l'ordre de la Nature, non du tout, comme le croit le vulgaire, que la Nature a pour un temps cessé d'agir ou que son ordre a été interrompu. Toutefois l'Écriture n'enseigne pas directement ce qui ne concerne pas sa doctrine propre, parce que son objet n'est pas (nous l'avons montré à propos de la loi divine) de faire connaître les choses par des causes naturelles, non plus que de donner un enseignement spéculatif. Il faut donc arriver par voie de conséquence à ce que nous voulons ici prouver, mettant à profit pour cela certains récits de l'Écriture par chance plus longs et plus circonstanciés; j'en citerai donc quelques-uns de cette sorte. Dans le livre I de Samuel (chap. IX, *vs.* 15-16) se trouve le récit de la révélation faite à Samuel par Dieu qui doit lui envoyer Saül : Dieu cependant n'envoye pas Saül à Samuel à la façon dont les hommes ont accoutumé d'envoyer l'un d'eux à quelque autre; cette mission de Dieu ne fut autre que l'ordre de la Nature : Saül cherchait des ânesses qu'il avait perdues (tel est le récit du chapitre cité) et déjà se demandait s'il ne rentrerait pas sans elles à la maison, quand, par le conseil d'un serviteur, il alla trouver le Prophète pour savoir de lui où il les trouverait; et dans tout le récit rien n'indique qu'en dehors de cette raison, conforme à l'ordre de la Nature, Saül ait reçu de Dieu aucun commandement d'aller trouver Samuel. Dans le psaume CV, verset 24, il est dit que Dieu changea les dispositions des Égyptiens et fit qu'ils prirent les Israélites en haine; or le changement fut entièrement naturel, comme le montre le chapitre I de l'Exode, où est exposée la raison grave qui poussa les Égyptiens à réduire les Israélites en servitude. Au chapitre IX, verset 13, de la Genèse, Dieu dit à Noé qu'il ferait apparaître l'arc-en-ciel dans la nuée; or cette action de Dieu se confond avec la réfraction et la réflexion des rayons du soleil que les rayons eux-mêmes subissent dans les gouttes d'eau. Dans le psaume CXLVII, verset 18, l'action naturelle d'un vent chaud qui liquéfie le givre et la neige est dénommée le Verbe de Dieu. Au verset 15, le vent froid est appelé la parole et le Verbe de Dieu; le vent et le feu sont dans le psaume CV, verset 4, les envoyés et les ministres de Dieu. Et l'on trouve dans l'Écriture plusieurs passages de cette sorte indiquant très clairement que le décret de Dieu, son commandement, sa parole et son Verbe ne sont autre chose que l'action même et l'ordre de la Nature. Il n'est donc pas douteux que tout ce qui est raconté dans l'Écriture, ne soit arrivé naturellement; et cependant ces faits sont rapportés à Dieu parce que l'objet de l'Écriture comme nous l'avons déjà montré, n'est pas de faire connaître les choses par des causes naturelles, mais seulement de raconter des choses qui puissent tenir une grande place dans l'imagination et cela suivant une méthode et dans un style propres à exciter le plus possible l'admiration et à imprimer en conséquence la dévotion dans l'âme du vulgaire. Si donc nous trouvons relatés dans les livres sacrés certains faits dont nous ne connaissons pas les causes et qui semblent être arrivés en dehors de l'ordre de la Nature, ou même contrairement à lui, nous ne devons pas nous y arrêter, mais croire que tout ce qui est réellement arrivé est arrivé naturellement. Cette manière de voir est encore confirmée par la présence dans les miracles de plusieurs circonstances montrant la nécessité des causes naturelles, encore que ces circonstances soient parfois omises dans le récit, surtout quand le narrateur use d'un style poétique. C'est ainsi que, pour infecter les Égyptiens, il fallut que Moïse jetât de la cendre en l'air (voir Exode, chap. IX, *v.* 10). Les sauterelles aussi s'abattirent sur l'Égypte par un commandement naturel de Dieu, savoir : un vent d'Est qui souffla un jour entier et une nuit, et elles furent chassées par un vent d'Ouest très violent (voir Exode, chap. X, *vs.* 14, 19). Par le même commandement de Dieu la mer s'ouvrit pour laisser passer les Juifs (voir Exode, chap. XIV, *v.* 21), l'Eurus souffla très violemment pendant une nuit entière. Ailleurs, pour qu'Élisée ressuscitât l'enfant qu'on croyait mort, il fallut qu'il restât couché quelque temps auprès de lui, jusqu'à ce que l'enfant fût réchauffé d'abord et enfin ouvrît les yeux (voir Rois, liv. II, chap. IV, *vs.* 34, 35). De même encore l'Évangile de Jean (chap. IX) relate certaines circonstances dont le Christ fit usage pour guérir l'aveugle, et l'on trouve ainsi dans l'Écriture beaucoup d'autres passages montrant tous suffisamment que les miracles requièrent autre chose que le commandement absolu, comme on le dit, de Dieu. Il faut donc croire, bien que les circonstances et les causes naturelles des événements miraculeux ne soient ni toujours ni toutes relatées, qu'elles ne firent jamais défaut. Cela se voit par l'Exode (chap. XIV, *v.* 27) où il est seulement raconté que, par le simple geste de Moïse, la mer fut réduite à l'obéissance et où nulle mention n'est faite du vent bien que suivant le Cantique (chap. XV, *v.* 10) cela soit arrivé parce que Dieu souffla de son vent (c'est-à-dire d'un vent très violent); l'omission de cette circonstance fait paraître le miracle plus grand. Mais peut-être, insistera-t-on, trouvons-nous dans les Écritures un grand nombre de faits qui semblent ne pouvoir en aucune façon être expliqués par des causes naturelles : que par exemple les péchés des hommes et leurs prières peuvent être une cause de pluie et de fertilité pour la terre, ou que la foi peut guérir les aveugles et autres faits du même genre relatés dans les livres. Je pense avoir déjà répondu à cette objection; j'ai montré en effet que l'Écriture ne fait pas connaître les choses par leurs causes prochaines, mais les raconte seulement dans un ordre tel et avec des phrases de telle sorte qu'elles puissent exciter le plus possible les hommes et surtout la foule à la dévotion. Pour cette raison elle parle très improprement de Dieu et des choses, je veux dire, parce qu'elle s'applique non à convaincre la Raison, mais à affecter et occuper le plus possible la fantaisie et l'imagination. Si l'Écriture racontait la ruine d'un État à la manière des historiens politiques, cela ne remuerait en aucune façon la foule; l'effet est très grand au contraire quand on dépeint ce qui est arrivé d'un style poétique et qu'on le rapporte à Dieu, comme elle a accoutumé de le faire. Quand donc l'Écriture raconte que la terre est stérile à cause des péchés des hommes, ou que des aveugles sont guéris par la foi, ces récits ne doivent pas plus nous émouvoir que lorsqu'elle raconte qu'à cause des péchés des hommes Dieu s'est irrité, contristé, repenti du bien promis ou déjà fait, ou encore que Dieu se rappelle sa promesse à la vue d'un signe et beaucoup d'autres histoires qui sont des inventions poétiques ou expriment les opinions et les préjugés du narrateur. Nous concluons donc absolument que tout ce que l'Écriture raconte vraiment comme étant arrivé s'est produit nécessairement suivant les lois de la Nature, comme tout ce qui arrive; et s'il se trouve quelque fait duquel on puisse prouver apodictiquement qu'il contredit aux lois de la Nature ou n'a pas été produit par elles, on devra croire pleinement que c'est une addition faite aux Livres sacrés par des hommes sacrilèges. Tout ce qui est contraire à la Nature est en effet contraire à la Raison; et ce qui est contraire à la Raison est absurde et doit en conséquence être rejeté.

Il ne reste plus qu'à présenter quelques observations sur l'interprétation des miracles, ou plutôt, car le principal a été dit, à rassembler et à illustrer par un ou deux exemples ce que je me suis proposé d'établir en *quatrième* lieu à ce sujet. Je veux le faire par crainte qu'un miracle mal interprété n'éveille le soupçon que certaines choses dans l'Écriture contredisent à la Lumière Naturelle. Il est très rare que les hommes racontent une chose simplement comme elle est arrivée, sans y rien mêler de leur propre manière de juger. Il y a plus : quand ils voient ou entendent quelque chose de nouveau, à moins d'être très en garde contre leurs opinions préconçues, ils en ont l'esprit tellement occupé qu'ils perçoivent tout autre chose que ce qu'ils voient ou apprennent d'autrui, surtout quand il s'agit d'une chose qui passe la compréhension du narrateur ou de l'auditeur, et au plus haut point quand il a intérêt à ce qu'elle soit arrivée d'une certaine façon. D'où cette conséquence que dans leurs chroniques et leurs histoires les hommes racontent leurs propres opinions plus que les faits réellement arrivés ; le même cas est raconté par deux hommes d'opinions différentes d'une manière si différente qu'ils semblent parler de deux cas distincts ; enfin il n'est pas très difficile souvent de remonter des récits aux opinions du chroniqueur et de l'historien. Je pourrais, si je ne le jugeais superflu, apporter ici en confirmation beaucoup d'exemples tant de chroniqueurs, que de Philosophes ayant écrit l'histoire de la nature ; je me contenterai d'un seul exemple tiré de l'Écriture, le lecteur jugera des autres. Au temps de Josué les Hébreux (nous en avons fait plus haut l'observation) croyaient que le soleil se meut du mouvement appelé diurne, tandis que la terre reste immobile ; à cette opinion préconçue ils adaptèrent le fait miraculeux qui arriva pendant leur combat contre les cinq rois. Ils ne racontèrent pas en effet simplement que le jour avait duré plus que de coutume, mais que le soleil et la lune s'étaient arrêtés, c'est-à-dire que leur mouvement s'était interrompu. Ainsi présentée, l'histoire pouvait leur être grandement utile, dans ce temps-là, pour convaincre les Gentils qui adoraient le soleil, et leur prouver par l'expérience même que le soleil est sous le pouvoir d'une autre divinité qui, d'un geste, l'oblige à changer son cours naturel. A la fois par religion donc et par opinion préconçue, ils conçurent et racontèrent la chose tout autrement qu'elle n'avait pu se passer réellement. Pour interpréter les miracles de l'Écriture et connaître, par les récits qu'elle en donne, comment les choses se sont réellement passées, il est donc nécessaire de connaître les opinions des premiers narrateurs et de ceux qui, les premiers, mirent le récit par écrit, et de distinguer ces opinions de la représentation sensible que purent avoir les témoins des faits rapportés ; sans quoi nous confondrons avec le miracle lui-même, tel qu'il est arrivé, les opinions et les jugements de ceux qui le racontent. Et non seulement pour éviter cette confusion, mais aussi pour ne pas confondre les choses qui sont réellement arrivées avec les choses imaginaires qui ne furent que des visions prophétiques, il nous importe de connaître les opinions du narrateur. Beaucoup de choses sont rapportées comme réelles dans l'Écriture et étaient même crues réelles, qui n'étaient que des visions et des choses imaginaires : que par exemple Dieu (l'Être suprême) descendit du ciel (voir Exode, chap. XIX, *v.* 18, et Deut., chap. V, *v.* 19) et que le mont Sinaï fumait parce que Dieu y était descendu entouré de feu; qu'Élie monta au ciel dans un char de feu et avec des chevaux de feu; toutes choses qui ne sont assurément que des visions en rapport avec les opinions de ceux qui nous ont raconté leurs visions comme ils se les ont représentées, c'est-à-dire comme des réalités. Tous ceux en effet qui ont un peu plus de connaissance que le vulgaire savent que Dieu n'a ni droite, ni gauche, qu'il ne se meut ni ne reste immobile, qu'il n'est en aucun lieu, mais absolument infini, et que toutes les perfections sont contenues en lui. Ceux-là, dis-je, savent cela qui jugent des choses par les perceptions de l'entendement pur et non suivant la disposition que les sens externes impriment à l'imagination, comme le fait le vulgaire qui forge en conséquence un Dieu corporel, investi du pouvoir royal et dont le trône s'appuie à la voûte du ciel, au-dessus des étoiles, que l'ignorant ne croit pas à une distance extrêmement grande de la terre. Avec ces opinions et d'autres semblables (nous l'avons dit) sont en rapport un grand nombre de cas relatés dans l'Écriture et qui ne doivent pas être acceptés comme réels par les Philosophes. Pour connaître enfin les événements miraculeux tels qu'ils sont arrivés, il importe de savoir de quels tours et de quelles figures de rhétorique usent les Hébreux; si l'on n'y a pas égard, on introduira dans l'Écriture beaucoup de miracles fictifs, que ceux qui l'ont rédigée n'ont jamais pensé à raconter, si bien qu'on ignorera du tout non seulement les faits et les miracles tels qu'ils sont réellement arrivés, mais la pensée même des auteurs des livres sacrés. Par exemple Zacharie (chap. XIV, *v.* 7), parlant d'une guerre future, dit : *et il y aura un jour unique, connu seulement de Dieu*, car ce ne sera *ni jour ni nuit, mais au soir de ce jour la lumière sera.* Il semble par ces paroles prédire un grand miracle et cependant il ne veut rien dire sinon que l'issue de la guerre, connue de Dieu seul, sera douteuse tout le jour et qu'au soir on aura la victoire; c'est par des phrases semblables que les Prophètes avaient accoutumé de prédire les victoires et les défaites de la nation. C'est ainsi que nous voyons Isaïe décrire au chapitre XIII la destruction de Babylone : *car les étoiles du ciel et ses astres n'éclaireront pas de leur lumière ; le soleil s'obscurcira à son lever et la lune n'enverra pas la clarté de sa lumière.* Je ne pense pas que personne croie que cela soit arrivé quand l'empire de Babylone fut détruit, non plus que ce qu'il ajoute un peu après : *pour cela je ferai trembler les cieux et la terre sera changée de place.* De même encore Isaïe (chap. XLVIII, *v.* [avant-] dernier), pour signifier aux Juifs qu'ils reviendraient saufs de Babylone à Jérusalem et ne souffriraient pas de la soif pendant la route, dit : *et ils n'eurent pas soif, il les conduisit à travers le désert, il fit couler pour eux l'eau de la pierre, il rompit la pierre et les eaux jaillirent.* Il veut dire par ces paroles simplement que les Juifs trouveront au désert, comme il est arrivé en effet, des fontaines qui apaiseront leur soif; en effet quand, du consentement de Cyrus, ils revinrent à Jérusalem, on ne voit pas qu'il soit arrivé de miracles semblables. On rencontre dans les livres sacrés de nombreux exemples de cette sorte : ce sont manières de dire en usage parmi les Hébreux et point n'est besoin de les passer ici toutes en revue. Je veux noter seulement que ces façons de s'exprimer habituelles aux Hébreux ne sont pas seulement des ornements littéraires, mais aussi et même principalement des marques de dévotion. Pour cette raison on trouve dans les livres *bénir Dieu* pour *maudire* (voir Rois, livre I, chap. XXI, *v.* 10, et Job, chap. II, *v.* 9); pour la même raison ils rapportaient tout à Dieu et par suite l'Écriture semble ne raconter que des miracles, alors qu'elle parle des choses les plus naturelles; nous en avons déjà donné des exemples plus haut. Quand l'Écriture dit que Dieu a endurci le cœur de Pharaon, il faut donc croire que cela veut simplement dire : Pharaon s'obstina. Et quand il est dit que Dieu ouvrit les fenêtres du ciel, cela signifie que la pluie tomba en abondance [3]; et ainsi du reste. Si l'on a loyalement égard à cette particularité et aussi à ce que beaucoup de récits sont d'une brièveté excessive, très peu circonstanciés et presque tronqués, on ne trouvera presque rien dans l'Écriture que l'on puisse démontrer qui contredise à la Lumière Naturelle, et beaucoup de passages, qui ont paru très obscurs, deviendront intelligibles avec un peu de réflexion et faciles à interpréter.

Je pense avoir ainsi montré assez clairement ce que je m'étais proposé; avant cependant de clore ce chapitre, il me reste encore une observation à faire : j'ai suivi en ce qui concerne les miracles une méthode entièrement différente de celle que j'avais adoptée pour la Prophétie. De la Prophétie je n'ai rien affirmé que ce que j'ai pu conclure des principes révélés dans les livres sacrés, dans ce chapitre je me suis appuyé principalement sur les principes connus par la Lumière Naturelle. Je l'ai fait à dessein parce que la Prophétie, par elle-même, dépasse la compréhension humaine et est une question de pure Théologie; je ne pouvais donc rien affirmer ni savoir à son sujet que par les données fondamentales de la révélation et j'ai été par suite obligé de considérer d'abord la prophétie en historien [4] et de tirer de mon enquête quelques dogmes de nature à me faire connaître, dans la mesure du possible, sa nature et ses propriétés. Dans la question des miracles au contraire, l'objet de notre enquête (à savoir si l'on peut accorder que quelque chose arrive dans la Nature qui contredise à ses lois ou ne puisse s'en déduire) étant purement philosophique, je n'avais besoin de rien de semblable; j'ai même jugé plus avisé de résoudre cette question à l'aide des fondements connus et autant que possible les mieux connus par la Lumière Naturelle. Je dis que j'ai cru plus avisé; car je pouvais facilement la résoudre par des dogmes et des données tirés de la seule Écriture et je vais le montrer ici en peu de mots pour que tout le monde le voie. L'Écriture affirme, en quelques passages, de la Nature en général qu'elle observe un ordre fixe et immuable, par exemple dans le psaume CXLVIII, verset 6, et dans Jérémie (chap. XXXI, *vs*. 35, 36). Le Philosophe en outre dans son Ecclésiaste (chap. I, *v*. 10) enseigne très clairement qu'il n'arrive rien de nouveau dans la Nature, et aux versets 11, 12 il éclaircit cette sentence en ajoutant qu'à la vérité quelque chose qui semble nouveau arrive parfois, mais que cette nouveauté n'est pas réelle, le même cas s'étant produit dans les siècles antérieurs dont le souvenir est entièrement perdu; car, ainsi qu'il le dit, nul souvenir des temps anciens ne subsiste aujourd'hui et la postérité n'aura aucun souvenir des hommes de notre temps. Plus loin (chap. III, *v*. 11), il dit que Dieu a tout réglé diligemment au temps des anciens et, au verset 14, qu'il sait que tout ce que fait Dieu demeurera dans l'éternité, que rien ne s'y ajoutera et que rien n'en sera retranché. Tout cela fait connaître très clairement que la Nature observe un ordre fixe et immuable, que Dieu a toujours été le même dans tous les siècles connus et inconnus de nous, que les lois de la Nature sont parfaites et fertiles à ce point que rien n'y peut être ajouté ni en être retranché, et qu'enfin les miracles ne semblent quelque chose de nouveau qu'à cause de l'ignorance des hommes. Cela donc, l'Écriture l'enseigne expressément, mais nulle part elle n'enseigne qu'il arrive dans la Nature quelque chose qui contredise à ses lois ou qui ne puisse s'en déduire ; il ne faut donc pas non plus introduire cette fiction dans l'Écriture. Ajoutons que les miracles requièrent (comme nous l'avons déjà montré) des causes et des circonstances et ne sont pas la conséquence de je ne sais quel pouvoir royal attribué fictivement à Dieu par le vulgaire, mais d'un pouvoir et d'un décret divins, c'est-à-dire (comme nous l'avons montré par l'Écriture même) des lois de la Nature et de son ordre, et qu'enfin des miracles peuvent être faits même par des maîtres d'erreur, comme on peut s'en convaincre par le chapitre XIII du Deutéronome et le chapitre XXIV, verset 24, de Matthieu. De là suit avec la plus grande évidence que les miracles étaient des choses naturelles et qu'il faut, par suite, les expliquer de telle sorte qu'ils ne paraissent ni nouveaux (pour parler comme Salomon) ni en contradiction avec la Nature ; il faut, si on le peut, les expliquer comme rejoignant entièrement les choses naturelles. C'est pour que chacun puisse le faire sans scrupule que j'ai donné quelques règles tirées de la seule Écriture. Quand je dis toutefois que tel est l'enseignement de l'Écriture, je n'entends pas cependant qu'elle donne cet enseignement comme nécessaire au salut, mais seulement que des Prophètes ont embrassé la même manière de voir que nous. Chacun a donc la liberté d'en juger suivant qu'il le croira le meilleur pour que le culte de Dieu et la religion remplissent son âme entière. Josèphe pense ainsi, car il écrit dans la conclusion du livre II des *Antiquités* : *Que personne ne refuse de croire pour cette raison qu'il s'agit d'un fait miraculeux, qu'à des anciens, exempts de tout vice, une voie de salut s'est ouverte à travers la mer, soit par la volonté divine, soit spontanément, alors que les soldats d'Alexandre, roi de Macédoine, ont vu naguère reculer devant eux la mer de Pamphylie et, à défaut d'autre route, leur offrir elle-même un passage, quand Dieu voulut détruire la puissance des Perses. C'est ce qu'affirment d'un commun accord ceux qui ont raconté les hauts faits d'Alexandre. Aussi bien chacun peut en penser ce qu'il lui plaira*[5]. Telles sont les paroles de Josèphe et tel est son jugement sur la foi aux miracles.

CHAPITRE VII

De l'Interprétation de l'Écriture

Tout le monde dit bien que l'Écriture sainte est la parole de Dieu et qu'elle enseigne aux hommes la béatitude vraie ou la voie du salut. La conduite des hommes montre tout autre chose, car le vulgaire ne paraît se soucier de rien moins que de vivre suivant les enseignements de l'Écriture sainte, et nous voyons que presque tous substituent à la parole de Dieu leurs propres inventions et s'appliquent uniquement sous le couvert de la religion à obliger les autres à penser comme eux. Nous voyons, dis-je, les théologiens inquiets pour la plupart du moyen de tirer des livres sacrés, en leur faisant violence, leurs propres inventions et leurs jugements arbitraires et de les abriter sous l'autorité divine; en aucune matière ils n'agissent avec moins de scrupule et plus de témérité que dans l'interprétation de l'Écriture, c'est-à-dire de la pensée de l'Esprit-Saint; et leur seule crainte n'est pas dans cette besogne d'attribuer à l'Esprit-Saint quelque fausse doctrine et de s'écarter de la voie du salut, mais d'être convaincus d'erreur par d'autres, de voir ainsi leur propre autorité par terre sous les pieds de leurs adversaires et de s'attirer le mépris d'autrui. Certes si les hommes étaient sincères dans le témoignage qu'ils rendent à l'Écriture, ils auraient une tout autre règle de vie; leurs âmes ne seraient pas agitées par tant de discordes et ils ne se combattraient pas avec tant de haine; un aveugle et téméraire désir d'interpréter l'Écriture et de découvrir dans la Religion des nouveautés ne les posséderait pas. Au contraire ils n'oseraient embrasser comme doctrine de l'Écriture rien qu'elle n'enseignât avec la plus grande clarté; enfin ces sacrilèges qui n'ont pas craint d'altérer l'Écriture en maint endroit se fussent gardés d'un tel crime et n'eussent pas porté sur elle une main sacrilège. Une ambition criminelle a pu faire que la Religion consistât moins à obéir aux enseignements de l'Esprit-Saint qu'à défendre des inventions humaines, bien plus, qu'elle s'employât à répandre parmi les hommes non la charité, mais la discorde et la haine la plus cruelle sous un déguisement de zèle divin et de ferveur ardente. A ces maux se joignit la superstition qui enseigne à mépriser la Nature et la Raison, à admirer et à vénérer cela seulement qui leur contredit; aussi n'est-il pas surprenant que les hommes, pour mieux admirer et vénérer davantage l'Écriture, se soient attachés à l'expliquer de telle sorte qu'elle semble le plus contraire qui se puisse à cette même Nature et à cette même Raison. Ainsi en vient-on à rêver que de très profonds mystères sont cachés dans les livres saints et l'on s'épuise à les sonder, négligeant l'utile pour l'absurde; et tout ce qu'on invente dans ce délire, on l'attribue à l'Esprit-Saint et l'on tâche de le défendre de toutes ses forces, avec l'ardeur de la passion. Tels sont les hommes en effet : tout ce qu'ils conçoivent par l'entendement pur, ils le défendent à l'aide du seul entendement et de la Raison; les croyances irrationnelles que leur imposent les affections de l'âme, ils les défendent avec leurs passions. Pour nous tirer de ces égarements, affranchir notre pensée des préjugés des Théologiens et ne pas nous attacher imprudemment à des inventions humaines prises pour des enseignements divins, il nous faut traiter de la vraie méthode à suivre dans l'interprétation de l'Écriture et arriver à en avoir une vue claire : tant que nous ne la connaîtrons pas en effet nous ne pourrons rien savoir avec certitude de ce que l'Écriture ou l'Esprit-Saint veut enseigner. Pour faire court je résumerai cette méthode en disant qu'elle ne diffère en rien de celle que l'on suit dans l'interprétation de la Nature mais s'accorde en tout avec elle. De même en effet que la Méthode dans l'interprétation de la nature consiste essentiellement à considérer d'abord la Nature en historien et, après avoir ainsi réuni des données certaines, à en conclure les définitions des choses naturelles, de même, pour interpréter l'Écriture, il est nécessaire d'en acquérir une exacte connaissance historique et une fois en possession de cette connaissance, c'est-à-dire de données et de principes certains, on peut en conclure par voie de légitime conséquence la pensée des auteurs de l'Écriture. De la sorte en effet (je veux dire si l'on n'admet d'autres principes et d'autres données pour interpréter l'Écriture et en éclaircir le contenu, que ce qui peut se tirer de l'Écriture elle-même et de son histoire critique), chacun pourra avancer sans risque d'erreur, et l'on pourra chercher à se faire une idée de ce qui passe notre compréhension avec autant de sécurité que de ce qui nous est connu par la Lumière Naturelle. Pour établir clairement que cette voie n'est pas seulement sûre, mais qu'elle est la voie unique et s'accorde avec la méthode d'interprétation de la Nature, il faut noter toutefois que l'Écriture traite très souvent de choses qui ne peuvent être déduites des principes connus par la Lumière Naturelle; ce sont des histoires et des révélations qui en forment la plus grande partie; or les histoires contiennent principalement des miracles, c'est-à-dire (comme nous l'avons montré au chapitre précédent) des récits de faits insolites de la Nature adaptés aux opinions et aux jugements des Historiens qui les ont écrits; les révélations, elles, sont adaptées aux opinions des Prophètes, de sorte qu'elles dépassent réellement, comme nous l'avons montré au chapitre II, la compréhension humaine. C'est pourquoi la connaissance de toutes ces choses, c'est-à-dire de presque tout le contenu de l'Écriture, doit être tirée de l'Écriture même, de même que la connaissance de la Nature, de la Nature même. Quant aux enseignements moraux contenus dans les Livres, bien qu'on les puisse démontrer par des notions communes, on ne peut cependant par ces notions démontrer que l'Écriture donne ces enseignements, cela ne peut s'établir que par l'Écriture même. Et même si nous voulons que la divinité de l'Écriture nous apparaisse en dehors de tout préjugé, il faut que de l'Écriture même il résulte qu'elle enseigne la vérité morale, de la sorte seulement sa divinité peut être démontrée, car nous avons fait voir que la certitude des Prophètes[1] se fonde principalement sur ce que les Prophètes avaient une âme encline à la justice et à la bonté. Cela même il faut donc que cela soit établi pour nous, pour que nous puissions avoir foi en eux. Par les miracles on ne peut prouver la divinité de Dieu, nous l'avons déjà démontré; et je passe ici sous silence qu'un faux Prophète pouvait aussi faire des miracles. La divinité de l'Écriture doit donc se conclure de cela seul qu'elle enseigne la vertu véritable. Or cela ne peut s'établir que par l'Écriture même et si cela ne se pouvait pas, ce n'est qu'en vertu d'un grand préjugé que nous lui donnerions notre adhésion et témoignerions de sa divinité. Toute la connaissance de l'Écriture doit donc se tirer d'elle seule. Enfin, de même que la Nature, l'Écriture ne nous donne pas de définitions des choses dont elle parle. De même donc qu'il faut conclure les définitions des choses naturelles des diverses actions de la Nature, de même ces définitions que ne donne pas l'Écriture devront être tirées des divers récits qui se rencontrent dans l'Écriture au sujet de chaque objet. La règle universelle à poser dans l'interprétation de l'Écriture, est donc de ne lui attribuer d'autres enseignements que ceux que l'enquête historique nous aura très clairement montré qu'elle a donnés. Nous allons dire maintenant quelle doit être cette enquête historique et ce qu'elle doit principalement faire connaître.

En premier lieu elle doit comprendre la nature et les propriétés de la langue dans laquelle furent écrits les livres de l'Écriture et que leurs auteurs avaient accoutumé de parler. De la sorte en effet nous pourrons examiner tous les sens qu'un texte peut avoir d'après l'usage commun. Et tous les écrivains, tant de l'Ancien Testament que du Nouveau, ayant été des Hébreux, il est certain que la connaissance de la langue hébraïque est nécessaire avant tout, non seulement pour entendre les livres de l'Ancien Testament écrits dans cette langue, mais aussi du Nouveau Testament : bien qu'ayant été répandus dans d'autres langues, ils sont cependant pleins d'hébraïsmes.

2° Il faut grouper les énonciations contenues dans chaque livre et les réduire à un certain nombre de chefs principaux, de façon à retrouver aisément toutes celles qui se rapportent au même objet; noter ensuite toutes celles qui sont ambiguës ou obscures ou en contradiction les unes avec les autres. J'appelle ici une énonciation claire ou obscure suivant que le sens en est facilement ou difficilement perçu par la Raison en s'aidant du contexte; car nous nous occupons ici du sens des textes et non de leur vérité. Il faut même avant tout prendre garde, quand nous cherchons le sens de l'Écriture, à ne pas avoir l'esprit préoccupé de raisonnements fondés sur les principes de la connaissance naturelle (pour ne rien dire des préjugés); afin de ne pas confondre le sens d'un discours avec la vérité des choses, il faudra s'attacher à trouver le sens en s'appuyant uniquement sur l'usage de la langue ou sur des raisonnements ayant leur seul fondement dans l'Écriture. Je vais illustrer ces distinctions par un exemple pour les faire plus clairement connaître. Ces paroles de Moïse comme *Dieu est un feu*, ou *Dieu est jaloux*, sont les plus claires du monde aussi longtemps qu'on a égard à la seule signification des mots; je les range donc parmi les énonciations claires, bien qu'à l'égard de la Raison et de la Vérité, elles soient très obscures. Quand bien même le sens littéral est en contradiction avec la Lumière naturelle, s'il ne s'oppose pas nettement aux principes et aux données fondamentales tirés de l'Histoire critique de l'Écriture, il faut le maintenir; au contraire, si ces paroles se trouvaient par leur interprétation littérale contredire aux principes tirés de l'Écriture, encore bien qu'elles s'accordassent le mieux du monde avec la Raison, il faudrait admettre une autre interprétation (je veux dire une interprétation métaphorique). Pour savoir donc si Moïse a cru véritablement que Dieu était un feu ou s'il ne l'a pas cru, il ne faudra pas tirer de conclusion de ce que cette opinion s'accorde avec la Raison ou lui contredit, mais seulement des autres paroles de Moïse. Puis donc que Moïse, en beaucoup d'endroits, enseigne très clairement que Dieu n'a aucune ressemblance avec les choses visibles qui sont dans les cieux, sur la terre ou dans l'eau, nous devons conclure que cette parole en particulier ou toutes celles du même genre doivent être entendues comme des métaphores. Mais comme il faut s'écarter aussi peu que possible du sens littéral, il faudra en premier lieu chercher si cette unique parole : *Dieu est un feu* admet un sens autre que le littéral, c'est-à-dire si le mot *feu* signifie autre chose que le feu naturel. Si l'usage de la langue ne permettait pas de lui attribuer un autre sens, il n'y aurait aucun moyen d'interpréter la phrase autrement, bien que le sens littéral soit contraire à la Raison; et au contraire il faudrait dans l'interprétation de toutes les autres phrases, alors même qu'elles s'accorderaient avec la Raison, avoir égard au sens de celle-là. Si l'usage de la langue ne le permettait pas non plus, c'est donc qu'il serait impossible de concilier toutes les phrases et par suite il faudrait suspendre tout jugement sur elles. Mais comme le mot *feu* se prend aussi pour colère et jalousie (voir Job, ch. XXXI, *v.* 12), il est facile de concilier entre elles les phrases de Moïse, et nous arrivons légitimement à cette conclusion que ces propositions *Dieu est un feu*, *Dieu est jaloux*, ne sont qu'une seule et même énonciation. Poursuivons : Moïse enseigne clairement que Dieu est jaloux et n'enseigne nulle part que Dieu est sans passions ou exempt d'affections passives de l'âme; nous en conclurons que Moïse a cru à l'existence en Dieu de la jalousie, ou qu'au moins il a voulu l'enseigner, bien que selon nous cela soit contraire à la Raison. Nous ne devons pas en effet, nous l'avons déjà montré, accommoder de force aux injonctions de notre Raison et à nos opinions préconçues la pensée de l'Écriture; toute connaissance des Livres bibliques doit être tirée de ces Livres seuls.

3° Cette enquête historique doit rapporter au sujet des livres des Prophètes toutes les circonstances particulières dont le souvenir nous a été transmis : j'entends la vie, les mœurs de l'auteur de chaque livre; le but qu'il se proposait, quel il a été, à quelle occasion, en quel temps, pour qui, en quelle langue enfin il a écrit. Elle doit rapporter aussi les fortunes propres à chaque livre : comment il a été recueilli à l'origine, en quelles mains il est tombé, combien de leçons différentes sont connues de son texte, quels hommes ont décidé de l'admettre dans le canon, et enfin comment tous les livres reconnus canoniques par tous ont été réunis en un corps. Tout cela, dis-je, l'enquête historique sur l'Écriture doit le comprendre. Car pour savoir quelles propositions sont énoncées comme des lois, quelles au contraire comme des enseignements moraux, il importe de connaître la vie, les mœurs des auteurs et le but visé par eux; outre que nous pouvons expliquer d'autant plus facilement les paroles d'un homme que nous connaissons mieux son génie propre et sa complexion spirituelle. De plus, pour ne pas confondre des enseignements éternels avec d'autres valables pour un temps seulement et destinés à un petit nombre d'hommes, il importe aussi de savoir à quelles occasions, en quel temps, pour quelle nation et quel siècle tous ces enseignements furent écrits. Il importe enfin de connaître les autres circonstances dites plus haut pour savoir non seulement à quoi nous en tenir sur l'autorité propre à chaque livre, mais encore si le texte a pu en être falsifié par des mains criminelles, ou, s'il n'a pu l'être, si des erreurs s'y sont glissées, si ces erreurs ont été corrigées par des hommes compétents et dignes de foi. Il est très nécessaire de savoir tout cela pour ne pas céder à un entraînement aveugle qui nous rendrait faciles à tromper et pour n'admettre que ce qui est certain et hors de doute.

Après que nous aurons achevé cette enquête sur l'Écriture et pris la ferme décision de n'admettre rien comme doctrine certaine des Prophètes qui ne suive de cette enquête ou ne puisse en être tiré avec la plus grande clarté, alors il sera temps de nous appliquer à l'étude de la pensée des Prophètes et de l'Esprit-Saint. Mais, pour cette tâche également, il faut, pour suivre la méthode et l'ordre requis, procéder comme nous le faisons quand nous nous élevons de l'Histoire à l'interprétation de la Nature. De même que, dans l'étude des choses naturelles, il faut s'attacher avant tout à la découverte des choses les plus universelles et qui sont communes à la nature entière, comme le mouvement et le repos, de leurs lois et de leurs règles, que la nature observe toujours et par lesquelles elle agit constamment, puis s'élever de là par degrés aux autres choses moins universelles; de même dans l'histoire de l'Écriture nous chercherons tout d'abord ce qui est le plus universel, ce qui est la base et le fondement de toute l'Écriture, ce qui enfin est recommandé par tous les Prophètes comme une doctrine éternelle et de la plus haute utilité pour tous les hommes. Par exemple qu'il existe un Dieu unique et tout-puissant, qui seul doit être adoré, qui veille sur tous et aime par-dessus tout ceux qui l'adorent et aiment leur prochain comme eux-mêmes, etc. Ces enseignements et d'autres semblables se trouvent partout dans l'Écriture, si clairs et si exprès que personne jamais n'a pu douter de leur signification. Quant à la nature de Dieu, à la façon dont il voit toutes choses et y pourvoit, l'Écriture n'enseigne rien expressément et comme une doctrine éternelle sur ces points et d'autres semblables; au contraire, les Prophètes eux-mêmes ne s'accordent pas sur ces questions, nous l'avons déjà montré. Il n'y a donc pas lieu de rien poser comme doctrine de l'Esprit-Saint à ce sujet, bien qu'il puisse être traité le mieux du monde par la Lumière naturelle. Une fois bien connue cette doctrine universelle de l'Écriture, on passera à des enseignements moins universels qui se rapportent cependant à l'usage commun de la vie et découlent comme des ruisseaux de cette doctrine universelle : telles sont toutes les actions particulières externes, vraiment vertueuses, qui ne peuvent s'accomplir que dans une occasion donnée. Tout ce qu'on trouvera dans les Écrits d'obscur et d'ambigu, relativement à ces actions, devra être éclairci et déterminé par la doctrine universelle de l'Écriture; si des contradictions se découvrent, il faudra voir à quelle occasion, en quel temps, pour qui, les textes opposés ont été écrits. Par exemple, quand le Christ dit : *bienheureux ceux qui pleurent, car ils seront consolés,* nous ne savons par ce texte seul quels pleurs il entend; mais il enseigne plus loin que nous devons n'avoir d'inquiétude que du seul royaume de Dieu et de sa justice, qu'il nous présente comme le souverain bien (voir Matth., ch. VI, *v.* 33); donc, par ceux qui pleurent, il entend seulement ceux qui pleurent le royaume de Dieu et la justice méconnue par les hommes; cela seul, en effet, peut être pleuré par ceux qui n'ont d'amour que pour le royaume de Dieu, c'est-à-dire pour l'équité, et méprisent le reste qui est chose de fortune. De même encore quand il dit : *à celui qui a frappé ta joue droite, tends l'autre,* et ce qui suit. Si le Christ ordonnait cela à la façon d'un législateur faisant connaître aux juges sa volonté, il eût détruit la loi de Moïse par ce précepte; interprétation contre laquelle il nous met ouvertement en garde (voir Matth., chap. V, *v.* 17); il faut donc voir ce qu'était celui qui a dit cela, à qui et en quel temps il l'a dit. C'est le Christ qui a dit cette parole, le Christ qui n'instituait pas des Lois à la façon d'un législateur, mais donnait des enseignements comme un docteur; car (nous l'avons montré ci-dessus) il n'a pas voulu corriger les actions extérieures, mais les dispositions internes de l'âme. Il l'a dit à des hommes opprimés, qui vivaient dans un État corrompu où la justice était entièrement méconnue, et qui semblait menacé de ruine imminente. Et cela même qu'enseigne le Christ en ce passage, alors que la Ville était menacée de ruine, nous voyons que Jérémie l'a enseigné lors de la première dévastation de la Ville, c'est-à-dire en un temps semblable (voir Lament., ch. III, lettres Tet et Jot); puis donc que les Prophètes n'ont donné cet enseignement que dans un temps d'oppression, qu'il n'a jamais été posé en loi, et qu'au contraire Moïse (qui n'a pas écrit dans un temps d'oppression, mais — observation importante — a cherché à constituer une société politique saine), tout en condamnant la vengeance et la haine du prochain, a cependant ordonné de faire payer l'œil pour l'œil, il apparaît très clairement que, suivant les seuls principes de l'Écriture elle-même, cet enseignement donné par le Christ et Jérémie, savoir l'acceptation de l'injustice et la non-résistance à l'impiété, s'applique seulement où la justice est méconnue et dans les temps d'oppression, non dans un État sain; bien au contraire, dans un État sain où la justice est maintenue, chacun est tenu, s'il veut se montrer juste, de demander au juge la punition de l'injustice soufferte par lui (voir Lévit., ch. XIII, *v.* 1), non par vengeance (voir Lévit., chap. XIX, *vs.* 17, 18), mais par désir de défendre la justice et la loi de la Patrie et pour que les méchants ne tirent pas d'avantage du mal. Tout cela s'accorde aussi entièrement avec la Raison naturelle. Je pourrais citer plusieurs exemples de cette sorte; je juge que ceux que j'ai donnés suffisent pour l'explication de ma pensée et de son utilité, ce qui est présentement mon souci. Jusqu'ici toutefois nous avons montré comment il faut étudier les textes de l'Écriture qui se rapportent à l'usage de la vie et dont l'étude est pour cette raison plus facile, car, en vérité, il n'y a jamais eu de controverse à ce sujet entre ceux qui ont écrit les Livres saints. Pour le reste du contenu de l'Écriture, qui est du domaine de la spéculation seule, il n'est pas aussi facile d'y avoir accès; la voie est plus étroite; les Prophètes, en effet, n'étant pas d'accord entre eux sur les matières d'ordre spéculatif et leurs récits étant au plus haut point adaptés aux préjugés propres à chaque siècle, il ne nous est plus du tout permis de conclure ce qu'a voulu dire un Prophète de passages plus clairs d'un autre, à moins qu'il ne soit établi avec une évidence entière qu'ils ont eu une seule et même manière de voir.

Je vais donc exposer brièvement comment, dans des cas semblables, on arrive à connaître la pensée des Prophètes par l'histoire critique de l'Écriture. Il faudra commencer là encore par les principes les plus universels, se demandant avant tout ce que c'est qu'un Prophète, ou une révélation, et en quoi elle consiste essentiellement, puis ce que c'est qu'un miracle et ainsi de suite en s'appliquant aux choses les plus communes, de là on descendra aux opinions propres à chaque Prophète et on arrivera ensuite au sens de chaque révélation du Prophète, de chaque récit, de chaque miracle. De quelles précautions il faut user pour ne pas confondre la pensée des Prophètes et des Historiens avec celle de l'Esprit-Saint et la vérité vraie, nous l'avons montré ci-dessus en son lieu par de nombreux exemples; il n'est donc pas nécessaire d'en parler plus longuement. A noter toutefois, en ce qui touche le sens des Révélations, que notre méthode enseigne à rechercher seulement ce que les Prophètes ont réellement vu et entendu, non ce qu'ils ont voulu signifier ou représenter par leurs images sensibles; cela, on peut bien le conjecturer, non le déduire avec certitude des données fondamentales de l'Écriture. Nous avons ainsi exposé une façon d'interpréter l'Écriture et nous avons démontré en même temps qu'elle était la voie unique et une voie sûre pour arriver à en connaître le vrai sens. Je reconnais d'ailleurs que ceux-là auraient une certitude supérieure qui auraient reçu des Prophètes eux-mêmes à ce sujet une tradition, c'est-à-dire une explication vraie, comme les Pharisiens prétendaient en avoir une, ou bien encore ceux qui auraient un Pontife infaillible dans l'interprétation de l'Écriture, comme s'en vantent les Catholiques romains. Ne pouvant toutefois être assurés ni de cette tradition ni de l'autorité du Pontife, nous ne pouvons rien fonder là-dessus; cette autorité, les plus anciens Chrétiens [2] l'ont niée; cette tradition, les plus anciennes sectes juives l'ont rejetée; et si nous considérons le compte des années que les Pharisiens ont reçu de leurs Rabbins (pour ne rien dire du reste), compte suivant lequel cette tradition remonterait jusqu'à Moïse, nous trouverons qu'il est faux, comme je le montre ailleurs. Une tradition de cette sorte doit donc nous être extrêmement suspecte. Il y a bien une tradition des Juifs que, dans notre méthode, nous sommes obligés de supposer pure de toute corruption, c'est la signification des mots de la langue hébraïque, puisque nous la tenons d'eux; mais, tandis que la première nous paraît douteuse, cette deuxième tradition ne l'est pas. Personne en effet n'a jamais pu avoir profit à changer le sens d'un mot, tandis qu'il y a souvent profit à changer le sens d'un texte. La première opération est certes très difficile; qui voudrait changer en effet la signification d'un mot d'une langue devrait en même temps expliquer tous les auteurs qui ont écrit dans cette langue et qui ont employé ce mot dans le sens reçu et cela suivant la complexion et la pensée de chacun d'eux ou il devrait les falsifier avec la plus grande prudence. De plus la langue est conservée à la fois par le vulgaire et par les doctes, tandis que le sens des textes et des livres est conservé seulement par les doctes; nous pouvons donc facilement concevoir que les doctes aient pu changer ou corrompre la signification du texte de quelque livre très rare qu'ils ont en leur possession, mais non celle des mots. Outre que, si un homme voulait changer en une autre la signification d'un mot qu'il a l'habitude d'employer, il ne pourrait pas sans difficulté observer par la suite en parlant et en écrivant cette signification. Par toutes ces raisons nous nous persuaderons aisément qu'il n'a pu venir à l'esprit de personne de corrompre une langue; tandis qu'on a pu souvent corrompre la pensée d'un écrivain en changeant le texte ou en l'interprétant mal.

Puis donc que notre méthode (fondée sur cette règle que la connaissance de l'Écriture doit se tirer de l'Écriture seule) est l'unique et la vraie, tout ce qu'elle ne pourra nous donner pour arriver à une entière connaissance de l'Écriture, nous devons désespérer de l'avoir d'ailleurs. Quelles difficultés maintenant cette méthode présente-t-elle ou que lui manque-t-il pour qu'elle puisse nous conduire à une connaissance certaine des Livres Sacrés ? C'est ce que nous allons dire. En premier lieu une grande difficulté naît de ce que cette méthode exige une connaissance complète de la langue hébraïque. D'où tirer cette connaissance ? Les anciens hébraïsants n'ont rien laissé à la postérité concernant les fondements de cette langue et sa connaissance. Du moins n'avons-nous rien d'eux : ni un Dictionnaire, ni une Grammaire, ni une Rhétorique; la nation hébraïque a perdu tout ce qui fait l'honneur, l'ornement d'une nation (cela n'est pas étonnant après qu'elle a souffert tant de désastres et de persécutions), sauf quelques débris de sa langue et de sa littérature. Presque tous les noms des fruits, des oiseaux, des poissons, et beaucoup d'autres ont péri par l'injure du temps. De beaucoup de noms et de verbes qui se rencontrent dans la Bible, la signification est ou bien totalement inconnue ou controversée. Elle nous fait donc défaut et encore plus la connaissance des tours propres à cette langue hébraïque; le temps qui dévore tout, a aboli de la mémoire des hommes presque toutes les phrases et manières de dire propres aux Hébreux. Nous ne pourrons donc pas, comme nous le désirons, rechercher pour chaque texte tous les sens acceptables suivant l'usage de la langue, et il se rencontrera de nombreux passages contenant des mots très connus dont le sens sera cependant très obscur et tout à fait insaisissable. A ce fait que nous ne pouvons avoir une connaissance parfaite de l'hébreu, s'ajoute la constitution même et la nature de cette langue; tant d'ambiguïtés en proviennent qu'il est impossible de trouver une méthode * permettant de déterminer avec certitude le sens de tous les textes de l'Écriture. Outre les causes d'ambiguïté communes à toutes les langues en effet, il s'en trouve de particulières à l'hébreu et qui donnent naissance à de très nombreuses ambiguïtés; je pense qu'il vaut la peine de les noter ici.

* Voir note VII.

En premier lieu l'ambiguïté et l'obscurité du texte naît souvent dans la Bible de ce que les lettres ressortissant au même organe sont prises l'une pour l'autre. Les Hébreux divisaient en effet toutes les lettres de l'alphabet en cinq groupes à cause des cinq organes buccaux qui servent à les prononcer : les lèvres, la langue, les dents, le palais et le gosier. Par exemple les lettres *Aleph*, *Ghat*, *Hgain*, *He*, sont appelées gutturales et, presque sans aucune différence, à nous connue du moins, l'une s'emploie pour l'autre. Ainsi *el*, qui signifie *vers*, est souvent pris pour *hgal*, qui signifie *sur*, et inversement. Par là il arrive souvent que toutes les parties d'un texte sont rendues ambiguës ou sont comme des sons sans signification.

Une deuxième cause d'ambiguïté réside dans les significations multiples des conjonctions et des adverbes. Par exemple *vau* sert indistinctement à conjoindre et à distinguer, signifie *et*, *mais*, *parce que*, *cependant*, *alors*. Le mot *ki* a sept ou huit significations : *parce que*, *bien que*, *si*, *quand*, *de même que*, *que*, *combustion*, etc. Et il en est ainsi de presque toutes les particules.

Une troisième cause, qui est la source de beaucoup d'ambiguïtés, est que les verbes n'ont à l'Indicatif ni Présent ni Imparfait, ni Plus-que-Parfait, ni Futur antérieur et autres temps très employés dans les autres langues ; à l'Impératif et à l'Infinitif tous les temps manquent, sauf le Présent, et au Subjonctif tous absolument ; à la vérité, des règles bien déduites des principes de la langue permettraient de suppléer à ces temps et à ces modes manquants avec facilité et même avec la plus grande élégance ; toutefois les écrivains les plus anciens les ont complètement négligées et ont employé indistinctement le temps Futur pour le Présent et le Prétérit, et au contraire le Prétérit pour le Futur, et en outre l'Indicatif pour l'Impératif et le Subjonctif, non sans qu'il en résultât de nombreuses amphibologies.

Outre ces trois causes d'ambiguïté, il faut en signaler deux autres qui ont l'une et l'autre beaucoup plus de gravité. La première est que les Hébreux n'ont pas de lettres figurant les voyelles. La deuxième, qu'ils n'avaient pas accoutumé de diviser les discours écrits, non plus que d'en rendre la signification plus expresse, c'est-à-dire de la renforcer, par des signes. Et sans doute à ces deux défauts il a pu être suppléé par des points et des accents ; mais nous ne pouvons avoir confiance en ces deux moyens, attendu qu'ils ont été inventés et institués par des hommes d'un âge postérieur dont l'autorité ne doit compter pour rien. Les anciens écrivaient sans points (c'est-à-dire sans voyelles et sans accents), comme l'établissent de nombreux témoignages; les points sont une addition postérieure, du temps où l'on crut devoir interpréter la Bible; ceux que nous avons maintenant, comme aussi les accents, ne sont donc que des interprétations modernes et ne méritent pas plus de foi, ne font pas plus autorité que les autres explications. Ceux qui ignorent cette particularité ne savent pour quelle raison l'on doit excuser l'auteur de l'Épître aux Hébreux d'avoir interprété au chapitre XI, verset 21, le texte de la Genèse (chap. XLVII, *v.* 31) tout autrement qu'il ne l'est dans le texte ponctué; comme si l'Apôtre avait dû apprendre le sens de l'Écriture de ceux qui l'ont ponctuée! Pour moi ce sont bien plutôt ces derniers qu'il faut accuser; pour que chacun puisse en juger et voir en même temps que cette divergence a pour origine uniquement le défaut de voyelles, je vais donner ici les deux interprétations. Le texte ponctué se lit comme il suit : *et Israël se courba sur* ou (en changeant la lettre *Hgain* en *Aleph* qui est du même groupe) *vers la tête du lit ;* l'Auteur de l'Épître par contre lit : *et Israël se courba sur la tête du bâton*, remplaçant le mot *mita* par *mate*, qui n'en diffère que par les voyelles. Or, comme il est question, à ce moment du récit, de la vieillesse seulement de Jacob et non, comme dans le chapitre suivant, de sa maladie, il paraît plus vraisemblable que l'historien ait voulu dire : Jacob se courba [3] sur *la tête du bâton* (les vieillards à un âge très avancé ont en effet besoin d'un bâton pour se soutenir) et non du lit; d'autant que, de cette façon, il n'est nécessaire de supposer aucune substitution de lettre. Par cet exemple je n'ai pas voulu seulement rétablir l'accord entre le texte de l'Épître aux Hébreux et celui de la Genèse, mais surtout montrer combien peu de confiance on peut avoir dans les points et les accents modernes : celui donc qui veut interpréter l'Écriture sans préjugés, est tenu de considérer comme douteux le texte ainsi complété et d'en reprendre l'examen à nouveau.

Telles étant, pour revenir à notre propos, la constitution et la nature de la langue hébraïque, on peut concevoir aisément que tant de passages ambigus se rencontrent qu'il n'y ait pas de méthode permettant de déterminer le vrai sens de tous. Il n'est pas à espérer en effet que, par une collation de textes (seule voie, nous l'avons montré, pour parvenir au véritable sens d'un texte qui, d'après l'usage de la langue, en admet plusieurs autres), on le puisse dans tous les cas; d'une part en effet cette collation de textes ne peut éclaircir un passage que par chance, attendu qu'aucun Prophète n'a écrit expressément pour faciliter l'explication des paroles d'un autre ou des siennes propres; d'autre part, nous ne pouvons conclure la pensée d'un Prophète ou d'un Apôtre de celle d'un autre, sauf dans ce qui concerne l'usage de la vie, comme nous l'avons déjà fait voir avec évidence; mais non quand ils parlent de choses d'intérêt spéculatif, c'est-à-dire racontent des miracles ou des histoires. Je pourrais montrer encore par quelques exemples que beaucoup de textes inexplicables se rencontrent dans l'Écriture Sainte; toutefois pour le moment j'aime mieux surseoir et je passe aux autres observations que j'ai à faire sur la difficulté que présente la vraie méthode d'interprétation de l'Écriture et les défauts auxquels elle ne peut remédier.

Une autre difficulté dans cette méthode provient de ce qu'elle exige la connaissance historique des circonstances particulières propres à tous les livres de l'Écriture, connaissance que très souvent nous n'avons pas. De beaucoup de livres en effet nous ignorons complètement les auteurs ou (si l'on préfère) nous ignorons quelles personnes les ont écrits, ou encore nous avons à leur sujet des doutes, comme je le montrerai abondamment par la suite. En second lieu nous ne savons pas non plus à quelle occasion et en quel temps ces livres dont nous ignorons les véritables auteurs ont été écrits. Nous ne savons pas davantage en quelles mains tous ces livres sont tombés, de qui proviennent les manuscrits originaux où tant de leçons différentes se sont trouvées; si enfin de nombreuses autres leçons ne se rencontraient pas dans des manuscrits d'une autre provenance. J'ai brièvement indiqué en son lieu de quelle importance étaient toutes ces circonstances. J'ai cependant omis à dessein certaines considérations que j'ajouterai ici. Quand nous lisons un livre contenant des choses incroyables et non percevables, ou encore un livre écrit dans des termes extrêmement obscurs, si nous ne savons qui en est l'auteur, en quel temps et à quelle occasion il a été écrit, c'est en vain que nous cherchons à en connaître le sens. Dans l'ignorance où nous sommes de toutes ces circonstances, nous ne pouvons du tout savoir quelle était ou quelle a pu être l'intention de l'auteur; au contraire, quand nous connaissons exactement tout cela, nous réglons nos pensées de façon à être libres de tout préjugé, je veux dire que nous n'accordons à l'auteur ou à celui pour qui il a écrit, rien de plus ni de moins que ce qu'il mérite et nous ne nous représentons d'autres objets que ceux que l'auteur a pu avoir dans l'esprit. Cela, je pense, est évident pour tous. Très souvent il arrive que nous lisions des histoires très semblables dans des livres différents et que nous en jugions très diversement par suite de la diversité des opinions que nous avons des auteurs. Je sais avoir lu dans un certain livre qu'un homme portant le nom de Roland furieux avait accoutumé de monter un monstre ailé dans l'air, de voler par toutes les régions à sa guise, de massacrer à lui seul un très grand nombre d'hommes et de géants et autres choses fantastiques du même genre que l'esprit ne perçoit en aucune façon. J'avais lu dans Ovide une histoire très semblable se rapportant à Persée et une autre enfin dans les livres des Juges et des Rois sur Samson (qui seul et sans armes massacra mille hommes) et sur Élie qui volait dans les airs et finit par gagner le ciel avec des chevaux et un char de feu. Ces histoires, dis-je, sont très semblables; cependant nous portons sur chacune d'elles un jugement bien différent : le premier auteur n'a voulu écrire que des frivolités; le second, des choses ayant un intéret politique [4]; le troisième, des choses sacrées. Nous ne nous persuadons cela qu'en raison de l'opinion que nous avons des auteurs. Il est ainsi établi que la connaissance des auteurs qui ont écrit des choses obscures ou inintelligibles est nécessaire avant tout pour l'interprétation de leurs écrits. Pour les mêmes causes nous ne pouvons, parmi les différentes leçons d'un texte rapportant des histoires obscures, choisir la vraie, qu'autant que nous savons de qui proviennent les manuscrits originaux où se rencontrent ces leçons, et si de nombreuses autres leçons ne se sont pas trouvées dans d'autres manuscrits provenant d'hommes d'une autorité plus grande.

Une autre difficulté enfin que présente l'interprétation suivant cette méthode de certains livres de l'Écriture, consiste en ce que nous ne les possédons pas dans la langue originale, celle dont se sont servis ceux qui les ont écrits. L'Évangile selon saint Matthieu et sans doute aussi l'Épître aux Hébreux furent, suivant l'opinion commune, écrits en hébreu et cependant le texte hébreu n'existe plus. A l'égard du livre de Job on se demande en quelle langue il a été écrit. Aben Ezra [5], dans ses commentaires, affirme qu'il a été traduit en hébreu d'une autre langue et que c'est là ce qui le rend obscur. Je ne dis rien des livres apocryphes dont l'autorité est de beaucoup inférieure. J'ai ainsi passé en revue, suivant mon dessein, toutes les difficultés que présente cette méthode d'interprétation de l'Écriture par l'examen critique des données de l'histoire à son sujet. Je les juge si grandes que je n'hésite pas à le dire : en bien des passages le sens de l'Écriture nous est inconnu ou encore nous le devinons sans avoir aucune certitude. Mais, il importe de le répéter, toutes ces difficultés peuvent seulement empêcher que nous ne saisissions la pensée des Prophètes à l'égard de choses non percevables et que l'on ne peut qu'imaginer; il n'en est pas de même à l'égard des choses que nous pouvons saisir par l'entendement et dont nous formons aisément un concept * : les choses qui de leur nature se perçoivent aisément, on ne peut jamais les dire si obscurément qu'elles ne soient facilement entendues, conformément au proverbe : *à celui qui entend, une parole suffit.* Euclide, qui n'a écrit que des choses extrêmement simples et hautement intelligibles, est aisément explicable pour tous et en toutes langues; pour saisir sa pensée, en effet, et être assuré d'avoir trouvé le vrai sens, point n'est besoin d'une connaissance entière de la langue où il a écrit; une connaissance très commune et presque enfantine suffit; inutile aussi de connaître la vie de l'auteur, le but où il tendait et ses mœurs, de savoir en quelle langue il a écrit, pour qui, en quel temps, non plus que les fortunes du livre, les diverses leçons du texte et enfin quels hommes ont décidé de le recueillir. Ce que je dis d'Euclide, il faut le dire de tous ceux qui ont écrit sur des matières qui de leur nature sont percevables. Nous conclurons donc que nous parviendrons très facilement, par la connaissance historique de l'Écriture telle que nous pouvons l'établir, à saisir la pensée de l'Écriture quand il s'agira d'enseignements moraux et que nous en connaîtrons dans ce cas le sens avec certitude. Les enseignements de la piété vraie s'expriment en effet avec les mots les plus usités, parce qu'ils sont très communs et non moins simples et faciles à entendre; comme d'ailleurs le salut véritable et la béatitude consistent dans le repos de l'âme et que nous ne pouvons trouver le vrai repos que dans ce que nous connaissons très clairement, il est évident que nous pouvons saisir avec certitude la pensée de l'Écriture ayant trait

* Voir note VIII.

aux choses essentielles au salut et nécessaires à la béatitude. Il n'y a donc pas à s'inquiéter du reste, puisque, ne pouvant le saisir le plus souvent par la Raison et l'entendement, nous devons le tenir pour plus curieux qu'utile.

Je pense ainsi avoir fait connaître la vraie méthode d'interprétation de l'Écriture et suffisamment expliqué ma manière de voir à ce sujet. Je n'en doute pas d'ailleurs, chacun verra maintenant que cette méthode n'exige d'autre Lumière que la Naturelle. La nature et la vertu de cette lumière consistent en ce qu'elle déduit et conclut par voie de légitime conséquence les choses obscures de celles qui sont connues ou de celles qui sont données comme connues; notre méthode n'exige rien d'autre. Et sans doute nous accordons qu'elle ne suffit pas à rendre clair tout le contenu de la Bible, mais cela ne provient pas de ce que la méthode elle-même serait défectueuse; cela provient de ce que la voie qu'elle enseigne, qui est la droite et la vraie, n'a jamais été suivie ni frayée par les hommes, de sorte qu'à la longue elle est devenue très ardue et presque impraticable; je pense que cela est bien clairement établi par ce que j'ai rapporté des difficultés qu'on y trouve.

Il ne nous reste qu'à examiner les manières de voir qui s'écartent de la nôtre; en premier lieu celle des hommes qui jugent que la Lumière naturelle est sans force pour interpréter l'Écriture et qu'une Lumière surnaturelle est requise à cet effet; ce qu'est cette Lumière qui s'ajoute à la naturelle, à eux de l'expliquer. Pour moi je ne puis que conjecturer qu'ils ont voulu avouer, en termes plus obscurs, l'incertitude où ils sont du vrai sens de l'Écriture en un très grand nombre de passages, car si nous considérons leurs explications, nous n'y trouverons rien de surnaturel, tant s'en faut; nous n'y trouverons que de pures conjectures. Qu'on les compare, si l'on veut bien, aux explications de ceux qui confessent ingénument n'avoir d'autre lumière que la naturelle; on les trouvera parfaitement semblables : de part et d'autre, ce sont des inventions tout humaines dues à un long effort de la pensée. Pour ce qu'ils disent de l'insuffisance de la Lumière Naturelle, il est constant que cela est faux; d'une part en effet, nous l'avons démontré, les difficultés dans l'interprétation de l'Écriture ne viennent pas de la faiblesse de la Lumière Naturelle, mais seulement de la mollesse (pour ne pas dire de la malice) des hommes qui ont négligé de constituer de l'Écriture une connaissance historique et critique alors qu'ils le pouvaient; d'autre part cette Lumière Surnaturelle est (tous en conviennent sauf erreur) un don divin accordé seulement aux fidèles. Or les Prophètes et les Apôtres avaient accoutumé de prêcher non seulement aux fidèles, mais surtout aux infidèles et aux impies qui devaient donc être capables d'entendre la pensée des Prophètes et des Apôtres. Sans quoi Prophètes et Apôtres auraient paru prêcher à de jeunes garçons et à des petits enfants, non à des hommes doués de Raison; et Moïse eût en vain prescrit des lois, si elles n'avaient pu être entendues que des fidèles qui n'ont besoin d'aucune loi. Ceux donc qui cherchent une Lumière Surnaturelle pour entendre la pensée des Prophètes et des Apôtres, j'accorde que la Naturelle paraît leur manquer; tant s'en faut que je les croie en possession d'un don divin surnaturel.

Maïmonide [6] eut une tout autre manière de voir; d'après lui chaque passage de l'Écriture admet plusieurs sens et même des sens opposés, et nous ne pouvons savoir quel est le vrai sens d'aucun passage, qu'autant que nous savons qu'il ne contient rien, tel que nous l'interprétons, qui ne s'accorde avec la Raison ou qui lui contredise. S'il se trouve, pris dans son sens littéral, contredire à la Raison, tant clair paraisse-t-il, il faut l'interpréter autrement. C'est ce qu'il indique très clairement au chapitre xxv, partie II, de son livre *More Nebuchim ;* il dit en effet : *Sachez que nous ne refusons pas de dire que le monde a été de toute éternité à cause des textes qui se rencontrent dans l'Écriture au sujet de la création du monde. Car les textes enseignant que le monde a été créé ne sont pas plus nombreux que ceux qui enseignent que Dieu est corporel, et rien ne nous empêcherait d'expliquer ces textes relatifs à la création du monde ; nous n'aurions même pas été embarrassés pour les interpréter en procédant comme nous l'avons fait quand nous avons rejeté l'attribution à Dieu d'un corps ; peut-être même l'explication eût-elle été beaucoup plus facile et plus commode, et nous aurions pu admettre l'éternité du monde avec moins de peine qu'il n'en a fallu pour rejeter dans notre explication de l'Écriture cette attribution d'un corps au Dieu que nous bénissons. Je ne l'ai pas voulu cependant et je refuse de le croire* (que ce monde soit éternel) *et cela pour deux raisons :* 1° *On démontre clairement que Dieu n'est pas corporel, il est donc nécessaire d'expliquer tous les passages dont le sens littéral contredit à cette démonstration ; car nécessairement il existe en pareil cas une explication* (autre que la littérale). *Au contraire nulle démonstration ne prouve que le monde soit éternel; il n'est donc pas nécessaire de faire violence aux Écritures pour les accorder avec une opinion simplement spécieuse, et à laquelle nous avons quelque raison au moins d'en préférer une contraire. 2° Croire que Dieu est incorporel n'a rien de contraire aux croyances sur lesquelles se fonde la Loi*, etc., *tandis que croire le monde éternel, comme l'a fait Aristote, c'est enlever à la Loi son fondement.* Telles sont les paroles de Maïmonide par où l'on voit bien ce que nous venons de dire : s'il était rationnellement établi pour lui que le monde est éternel, il n'hésiterait pas à faire violence à l'Écriture et à l'expliquer de façon qu'elle parût l'enseigner. Bien plus, il serait incontinent assuré que l'Écriture, quoi qu'elle pût protester, a voulu enseigner l'éternité du monde. Il ne pourra donc être assuré du vrai sens de l'Écriture, tant clair soit-il, aussi longtemps qu'il pourra douter de la vérité de ce qu'elle dit et que celle-ci ne sera pas établie à ses yeux. Aussi longtemps en effet que cette vérité n'est pas établie, nous ne savons si ce que dit l'Écriture s'accorde avec la Raison ou lui contredit, et nous ignorons conséquemment si le sens littéral est vrai ou faux. Si cette manière de voir était la vraie, j'accorderais absolument que nous avons besoin, pour interpréter l'Écriture, d'une Lumière autre que la Naturelle. Car presque rien de ce que contient l'Écriture ne peut se déduire des principes connus par la Lumière Naturelle (ainsi que nous l'avons déjà montré); la Lumière Naturelle est donc impuissante à rien établir concernant la vérité de la plus grande partie de ce contenu et conséquemment aussi du vrai sens et de la pensée de l'Écriture. Nous aurions besoin pour cela d'une autre lumière. De plus, si la manière de voir de Maïmonide était la vraie, le vulgaire qui ignore le plus souvent les démonstrations, ou est incapable de s'y appliquer, devrait ne rien pouvoir admettre au sujet de l'Écriture que sur l'autorité ou par le témoignage des hommes philosophant, et il lui faudrait, par suite, supposer que les Philosophes sont infaillibles dans l'interprétation de l'Écriture; ce serait en vérité une nouvelle autorité ecclésiastique, un nouveau sacerdoce ou une sorte de Pontificat qui exciterait dans le vulgaire le rire plutôt que la vénération. Sans doute notre méthode d'interprétation exige la connaissance de l'hébreu, à l'étude duquel le vulgaire ne peut s'appliquer; il n'y a cependant pas lieu de nous opposer cette objection, car, chez les Juifs et les Gentils, le vulgaire auquel prêchèrent les Prophètes et les Apôtres et pour lequel ils écrivirent entendait le langage des Prophètes et des Apôtres, par où il saisissait aussi la pensée des Prophètes; tandis qu'il ignorait les preuves de la vérité des choses prêchées, qu'il aurait dû savoir d'après Maïmonide pour comprendre la pensée des Prophètes. Ce n'est donc pas une exigence de notre méthode que le vulgaire se repose nécessairement sur le témoignage des interprètes; où je montre un vulgaire qui savait manier la langue des Prophètes et des Apôtres, Maïmonide, au contraire, ne montre aucun vulgaire qui connaisse les causes des choses, par où il puisse percevoir la pensée des Prophètes. Pour ce qui touche le vulgaire de notre temps, nous avons déjà montré que toutes les vérités nécessaires au salut, encore bien qu'on ignore les raisonnements qui les justifient, peuvent être aisément perçues dans n'importe quelle langue, tant elles sont communes et faciles à exprimer dans la langue courante; et c'est sur cette perception [7], non sur le témoignage des interprètes, que le vulgaire se repose; pour le reste il partage la fortune des doctes. Revenons cependant à la manière de voir de Maïmonide et examinons-la plus attentivement. Il suppose d'abord que les Prophètes sont d'accord entre eux sur tous les points et ont tous été de très grands Philosophes et de très grands Théologiens : il veut en effet qu'ils aient conclu parce qu'ils ont connu la vérité; or nous avons montré au chapitre II que cela était faux. Il suppose en second lieu que le sens de l'Écriture ne peut s'établir par l'Écriture même : car la vérité des choses qu'elle enseigne ne s'établit pas par l'Écriture même (puisqu'elle ne démontre rien et ne fait pas connaître les objets dont elle parle par des définitions et par leurs premières causes); d'après Maïmonide donc le vrai sens non plus ne peut être établi par l'Écriture même ou tiré d'elle. La fausseté de cette conséquence résulte du présent chapitre, car nous avons montré, tant par le raisonnement que par des exemples, que le sens de l'Écriture s'établit par l'Écriture seule et doit se tirer d'elle seule, même quand elle parle de choses connues par la Lumière Naturelle. Il suppose enfin qu'il nous est loisible d'expliquer, de torturer les paroles de l'Écriture, selon nos opinions préconçues, de rejeter, de remplacer par un autre à volonté le sens littéral, même alors qu'il est le plus manifeste ou exprès. Une telle licence, outre qu'elle est diamétralement opposée à ce que nous avons démontré dans ce chapitre et ailleurs, paraîtra à tous excessive et téméraire. Accordons-lui cependant cette grande liberté; qu'en fera-t-il ? Rien du tout; ce qui est indémontrable, et c'est la majeure partie de l'Écriture, nous ne pourrons arriver à le connaître par la Raison, non plus qu'à l'expliquer et à l'interpréter suivant la règle de Maïmonide. Au contraire, en suivant notre méthode, nous pouvons très souvent l'expliquer et arriver à éclaircir avec sécurité, comme nous l'avons déjà montré par le raisonnement et par l'exemple; et, pour ce qui de sa nature est percevable, le sens en est aisément obtenu, nous l'avons fait voir, par la seule considération du contexte. Cette méthode de Maïmonide est donc complètement inutile. Ajoutons qu'elle ravit entièrement l'assurance d'avoir entendu l'Écriture dans son vrai sens, à laquelle le vulgaire peut parvenir par une autre méthode d'interprétation. Nous rejetons donc la manière de voir de Maïmonide comme nuisible, inutile et absurde.

Pour ce qui concerne maintenant la tradition des Pharisiens, nous avons dit plus haut qu'elle n'est pas d'accord avec elle-même; quant au Pontife des Romains [8], son autorité aurait besoin d'un témoignage plus éclatant. Je la repousse par cette seule raison. Si en effet, par l'Écriture même, on pouvait nous montrer qu'elle est fondée aussi certainement que pouvait l'être autrefois celle des Pontifes des Juifs, je ne serais pas ébranlé par l'indignité de quelques Papes hérétiques et impies; parmi les Pontifes hébreux aussi, il s'en est rencontré d'hérétiques et d'impies qui ont occupé le pontificat par des moyens criminels et qui cependant avaient, en vertu du commandement de l'Écriture, un souverain pouvoir d'interpréter la loi (Voir Deut., chap. XVII, *vs.* 11, 12, et chap. XXXIII, *v.* 10; Malach., chap. II, *v.* 18). Mais comme on ne nous apporte aucun témoignage de cette sorte, l'autorité du Pontife Romain reste suspecte. Pour qu'on ne se laisse pas tromper par l'exemple du Pontife des Hébreux et qu'on n'aille pas croire que la religion catholique a elle aussi besoin d'un Pontife, il convient de noter que les lois de Moïse qui constituaient le droit de la Nation avaient besoin nécessairement pour leur conservation de quelque autorité publique; si chacun avait eu la liberté d'interpréter à sa guise les lois de l'État, la société n'aurait pu subsister, elle serait aussitôt tombée en dissolution et le droit public fût devenu droit privé. Il en va tout autrement dans la Religion. Puisqu'elle consiste non dans des actions extérieures, mais dans la simplicité et la candeur de l'âme, elle n'est soumise à aucun canon, à aucune autorité [9] publique et nul absolument ne peut être contraint par la force ou par les lois à posséder la béatitude : ce qui est requis pour cela est une admonition pieuse et fraternelle, une bonne éducation, par-dessus tout un jugement propre et libre. Puis donc qu'un droit souverain de penser librement, même en matière de religion, appartient à chacun, et qu'on ne peut concevoir que qui que ce soit en soit déchu, chacun aura aussi un droit souverain et une souveraine autorité pour juger de la Religion et conséquemment pour se l'expliquer à lui-même et l'interpréter. La seule raison pour laquelle en effet les magistrats ont une souveraine autorité pour interpréter les lois et un souverain pouvoir de juger des choses d'ordre public, c'est qu'il s'agit d'ordre public; pour la même raison donc une souveraine autorité pour expliquer la Religion et pour en juger appartient à chacun, je veux dire parce qu'elle est de droit privé. Il s'en faut donc de beaucoup que de l'autorité du Pontife des Hébreux pour interpréter les lois de l'État, on puisse conclure l'autorité du Pontife Romain pour interpréter la religion; tout au contraire il se conclut plus aisément de cette autorité du Pontife des Hébreux que chacun est souverain en matière religieuse. Par là encore nous pouvons montrer que notre méthode d'interprétation de l'Écriture est la meilleure. Puisqu'en effet la plus haute autorité appartient à chacun pour interpréter l'Écriture, il ne doit y avoir d'autre règle d'interprétation que la Lumière Naturelle commune à tous; nulle lumière supérieure à la nature, nulle autorité extérieure. Cette méthode ne doit donc pas être ardue au point que seuls des Philosophes à l'esprit très aigu puissent la suivre; elle doit être en rapport avec la complexion naturelle et commune des hommes et leur capacité, comme nous avons montré qu'est la nôtre. Nous avons vu en effet que les difficultés qui s'y rencontrent proviennent de la négligence des hommes, non de la nature de la méthode.

CHAPITRE VIII

Dans lequel on fait voir que le Pentateuque et les livres de Josué, des Juges, de Ruth, de Samuel et des Rois ne sont pas authentiques ; après quoi l'on recherche si ces livres ont été écrits par plusieurs personnes ou par une seule.

Dans le précédent chapitre nous avons traité des fondements et des principes de la connaissance des Écritures et nous avons montré qu'ils n'étaient autres que la connaissance historique et critique de l'Écriture. Mais les Anciens l'ont négligée, quoique nécessaire avant tout, ou, s'ils l'ont écrite ou transmise, elle a péri par l'injure du temps; par suite une grande partie de ces fondements et principes manque entièrement. Encore cela serait-il supportable si la postérité s'était, par la suite, tenue dans de justes limites et avait transmis de bonne foi à ses successeurs le peu qu'elle avait trouvé, sans introduire de nouveautés de sa propre invention : son infidélité a fait que les renseignements historiques donnés sur l'Écriture ne sont pas seulement incomplets mais menteurs, c'est-à-dire que les fondements de la connaissance des Écritures ne sont pas seulement insuffisants en nombre, de sorte qu'on ne peut rien édifier de complet sur eux, mais fort défectueux en qualité. Il rentre dans mon dessein de les corriger et de lever les préjugés communs de la Théologie. Je crains toutefois que ma tentative ne soit trop tardive; les choses en sont venues presque à tel point que les hommes ne souffrent plus d'être redressés en ce qui concerne la Religion, et défendent obstinément les préjugés qu'ils ont embrassés sous ce nom; nulle place ne demeure plus à la Raison si ce n'est aux yeux d'un très petit nombre (comparativement), si grande est l'extension qu'ont prise les préjugés. Je ne laisserai pas de m'y efforcer cependant, et je poursuivrai ma tentative, n'y ayant pas de raison d'en désespérer entièrement.

Pour procéder avec ordre, je commencerai par les préjugés relatifs aux hommes qui ont écrit les Livres sacrés; et en premier lieu à celui qui a écrit le Pentateuque. Presque tous ont cru que c'était Moïse; les Pharisiens l'ont même soutenu avec un tel acharnement qu'ils ont tenu quiconque pensait autrement pour hérétique. Pour cette cause Aben Ezra, homme d'esprit assez libre et d'une érudition non médiocre, le premier qui, à ma connaissance, ait aperçu ce préjugé, n'osa pas expliquer ouvertement sa pensée, mais l'indiqua seulement en termes assez obscurs; je ne craindrai pas de les éclaircir et d'en faire apparaître la vérité avec évidence. Voici quelles sont les paroles d'Aben Ezra dans son commentaire du Deutéronome : *Au-delà du Jourdain*, etc., *pourvu que tu connaisses le mystère des douze... ; et Moïse écrivit aussi la loi... ; et le Chananéen était alors sur la terre... ; il sera révélé sur la montagne de Dieu... ; alors aussi voilà son lit, un lit de fer... ; alors tu connaîtras la vérité*. Par ce peu de mots il indique et en même temps prouve que ce ne fut pas Moïse qui écrivit le Pentateuque, mais quelque autre qui a vécu longtemps après, et que le livre écrit par Moïse était différent. Pour montrer cela il note : 1° que la préface même du Deutéronome n'a pu être écrite par Moïse qui n'a pas traversé le Jourdain; 2° que tout le livre de Moïse a été transcrit très lisiblement sur le seul pourtour d'un autel unique (voir Deutéronome, chap. XXVII, et Josué, chap. VIII, *v.* 37), lequel, d'après la relation des Rabbins, ne se composait que de douze pierres; d'où cette conséquence que le livre de Moïse était d'une étendue beaucoup moindre que le Pentateuque. C'est là, dis-je, ce que l'auteur a voulu signifier par le *mystère des douze ;* à moins peut-être qu'il n'ait entendu les douze malédictions qui se trouvent dans le chapitre ci-dessus cité du Deutéronome et qu'il a peut-être cru qui n'avaient pas été comprises dans le livre de la Loi : Moïse, en effet, après avoir écrit la loi ordonne en outre aux Lévites de réciter ces malédictions pour astreindre par un serment le peuple à l'obéissance. Ou encore il a voulu signifier le dernier chapitre du Deutéronome relatif à la mort de Moïse, lequel se compose de douze mots. Il est inutile d'examiner ici avec plus de soin ces conjectures et celles que d'autres ont pu faire; 3° il note encore que dans le Deutéronome (chap. XXXI, *v.* 9) il est dit : *et Moïse écrivit la loi*, mots qui ne peuvent être de Moïse, mais d'un autre écrivain racontant les actes et les paroles de Moïse; 4° il note ce passage de la Genèse (chap. XII, *v.* 6), où le narrateur, racontant qu'Abraham parcourait la terre des Chananéens, ajoute : *le Chananéen alors était dans cette terre*, par où il marque clairement qu'il n'en est plus ainsi au temps où il écrit. Ces mots donc ont dû être écrits après la mort de Moïse et alors que les Chananéens avaient été chassés et n'occupaient plus ces régions. Aben Ezra le donne encore clairement à entendre quand il commente ainsi ce même passage *et le Chananéen était alors dans cette terre; cela peut signifier que Chanaan, petit-fils de Noé, a pris cette terre d'abord occupée par un autre ; si cela n'est pas, il y a là un mystère, et qui le connaît le taise*, c'est-à-dire si Chanaan a conquis ce territoire le sens sera : *le Chananéen était alors déjà dans cette terre*, le narrateur a voulu marquer qu'il n'en avait pas été ainsi antérieurement alors qu'une autre nation l'habitait. Si au contraire Chanaan a le premier cultivé ces régions (comme il suit du chapitre X de la Genèse), l'auteur a voulu marquer qu'il n'en était plus ainsi au temps où il écrivait; le narrateur n'est donc pas Moïse, puisque au temps de Moïse les Chananéens possédaient encore ce territoire; et c'est là le mystère qu'Aben Ezra recommande de taire; 5° il note que dans la Genèse (chap. XXII, *v.* 14) le mont Morya * est appelé montagne de Dieu, nom qu'il n'a porté qu'après qu'il eut été affecté à l'édification du temple, et cette élection est postérieure au temps de Moïse. Moïse en effet n'indique aucun lieu élu par Dieu; par contre il prédit que Dieu en élira un plus tard auquel le nom de Dieu sera donné; 6° enfin il note que le Deutéronome (chap. III) interpole certains mots dans le récit relatif à Og, roi de Basan : *seul des autres* ° *géants, Og, roi de Basan, subsista et voilà, son lit était un lit de fer, certainement ce lit de neuf coudées de long qui est à Rabat chez les enfants d'Ammon*, etc. Cette parenthèse indique très clairement que celui qui a écrit ces livres a vécu longtemps après Moïse. Sa façon de parler des choses est celle d'un auteur qui raconte de très vieilles histoires et qui, pour donner confiance, fait

* Voir note IX.

° Le mot hébreu *rephaïm* signifie condamnés et semble aussi être un nom propre d'après les Paralipomènes (I, chap. XX); je pense qu'il désigne une famille. (Note de l'auteur.)

mention des reliques encore subsistantes de ce lointain passé; il n'est pas douteux d'ailleurs que ce lit de fer n'ait été trouvé qu'au temps de David qui soumit Rabat comme le raconte Samuel (liv. II, chap. XII, *v.* 30). Cette interpolation n'est pas la seule; un peu plus bas l'Historien [1] ajoute aux paroles de Moïse cette explication : *Jaïr, fils de Manassé, prit toute la juridiction sur Argob jusqu'aux limites des Gessurites et des Mahatites et il appela ces lieux de son nom en même temps que Basan, et jusqu'à ce temps ils sont les bourgs de Jaïr.* Ces mots, dis-je, sont ajoutés par l'historien pour expliquer ceux de Moïse qu'il venait de rapporter, savoir : *et le reste de Galaad et tout le royaume de Basan qui était à Og, je l'ai donné à la demi-tribu de Manassé; toute la juridiction d'Argob s'étendra sur tout Basan qui est appelé terre des Géants.* Les Hébreux contemporains de cet écrivain savaient, cela n'est pas douteux, ce qu'était le pays de Jaïr qui appartenait à la tribu de Juda, mais ne le connaissaient pas sous le nom de juridiction d'Argob et de terre des Géants; il a donc été obligé d'expliquer quels étaient ces pays qui, anciennement, étaient appelés ainsi, et de dire en même temps pourquoi leurs habitants portaient en son temps le nom de Jaïr, bien qu'étant de la tribu de Juda et non de Manassé (voir Paralip. I, chap. II, *vs.* 21 et 22). Nous avons ainsi expliqué la pensée d'Aben Ezra de même que les passages du Pentateuque cités par lui pour l'établir. Il s'en faut de beaucoup toutefois qu'il ait noté le plus important; il y a beaucoup d'autres observations et de plus graves à faire sur ces livres. Ainsi : 1° celui qui écrit ne parle pas seulement de Moïse à la troisième personne, il donne à son sujet de nombreuses attestations telles que : *Dieu parla avec Moïse; Dieu parlait avec Moïse face à face; Moïse était le plus humble de tous les hommes* (Nombres, chap. XII, *v.* 3); *Moïse fut pris de colère contre les chefs de l'armée* (Nombres, chap. XXXI, *v.* 14); *Moïse homme divin* (Deutér., chap. XXXIII, *v.* 1); *Moïse serviteur de Dieu est mort; Jamais un Prophète tel que Moïse ne s'éleva dans Israël.* Au contraire, dans le Deutéronome [2] où est transcrite la loi que Moïse avait expliquée au peuple et qu'il avait écrite, Moïse parle et raconte ses actions à la première personne; il dit : *Dieu m'a parlé* (Deutér., chap. II, *vs.* 1, 17, etc.); *j'ai prié Dieu*, etc. sauf à la fin du livre où l'historien, après avoir rapporté les paroles de Moïse, continue son récit et dit comment Moïse donna au peuple par écrit cette loi (qu'il avait expliquée), puis un suprême avertissement et enfin termina sa vie. Tout cela, la façon de parler, les attestations et l'ensemble même du texte de toute l'histoire, invite à croire que ces livres n'ont pas été écrits par Moïse, mais par un autre. 2° Il faut noter aussi que, dans cette histoire, on ne raconte pas seulement la mort et l'ensevelissement de Moïse et le deuil de trente jours des Hébreux, mais qu'en outre on nous dit, comparaison faite avec tous les Prophètes qui vécurent après lui, qu'il l'emporta sur tous. *Nul Prophète ne s'éleva jamais dans Israël comme Moïse que Dieu connut face à face.* Ce témoignage, ce n'est pas Moïse lui-même qui a pu se le rendre, ni un autre venu immédiatement après lui, mais quelqu'un qui a vécu bien des siècles après, d'autant que l'historien parle au temps passé : *Nul Prophète ne s'éleva jamais dans Israël.* Et au sujet de la sépulture, il dit que *personne ne l'a connue jusqu'à ce jour.* 3° Il faut noter que certains lieux ne sont pas désignés par les noms qu'ils portaient du vivant de Moïse, mais par d'autres qui leur furent donnés plus tard. Ainsi l'on nous dit qu'Abraham poursuivit les ennemis *jusqu'à Dan* (voir Gen., XIV, *v.* 14); ce nom, la ville qui le porte ne l'a reçu que longtemps après la mort de Josué (voir Juges, chap. XVIII, *v.* 29). 4° Les récits parfois se prolongent au delà du temps où a vécu Moïse. Dans l'Exode (chap. XVI, *v.* 34), on raconte que les fils d'Israël mangèrent la manne quarante ans, jusqu'à ce qu'ils fussent parvenus dans une terre habitée à la frontière de la terre de Chanaan; c'est-à-dire jusqu'au moment dont parle le livre de Josué (chap. V, *v.* 10). De même dans la Genèse (chap. XXXVI, *v.* 31), on nous dit : *Tels sont les rois qui régnèrent sur Edom avant qu'un roi régnât sur les fils d'Israël.* L'historien parle sans doute des rois qu'eurent les Iduméens avant que David les soumît * et établît des garnisons dans l'Idumée (voir Samuel, II, chap. VIII, *v.* 14).

Par toutes ces observations il apparaît plus clair que la lumière du jour que le Pentateuque n'a pas été écrit par Moïse, mais par un autre qui a vécu beaucoup de siècles après Moïse. Mais, si vous le voulez bien, considérons de plus attentivement les livres que Moïse a écrits lui-même et qui sont cités dans le Pentateuque. Il est premièrement établi par l'Exode (chap. XVII, *v.* 17) que Moïse écrivit par l'ordre de Dieu la guerre contre Amalec; ce même chapitre ne nous dit pas quel livre, mais dans

* Voir note X.

les Nombres (chap. XXI, *v.* 12) se trouve cité un livre dit *des guerres de Dieu* qui contenait sans doute le récit de la guerre contre Amalec, et en outre, tous les travaux de castramétation (que l'auteur du Pentateuque atteste dans les Nombres (chap. XXXIII, *v.* 2) que Moïse a exposés par écrit). Un autre livre, d'après l'Exode (chap. XXIV, *vs.* 4, 7), s'appelait le *livre* [o] *du pacte*, et il le lut en présence des Israélites quand ils eurent conclu un pacte avec Dieu. Ce livre, ou cette épître, contenait d'ailleurs peu de chose, seulement les lois ou commandements de Dieu qui sont énoncés dans l'Exode du chapitre XX, verset 22, au chapitre XXIV; personne ne le niera qui aura lu le chapitre ci-dessus cité avec un peu de bon jugement et sans partialité. On nous y raconte, en effet, qu'aussitôt que Moïse eut connu l'avis du peuple au sujet du pacte à conclure avec Dieu, il écrivit incontinent les paroles et les commandements de Dieu et, à la lumière du matin, après l'achèvement de certaines cérémonies, lut devant l'assemblée générale du peuple les conditions du pacte; après cette lecture et sans doute après que toute la foule eut perçu ces conditions, le peuple s'engagea de son plein consentement. Eu égard à la brièveté du temps employé à l'écrire et au pacte à conclure, il faut donc que ce livre n'ait contenu rien d'autre que ce que j'ai dit tout à l'heure. Il est établi enfin que, dans la quarantième année après la sortie d'Égypte, Moïse expliqua toutes les lois qu'il avait faites (voir Deutéronome, chap. I, v. 5), fit prendre de nouveau au peuple l'engagement de leur rester soumis (voir Deutér., chap. XXIX, *v.* 14) et enfin écrivit un livre qui contenait ces lois expliquant ce nouveau pacte (voir Deutér., chap. XXXI, *v.* 9). Ce livre fut appelé *livre de la loi de Dieu*, et plus tard Josué l'augmenta du récit du pacte par lequel en son temps le peuple s'engagea de nouveau, et qui fut le troisième conclu avec Dieu (voir Josué, chap. XXIV, *vs.* 25, 26). Ne possédant aucun livre qui contienne à la fois le pacte de Moïse et celui de Josué, il faut nécessairement accorder que ce livre a péri, ou bien il faudrait déraisonner avec le Paraphraste Chaldéen [3] Jonathan et torturer, à son gré, les paroles de l'Écriture. Ce traducteur, en effet, inquiet de cette difficulté, a mieux aimé corrompre l'Écriture qu'avouer son ignorance : ces paroles du livre de Josué (voir chap. XXIV, *v.* 26) *et Josué*

[o] Le mot *sepher* en hébreu désigne plus souvent une épître ou un papier. (Note de l'auteur.)

a écrit ces mots dans le livre de la Loi de Dieu, il les traduit ainsi en chaldéen : *et Josué a écrit ces mots et les a conservés avec le Livre de la Loi de Dieu.* Que faire avec ceux qui ne voient rien que ce qui leur plaît ? Qu'est-ce autre chose, demandé-je, que nier l'Écriture même et en forger une de son invention ? Nous concluons donc que ce livre de la Loi de Dieu que Moïse a écrit, n'était pas le Pentateuque, mais un livre entièrement différent, que l'auteur du Pentateuque a inséré dans son ouvrage à l'endroit voulu ; et cela ressort avec évidence tant de ce qui précède que de ce qui va suivre. Quand, veux-je dire, on nous raconte, dans le passage déjà cité du Deutéronome, que Moïse a écrit le livre de la loi, l'historien ajoute que Moïse l'a remis aux prêtres et qu'ensuite il leur ordonna de le lire devant le peuple à certains moments fixés ; cela montre que ce livre était beaucoup moins étendu que le Pentateuque, puisqu'il pouvait être lu en entier dans une assemblée, et de telle sorte que tous le comprissent. Et il ne faut pas omettre que, de tous les livres écrits par Moïse, il n'ordonna de conserver religieusement et de garder avec soin que le seul livre du second pacte et le Cantique (qu'il écrivit plus tard pour l'apprendre à tout le peuple). Par le premier pacte, en effet, les présents seuls s'étaient engagés, le second engageait aussi la postérité (voir Deutér., chap. XXIX), c'est pourquoi il ordonna que le livre de ce second pacte fût religieusement conservé pour les siècles futurs et, en outre, comme nous l'avons dit, le Cantique, lequel concerne essentiellement les siècles futurs. Puis donc qu'il n'est pas établi que Moïse ait écrit d'autres livres, que ceux-là que lui-même n'a commandé de conserver religieusement pour la postérité que le petit livre de la loi et le Cantique, et qu'enfin plusieurs passages se rencontrent dans le Pentateuque, qui n'ont pu être écrits par Moïse, nul n'est fondé à affirmer que Moïse est l'auteur du Pentateuque, mais, au contraire, cette attribution est démentie par la Raison. Peut-être me demandera-t-on si Moïse n'a pas, outre ces deux morceaux, écrit aussi les lois lors de la première révélation qui lui en fut faite ? C'est-à-dire si, dans l'espace de quarante années, il n'a mis par écrit aucunes lois sauf le petit nombre que j'ai dit qui était contenu dans le livre du premier pacte ? Je réponds : quand bien même j'accorderais qu'il paraît conforme à la Raison que Moïse ait mis les lois par écrit dans le temps même et à l'endroit où la communication lui en avait été faite, je nie cependant qu'il nous soit, pour cette cause, loisible de l'affirmer. Nous avons montré plus haut, en effet, qu'il ne nous fallait rien admettre en des cas semblables, que ce qui est établi par l'Écriture même ou ce qui se tire par légitime conséquence de ses fondements, la conformité apparente à la Raison n'étant en rien une preuve. J'ajoute que la Raison ne nous oblige pas à cette concession. Peut-être, en effet, le Sénat de Moïse communiquait-il par écrit au peuple les lois qu'il édictait, que, plus tard, l'historien a recueillies et qu'il a insérées à leur place dans l'histoire de la vie de Moïse. Voilà pour ce qui concerne les cinq livres de Moïse; il nous faut maintenant examiner les autres.

On prouvera par des raisons semblables que le livre de Josué n'est pas de Josué lui-même; c'est un autre qui rend sur Josué ce témoignage que sa renommée s'est étendue par toute la terre (voir chap. VI, *v.* 27), qu'il n'a rien omis de ce que Moïse avait prescrit (voir verset dernier du chapitre VIII et chap. IX, *v.* 15); que devenu vieux il appela tout le monde à l'assemblée et enfin termina sa vie. En outre le récit s'étend à certains faits arrivés après sa mort : il dit en particulier qu'après sa mort les Israélites honorèrent Dieu tant que vécurent les vieillards qui l'avaient connu. Et au chapitre XVI, verset 10, qu'*ils* (Ephraïm et Manassé) *ne chassèrent pas le Chananéen habitant à Gazer*, *mais* (ajoute-t-il) *le Chananéen vécut parmi Ephraïm jusqu'à ce jour et fut tributaire.* Ce récit est le même qui se trouve au livre des Juges (chap. I) et cette façon de parler *jusqu'à ce jour* montre bien que celui qui écrit parle d'une chose très ancienne. Très semblable à ce texte est celui du chapitre XV, dernier verset, relatif au fils de Juda et l'histoire de Caleb aux versets 14 et suivants du même chapitre. Et aussi ce cas qui est rapporté au chapitre XXII, versets 10 et 19, des deux tribus et demie qui élevèrent un autel au delà du Jourdain, semble s'être produit après la mort de Josué, attendu que dans toute l'histoire il n'est pas fait mention de Josué : le peuple seul délibère au sujet de la guerre, envoie des députés, attend leur réponse et donne enfin son approbation. Enfin du chapitre X, verset 14, il suit évidemment que ce livre a été écrit bien des siècles après Josué; il contient ce témoignage : *aucun autre jour ne fut jamais*, *tel que celui-là ni avant ni après*, *où Dieu obéît* (de la sorte) *à qui que ce fût.* Si donc Josué a jamais écrit un livre, ce fut assurément celui qui est cité dans cette histoire même au chapitre X, verset 13.

Quant au livre des Juges, je ne pense pas qu'aucune personne d'esprit sain puisse se persuader qu'il a été écrit par les Juges eux-mêmes ; car l'épilogue de toute l'histoire qui est au chapitre II, montre clairement qu'il a été écrit tout entier par un seul historien. D'autre part, son auteur répétant souvent qu'aux temps dont il parle, il n'y avait pas de roi en Israël, il n'est pas douteux qu'il n'ait écrit après que les rois eurent occupé le pouvoir. A l'égard des livres de Samuel, il n'y a pas de raison de s'y attarder, puisque l'histoire se prolonge bien après sa vie. Je veux cependant faire observer que ce livre a dû être écrit bien des siècles après Samuel. L'Historien en effet, au livre I, chapitre IX, verset 9, donne par parenthèse cet avertissement : *autrefois on disait quand on allait consulter Dieu : Allons au voyant ; car on appelait autrefois voyant celui qu'aujourd'hui on nomme prophète.* Enfin les livres des Rois, comme il est établi par eux-mêmes, sont tirés des livres du gouvernement de Salomon (voir Rois I, chap. XI, *v.* 41), des chroniques des rois de Juda (voir chap. XIV, *vs.* 19, 24) et des chroniques des rois d'Israël. Concluons que tous les livres passés en revue jusqu'à présent sont écrits par d'autres que ceux dont ils portent le nom, et que les récits qu'ils contiennent se rapportent à des choses anciennes.

Si maintenant nous avons égard à l'enchaînement et au contenu de tous ces livres, il en ressortira aisément pour nous qu'ils ont tous été écrits par un seul et même historien [4], lequel voulut raconter l'histoire ancienne des Juifs depuis leur première origine jusqu'à la première dévastation de la ville. Ces livres en effet s'enchaînent de telle sorte qu'à cela seul on peut connaître qu'ils contiennent le récit d'un seul historien. Sitôt qu'il a fini de raconter la vie de Moïse, il passe ainsi à l'histoire de Josué : *Et il arriva après la mort de Moïse, serviteur de Dieu, que Dieu dit à Josué*, etc. Quand il a achevé de raconter la mort de Josué, il passe de la même manière à l'histoire des Juges et la relie de même à la précédente : *Et il arriva après que Josué fut mort que les fils d'Israël demandèrent à Dieu*, etc. A ce livre des Juges il rattache comme un appendice celui de Ruth de cette manière : *Et en ces jours où jugeaient les Juges, il arriva qu'il y eut une grande famine dans cette terre.* Au livre de Ruth, il relie de la même manière le premier de Samuel, et quand ce premier livre est achevé, passe au deuxième toujours de même façon. L'ensemble du texte aussi et l'ordre dans lequel se succèdent les récits donnent à penser qu'il y a eu un seul historien visant un but bien déterminé. Il commence par raconter la première origine de la nation hébraïque et dit ensuite avec ordre à quelle occasion et à quels moments Moïse établit les lois et fit aux Hébreux de nombreuses prédictions; puis comment ils conquirent la terre promise suivant la prédiction de Moïse (voir Deutér., chap. VII), puis, quand ils l'eurent conquise, comment ils abandonnèrent les lois (Deutér., chap. XXXI, *v.* 16), d'où il résulta beaucoup de maux (même chap., *v.* 17). Comment ensuite ils voulurent élire des rois (Deutér., chap. XVII, *v.* 14) qui eux aussi furent prospères ou malheureux suivant qu'ils observèrent les lois ou n'en eurent souci (Deutér., chap. XXVIII, *v.* 36 et *v.* dernier), jusqu'à la ruine de l'État, qui arriva comme Moïse l'avait prédit. Pour le reste qui ne peut servir à la confirmation de la Loi, ou bien il le passe entièrement sous silence, ou il renvoie le lecteur à d'autres historiens. Tous ces livres donc s'inspirent d'une même pensée et tendent à un seul but qui est d'enseigner la loi édictée par Moïse et de la démontrer par les événements.

Considérant conjointement ces trois caractères, la simplicité de dessein de tous ces livres, leur rattachement et leur composition postérieure de beaucoup de siècles aux choses racontées, nous concluons, comme nous l'avons dit, qu'ils ont tous été écrits par un seul historien. Quel il fut, je ne puis le montrer avec évidence; je soupçonne cependant que ce fut Esdras, et ma conjecture s'appuie sur quelques raisons assez sérieuses. Puisque, en effet, l'historien (que nous savons déjà avoir été unique) prolonge son récit jusqu'à la libération de Joachin et ajoute qu'il s'est assis, lui qui raconte, toute sa vie à la table du roi (c'est-à-dire à celle de Joachin où à celle de Nabuchodonosor, car le sens est tout à fait ambigu), il ne peut avoir été antérieur à Esdras. Mais l'Écriture ne fait mention de personne qui fleurît alors, mis à part le témoignage rendu au seul Esdras (voir Esdras, chap. VII, *v.* 10) qui s'appliquait avec ardeur à la recherche et à l'exposition de la Loi de Dieu et était un scribe bien exercé (même chap., *v.* 6) en la Loi de Moïse. En dehors d'Esdras, on ne voit donc personne que l'on puisse soupçonner d'être l'auteur de ces livres. En second lieu nous trouvons dans Esdras un témoignage suivant lequel il se serait appliqué avec zèle non seulement à rechercher la loi de Dieu, mais aussi à l'exposer et dans Néhémie (chap. VIII, *v.* 9) il est dit *qu'ils* (ces hommes) *lurent le livre de la Loi de Dieu expliquée et y appliquèrent leur entendement et entendirent l'Écriture.* Or le livre du Deutéronome ne contient pas seulement la Loi de Moïse, au moins en très grande partie, mais aussi beaucoup d'explications qui y sont ajoutées, je conjecture en conséquence que ce livre du Deutéronome est le livre de la Loi de Dieu écrit par Esdras et contenant l'exposition et l'explication de la Loi, que lurent ceux dont parle Néhémie. Que d'ailleurs, dans ce livre du Deutéronome, beaucoup d'explications additionnelles furent insérées, nous l'avons montré par deux exemples en expliquant la pensée d'Aben Ezra. Plusieurs autres y sont à noter, ainsi dans le chapitre II, verset 12 : *et dans Seir habitaient auparavant les Horréens ; mais les fils d'Esaü les chassèrent et les firent disparaître de leur vue et habitèrent à leur place, comme fit Israël dans la terre de son héritage que Dieu lui a donnée.* Il s'agit d'expliquer les versets 3 et 4 disant que les fils d'Esaü ne furent pas les premiers habitants de la montagne de Seir à eux dévolue, mais la conquirent sur ses premiers occupants, les Horréens, qu'ils mirent en fuite et détruisirent, comme les Israélites firent pour les Chananéens après la mort de Moïse. Les versets 6, 7, 8, 9 du chapitre X sont aussi une addition introduite dans le texte de la loi de Moïse; il n'est personne en effet qui ne voie que le verset 8 qui commence ainsi : *dans ce temps-là Dieu sépara la tribu de Lévi,* se rapporte nécessairement au verset 5, non à la mort d'Aaron, et que la seule raison qu'ait eue Esdras de parler ici de cette mort, est que Moïse avait dit dans l'histoire du veau adoré par le peuple (voir chap. IX, *v.* 20) qu'il avait prié Dieu pour Aaron. Esdras explique ensuite que Dieu, au temps dont parle Moïse en ce passage, élut pour lui-même la tribu de Lévi, de façon à montrer la cause de cette élection; et pourquoi les Lévites n'eurent point de part à l'héritage; après quoi il reprend le fil de l'Écriture avec les paroles de Moïse. Ajoutez à cela la préface du livre et tous les passages parlant de Moïse à la troisième personne; sans compter beaucoup d'autres additions et de modifications du texte que nous ne pouvons discerner et qui furent faites sans doute pour faciliter la perception des choses aux gens de son temps. Si nous avions le livre même de Moïse, je le dis, nous trouverions sans aucun doute de grandes divergences, tant dans l'expression que dans l'ordre des préceptes et les preuves données à leur appui. Quand je compare en effet le seul Décalogue du Deutéronome avec le Décalogue de l'Exode (où son histoire est expressément racontée), je vois qu'il y a divergence à tous égards; non seulement le quatrième commandement n'est pas formulé de même [5], mais il est en outre énoncé beaucoup plus longuement; la raison donnée est entièrement différente de celle que donne l'Exode. L'ordre enfin dans lequel le dixième commandement est formulé est autre aussi que dans l'Exode. J'estime donc, comme je l'ai dit, qu'Esdras fit tous ces changements tant là qu'ailleurs parce qu'il a expliqué la Loi de Dieu à ses contemporains et par conséquent que c'est là le livre de la Loi de Dieu exposé et expliqué par lui. Et je pense que ce livre fut le premier de tous ceux que j'ai dit qu'il avait écrits. Je le conjecture parce que ce livre contient les Lois de la Nation dont le peuple a surtout besoin, et aussi parce que ce livre ne se rattache pas au précédent comme tous les autres, mais commence absolument : *Voilà quelles sont les paroles de Moïse*, etc. Après avoir achevé ce livre et enseigné les lois au peuple, je crois qu'il s'est appliqué à raconter l'histoire entière de la nation des Hébreux depuis la création du monde jusqu'à la suprême dévastation de la ville, et dans cette histoire il inséra le livre du Deutéronome à sa place. Et peut-être appela-t-il les cinq premiers livres du nom de Moïse, parce que c'est surtout sa vie qui en est le contenu et prit-il le nom du personnage principal; pour cette même raison il appela le sixième du nom de Josué, le septième du nom des Juges, le huitième de celui de Ruth, le neuvième et peut-être aussi le dixième du nom de Samuel, le onzième et le douzième de celui des Rois. Pour ce qui est de savoir si Esdras mit la dernière main à cet ouvrage et l'acheva, comme il le désirait, je renvoie sur ce point au chapitre suivant.

CHAPITRE IX

Autres recherches sur les mêmes Livres ; si en particulier Esdras y mit la dernière main et ensuite si les notes marginales qui se trouvent dans les manuscrits hébreux sont des leçons différentes.

Que pour la parfaite intelligence de ces livres l'enquête entreprise dans le précédent chapitre sur leur véritable auteur doive être du plus grand secours, c'est ce qui ressort aisément des passages mêmes que nous avons cités pour confirmer notre manière de voir et qui, sans elle, devraient paraître à tous très obscurs. Il est cependant dans ces livres d'autres sujets de remarque auxquels la superstition commune ne permet pas au vulgaire de prendre garde. Le principal est qu'Esdras (je le tiens pour le véritable auteur aussi longtemps qu'on ne m'en aura pas fait connaître un autre avec plus de certitude) n'a pas mis la dernière main aux récits contenus dans ces livres et n'a fait autre chose que réunir des récits pris dans divers écrivains, que parfois il s'est borné à les copier et les a ainsi transmis à la postérité sans les avoir examinés ni mis en ordre. Quelles causes l'ont empêché d'accomplir ce travail en y mettant tous ses soins, c'est ce que je ne peux même conjecturer (à moins que ce ne soit une mort prématurée). Mais le fait lui-même, malgré la perte de ce qu'avaient écrit les anciens historiens, est cependant établi avec la plus grande évidence par le très petit nombre de fragments dont nous disposons. Ainsi l'histoire d'Ezéchias, à partir du verset 17, chapitre XVIII du livre II des Rois, est une copie de la relation d'Isaïe, telle qu'elle était transcrite dans les Chroniques des rois de Juda; nous lisons en effet dans le livre d'Isaïe, qui était contenu dans les Chroniques des rois de Juda (voir Paralip., livre II, chap. XXXII, vers. pénultième), toute cette histoire dans les mêmes termes que dans le livre des Rois, à quelques très rares exceptions près *; et de ces exceptions on ne peut rien conclure, sinon que des leçons différentes du récit d'Isaïe ont pu se rencontrer, à moins que l'on n'aime mieux rêver des mystères à ce sujet. En second lieu le chapitre dernier de ce même livre des Rois est contenu dans le dernier chapitre de Jérémie, versets 39 et 40. En outre nous trouvons le chapitre VII du livre II de Samuel reproduit dans le livre I des Paralipomènes (chap. XVII); toutefois les mots varient en divers passages de façon assez surprenante ** pour qu'on reconnaisse que ces deux chapitres ont été pris dans deux exemplaires différents de l'histoire de Nathan. Enfin la généalogie des rois d'Idumée qui se trouve dans la Genèse (chap. XXXI *** à partir du verset 31) est exposée dans les mêmes termes dans le livre I des Paralipomènes (chap. I), alors que cependant l'auteur de ce dernier livre a pris, cela est certain, son récit dans des historiens autres que ces douze livres attribués par nous à Esdras. Il n'est donc pas douteux que, si nous avions les historiens, la chose ne fût aisée à constater; mais, puisqu'ils nous font défaut, il ne nous reste qu'à examiner les récits eux-mêmes, leur ordre et leur enchaînement, la façon dont ils se répètent avec des variantes, et enfin leur divergence dans le comput des années, cela nous permettra de juger du reste.

Prenons donc ces récits ou du moins les principaux et pesons-les; et d'abord cette histoire de Juda et de Thamar que le narrateur commence ainsi de relater dans la Genèse (chap. XXVIII) : *Il arriva dans ces temps que Juda s'éloigna de ses frères.* Cette indication de temps doit évidemment se rapporter à un autre temps dont il vient de parler; mais précisément elle ne peut du tout s'appliquer au temps dont il est question immédiatement avant dans la Genèse. Depuis la première arrivée de Joseph en Égypte, en effet, jusqu'au départ du Patriarche Jacob avec toute sa famille pour ce même pays, nous ne pouvons compter plus de vingt-deux ans : Joseph avait dix-sept ans quand il a été vendu par ses frères et trente quand Pharaon

* Voir note XI.
** Voir note XII.
*** Voir note XIII.

le fit sortir de prison; si nous ajoutons à ces treize années sept ans de fertilité et deux de famine, nous arrivons à vingt-deux ans en tout. Personne ne pourra concevoir cependant que tant de choses soient arrivées dans ce laps de temps : que Juda ait eu successivement trois enfants de l'unique femme qu'il épousa; que l'aîné de ces trois, quand il fut d'âge, se soit marié avec Thamar, qu'après sa mort Thamar se soit remariée avec le second fils, lequel mourut aussi, qu'après ces deux mariages et ces deux morts Juda lui-même ait eu commerce avec sa bru Thamar, sans savoir qui elle était; que deux enfants, jumeaux à la vérité, lui soient nés, dont l'un, toujours dans ce même laps de temps, est lui-même devenu père. Puis donc que tous ces événements ne peuvent être rapportés au temps indiqué dans la Genèse, il est nécessaire de les rapporter à un autre temps dont il venait d'être question dans un autre livre; par conséquent Esdras a simplement transcrit cette histoire et l'a insérée dans son récit sans examen. Ce n'est pas seulement ce chapitre d'ailleurs, mais toute l'histoire de Joseph et de Jacob que l'on doit reconnaître qui est extraite et transcrite de divers historiens, tant nous voyons peu d'accord entre ses différentes parties. Au chapitre XLVII, la Genèse raconte que Jacob, quand il vint sous la conduite de Joseph saluer Pharaon pour la première fois, était âgé de 130 ans; retranchons-en vingt-deux qu'il passa dans le chagrin de la perte de Joseph, puis dix-sept qu'avait Joseph quand il fut vendu, et enfin sept pendant lesquels Jacob servit pour Rachel, nous trouvons qu'il était d'un âge très avancé, savoir quatre-vingt-quatre ans, quand il prit Lia pour femme. Par contre Dina avait à peine sept ans * quand il lui fut fait violence par Sichem, Siméon et Lévi à peine douze et onze quand ils mirent à sac toute cette cité dont parle la Genèse, et firent périr tous ses habitants par le glaive. Point n'est besoin ici de passer tout le contenu du Pentateuque en revue. Pour peu qu'on ait égard à la façon dont, dans ces cinq livres, les préceptes et les récits sont mêlés et sans ordre, à la confusion des temps, à la répétition fréquente des mêmes histoires avec des changements graves parfois, on connaîtra facilement qu'on se trouve en présence d'une collection de textes amassés pour être ensuite plus aisément examinés et mis en ordre. Cela n'est pas vrai seulement de ces cinq livres, mais aussi

* Voir note XIV.

des autres récits contenus dans les sept autres jusqu'à la dévastation de la Ville et qui furent rassemblés de la même manière. Qui ne voit qu'au chapitre II des Juges, à partir du verset 6, on se trouve en présence d'un nouvel historien (qui avait aussi écrit les hauts faits de Josué), dont les paroles sont simplement transcrites. Après en effet que le premier historien a raconté, dans le dernier chapitre de Josué, la mort de Josué et son ensevelissement et, dans le premier des Juges, promis de raconter les événements arrivés après cette mort, pour quelle raison, s'il avait voulu suivre le fil de son histoire, aurait-il pu rattacher à ce qu'il vient de dire le récit qu'il commence sur Josué lui-même * ? De même encore les chapitres XVII, XVIII, etc., du premier livre de Samuel sont empruntés à un historien autre que celui dont le récit est reproduit dans les chapitres précédents, et qui donne des premières fréquentations de David à la cour de Saül une explication tout autre que celle du chapitre XVI; il ne croit pas en effet que Saül ait appelé David sur le conseil de ses serviteurs (comme il est relaté au chapitre XVI), mais que, le père de David l'ayant par chance envoyé au camp auprès de ses frères, il se fit connaître de Saül par sa victoire sur le Philistin Goliath et fut retenu à la cour de ce roi. Je soupçonne qu'il en est de même du chapitre XXVI de ce même livre. C'est-à-dire que l'historien me semble raconter la même histoire que dans le chapitre XXIV d'après une autre version. Laissons cependant ce sujet; je passe à l'examen du comput des années. Au chapitre VI du livre I des Rois, il est dit que Salomon construisit le temple 480 ans après la sortie d'Égypte, tandis que, d'après les récits eux-mêmes, nous trouvons un nombre bien plus grand.

En effet :

Moïse gouverna le peuple dans le désert	40	ans
Suivant l'opinion de Josèphe et d'autres historiens nous attribuons à Josué, qui vécut cent dix ans, un gouvernement de	26	»
Chusan Rasathaïm soumit le peuple	8	»
Othoniel fils de Cénez fut juge **	40	»
Églon, roi de Moab, régna sur le peuple	18	»
Aod et Samgar furent juges	30	»

* Voir note XV.
** Voir note XVI.

Jabin, roi de Chanaan, tint de nouveau le peuple soumis pendant	20 ans
Le peuple ensuite fut en repos	40 »
Ensuite il fut soumis au Madianite pendant	7 »
Il vécut en liberté sous Gédéon	40 »
Sous la souveraineté d'Abimélech	3 »
Thola, fils de Phua, fut juge	23 »
Jaïr	22 »
Le peuple fut de nouveau soumis aux Philistins et aux Ammonites pendant	18 »
Jephté fut juge	6 »
Abesan le Bethléemite	7 »
Ahialon le Zabulonite	10 »
Abdon le Pharathonite	8 »
Nouvelle soumission aux Philistins d'une durée de	40 »
Samson fut juge *	20 »
Heli	40 »
Nouvelle soumission aux Philistins avant la libération du peuple par Samuel	20 »
David régna	40 »
Salomon avant la construction du temple	4 »
Total des années écoulées	580 ans

Encore faut-il ajouter les années pendant lesquelles la République des Hébreux prospéra après la mort de Josué jusqu'à ce qu'elle eût été vaincue par Chusan Rasathaïm, et je crois que le nombre en fut grand. Je ne puis me persuader en effet qu'aussitôt après la mort de Josué, tous ceux qui avaient vu ces prodiges, périrent en un moment, ou que leurs successeurs renoncèrent aux lois en une fois et tout d'un coup, et de la plus haute vertu tombèrent dans la plus extrême impuissance et la pire négligence; ni enfin que Chusan Rasathaïm n'eut qu'à paraître pour les soumettre. Chacune des étapes de cette décadence requiert presque une vie d'homme, de sorte que, sans aucun doute, l'Écriture résume dans le chapitre II, versets 7, 9, 10, du livre des Juges, l'histoire de beaucoup d'années sur lesquelles elle ne dit rien. Il faut ajouter en outre les années pendant lesquelles Samuel fut juge et dont le nombre n'est pas donné par l'Écriture, enfin les années de règne de Saül que j'ai omises dans le compte établi ci-dessus, parce que son histoire n'établit pas de façon suffi-

* Voir note XVII.

sante combien d'années il a régné : on nous dit au chapitre XIII, verset 1, du premier livre de Samuel, qu'il a régné deux ans; mais ce texte est tronqué, et de son histoire même nous conclurions un nombre supérieur. Que ce texte soit tronqué, c'est ce dont ne peut douter quiconque a la connaissance la plus élémentaire de l'hébreu. Il commence ainsi : *Saül avait un an quand il devint roi et il régna deux ans sur Israël.* Qui ne voit, demandé-je, que ce texte omet le nombre des années qu'avait Saül quand il prit le pouvoir royal ? L'histoire elle-même de Saül nous conduit à admettre un nombre plus grand; personne, à ce que je crois, n'en doutera. En effet, au chapitre XXVII, verset 7, de ce même livre, on trouve que David resta un an et quatre mois chez les Philistins, où il avait cherché refuge à cause de Saül; d'après ce compte, tout le reste aurait dû se passer dans l'espace de huit mois, ce que personne, je pense, n'admettra. Josèphe, à la fin du troisième livre des Antiquités, corrige ainsi le texte : *Saül régna donc du vivant de Samuel dix-huit ans, après sa mort deux autres années.* Au reste toute cette histoire du chapitre XIII ne s'accorde en aucune manière avec ce qui précède. A la fin du chapitre VIII on nous raconte que les Philistins furent si complètement vaincus par les Hébreux que, du vivant de Samuel, ils n'osèrent plus franchir les frontières d'Israël; et dans ce chapitre XIII, que les Hébreux (du vivant de Samuel) furent envahis par les Philistins et réduits par eux à une telle misère et une si grande pauvreté qu'ils se trouvèrent sans armes et sans aucun moyen d'en fabriquer. Ce serait en vérité une tâche assez pénible que d'accorder entre elles toutes ces histoires contenues dans le premier livre de Samuel de façon qu'elles parussent écrites et mises en ordre par un seul historien. Mais je reviens à mon propos. Il faut donc au compte établi ci-dessus ajouter les années du règne de Saül. Enfin je n'ai pas non plus compté les années que dura l'anarchie des Hébreux, parce qu'elles ne sont pas indiquées nettement par l'Écriture elle-même. Je ne sais pas, veux-je dire, combien de temps prirent les événements racontés depuis le chapitre XVII jusqu'à la fin du livre des Juges. De tout cela il suit donc très clairement qu'on ne peut pas établir un compte exact des années par les récits eux-mêmes et que leur étude conduit non à en admettre un comme bien établi, mais à faire diverses suppositions. Il faut donc avouer que ces récits sont une collection d'histoires écrites par divers auteurs et réunies avant d'avoir été mises en ordre et examinées. La divergence ne paraît pas avoir été moindre, en ce qui touche le compte des années, entre les livres des Chroniques des rois de Juda et ceux des Chroniques des rois d'Israël. Dans les Chroniques des rois d'Israël il y avait que Joram, fils d'Achab, commença de régner la deuxième année du règne de Joram, fils de Josaphat (voir Rois, liv. II, chap. I, *v.* 17), tandis que, dans les Chroniques des rois de Juda, il y avait que Joram, fils de Josaphat, commença de régner la cinquième année du règne de Joram, fils d'Achab (voir chap. VIII, *v.* 16 de ce même livre). Et si l'on voulait comparer les récits des livres des Paralipomènes avec ceux des livres des Rois, on trouverait beaucoup de divergences semblables, que point n'est besoin de relever ici; encore moins les commentaires des auteurs qui ont entrepris d'accorder entre eux ces récits. Les Rabbins en effet délirent purement et simplement. Quant aux commentateurs que j'ai lus, ils rêvent, forgent des explications et finissent par corrompre la langue elle-même. Quand, par exemple, le livre II des Paralipomènes dit : *Ochozias était âgé de quarante-deux ans quand il régna*, quelques-uns imaginent que ces années partent du règne d'Amri, non de la naissance d'Ochozias; si l'on pouvait démontrer que telle fut l'intention de l'auteur du livre des Paralipomènes, je n'hésiterais pas à dire qu'il ne savait pas parler. De la même façon ils forgent plusieurs autres explications qui m'obligeraient à dire, si elles étaient vraies, que les anciens Hébreux ont ignoré complètement et leur propre langue et toute espèce d'ordre dans le récit, à reconnaître qu'il n'y a ni raisonnement possible, ni règle à suivre, dans l'interprétation de l'Écriture et qu'il est loisible de tout forger à sa guise.

Si cependant l'on pense que je parle ici d'une façon trop générale et sans fondement suffisant, je demande qu'on veuille bien se donner la peine de nous montrer un ordre certain dans ces récits, un ordre que des historiens, dans leurs travaux de chronologie, puissent imiter sans tomber dans une faute grave; et pendant qu'on cherchera à interpréter et à concilier ces récits, que l'on conserve les phrases et les manières de dire, de disposer et de lier le discours, et qu'on les explique de telle sorte que nous puissions, en nous conformant à cette explication, les imiter dans nos écrits *. Devant celui qui accomplira pareille tâche je

* Voir note XVIII.

m'incline d'avance et je suis prêt à voir en lui un grand oracle. J'avoue en effet qu'en dépit d'une longue recherche je n'ai jamais rien pu trouver de tel. J'ajoute même que je n'écris rien ici que je n'aie longuement et longtemps médité; et, bien qu'imbu dès mon enfance [1] des opinions communes sur l'Écriture, il m'a été impossible de ne pas conclure comme je l'ai fait. Il n'y a pas de raison cependant pour arrêter longtemps le lecteur en cet endroit et lui proposer, comme un défi, une tâche impossible. J'ai dû seulement dire ce que serait cette tâche pour expliquer plus clairement ma pensée; je passe maintenant aux autres observations que j'ai à faire sur les fortunes de ces livres.

Il faut le noter en effet, après nous être expliqué sur leur provenance, ces livres n'ont pas été conservés si diligemment par la postérité que nulles fautes ne s'y soient glissées; les scribes anciens y ont remarqué plusieurs leçons douteuses et, en outre, quelques passages tronqués, sans cependant les apercevoir tous. Ces fautes sont-elles maintenant d'une importance à beaucoup arrêter le lecteur, je ne discuterai pas ce point. Je crois en effet qu'elles sont de peu de gravité, du moins pour le lecteur libre de son jugement. Ce que je puis affirmer avec assurance, c'est que je n'ai remarqué aucune faute, aucune différence de leçon, dans les textes relatifs aux enseignements moraux, qui les pussent rendre obscurs ou douteux. La plupart cependant des interprètes n'accordent pas qu'aucune déformation du texte ait pu se produire même dans les autres parties : ils admettent que, par une providence singulière, Dieu a préservé la Bible entière de toute corruption; pour eux les leçons différentes sont les signes de très profonds mystères; ils discutent au sujet des astérisques, au nombre de 28, qu'on trouve au milieu d'un paragraphe; les dessins mêmes des lettres leur semblent contenir de grands secrets. Est-ce là l'effet de la déraison et d'une piété de vieille dévote ? N'est-ce pas plutôt par arrogance et malice qu'ils ont dit cela, pour qu'on les crût les seuls dépositaires des secrets de Dieu ? Je ne sais. Ce que je sais, c'est que je n'ai jamais rien trouvé qui sentît le mystère dans leurs livres; je n'y ai vu que de laborieuses puérilités. J'ai lu aussi quelques Cabalistes, et pris connaissance de leurs billevesées et j'ai été confondu de leur démence [2]. Que d'ailleurs, comme nous l'avons dit, des fautes se soient glissées dans les Livres, nul je crois, pour peu qu'il juge sainement, n'en doutera s'il lit le texte sur Saül (que nous avons déjà cité d'après le livre I de Samuel, chap. XIII, *v.* I) et aussi le verset 2, chapitre VI, de Samuel, II : *et David se leva et alla avec tout le peuple de Juda qui était auprès de lui pour emporter de là l'arche de Dieu.* Il n'est personne qui puisse ne pas voir que le lieu où il s'est rendu pour en retirer l'arche, c'est-à-dire Cariathiarim * n'est pas désigné. Nous ne pouvons nier non plus que le verset 37, chapitre XVIII, de Samuel, II, ne soit altéré et tronqué, le texte étant : *Et Absalon s'enfuit et alla auprès de Tholmaï, fils d'Ammiud et Roi de Gessur, et il pleura son fils pendant toutes les nuits de ces jours et Absalon s'enfuit et alla à Gessur et y demeura trois années.* Et je sais que j'ai noté autrefois d'autres passages de même sorte qui à présent ne me reviennent pas.

Pour les notes marginales qu'on trouve çà et là dans les Livres hébreux, que ce soient des leçons douteuses, on ne peut hésiter à le croire, si l'on considère que la plupart ont pour origine la grande ressemblance des lettres en hébreu, en particulier du *Kaf* et du *Bet*, du *Jod* et du *Vau*, du *Dalet* et du *Res*, etc. Par exemple il est écrit *au* (temps) *où tu entendras* et en marge, par le changement d'une lettre, *quand tu entendras ;* au chapitre II du livre des Juges, verset 22, le texte est : *et quand leurs pères et leurs frères sont venus auprès de nous en multitude* (c'est-à-dire souvent), etc., et en marge, avec un changement d'une lettre, il y a *pour contester*, au lieu de *en multitude.* De même un très grand nombre de leçons douteuses sont venues de l'usage des lettres qu'on nomme Lettres de pause, que le plus souvent l'on ne prononce presque pas et que l'on confond l'une avec l'autre. Par exemple dans le Lévitique (chap. XXV, *v.* 30) **, le texte est : *Et sera possédée durablement la maison qui est dans une cité à laquelle il n'est pas de mur*, et en marge il y a : *à laquelle est un mur ;* etc.

Bien que ces observations soient assez claires par elles-mêmes, il me paraît bon de répondre aux arguments d'un certain nombre de Pharisiens tendant à prouver que ces notes marginales furent ajoutées, ou par les auteurs mêmes des Livres sacrés ou sur leurs indications, pour signifier certaines choses mystérieuses. Le *premier* de ces arguments, qui me touche peu, est tiré de l'usage suivi dans la lecture de la Bible : si, disent-ils, ces notes ont été mises en marge à cause de la diversité des leçons

* Voir note XIX.
** Voir note XX.

entre lesquelles la postérité n'a pu choisir, pourquoi l'usage s'est-il établi de garder toujours le sens marginal ? Pourquoi a-t-on noté en marge le sens qu'on voulait retenir ? N'aurait-on pas dû au contraire écrire le texte même comme on voulait qu'il fût lu, au lieu de noter en marge le vrai sens et la leçon jugée bonne ? Le *deuxième* argument, qui semble avoir quelque apparence de sérieux, est tiré de la nature même des choses : des fautes de transcription se glissent, disent-ils, dans les manuscrits, par chance et non parce qu'on fait exprès; et puisqu'il s'agit de fautes non volontaires, elles doivent être variées. Or, dans les cinq livres, le mot hébreu qui signifie jeune fille est toujours, sauf dans un seul passage, écrit sans la lettre *He* contrairement à la règle de la grammaire; tandis qu'en marge il est correctement écrit suivant la règle générale. Cela peut-il être venu de ce que la main s'est trompée en copiant ? Par quelle fatalité a-t-il pu arriver que la plume du scribe allât trop vite invariablement, toutes les fois que se rencontrait ce mot ? On aurait d'ailleurs pu, par la suite, aisément et sans scrupule, suppléer la lettre manquante et corriger cette faute pour satisfaire la grammaire. Puis donc que ces leçons ne sont pas dues au hasard et qu'on n'a pas voulu corriger des fautes aussi manifestes, il faut admettre que les mots ont été écrits à dessein par les premiers auteurs comme ils le sont dans les manuscrits, pour signifier quelque chose. Nous pouvons toutefois facilement répondre : le premier argument se tire en effet de l'usage qui est en vigueur parmi les Pharisiens, et je ne m'y arrête pas; je ne sais jusqu'où la superstition a pu aller, et peut-être cet usage est-il venu de ce que l'on croyait l'une et l'autre leçon également bonnes ou acceptables, et par suite, pour ne laisser perdre ni l'une ni l'autre, on voulut que l'une fût maintenue dans le texte écrit, tandis que l'autre serait d'usage à la lecture. Ils craignaient en effet de se prononcer dans une affaire aussi grave et de prendre la fausse leçon pour la vraie, aussi ne voulurent-ils donner la préférence à aucune des deux, ce qu'ils auraient dû faire nécessairement s'ils avaient prescrit d'écrire et de lire d'une seule manière; d'autant que dans les exemplaires destinés au culte il n'y avait pas de notes marginales. Ou peut-être l'usage est-il venu de ce qu'on voulait que certains mots, bien que transcrits correctement, fussent lus autrement qu'ils n'étaient écrits, c'est-à-dire suivant la leçon notée en marge. Ainsi s'établit l'usage universel de lire la Bible suivant les notes marginales. Quant aux motifs qu'eurent les Scribes d'écrire en marge certains mots expressément destinés à être lus, je vais le faire connaître : toutes les notes marginales ne sont pas des leçons douteuses, il y en a aussi qui corrigent des façons de dire hors d'usage; j'entends les mots tombés en désuétude et ceux que les bonnes mœurs ne permettaient plus d'employer. Les auteurs anciens en effet, qui n'avaient point de malice, nommaient les choses en propres termes sans les circonlocutions en usage dans les cours; plus tard, quand régnèrent le luxe et le mauvais esprit, on commença de juger obscènes les choses que les anciens avaient dites sans obscénité. Point n'était besoin pour cette cause de changer l'Écriture elle-même; toutefois, par égard pour la faiblesse d'esprit de la foule, l'usage s'introduisit de substituer pour la lecture publique aux mots désignant le coït et les excréments des termes plus convenables, ceux-là mêmes qui se trouvent en marge. Enfin, quelle qu'ait été la raison pour laquelle l'usage s'établit de lire et d'interpréter les Écritures suivant les notes marginales, du moins cette raison n'est pas que l'interprétation vraie soit nécessairement celle qui suit ces notes. Outre que, en effet, les Rabbins eux-mêmes s'écartent souvent du texte massorétique et avaient d'autres leçons jugées meilleures par eux, comme je le montrerai bientôt, il se trouve dans les marges un certain nombre de variantes qui semblent s'accorder moins bien que le texte avec l'usage de la langue. Par exemple, dans le livre II de Samuel (chap. XIV, *v.* 22), le texte est : *parce que le Roi agit suivant l'avis de son serviteur*, construction parfaitement régulière et en accord avec celle du verset 15 du même chapitre; en marge il y a : *de ton serviteur*, ce qui ne s'accorde pas avec le verbe à la troisième personne. De même encore au dernier verset du chapitre XVI de ce même livre, le texte est : *comme quand on consulte* (c'est-à-dire, il est consulté) *la parole de Dieu ;* en marge est ajouté le mot *quelqu'un* comme sujet du verbe. Cette addition ne paraît pas justifiée, l'usage commun de la langue étant d'employer des verbes impersonnels à la troisième personne du singulier à l'actif, comme le savent fort bien les grammairiens. Et l'on trouve ainsi beaucoup de notes qui ne peuvent en aucune manière être préférées à la leçon du texte. Pour ce qui est du *deuxième* argument des Pharisiens, la réponse, après ce qu'on vient de voir, est également facile. Nous venons de dire en effet que les Scribes, outre les leçons douteuses, ont noté aussi les mots tombés en désuétude.

Il n'est pas douteux que, dans la langue hébraïque aussi bien que dans les autres, beaucoup de mots ne soient tombés en désuétude et n'aient vieilli; il s'en trouvait dans la Bible qui ont tous été notés par les derniers Scribes pour que la lecture publique se fît suivant l'usage de leur temps. Si le mot *nahgar* est partout noté, c'est parce qu'il était anciennement commun aux deux genres et avait la même signification que le latin *juvenis*. De même encore la capitale des Hébreux s'appelait anciennement *Jérusalem* et non *Jérusalaim*. Je dirai également du pronom signifiant *lui-même* et *elle-même* que l'habitude s'est introduite d'y remplacer le *Vau* par un *Jod* (changement fréquent en hébreu) pour désigner le genre féminin, tandis que, plus anciennement, l'on n'avait accoutumé de distinguer le féminin de ce pronom du masculin que par des voyelles. De même enfin les formes irrégulières des verbes ont varié d'une époque à l'autre et les anciens, par une recherche d'élégance propre à leur temps, employaient des lettres paragogiques *He*, *Aleph*, *Mem*, *Nun*, *Tet*, *Jod* et *Vau*. Je pourrais donner beaucoup d'exemples, mais je ne veux pas retarder ni ennuyer le lecteur. Me demande-t-on cependant d'où je le sais ? Je réponds que je l'ai souvent observé dans les auteurs les plus anciens, c'est-à-dire dans la Bible, tandis que les plus récents n'ont pas voulu suivre cette coutume; et c'est la seule raison pour laquelle, dans les autres langues, même déjà mortes, on trouve des mots tombés en désuétude.

Mais peut-être insistera-t-on; puisque j'admets que la plupart des notes marginales sont des leçons douteuses, pourquoi n'y a-t-il jamais pour un passage plus de deux leçons ? Pourquoi pas trois quelquefois ou davantage ? On m'objectera aussi que le texte est parfois manifestement contraire aux règles de la grammaire, tandis que la leçon donnée en marge est correcte, si bien qu'on ne peut guère croire que les Scribes aient pu être arrêtés et hésiter entre les deux leçons. Il est facile de répondre; et d'abord au premier argument j'oppose que certaines leçons ont été écartées, d'autres choisies, sans que nos manuscrits nous les fassent toutes connaître. Dans le Talmud en effet, on trouve des variantes négligées par les Massorètes, et l'écart est en beaucoup de passages si manifeste entre les deux textes que ce correcteur superstitieux de la Bible de Bomberg a été lui-même obligé de reconnaître qu'il ne savait pas comment les concilier : *la seule réponse que nous puissions faire*, dit-il, *est celle que nous avons déjà faite*, *savoir que l'usage du Talmud est de contredire aux Massorètes*. Nous ne sommes donc pas si bien fondés à admettre qu'il n'y a jamais eu pour un passage plus de deux leçons. J'accorde toutefois volontiers, et c'est même mon sentiment, qu'il ne s'est jamais trouvé plus de deux leçons pour un passage et cela pour deux raisons : 1° L'origine telle que nous l'avons fait connaître, des altérations du texte, ne permet pas qu'il y ait plus de deux leçons, puisqu'elles ont le plus souvent pour cause la ressemblance de certaines lettres. Le doute portait donc presque toujours sur le point de savoir laquelle des deux lettres très fréquemment employées, un *Beth* ou un *Kaf*, un *Jod* ou un *Vau*, un *Dalet* ou un *Res*, etc., il fallait écrire; et il pouvait souvent arriver que l'une et l'autre donnassent un sens acceptable. En outre il pouvait y avoir à se demander si une syllabe était longue ou brève, la quantité dépendant de ces lettres que nous avons appelées lettres de pause, et enfin toutes les notes ne sont pas des leçons douteuses; beaucoup, nous l'avons dit, sont inspirées par un motif de convenance ou expliquent un terme tombé en désuétude ou vieilli. 2° Ma deuxième raison est que, suivant ma conviction, les Scribes n'ont eu entre les mains qu'un très petit nombre d'originaux, peut-être pas plus de deux ou trois. Dans le traité des Scribes (chap. VI), il n'est fait mention que de deux que, par fiction, l'on fait remonter au temps d'Esdras, parce que l'on prétendait que les notes étaient de la main d'Esdras. Quoi qu'il en soit, s'il y avait trois exemplaires originaux, nous pouvons concevoir sans peine que deux se soient toujours trouvés d'accord sur un même passage; il serait en vérité bien extraordinaire que, pour un seul et même passage, on trouvât dans trois originaux trois leçons différentes. Par quelle fatalité est-il arrivé maintenant qu'après Esdras il y ait eu une telle pénurie d'exemplaires originaux ? On n'en sera plus surpris si l'on veut seulement lire le chapitre I du livre I des Macchabées ou le chapitre V du livre XII des *Antiquités* de Josèphe. Et même il paraît prodigieux qu'après une si longue persécution on ait pu garder ce petit nombre d'exemplaires; personne n'en doutera, je crois, qui aura lu cette histoire avec une attention seulement médiocre. Nous voyons donc les causes qui ont fait que nous ne rencontrons nulle part plus de deux leçons. Tant s'en faut, par suite, que, de ce nombre de deux leçons, l'on puisse conclure que la Bible, dans les passages auxquels se rapportent ces notes, ait été à dessein écrite d'une manière fautive pour signifier quelque mystère. Pour le *deuxième* argument maintenant, à savoir que le texte est parfois si fautif, qu'il est impossible d'hésiter à le croire contraire à l'usage de tous les temps et que, par suite, il y avait lieu de le corriger purement et simplement, non de mettre une note en marge, il ne me touche pas beaucoup. Je ne suis pas tenu de savoir quel respect religieux a déterminé les copistes à ne pas corriger le texte. Peut-être l'ont-ils fait par probité pour transmettre la Bible à la postérité telle qu'ils l'avaient dans ce petit nombre d'originaux, et ont-ils voulu noter les désaccords des originaux non comme des leçons douteuses, mais comme des variantes; moi-même ne les ai appelées leçons douteuses que parce qu'en vérité la plupart du temps je ne sais laquelle doit être retenue de préférence. Enfin, outre ces leçons douteuses, les Scribes ont noté (en laissant un espace blanc au milieu du paragraphe) plusieurs passages tronqués dont les Massorètes donnent le nombre : vingt-huit passages contenant une lacune; je ne sais si ce nombre lui aussi enferme un mystère à leurs yeux; les Pharisiens, du moins, observent religieusement la grandeur de l'espace laissé en blanc. Il y en a un exemple (j'en veux donner un) dans la Genèse (chapitre IV, *v.* 8) dont le texte est : *Et Caïn dit à son frère Abel... et il arriva pendant qu'ils étaient aux champs que Caïn*, etc. ; où nous ne pouvons savoir ce que Caïn avait dit à son frère : il y a une lacune. Et il s'en trouve vingt-huit de cette sorte (en dehors de celles que nous avons déjà notées) que les Scribes ont signalées. Plusieurs d'entre les passages notés comme contenant une lacune ne paraîtraient pas tronqués cependant, n'était cet espace laissé en blanc. Mais en voilà assez sur ce sujet.

CHAPITRE X

Où les autres Livres de l'Ancien Testament sont examinés de même manière.

Je passe aux autres parties de l'Ancien Testament. A l'égard des deux livres des Paralipomènes, je n'ai rien à dire de certain qui en vaille la peine, sinon qu'ils ont dû être écrits longtemps après Esdras et peut-être après la restauration du Temple par Judas Macchabée *. Au chapitre IX du livre I, en effet, l'historien raconte quelles familles ont habité Jérusalem à l'origine (c'est-à-dire du temps d'Esdras); plus loin, au verset 17, il nomme des *Gardiens de porte* parmi lesquels deux sont indiqués aussi dans Néhémie (chap. XI, *v.* 19). Cela montre que ces livres furent écrits longtemps après la réédification de la Ville. Je ne sais d'ailleurs rien d'assuré concernant le véritable Auteur de chacun d'eux, l'autorité qu'il faut leur reconnaître, leur utilité et la doctrine qu'ils exposent. Je trouve même bien surprenant que ces livres aient été admis au nombre des livres sacrés alors que l'on rejeta du canon le livre de la Sagesse [1], celui de Tobie et d'autres qu'on dit apocryphes. Mon intention n'est d'ailleurs pas de diminuer leur autorité; puisqu'ils sont universellement admis, je les laisse ici de côté tels qu'ils sont.

Les Psaumes aussi furent recueillis et répartis en cinq livres après que le Temple eut été reconstruit; d'après le témoignage de Philon le Juif en effet, le psaume LXXXVIII fut publié alors que le roi Joachin était encore en prison à Babylone et le psaume LXXXIX alors qu'il avait recouvré

* Voir note XXI.

la liberté; et je ne crois pas que Philon eût jamais dit cela si ce n'avait été une opinion reçue de son temps ou s'il ne l'avait tenu d'autres personnes dignes de foi. Je crois que les Proverbes de Salomon furent réunis à la même époque ou au moins au temps du roi Josias, et cela parce qu'au chapitre XXIV, dernier verset, il est dit : *Tels sont les Proverbes de Salomon que les hommes d'Ezéchias, roi de Juda, ont transmis.* Je ne puis passer sous silence ici l'audace des Rabbins qui voulaient exclure ce livre en même temps que l'Ecclésiaste, du canon des Livres Sacrés et garder secrets d'autres livres qui nous manquent. Ils l'auraient fait s'ils n'avaient pas trouvé certains passages où la loi de Moïse est recommandée. On doit déplorer certes que les choses sacrées et les meilleures aient dépendu du choix de ces hommes. Je leur sais gré, à la vérité, d'avoir bien voulu nous communiquer ces livres, mais il m'est impossible de ne pas me demander s'ils les ont transmis avec une foi scrupuleuse, sans que je veuille cependant soumettre ici cette question à un examen sévère.

Je passe donc aux livres des Prophètes. Quand je les considère, je vois que les Prophéties qui y sont réunies, ont été prises dans d'autres livres et rangées dans un ordre qui n'est pas toujours celui qu'avaient suivi les Prophètes dans leurs discours ou dans leurs écrits; et ces livres ne contiennent pas non plus toutes les prophéties, mais seulement celles qu'on avait pu trouver ici ou là; ces livres ne sont donc que des fragments des Prophètes. Isaïe en effet commença de prophétiser sous le règne d'Osias, comme l'atteste son copiste au premier verset, mais il ne se contenta pas de prophétiser à cette époque, il écrivit toutes les actions de ce roi (voir Paralip., liv. II, chap. XXVI, *v.* 22), et nous n'avons pas son livre; ce que nous avons, nous l'avons montré, a été transcrit des Chroniques des rois de Juda et d'Israël. Ajoutez que, d'après les Rabbins, ce Prophète a prophétisé aussi sous le règne de Manassé, par qui il aurait enfin été mis à mort; bien que cette histoire semble être une fable, elle montre qu'ils n'ont pas cru avoir les Prophéties d'Isaïe au complet. Les Prophéties de Jérémie également, qui sont en forme de récit, sont une collection de morceaux pris dans différentes Chroniques. Outre que, en effet, elles forment un amas sans ordre, où il n'est tenu aucun compte des dates, on y trouve plusieurs versions de la même histoire. Au chapitre XXI est indiquée la cause de la première arrestation de Jérémie, qui est qu'il avait prédit à Sédécias, venu le consulter, la dévastation de la ville; puis le récit s'interrompt et au chapitre XXII se trouve le discours tenu par Jérémie à Joachin qui régna avant Sédécias, et la prédiction de la captivité du roi, après quoi, au chapitre XXV, vient la révélation faite au Prophète antérieurement, je veux dire la quatrième année du règne de Joachin. Les chapitres suivants contiennent la révélation faite la première année du règne et continuent à entasser les prophéties sans tenir aucun compte de l'ordre de date, jusqu'à ce qu'enfin, au chapitre XXXVIII, reprenne le récit commencé au chapitre XXI (comme si les quinze chapitres intermédiaires fermaient une parenthèse). La conjonction par laquelle débute le chapitre XXXVIII se rapporte en effet aux versets 8, 9 et 10 du chapitre XXI, et à cet endroit se place un récit de la dernière arrestation de Jérémie, tout différent de celui du chapitre XXXVII, de même que la cause de sa longue détention dans le vestibule de la prison est rapportée tout autrement. On voit clairement par là que toute cette partie du livre de Jérémie est une collection de morceaux pris dans divers historiens et que nulle autre raison ne saurait excuser ce désordre. Pour les autres Prophéties contenues dans les autres chapitres où Jérémie parle à la première personne, elles semblent transcrites du livre qu'avait écrit Baruch sous la dictée de Jérémie lui-même. Ce livre en effet (comme il est établi par le chapitre XXXVI, verset 2) contenait seulement les révélations faites à ce Prophète depuis le temps de Josias jusqu'à la quatrième année du règne de Joachin, et c'est à ce moment que commence aussi le livre. Du même volume de Baruch semble aussi tiré ce qui se trouve depuis le chapitre XLV, verset 2, jusqu'au chapitre LI, verset 59. Pour ce qui est du livre d'Ezéchiel, les premiers versets indiquent le plus clairement du monde que c'est un fragment. Qui ne voit que la conjonction par laquelle il commence, se rapporte à des choses déjà dites et y rattache ce qui va suivre ? Et ce n'est pas seulement la conjonction, c'est tout l'ensemble du texte qui invite à supposer une partie manquante; l'indication donnée sur l'âge du Prophète, qui a trente ans quand commence le livre, nous montre qu'il ne s'agit pas d'un début dans la Prophétie, mais d'une continuation. Celui qui écrit, le fait lui-même observer par cette parenthèse au verset 3 : *Dieu avait souvent parlé à Ezéchiel, fils de Buzi, prêtre dans le pays des Chaldéens*, etc., comme s'il voulait dire que les paroles d'Ezéchiel transcrites jusque-là se rapportaient à d'autres révélations, antérieures à la trentième année. De plus Josèphe, au livre X des *Antiquités*, chapitre VII, raconte que, d'après la prédiction d'Ezéchiel, Sédécias ne devait pas voir Babylone; or, dans le livre que nous avons, on ne lit rien de semblable, mais au contraire au chapitre XVII, que Sédécias serait conduit en captivité à Babylone *. Au sujet d'Osée, nous ne pouvons dire avec assurance qu'il en ait écrit plus long qu'il n'y en a dans le livre mis sous son nom. Je suis cependant surpris que nous n'ayons rien de plus d'un homme qui, suivant le témoignage de l'Écriture, prophétisa plus de quatre-vingt-quatre ans. Du moins savons-nous en général que les personnes qui ont écrit les livres des Prophètes n'ont pas réuni les Prophéties de tous les Prophètes, non plus que toutes les Prophéties de ceux que nous avons. Ainsi nous n'avons rien des Prophètes qui ont prophétisé sous le règne de Manassé et dont il est fait mention en termes généraux au livre II des Paralipomènes (chap. XXXIII, *vs.* 10, 18, 19); et nous n'avons pas non plus toutes les Prophéties des douze Prophètes de l'Écriture. Ainsi de Jonas seules les Prophéties sur les Ninivites sont reproduites, et il avait cependant prophétisé pour les Israélites, comme on peut le voir dans les Rois (liv. II, chap. XIV, *v.* 25).

Au sujet du livre de Job et de Job lui-même, il y a eu de longues discussions entre les Commentateurs. Il y en a qui pensent que Moïse est l'auteur de ce livre et que toute l'histoire n'est qu'une parabole; c'est ce qu'enseignent quelques Rabbins dans le Talmud et Maïmonide aussi dans son livre *More Nebuchim* se prononce dans ce sens. D'autres ont cru que c'était une histoire vraie; quelques-uns parmi ces derniers ont pensé que Job avait vécu au temps de Jacob et avait eu pour femme sa fille Dina. Par contre Aben Ezra, dont j'ai parlé ci-dessus, dans un commentaire sur ce livre, affirme qu'il a été traduit en hébreu d'une autre langue; je voudrais qu'il l'eût montré avec plus d'évidence, car nous en pourrions conclure que les Gentils ont eu eux aussi des livres sacrés. Je laisse donc ce point en suspens; je conjecture cependant que Job fut un Gentil doué d'une grande constance, qui prospéra d'abord, puis connut la pire adversité et plus tard encore redevint très heureux. Ezéchiel en effet, au chapitre XIV,

* Voir note XXII.

verset 14, le nomme parmi d'autres, et je crois aussi que ces vicissitudes et la constance dont Job fit preuve, ont fourni à plus d'un l'occasion de discuter de la providence de Dieu, et, au moins à l'auteur de ce livre, celle de composer un Dialogue dont le contenu comme le style ne semblent pas être d'un misérable accablé par la maladie, sous la cendre dont il est couvert, mais plutôt d'un homme de loisir qui s'adonne à la méditation dans un lieu consacré aux Muses [2]. Et je serais disposé à croire avec Aben Ezra que ce livre a été traduit d'une autre langue parce qu'il rappelle la poésie des Gentils : Le Père des Dieux réunit deux fois son conseil, et Momus, qui porte ici le nom de Satan, relève les paroles de Dieu avec la plus grande liberté, etc.; mais ce sont là de simples conjectures sans solidité.

Je passe au livre de Daniel; celui-là, sans aucun doute, contient le texte même écrit par Daniel à partir du chapitre VIII. Quant aux sept premiers chapitres, j'ignore quelle en peut être la provenance. Nous pouvons soupçonner puisque, sauf le premier, ils sont écrits en chaldéen [3], qu'ils sont tirés des Chroniques chaldéennes. Si cela était clairement établi, ce serait un témoignage très éclatant en faveur de cette thèse que l'Écriture est sacrée en tant que par elle nous connaissons les choses qui y sont signifiées, non en tant que nous connaissons les mots, c'est-à-dire la langue et les phrases par lesquelles ces choses sont exprimées; et qu'en outre, les livres de doctrine ou d'histoire donnant de très bons enseignements, en quelle langue et par quelle nation qu'ils soient écrits, sont également sacrés. Du moins pouvons-nous noter que ces chapitres ont été écrits en chaldéen et n'en possèdent pas moins le même caractère sacré que les autres livres de la Bible.

A ce livre de Daniel, le premier d'Esdras se rattache de telle façon qu'on reconnaît aisément qu'ils sont du même écrivain continuant de raconter l'histoire des Juifs depuis la première captivité. A ce livre d'Esdras, je n'hésite pas à rattacher le livre d'Esther, car la conjonction par où il commence ne peut se rapporter à aucun autre. Et il ne faut pas croire que ce livre d'Esther soit le même qu'écrivit Mardochée; au chapitre IX, versets 20, 21, 22, l'auteur raconte en effet, au sujet de Mardochée, qu'il avait écrit des épîtres, et en fait connaître le contenu; en second lieu, au verset 31 du même chapitre, que la reine Esther avait réglé la célébration de la fête des Sorts *(Purim)* et que son édit est écrit dans le livre, c'est-à-dire (en donnant au mot le sens qu'il avait en hébreu) dans un livre connu de tous à l'époque où écrivait celui qui fait le récit; or ce livre, Aben Ezra reconnaît, et tout le monde est obligé de reconnaître avec lui, qu'il a péri en même temps que les autres. Enfin, pour d'autres renseignements sur Mardochée, l'histoire renvoie aux Chroniques des rois de Perse. Il ne faut donc pas douter que ce livre ne soit du même historien qui a écrit l'histoire de Daniel et celle d'Esdras; et aussi le livre de Néhémie * parce qu'il est aussi appelé le second d'Esdras. Ces quatre livres donc, Daniel, Esdras, Esther et Néhémie, ont été écrits, nous l'affirmons, par le même historien; quant à savoir qui il est, je ne puis même le soupçonner. Pour savoir cependant d'où cet auteur, quel qu'il ait été, a eu connaissance de ces histoires et peut-être en a transcrit la plus grande partie, il faut noter que les premiers magistrats ou princes des Juifs après la réédification du temple, comme leurs rois dans l'ancien empire, ont eu des scribes ou historiographes qui écrivaient, suivant l'ordre de date, des annales ou chroniques. Ces chroniques ou annales des rois sont citées à différentes reprises dans les livres des Rois; celles des princes et des prêtres du deuxième temple le sont en premier lieu dans le livre de Néhémie (chap. XII, *v.* 23), ensuite dans le livre I des Macchabées (chap. XVI, *v.* 24). Et sans aucun doute c'est là le livre (voir Esther, chap. IX, *v.* 32) dont nous parlions tout à l'heure et où se trouvait l'édit d'Esther et ce qu'avait écrit Mardochée, livre qu'avec Aben Ezra nous disions être perdu. De ce livre donc semble être pris ou transcrit tout le contenu des quatre livres de l'Ancien Testament énumérés ci-dessus, nul autre en effet n'est cité par leur auteur et nous n'en connaissons nul autre d'autorité publiquement reconnue. Ces livres n'ont d'ailleurs été écrits ni par Esdras ni par Néhémie, comme on le voit par le tableau que donne Néhémie (chap. XII, *vs.* 10, 11) de la descendance du grand prêtre Jesua jusqu'à Jeddoa, sixième grand-prêtre, lequel alla au-devant d'Alexandre le Grand après la chute de l'empire des Perses (voir Josèphe, Antiquités, liv. XI, chap. VIII), le même qui est appelé par Philon le Juif dans son livre des Époques, le sixième et dernier grand prêtre sous la domination perse. Cela est même clairement indiqué dans ce même chapitre de Néhémie au verset 22 : *Depuis le temps d'Eliasib, de Joïada, de Jonathan et de*

* Voir note XXIII.

Jeddoa, dit l'historien, *sur* [o] *le règne de Darius le Perse les noms des Lévites ont été inscrits*, inscrits veut-il dire dans ces Chroniques; et je ne pense pas qu'il vienne à l'esprit de personne qu'Esdras * ou Néhémie aient pu survivre à quatorze rois de Perse; c'est Cyrus le premier qui donna aux Juifs l'autorisation de reconstruire le Temple et, depuis ce moment jusqu'à Darius, quatorzième et dernier roi des Perses, on compte plus de 230 ans. Je n'hésite donc pas à croire que ces livres ont été écrits longtemps après que Judas Macchabée eut restauré le culte du Temple et qu'ils l'ont été parce qu'à ce moment de faux livres de Daniel, d'Esdras et d'Esther étaient publiés par des gens malintentionnés appartenant sans doute à la secte des Saducéens; les Pharisiens en effet n'ont jamais accepté ces livres que je sache. Et bien que quelques-unes des fables contenues dans le livre dit le quatrième d'Esdras se retrouvent dans le Talmud, il ne faut cependant pas les attribuer aux Pharisiens; à part les plus stupides, en effet, nul qui n'ait vu, parmi eux, que ces fables étaient une addition de quelque mauvais plaisant; je crois même que cette plaisanterie a pu être inspirée par le désir de tourner aux yeux de tous les traditions en dérision. Peut-être encore les livres en question furent-ils écrits et publiés à cette époque pour montrer au peuple l'accomplissement des prophéties de Daniel et affermir ainsi son sentiment religieux, l'empêcher de désespérer de l'avenir et du salut de la nation en présence des calamités du temps présent. Toutefois, si récents et si tardivement écrits que soient ces livres, de nombreuses fautes s'y sont glissées, par la trop grande hâte des copistes, sauf erreur. On trouve en effet dans ces livres comme dans les autres et encore plus que dans les autres, de ces notes marginales dont nous avons parlé au précédent chapitre, et en outre certains passages qu'on ne peut expliquer autrement que par une erreur de transcription. Je le montrerai bientôt, mais auparavant je veux faire observer que si l'on devait accorder aux Pharisiens que les leçons marginales de ces textes remontent aux premiers auteurs des livres, on devrait dire nécessairement que ces auteurs, s'ils étaient plusieurs, les ont notées parce que le texte des Chroniques où ils puisèrent et qu'ils transcrivirent, n'était pas assez soigné, et que malgré l'évidence de certaines fautes, il n'osèrent pas corriger ce

[o] A moins que le mot du texte ne signifie *au delà de*, il y a là une erreur du copiste qui a écrit *sur* au lieu de *jusqu'à*. (Note de l'auteur.)
* Voir note XXIV.

texte ancien venant des ancêtres. Je n'ai pas besoin de revenir plus longuement sur un point déjà discuté. Je passe donc à l'indication des fautes qui ne sont pas notées en marge : 1° je ne sais combien je dois dire qu'il s'en est glissé dans le chapitre II d'Esdras ; au verset 64 en effet, on nous donne le total général de tous ceux qui avaient été dénombrés par groupes dans le chapitre et ce total est 42.360, tandis que si l'on fait l'addition des totaux partiels, on trouve seulement 29.818. Il y a donc une erreur soit dans le total général, soit dans les totaux partiels. Le total général cependant semble avoir dû être indiqué correctement, parce que tout le monde l'avait sans doute retenu comme une chose digne de mémoire ; il n'en est pas de même des totaux partiels. Si donc l'erreur s'était glissée dans le total général, tout le monde l'eût aperçue incontinent et on l'eût facilement corrigée. Cela d'ailleurs est entièrement confirmé par le chapitre VII de Néhémie qui reproduit ce chapitre d'Esdras (appelé l'Épître de la Généalogie), comme l'indique expressément le verset 5 et qui s'accorde pleinement avec l'indication donnée dans le livre d'Esdras au sujet du nombre total, tandis qu'à l'égard des totaux partiels il y a beaucoup de divergences : les uns sont moindres, les autres plus élevés que dans Esdras et l'addition de ces nombres donne un total de 31.089. Donc point de doute à avoir : dans les totaux partiels seuls, ceux du livre d'Esdras comme ceux de Néhémie, il se trouve plusieurs erreurs. Les commentateurs qui travaillent à concilier entre elles ces contradictions manifestes, font de leur mieux suivant leurs forces pour inventer une explication et, dans leur adoration des lettres et des mots de l'Écriture, ne voient pas qu'ils exposent tout simplement au mépris, comme nous en avons déjà fait l'observation, les auteurs des Livres, faisant d'eux des hommes qui ne savaient ni parler ni ordonner les matières de leurs discours. Ils vont plus loin, ils rendent complètement obscur ce qu'il y a de clair dans l'Écriture ; car si l'on se permettait d'expliquer partout les Écritures à leur manière, il n'y aurait pas un texte du vrai sens duquel on ne pût douter. Il n'y a pas de raison cependant pour s'attarder à cette discussion car, j'en ai la conviction, si quelque historien voulait imiter la manière de faire qu'ils imputent dévotement aux auteurs de la Bible, eux-mêmes le tourneraient en dérision par mainte raillerie. Et s'ils pensent qu'on blasphème quand on dit que l'Écriture, dans quelque passage, est menteuse, de quel nom, je le demande, les appeler, eux qui introduisent dans les Écritures toutes les inventions qui leur plaisent ? qui ravalent les historiens sacrés au point qu'ils semblent radoter et tout confondre ? qui rejettent ce qu'il y a de plus clair et de plus évident dans l'Écriture ? Quoi de plus clair dans l'Écriture que l'intention qu'a eue Esdras, avec ses compagnons, dans l'Épître de la Généalogie, reproduite au chapitre II du livre mis sous son nom, de répartir en groupes le nombre total des Israélites qui partirent pour Jérusalem ? puisqu'il ne donne pas seulement le nombre de ceux qui purent faire connaître leur généalogie, mais aussi de ceux qui ne le purent pas. Quoi de plus clair d'après le verset 5, chapitre VII, de Néhémie que ce chapitre est la transcription pure et simple de cette Épître ? Ceux donc qui expliquent ces passages autrement ne font autre chose que nier le vrai sens de l'Écriture et, par conséquent, l'Écriture elle-même; et ils croient faire œuvre pie quand ils veulent à tout prix accorder un passage de l'Écriture avec d'autres! Risible piété en vérité qui consiste à accommoder la clarté d'un passage à l'obscurité d'un autre [4], à confondre le véridique et le menteur et à corrompre ce qui est sain par ce qui est gâté. Je ne veux pourtant pas les appeler des blasphémateurs, car ils n'ont pas de mauvaise intention et il est de l'homme de se tromper. Je reviens cependant à mon propos. Outre les fautes qu'il faut accorder qui se trouvent dans les totaux de l'Épître de la Généalogie, aussi bien ceux d'Esdras que ceux de Néhémie, il y a aussi plusieurs erreurs à noter dans les noms mêmes des familles; plusieurs dans les généalogies, dans les récits et, j'en ai peur, dans les prophéties elles-mêmes. Certes en effet la Prophétie de Jérémie sur Jéchonias au chapitre XXII ne semble pas du tout s'accorder avec l'histoire de Jéchonias [5] (voir fin du livre II des Rois et Jérémie et Paralip., liv. I, chap. III, *vs.* 17, 18, 19), particulièrement les paroles du dernier verset de ce chapitre; et je ne vois pas non plus comment il a pu dire de Sédécias de qui les yeux furent arrachés sitôt qu'il eut vu tuer ses enfants : *tu mourras en paix*, etc. (voir Jérémie, chap. XXXIV, v. 5). Si dans l'interprétation des Prophéties on devait se régler sur l'événement, il y aurait lieu de changer ces noms et de substituer ceux de Sédécias et de Jéchonias l'un à l'autre; mais cette liberté serait excessive et je préfère laisser ce point comme impossible à entendre, d'autant que, s'il y a une erreur ici, il faut l'attribuer à l'Historien, non à un défaut des manuscrits. Quant aux autres erreurs dont j'ai parlé, je ne crois pas devoir les noter ici, parce que je ne pourrais le faire sans infliger au lecteur beaucoup d'ennui et que d'ailleurs d'autres les ont déjà remarquées. R. Salomon, à cause des contradictions très évidentes qu'il a observées dans les généalogies rapportées, a été obligé de conclure en ces termes (voir son commentaire sur le livre I, chapitre VIII des Paralipomènes) : *Si Esdras* (qu'il croit être l'auteur des Paralipomènes) *appelle les fils de Benjamin d'autres noms et donne de sa descendance un tableau autre que ne fait la Genèse, s'il donne sur la plupart des cités des Lévites des indications autres que celles de Josué, cela vient de ce qu'il a eu sous les yeux des originaux différents.* Et un peu plus loin : *si la descendance d'Abigabaon* [6] *et d'autres personnages est reproduite deux fois et de deux manières différentes, c'est parce qu'Esdras a eu sous les yeux pour chaque descendance différents documents et a suivi en les reproduisant l'indication donnée par la majorité d'entre eux, mais quand le nombre des tableaux généalogiques en désaccord s'est trouvé le même des deux côtés, il a reproduit les deux descendances.* R. Salomon accorde donc absolument par ces paroles que ces livres ont été transcrits d'originaux qui n'étaient ni assez corrects ni assez sûrs. Les commentateurs en vérité en s'appliquant à accorder entre eux des passages inconciliables ne font rien que montrer les causes des erreurs commises. Suivant mon appréciation enfin nul homme de jugement sain n'admettra que les Historiens sacrés aient voulu écrire tout exprès de telle façon que leur texte se trouvât par places en contradiction avec lui-même. On me dira peut-être que, par cette façon de traiter l'Écriture, je la renverse entièrement [7] car il n'est personne qui raisonnant comme moi ne puisse la soupçonner d'être menteuse, partout. Tout au contraire j'ai montré que, par la façon dont je traite l'Écriture, je réussis à empêcher que les passages clairs et purs ne soient gâtés, corrompus par les passages menteurs avec lesquels on veut les accorder; et ce n'est pas une raison parce que certains passages sont corrompus pour qu'il soit permis de les soupçonner tous; y eut-il jamais un livre qui ne contînt des fautes ? Et, je le demande, quelqu'un l'a-t-il jamais pour cette cause soupçonné d'être partout menteur ? Personne n'a eu cette idée certes, surtout quand le texte est clair et la pensée de l'auteur clairement perçue.

J'ai ainsi terminé les observations que j'avais dessein de faire sur les livres de l'Ancien Testament. Il en ressort qu'avant le temps des Macchabées il n'y a pas eu de canon des Livres sacrés* et que ceux qui font actuellement partie du canon, ont été choisis parmi beaucoup d'autres et en vertu d'un pouvoir discrétionnaire par les Pharisiens du deuxième temple, lesquels ont institué aussi les formules des prières. Ceux donc qui veulent démontrer l'autorité de l'Écriture ont à montrer l'autorité de chaque livre; et il ne suffit pas de prouver la divinité de l'un pour qu'on ait le droit de conclure à la divinité de tous; sans quoi l'on devrait admettre que le conseil des Pharisiens n'a pu commettre d'erreur dans le choix qu'il a fait des livres, ce que personne ne démontrera jamais. La raison qui m'oblige à admettre que seuls les Pharisiens ont choisi et admis dans le canon les livres de l'Ancien Testament, est premièrement que, dans le livre de Daniel (chap. dernier, *v.* 2) est prédite la résurrection des morts rejetée par les Saducéens; en second lieu l'indication précise donnée par les Pharisiens eux-mêmes dans le Talmud : nous lisons dans le *Traité du Sabbat* (chap. II, fol. 30, p. 2) : *R. Jehuda appelé Rabi a dit : les habiles ont voulu cacher le livre de l'Ecclésiaste parce que ses paroles contredisent aux paroles de la Loi* (c'est-à-dire au livre de la loi de Moïse). *Pourquoi cependant ne l'ont-ils pas caché? Parce qu'il commence selon la Loi et finit selon la Loi.* Et un peu plus bas : *et ils ont aussi voulu cacher le livre des Proverbes*, etc. Et enfin nous lisons dans ce même Traité (chap. I, fol. 13, p. 2) : *Renommé certes pour sa bienveillance cet homme qui avait nom Neghunja*[8], *fils d'Hiskia ; car n'eût été lui, le livre d'Ezéchiel eût été caché parce que ses paroles contredisaient aux paroles de la Loi.* Par où l'on voit très clairement que des hommes versés dans la loi ont tenu conseil pour décider quels livres devraient être admis au nombre des livres sacrés, quels exclus. Pour s'assurer de l'autorité de tous, il faut donc se mettre du conseil et recommencer la délibération en demandant à tous leurs titres.

Ce serait le moment maintenant d'examiner de même les livres du Nouveau Testament. Je sais toutefois que ce travail a été fait par des hommes très versés dans les sciences et surtout dans les langues; je n'ai d'ailleurs pas moi-même une connaissance assez complète de la langue grecque pour me risquer dans cette entreprise. Enfin nous n'avons pas les textes originaux des livres écrits en hébreu; j'aime donc mieux y renoncer. Toutefois je crois devoir noter ci-après ce qui importe le plus à mon dessein.

* Voir note XXV.

CHAPITRE XI

Où l'on se demande si les Apôtres ont écrit leurs Épîtres en qualité d'Apôtres et de Prophètes ou en qualité de Docteurs. Après quoi l'on montre quel a été l'office des Apôtres.

Nul ne peut lire le Nouveau Testament sans se convaincre que les Apôtres furent des Prophètes. Mais les Prophètes ne parlaient pas toujours d'après une révélation, cela au contraire était fort rare, ainsi que nous l'avons montré, à la fin du chapitre I; par suite nous pouvons nous demander si les Apôtres ont écrit leurs Épîtres en qualité de Prophètes, en vertu d'une révélation et d'un commandement exprès, comme Moïse, Jérémie et d'autres, ou en qualité d'hommes privés et de docteurs; d'autant que dans la première Épître aux Corinthiens (chap. XIV, *v.* 6), Paul distingue deux sortes de prédication, l'une qui s'appuie sur une révélation, l'autre sur une connaissance; on peut donc se demander, dis-je, si dans les Épîtres les Apôtres parlent en prophètes ou enseignent en docteurs. Que maintenant nous ayons égard au style des Épîtres, nous le trouverons entièrement différent de celui de la prophétie. Les Prophètes avaient accoutumé au plus haut point d'attester qu'ils avaient pour parler mandat de Dieu : *telle est la parole de Dieu, le Dieu des armées dit, Dieu commande*, etc., et cela non seulement dans les discours qu'ils tenaient en public, mais dans les Épîtres qui contenaient des révélations, comme le montre l'épître d'Élie à Joram (voir livre II des Paralipomènes, chap. XXI, *v.* 12) qui commence aussi par ces mots : *telle est la parole de Dieu.* Nous ne lisons rien de semblable dans les Épîtres des Apôtres; au contraire dans la première aux Corinthiens (chap. VII, *v.* 40), Paul parle suivant sa propre pensée. Et même dans beaucoup de passages on rencontre des façons de parler qui sont d'une âme incertaine et perplexe, ainsi (Épître aux Romains, chap. III, *v.* 28) : *nous jugeons* * *donc* et (chap. VIII, *v.* 18) *pour moi en effet je juge* [1], et plusieurs autres passages de même sorte. On trouve en outre des manières de dire très éloignées de l'autorité prophétique, ainsi : *je dis cela d'ailleurs en qualité d'homme sans force* [2] *non par mandat* (voir première Épître aux Corinthiens, chap. VII, *v.* 6) : *je donne mon conseil en homme qui par la grâce de Dieu est fidèle* (voir *ibid.*, chap. VII, *v.* 25) et de même beaucoup d'autres passages; et il est à noter que lorsqu'il dit, dans le chapitre ci-dessus cité, qu'il a, ou au contraire qu'il n'a pas de commandement ou de mandat de Dieu, il n'entend pas un commandement ni un mandat à lui révélé par Dieu, mais seulement les enseignements du Christ donnés à ses disciples sur la montagne. Si d'autre part nous avons égard à la façon dont les Apôtres communiquent la doctrine évangélique, nous verrons qu'elle diffère grandement de celle des Prophètes. Les Apôtres usent partout du raisonnement, si bien qu'ils semblent non prophétiser, mais discuter; au contraire, les Prophéties ne contiennent que des dogmes et des décrets, parce que c'est Dieu lui-même qui parle : Dieu qui ne raisonne pas, mais décrète en vertu d'un pouvoir de commander absolu de sa nature. Et cela tient aussi à ce que l'autorité d'un Prophète ne s'accommode pas du raisonnement; quiconque veut en effet confirmer par le raisonnement les dogmes auxquels il adhère, les soumet par cela même au jugement de chacun. C'est bien ce que semble faire Paul, précisément parce qu'il raisonne, dans la première Épître aux Corinthiens (chap. X, *v.* 15), il dit : *je parle à des hommes que je suppose doués de sens, jugez vous-même de ce que je dis.* Enfin les Prophètes communiquaient, ainsi que nous l'avons dit au chapitre I, des choses révélées, non des choses qu'ils auraient perçues par la Lumière Naturelle, c'est-à-dire en raisonnant. Et bien que, dans les cinq livres, il semble y avoir aussi certaines choses établies par inférence, si l'on y prend garde on verra qu'il est impossible de prendre ces inférences pour des arguments péremptoires. Quand par exemple Moïse dit aux Israélites (Deutér., chap. XXXI, *v*, 27) : *si moi vivant vous avez été rebelles à*

* Voir note XXVI.

la volonté de Dieu, bien plus le serez-vous après ma mort, il ne faut pas du tout entendre cette parole comme si Moïse voulait convaincre par le raisonnement les Israélites qu'après sa mort ils s'écarteraient nécessairement du vrai culte de Dieu; l'argument serait faux comme on peut voir par l'Écriture même, puisque les Israélites ont continué de suivre la voie droite du vivant de Josué et des Anciens, et plus tard sous Samuel, David, Salomon, etc. La parole de Moïse est donc une sentence morale dans laquelle, parlant en orateur, il prédit la défection future du peuple avec une vivacité égale à celle de l'image qu'il en pouvait avoir. La raison qui m'empêche de dire que Moïse a parlé en son propre nom, pour faire paraître sa prédiction plus vraisemblable au peuple, et non en Prophète en vertu d'une révélation, c'est qu'au verset 21 de ce même chapitre on nous raconte que Dieu avait avec d'autres mots révélé à Moïse cette défection future. Point n'était besoin certes qu'il s'assurât par des raisonnements vraisemblables de la vérité de cette prédiction et du décret de Dieu, mais il était nécessaire, comme nous l'avons montré au chapitre I, qu'il en eût une représentation ou image vive et il ne pouvait mieux le faire qu'en se représentant au futur l'insoumission du peuple qu'il avait souvent éprouvée dans le présent. C'est de cette manière qu'il faut entendre tous les arguments de Moïse qui se trouvent dans les cinq livres : ce ne sont pas des preuves pour lesquelles il ait fait appel à la Raison, mais des manières de dire par lesquelles il exprimait avec plus d'efficacité et imaginait vivement les décrets de Dieu. Je ne veux cependant pas nier absolument que les Prophètes aient pu argumenter en partant d'une révélation; j'affirme seulement que plus rigoureusement ils argumentent, plus la connaissance qu'ils ont de la chose révélée se rapproche de la naturelle; et que l'on reconnaît surtout que les Prophètes ont une connaissance surnaturelle à ce qu'ils énoncent comme de purs dogmes des décrets ou des manières de voir. C'est pourquoi le plus grand des Prophètes, Moïse, n'a jamais fait un raisonnement véritable.

J'accorde au contraire que les longues déductions de Paul et ses argumentations, comme il s'en trouve, dans l'Épître aux Romains, n'ont pas du tout été écrites en vertu d'une révélation surnaturelle. Ainsi, tant les façons de dire que la manière d'enseigner des Apôtres, dans les Épîtres, indiquent très clairement que ces écrits n'ont pas pour origine une révélation et un mandat divin, mais seulement le jugement propre et naturel de leurs auteurs et ne contiennent rien qu'admonition fraternelle avec un mélange d'urbanité (rien de plus contraire à la manière dont s'exprime l'autorité du Prophète) comme dans cette excuse que présente Paul (Épître aux Romains, chap. XV, *v.* 15) : *je vous ai parlé, mes frères, avec une audace un peu excessive.* Nous pouvons tirer la même conclusion de ce que nous ne lisons nulle part que les Apôtres aient reçu l'ordre d'écrire, mais seulement celui de prêcher partout où ils iraient et de confirmer leurs paroles par des signes. Leur présence en effet et les signes étaient absolument requis pour convertir les hommes à la Religion et les y confirmer, comme l'indique expressément Paul lui-même dans l'Épître aux Romains (chap. I, *v.* 11) : *car je désire fort*, dit-il, *vous voir pour vous faire participer au don de l'Esprit afin que vous soyez confirmés.* On pourrait nous objecter cependant que nous aurions pu conclure de la même manière, que la prédication des Apôtres n'a pas non plus le caractère d'une Prophétie; quand ils allaient pour prêcher çà et là, ils ne le faisaient pas non plus en vertu d'un mandat exprès comme autrefois les Prophètes. Nous lisons dans l'Ancien Testament que Jonas alla à Ninive pour prêcher et en même temps qu'il y fut expressément envoyé et que ce qu'il devait prêcher, lui fut révélé. De même pour Moïse on nous raconte longuement qu'il partit pour l'Égypte en qualité d'envoyé de Dieu et en même temps ce qu'il était tenu de dire aux Israélites et au Roi Pharaon et par quels signes il devait les faire croire. Isaïe, Jérémie, Ezéchiel reçurent l'ordre exprès de prêcher aux Israélites. Enfin les Prophètes ne prêchèrent rien que, suivant le témoignage de l'Écriture, ils n'eussent reçu de Dieu. Pour les Apôtres, quand ils allaient çà et là pour prêcher, nous ne voyons rien de semblable dans le Nouveau Testament, ou du moins ne le voyons que très rarement. Nous trouvons au contraire certains passages indiquant expressément qu'ils ont choisi d'eux-mêmes et volontairement les lieux où ils prêchaient; ainsi cette discussion, qui alla jusqu'à un conflit, entre Paul et Barnabé (voir Actes, chap. XV, *vs.* 37, 38, etc.). Et aussi qu'ils tentèrent souvent en vain d'aller quelque part, comme l'atteste le même Paul (Épître aux Romains, chap. I, *v.* 13) : *à plusieurs reprises j'ai voulu venir vers vous et j'en ai été empêché* et au chapitre XV, verset 22; *pour cette raison j'ai été à plusieurs reprises empêché d'aller vers vous,* et au chapitre dernier de la première aux Corinthiens, verset 12 : *quant à Apollos, mon frère, je lui ai souvent demandé de partir avec nos frères pour aller vers vous, mais il n'avait aucunement la volonté d'aller vers vous ; quand il en aura l'occasion*, etc. De ce langage et de la discussion qui s'est élevée entre les Apôtres, comme aussi de l'absence de textes attestant, quand ils allaient prêcher quelque part, qu'ils le faisaient, comme les anciens Prophètes, en vertu d'un mandat de Dieu, la conclusion à tirer semblait donc être que les Apôtres ont prêché en qualité de Docteurs et non de Prophètes. Toutefois la solution de la question est aisée pourvu qu'on ait égard à la vocation différente des Apôtres et des Prophètes de l'Ancien Testament. Ces derniers en effet n'ont pas été appelés à prêcher et à prophétiser pour toutes les nations, mais seulement pour certaines nations particulières ; c'est pourquoi un mandat exprès et singulier était requis pour chacun. Au contraire les Apôtres ont été appelés à prêcher à tous absolument et à convertir tous les hommes à la Religion. Partout où ils allaient, ils exécutaient le mandat du Christ ; et point n'était besoin, avant qu'ils se missent en route, que la matière de la prédication leur fût révélée, à eux les disciples du Christ, à qui le maître avait dit : *quand vous aurez été livrés, soyez sans inquiétude sur ce que vous direz ou comment vous le direz : à cette heure même il vous sera donné ce que vous direz*, etc. (voir Matthieu, chap. X, *vs.* 19, 20). Nous concluons donc que les Apôtres ont su par révélation singulière cela seulement qu'ils ont prêché de vive voix et en même temps confirmé par des signes (voir ce que nous avons montré au chapitre II). Ce qu'ils ont simplement enseigné, sans l'attester par des signes, par écrit ou de vive voix, ils l'ont dit ou écrit parce qu'ils en avaient la connaissance [3] (je dis la connaissance naturelle) ; sur ce point voir première Épître aux Corinthiens (chap. XIV, *v.* 6). Il n'y a pas lieu de s'arrêter à ce que toutes les Épîtres commencent par une mention que fait l'Apôtre de sa qualité d'Apôtre ; car non seulement la capacité de prophétiser, mais aussi, comme je le montrerai, l'autorité requise pour enseigner avait été accordée aux Apôtres. En ce sens nous voulons bien qu'ils aient écrit leurs Épîtres en qualité d'Apôtres et que chacun d'eux, pour le même motif, ait fait mention au début de sa qualité d'Apôtre ; et peut-être afin de gagner plus aisément l'âme du lecteur et l'inviter à l'attention, ils ont voulu avant tout attester qu'ils étaient ces hommes connus de tous les fidèles par leur prédication et qui avaient déjà montré par de clairs témoignages qu'ils enseignaient la vraie Religion et la voie du salut. Tout ce, en effet, que je vois qu'ils ont dit dans une Épître sur la vocation des Apôtres ou sur l'Esprit-Saint et divin qui était en eux, se rapportait, à ma connaissance, à leur prédication, exception faite pour les passages où Esprit de Dieu et Esprit Saint se dit pour pensée bonne, droite et inspirée de Dieu, etc. (nous avons expliqué cela dans le chapitre I), Paul dit par exemple dans la première aux Corinthiens (chap. VII, *v.* 40) : *bienheureuse elle est si elle demeure ainsi à mon sens ; or je crois en vérité que l'Esprit de Dieu est en moi.* Dans ce passage, par *Esprit de Dieu,* il entend sa propre pensée, comme l'indique le contexte; que veut-il dire en effet : la veuve qui ne veut pas se remarier, je la juge bienheureuse à mon sens, moi qui ai décidé de vivre dans le célibat et me crois bienheureux. On trouve d'autres passages du même genre que je juge superflu de citer. Puis donc qu'il faut admettre que les Épîtres des Apôtres sont inspirées de la seule Lumière Naturelle, il y a lieu de voir comment les Apôtres ont pu, par la seule connaissance naturelle, enseigner ce qui n'est pas de son ordre. En tenant compte cependant de la doctrine exposée au chapitre VII de ce Traité sur l'interprétation de l'Écriture, toute difficulté disparaît. Bien que le contenu de la Bible passe le plus souvent notre compréhension, nous pouvons en effet chercher à l'éclaircir avec sécurité pourvu que nous n'admettions pas d'autres principes que ceux qui se tirent de l'Écriture même; de la même manière les Apôtres pouvaient, de ce qu'ils avaient vu, entendu et connu par révélation, tirer de nombreuses conclusions et les enseigner aux hommes s'il leur plaisait. De plus, bien que la Religion telle qu'elle était prêchée par les Apôtres, c'est-à-dire en faisant simplement connaître le Christ par un récit, ne soit pas de l'ordre de la Raison, il est au pouvoir de chacun d'en atteindre par la Lumière Naturelle le fond essentiel qui consiste principalement, comme toute la doctrine du Christ *, en enseignements moraux[4]. Les Apôtres enfin n'avaient pas besoin d'une Lumière surnaturelle pour adapter à la compréhension commune des hommes, et rendre ainsi plus facilement acceptable pour toute âme, la religion dont ils avaient préalablement établi la vérité par des signes; ils n'en

* Voir note XXVII.

avaient pas besoin non plus pour donner aux hommes des admonitions religieuses; or c'est le but visé dans les Épîtres, je veux dire qu'elles se proposent d'enseigner et d'avertir les hommes par le moyen que chacun des Apôtres a jugé le plus propre à les confirmer dans la Religion. Il faut noter ici ce que nous avons dit un peu plus haut : que les Apôtres n'avaient pas seulement acquis la capacité de prêcher l'histoire du Christ en qualité de Prophètes, c'est-à-dire en la confirmant par des signes, mais aussi l'autorité requise pour enseigner et avertir par la voie que chacun jugerait la meilleure. Paul indique clairement l'un et l'autre don dans la deuxième Épître à Timothée (chap. I, *v.* 11) : *pour lesquels j'ai été constitué héraut, et Apôtre et docteur des nations.* Et dans la première à Timothée (chap. II, *v.* 7) : *de quoi j'ai été constitué héraut et Apôtre (je dis la vérité par le Christ, je ne mens pas) docteur des nations en la foi et* — remarquez bien ceci — *en la vérité.* Par ces mots, je le dis, il revendique clairement l'une et l'autre qualité, celle d'Apôtre et celle de Docteur. Pour l'autorité permettant de donner à tous toutes admonitions, il en parle en ces termes dans l'Épître à Philémon (*v.* 8) : *bien que j'aie une grande liberté en Jésus-Christ de te prescrire ce qui convient, toutefois,* etc. A noter dans ce passage que si Paul avait reçu de Dieu, en qualité de Prophète, ce qu'il fallait prescrire à Philémon, et que s'il avait dû prescrire en tant que Prophète, il ne lui eût pas été loisible de changer en prières les prescriptions de Dieu. Il faut donc entendre nécessairement qu'il parle de la liberté d'adresser des admonitions qu'il avait, en qualité de Docteur et non de Prophète.

Il ne suit cependant pas assez clairement de ce qui précède que les Apôtres aient pu choisir pour enseigner la voie par eux jugée la meilleure, mais seulement que leur apostolat leur conférait la qualité de Docteurs en même temps que celle de Prophètes; nous pourrions, il est vrai, faire ici appel à la Raison; certes d'après elle celui qui a l'autorité d'enseigner a aussi celle de choisir la voie qu'il veut. Il sera préférable cependant de le démontrer par l'Écriture seule; il est établi clairement en effet par les textes que chacun des Apôtres a choisi sa voie personnelle; ainsi dans l'Épître aux Romains (chap. XV, *v.* 20), Paul nous dit : *j'avais un soin inquiet de ne pas prêcher où le nom du Christ est invoqué, pour ne pas bâtir sur un fondement étranger.* Certes, si tous avaient suivi la même voie pour enseigner et avaient tous bâti la religion du Christ sur le même fondement, Paul n'aurait pu à aucun égard appeler fondement étranger le fondement d'un autre Apôtre, puisque tous auraient eu le même. Mais il l'appelle fondement étranger, d'où il faut nécessairement conclure que chacun édifiait la Religion sur un fondement différent et que les Apôtres, quand ils faisaient office de Docteurs, étaient dans la même situation que les autres Docteurs qui ont chacun une méthode personnelle ; aussi préfèrent-ils enseigner ceux qui sont encore dans une complète ignorance et n'ont commencé d'apprendre d'aucun autre les langues ou les sciences, même les mathématiques dont la vérité n'est douteuse pour personne. En second lieu, si nous lisons les Épîtres avec quelque attention, nous verrons que les Apôtres, d'accord sur la Religion même, différaient grandement sur ses fondements [5]. Paul, pour confirmer les hommes dans la Religion et leur montrer que le salut dépend de la seule grâce de Dieu, enseigna que nul ne peut se glorifier de ses œuvres, mais de sa foi seulement et que nul n'est justifié par ses œuvres (voir Épître aux Romains, chap. III, *vs.* 27, 28), et il fait suivre de là toute sa doctrine de la prédestination. Jacques au contraire, dans son Épître, enseigne que l'homme est justifié par ses œuvres, non par la foi seulement (voir Épître de Jacques, chap. II, *v.* 24), et il fait tenir dans ce peu de principes toute la doctrine de la Religion, laissant de côté toutes les discussions de Paul. Il n'est pas douteux enfin que cette diversité des fondements sur lesquels les Apôtres ont édifié la Religion n'ait été l'origine de beaucoup de controverses et de schismes. L'Église n'a cessé d'en souffrir depuis le temps des Apôtres ; et sans doute en souffrira éternellement jusqu'au jour où la Religion sera enfin séparée des spéculations philosophiques et ramenée à un très petit nombre de dogmes très simples que le Christ a enseignés comme étant les siens ; les Apôtres n'ont pu s'y tenir parce que l'Évangile était ignoré des hommes. Pour que la nouveauté de la doctrine ne blessât pas grandement les oreilles des hommes, ils l'ont donc adaptée, autant qu'il était possible, à la complexion des hommes de leur temps (voir première Épître aux Corinthiens, chap. IX, *vs.* 19, 20, etc.) et ils l'ont édifiée sur les fondements les plus connus et admis à cette époque. C'est pourquoi aucun des Apôtres n'a philosophé autant que Paul appelé à prêcher aux nations. Les autres au contraire qui prêchaient aux Juifs, contempteurs de la Philosophie, s'adaptèrent à la compréhension des Juifs (voir sur ce point Épître aux Galates, chap. II, *v.* 11, etc.) et enseignèrent la religion toute nue sans spéculations philosophiques. Heureux notre âge en vérité si nous la pouvions voir affranchie aussi de toute superstition.

CHAPITRE XII

De la véritable charte de la Loi Divine ; pour quelle raison l'Écriture est dite Sacrée et est appelée la Parole de Dieu ; que l'Écriture enfin, en tant qu'elle contient la Parole de Dieu, nous est parvenue sans corruption.

Ceux pour qui la Bible telle qu'elle est est comme une Épître de Dieu envoyée du ciel aux hommes ne manqueront pas de clamer que j'ai commis le péché contre le Saint-Esprit en jugeant la parole de Dieu menteuse, tronquée, falsifiée et incohérente, en prétendant que nous n'en avions que des fragments, qu'enfin la charte attestant le pacte conclu par Dieu avec les Juifs a péri. Je ne doute pas, cependant, que, s'ils consentent à examiner la question, leurs cris ne prennent fin aussitôt. C'est moins la Raison en effet que les textes mêmes des Prophètes et des Apôtres qui le proclament : la parole éternelle de Dieu, son pacte et la vraie Religion sont divinement écrits dans le cœur de l'homme, c'est-à-dire dans la pensée humaine; c'est là la véritable charte [1] de Dieu qu'il a scellée de son sceau [2], c'est-à-dire de son idée, comme d'une image de sa divinité. A l'origine la Religion a été donnée aux hommes comme une loi par écrit parce qu'alors ils étaient comme des enfants [3]. Mais plus tard Moïse (Deutér., chap. XXX, *v.* 6) et Jérémie (chap. XXXI, *v.* 33) leur prédirent qu'un temps viendrait où Dieu écrirait sa loi dans leurs cœurs. C'est donc aux Juifs seuls et surtout aux Saducéens qu'il appartenait jadis de combattre pour une loi écrite sur des tables, non du tout à ceux qui l'ont écrite dans leurs âmes; qui voudra considérer cela ne trouvera rien dans les chapitres précédents qui contredise à la parole de Dieu, c'est-à-dire à la vraie Religion et à la foi, ou qui puisse l'infirmer, mais verra au contraire que nous la confirmons, ainsi que nous l'avons montré vers la fin du chapitre X. S'il n'en était pas ainsi, j'eusse décidé de garder le silence sur tous ces points, j'eusse même accordé volontiers, pour éviter toutes difficultés, que de très profonds mystères sont cachés dans les Écritures. C'est la superstition intolérable née de ces prétendus mystères, ce sont les autres maux si graves dont j'ai parlé dans le préambule du chapitre VII, qui m'ont fait juger que je ne devais pas différer l'examen de ces questions; d'autant que la Religion n'a aucun besoin des ornements de la superstition, mais qu'au contraire on lui ravit sa splendeur en la parant de semblables fictions. Mais, dira-t-on, bien que la loi divine soit écrite dans les cœurs, l'Écriture n'en est pas moins la parole de Dieu; il n'est donc pas plus permis de dire de l'Écriture que de la Parole de Dieu qu'elle est tronquée et falsifiée. Pour moi je crains au contraire que par une ardeur excessive de sainteté on ne dégrade la Religion en superstition, qu'on ne se prenne, dirai-je, à adorer des simulacres et des images, du papier noirci, au lieu de la Parole de Dieu. Je n'ai rien dit, je le sais, qui pût porter atteinte à l'Écriture et à la parole de Dieu, car je n'ai rien avancé dont je n'aie démontré la vérité par des raisons très évidentes; pour cette cause aussi je puis affirmer avec assurance que je n'ai rien dit qui fût impie ou sentît l'impiété. Je le confesse, quelques hommes d'esprit profane pour qui la Religion est un fardeau peuvent tirer de cet écrit la licence de pécher, et sans raison autre que leur volonté de s'abandonner au plaisir, en conclure que l'Écriture est partout menteuse et falsifiée, que par suite elle n'a nulle autorité. Contre de tels abus nul recours n'est possible, en vertu de cette vérité banale qu'il est impossible de rien dire si droitement qu'on ne puisse le détourner de son vrai sens en l'interprétant mal. A ceux qui veulent s'adonner aux plaisirs, il ne sera jamais difficile de trouver quelque raison qui les justifie. Jadis ceux-là mêmes qui avaient les écrits originaux, l'arche d'alliance, que dis-je, les Prophètes et les Apôtres, n'en furent pas meilleurs ni plus disposés à l'obéissance; tous, tant Juifs que Gentils, ont toujours été les mêmes et en tout siècle la vertu a été infiniment rare. Toutefois, pour écarter tout scrupule, il faut montrer ici en quel sens l'Écriture, ou toute autre chose sans voix, doit être dite sacrée et divine; en second lieu ce qu'est véritablement la

Parole de Dieu et qu'elle n'est pas contenue dans tel nombre arrêté de livres; enfin que l'Écriture, en tant qu'elle enseigne ce qui est nécessaire à l'obéissance et au salut, n'a pas pu être corrompue. Par là on pourra aisément juger que nous n'avons rien dit contre la parole de Dieu et sommes purs de toute impiété.

Mérite le nom de sacré et de divin ce qui est destiné à l'exercice de la piété et de la religion [4] et ce caractère sacré demeurera attaché à une chose aussi longtemps seulement que les hommes s'en serviront religieusement. En usent-ils pour une fin contraire à la piété, cela même qui était auparavant sacré devient impur et profane. Par exemple un certain lieu reçut du Patriarche Jacob le nom de *demeure de Dieu* parce qu'en ce lieu il honora le Dieu qui s'était révélé à lui; ce même lieu fut appelé par les Prophètes demeure de l'iniquité (voir Amos, chap. V, *v.* 5, et Osée, chap. X, *v.* 5) parce que les Israélites en vertu d'une décision de Jéroboam avaient accoutumé d'y sacrifier aux idoles. Autre exemple qui éclaircit parfaitement la question : les mots n'ont une signification certaine qu'en vertu de l'usage; s'ils sont, eu égard à cet usage, disposés de telle sorte qu'ils poussent les hommes qui les lisent à la dévotion, alors ces mots seront sacrés et sacré sera le livre où ces mots sont ainsi disposés. Mais qu'ensuite l'usage se perde si bien que les mots n'aient plus aucune signification, ou que le livre tombe dans un entier abandon soit par la malice des hommes, soit parce qu'ils n'en ont que faire, alors et les mots et le livre ne seront plus d'aucun usage ni d'aucune sainteté. Enfin, si les mêmes mots sont disposés autrement, ou que l'usage ait prévalu de les prendre dans une signification opposée, alors et les mots et le livre, auparavant sacrés, seront impurs et profanes. D'où suit que rien n'est, pris en soi et absolument, sacré ou profane et impur, mais seulement par rapport à la pensée. Cela peut s'établir aussi de la façon la plus évidente par un grand nombre de passages de l'Écriture. Jérémie (pour donner un ou deux exemples) dit (chap. VII, *v.* 4) que les Juifs de son temps ont faussement appelé le temple de Salomon temple de Dieu; car, ajoute-t-il dans le même chapitre, le nom de Dieu ne peut appartenir à ce temple qu'aussi longtemps qu'il est fréquenté par des hommes honorant Dieu et maintenant la justice; que s'il est fréquenté par des homicides, des voleurs, des idolâtres et d'autres hommes criminels, alors il est plutôt un repaire de malfaiteurs. L'Écriture ne dit rien de ce que l'arche d'alliance a pu devenir, je l'ai souvent observé avec étonnement; ce qui est sûr, c'est qu'elle a péri ou a brûlé avec le temple, bien que rien ne fût plus sacré et en plus grande révérence aux yeux des Hébreux. Pour la même raison l'Écriture aussi est sacrée, et ses textes sont divins, aussi longtemps qu'elle pousse les hommes à la dévotion envers Dieu; si elle est entièrement négligée par eux, comme elle le fut jadis par les Juifs, alors elle n'est rien qu'un papier noirci, elle est entièrement profanée par eux et demeure exposée à la corruption; de façon que, si alors elle est corrompue ou périt, c'est faussement qu'on dira que la parole de Dieu est corrompue ou périt; de même qu'au temps de Jérémie on aurait dit faussement que le temple, qui était alors le temple de Dieu, avait péri dans les flammes [5]. C'est ce que dit aussi Jérémie de la Loi elle-même; quand il invective contre les impies de son temps : *De quel droit dites-vous : nous sommes habiles et la loi de Dieu est avec nous? Certes elle fut écrite en vain ; en vain la plume des scribes* a existé; c'est-à-dire : vous dites que vous possédez la loi de Dieu, cela est faux, bien que vous ayez l'Écriture en votre possession, après que vous avez rendu la loi entièrement vaine. De même quand Moïse brisa les premières tables de la loi, ce n'est pas du tout la Parole de Dieu que par colère il jeta et brisa de ses mains (qui pourrait soupçonner pareille chose, alors qu'il s'agit de Moïse et de la parole de Dieu ?), ce sont seulement des pierres; des pierres qui avaient eu précédemment un caractère sacré parce que le pacte auquel les Juifs s'étaient engagés à obéir y était écrit, mais qui, alors qu'en adorant un veau ils avaient détruit ce pacte, se trouvaient dépourvues de toute sainteté; pour la même cause les deuxièmes tables ont pu périr avec l'arche. Il n'y a donc pas à s'étonner si les manuscrits originaux de Moïse n'existent plus et si les livres que nous possédons ont eu les fortunes que nous avons dites, alors que le monument vraiment original de l'alliance divine et le plus saint de tous a pu périr totalement. Qu'on cesse donc de nous accuser d'impiété, nous qui n'avons rien dit contre la parole de Dieu et ne l'avons pas salie; qu'on tourne sa colère, si une juste colère est possible, contre les anciens dont la malice a profané et exposé à la corruption l'arche de Dieu, la loi et tout ce qu'il avait de sacré. J'ajoute que si l'on avait en soi, comme dit l'Apôtre (Ép. II aux Corinth., chap. III, *v.* 3), l'Épître de Dieu écrite non avec de l'encre, mais avec l'Esprit de Dieu, non sur des tables de pierre, mais sur une table de chair qui est le cœur, on cesserait d'adorer la lettre et de tant se tourmenter à son sujet.

Je pense avoir ainsi suffisamment expliqué en quel sens l'Écriture doit être tenue pour sacrée et divine. Il faut voir maintenant ce qui est proprement à entendre par les mots *debar Jehovah* (parole de Dieu); *debar* signifie *parole*, *discours*, *commandement* et *chose*. Nous avons montré d'autre part au chapitre I pour quelles causes une chose est dite en hébreu appartenir à Dieu ou est rapportée à Dieu. On connaît facilement par là ce que l'Écriture veut signifier quand elle use des mots de parole, discours, commandement, chose de Dieu. Inutile donc de le répéter ici, non plus que ce que nous avons établi en troisième lieu au chapitre VI, en traitant des miracles [6]. Il suffit d'une seule indication qui permettra de mieux entendre ce que nous voulons dire ici. Quand on dit d'une chose qui n'est pas Dieu lui-même qu'elle est la parole de Dieu, on entend proprement cette loi divine dont nous avons traité au chapitre IV; c'est-à-dire la Religion universelle ou catholique, commune à tout le genre humain; voir sur ce point Isaïe (chap. I, *v.* 10, etc.), où est enseignée la vraie manière de vivre qui ne consiste pas en cérémonies, mais en charité et sincérité, et où le Prophète la nomme indistinctement Loi et Parole de Dieu. Le mot est encore pris par métaphore pour l'ordre même de la Nature et la destinée (parce qu'ils dépendent et découlent réellement du décret éternel de la nature divine); et surtout pour cette partie de l'ordre de la Nature que les Prophètes avaient prévue, et cela parce qu'ils ne percevaient pas les choses à venir par leurs causes naturelles, mais comme des décisions et des décrets de Dieu. Le mot est pris aussi pour tout commandement d'un Prophète quelconque, en tant qu'il l'avait perçu par sa vertu singulière ou son don prophétique et non par la Lumière Naturelle commune à tous, cela surtout parce que les Prophètes avaient réellement accoutumé de percevoir Dieu comme un législateur ainsi que nous l'avons montré au chapitre IV. Pour ces trois causes donc, l'Écriture est appelée la Parole de Dieu : d'abord parce qu'elle enseigne la vraie religion dont Dieu est l'auteur éternel; en second lieu parce que, sous forme de récit, elle prédit l'avenir en tant que décrété par Dieu; enfin parce que ceux qui en furent réellement les auteurs enseignèrent le plus souvent ce qu'ils tenaient non de la Lumière Naturelle, mais d'une lumière qui leur était particulière, et firent parler Dieu lui-même. A la vérité, le contenu de l'Écriture est en partie simplement historique et perçu par la Lumière Naturelle; toutefois le nom est tiré de ce qui est le contenu principal. Nous percevons facilement par là en quel sens Dieu doit être conçu comme l'auteur de la Bible; c'est à cause de la vraie Religion qui s'y trouve enseignée, non parce qu'il aurait voulu communiquer aux hommes un nombre de livres déterminé. Nous pouvons aussi savoir par là pourquoi la Bible est divisée en livres de l'Ancien Testament et du Nouveau; c'est parce qu'avant la venue du Christ les Prophètes avaient accoutumé de prêcher la Religion seulement comme loi de la nation israélite, et tiraient leur force du pacte conclu au temps de Moïse; tandis qu'après la venue du Christ les Apôtres prêchèrent la même Religion à tous comme loi catholique, et tirèrent leur force de la passion du Christ. Ce n'est pas que les livres du Nouveau Testament diffèrent par la doctrine de ceux de l'Ancien ni qu'ils aient été écrits comme charte d'une alliance, ni enfin que la religion catholique, naturelle au plus haut point [7], fût nouvelle, sauf à l'égard des hommes qui ne la connaissaient pas : *elle était dans le monde*, dit Jean l'Évangéliste (chap. I, *v.* 10), *et le monde ne l'a pas connue.* Alors même que nous aurions un plus petit nombre de livres tant de l'Ancien Testament que du Nouveau, nous ne serions donc pas pour cela privés de la Parole de Dieu (par quoi s'entend proprement, comme nous l'avons dit, la vraie Religion), pas plus que nous ne pouvons en être privés parce que beaucoup d'autres écrits de la plus haute importance nous manquent : ainsi le livre de La loi qui était gardé dans le Temple religieusement comme charte de l'Alliance et en outre les livres des Guerres, des Chroniques et un grand nombre d'autres d'où ceux que nous avons dans l'Ancien Testament ont été extraits pour être ensuite réunis. Cela d'ailleurs est confirmé, en outre, par beaucoup de raisons : 1° les livres de l'un et l'autre Testament ne furent pas écrits par mandat exprès à une seule et même époque, pour tous les siècles, mais par chance et pour certains hommes, ajoutons, suivant que l'exigeaient l'époque et la constitution particulière de ces hommes; cela est ouvertement indiqué par les vocations des Prophètes (qui furent appelés à donner aux impies de leur temps un avertissement) et aussi par les Épîtres des Apôtres. 2° Autre chose est de connaître l'Écriture et la pensée des Prophètes, autre chose d'entendre la pensée de Dieu, c'est-à-dire la vérité; ainsi qu'il suit de la démonstration donnée au chapitre II, au sujet des Prophètes, laquelle s'applique aussi, nous l'avons fait voir au chapitre VI, aux récits et aux miracles. Cette distinction ne s'applique pas, au contraire, aux passages où il s'agit de la vraie religion et de la vertu véritable. 3° Les livres de l'Ancien Testament ont été choisis entre beaucoup d'autres, réunis et consacrés par un concile de Pharisiens, les livres du Nouveau Testament admis dans le canon par le décret de certains Conciles qui en rejetaient en même temps comme indignes plusieurs autres tenus pour sacrés par beaucoup de gens. Or, les membres de ces Conciles (de ceux des Pharisiens comme de ceux des Chrétiens) n'étaient pas des Prophètes, mais seulement des habiles et des docteurs; il faut cependant avouer qu'ils ont eu pour règle dans leur choix la parole de Dieu; donc, avant d'avoir consacré tous les livres par leur approbation, ils ont dû nécessairement avoir connaissance de la Parole de Dieu. 4° Les Apôtres ont (comme nous l'avons dit dans le chapitre précédent) écrit non en qualité de Prophètes, mais de Docteurs, et ont choisi pour enseigner la voie qu'ils ont jugé qui serait la plus facile pour les disciples qu'ils voulaient enseigner; d'où suit que dans leurs Épîtres sont contenues (comme nous l'avons dit à la fin du même chapitre) beaucoup de choses dont nous pourrions nous passer sans dommage pour la Religion. 5° Enfin il y a quatre Évangélistes dans le Nouveau Testament et qui pourrait croire que Dieu ait voulu raconter et communiquer quatre fois aux hommes l'histoire du Christ ? Et sans doute il se trouve dans l'un certaines choses qui ne sont pas dans l'autre et l'un aide souvent à entendre l'autre; il n'en faut pas conclure cependant que tout ce qui est raconté dans les quatre évangélistes soit nécessaire à connaître, et que Dieu les ait élus comme écrivains pour que l'histoire du Christ fût mieux connue; chacun d'eux en effet prêcha son Évangile en un lieu particulier et chacun écrivit ce qu'il avait prêché, simplement pour raconter plus clairement l'histoire du Christ et non pour expliquer les autres. Si par la comparaison des Évangiles on les entend parfois mieux et plus facilement, cela arrive par chance et pour un petit nombre de passages que nous pourrions ignorer sans que l'histoire fût moins claire et l'homme moins capable de béatitude.

Nous avons ainsi montré que l'Écriture est appelée

proprement la Parole de Dieu eu égard seulement à la Religion, c'est-à-dire à la Loi divine universelle. Il reste à montrer maintenant qu'elle n'est jamais menteuse, falsifiée, ni tronquée, en tant qu'elle mérite ce nom. Je fais observer que j'appelle ici menteur, falsifié et tronqué un texte si mal écrit et composé que le sens n'en puisse être découvert en ayant égard à l'usage de la langue ou tiré de la seule Écriture, je ne veux du tout affirmer que l'Écriture, en tant qu'elle contient la Loi Divine, a toujours les mêmes points, les mêmes lettres et enfin les mêmes mots (je laisse aux Massorètes et à ceux qui ont une adoration superstitieuse de la lettre le soin de démontrer cela), mais seulement que le sens, au seul égard duquel un texte peut être appelé divin, nous est parvenu sans corruption bien que les mots ayant d'abord servi à l'exprimer aient pu avoir été changés plusieurs fois. Par là en effet la divinité de l'Écriture n'est en rien diminuée, car, écrite avec d'autres mots et dans une autre langue, elle serait pareillement divine. En ce sens donc la loi nous est parvenue sans corruption, personne n'en peut douter; car, par l'Écriture même, sans aucune difficulté ni ambiguïté, nous percevons que la loi se résume dans ce précepte : aimer Dieu par-dessus tout et son prochain comme soi-même. Cela, nous en sommes bien certains, ne peut être l'effet d'une falsification, cela n'a pas été écrit par une plume trop hâtive et coupable d'erreurs; si l'Écriture a jamais donné un enseignement différent, son enseignement devrait être différent aussi sur tous les autres points, puisque c'est là le fondement de toute la Religion et que, si on le supprime, tout l'édifice s'effondre d'un seul coup; par conséquent une Écriture qui n'enseignerait pas cela ne serait plus la même, elle serait un livre entièrement différent. Nous demeurons donc certains d'une certitude inébranlable que tel a toujours été l'enseignement de l'Écriture, qu'à cet égard nulle erreur accidentelle n'a pu en corrompre le sens qu'elle n'ait été aperçue incontinent par un chacun, que nul n'a pu falsifier cet enseignement que sa malice n'éclatât aux yeux aussitôt. Puis donc qu'il faut admettre que ce fondement n'a pas été corrompu, on devra juger de même de toutes les conséquences qu'il entraîne sans controverse possible et qui ont le même caractère fondamental : que Dieu existe, que sa providence est universelle, qu'il est tout-puissant, que par son décret l'homme pieux est un bienheureux et le méchant un malheureux, que notre salut dépend de sa grâce seule. Tout cela, l'Écriture l'enseigne partout clairement et a toujours dû l'enseigner, car autrement tout le reste serait vain et sans fondement; et non moins exemptes de corruption sont les autres vérités morales, car elles suivent très évidemment de ce fondement universel : ainsi maintenir la justice, venir en aide à l'indigent, ne pas tuer, ne pas convoiter le bien d'autrui, etc. De ces vérités, dis-je, la malice des hommes n'a pu falsifier, ni le temps effacer la moindre part. Si elles avaient souffert une destruction partielle, leur fondement universel n'eût pas manqué de les rétablir aussitôt dans leur intégrité, tout particulièrement l'enseignement de la charité que l'un et l'autre Testament recommandent partout comme étant le plus important. Ajoutons que, s'il est vrai qu'on ne peut imaginer de crime abominable qui n'ait été commis, personne cependant, pour excuser ses crimes, ne tente de détruire les lois, ou de présenter une maxime impie comme un enseignement éternel et utile au salut; telle en effet se montre la nature de l'homme; si quelqu'un (roi ou sujet) a commis une vilaine action, il tâche à la parer de circonstances telles qu'on puisse le croire innocent de toute faute contre la justice et l'honneur. Nous concluons donc absolument que toute la Loi Divine universelle enseignée par l'Écriture nous est parvenue exempte de toute corruption. Il y a en outre quelques autres points dont nous ne pouvons douter parce que nous avons à leur égard une tradition digne de créance : ainsi l'essentiel des Récits de l'Écriture parce qu'il s'agit de faits d'une notoriété bien établie pour tous. Le vulgaire avait accoutumé chez les Juifs de rappeler jadis, en chantant des Psaumes, les événements de l'histoire nationale. L'essentiel aussi des actes du Christ et sa passion furent aussitôt connus du vulgaire par tout l'Empire romain. A moins de supposer une entente de la majeure partie du genre humain, ce qui est peu croyable, on ne peut donc du tout penser que la postérité ait transmis l'essentiel de ces histoires autrement qu'elle ne l'avait reçu. Les altérations et les mensonges n'ont donc pu se produire que dans le reste, je veux dire dans telle ou telle circonstance du Récit ou de la Prophétie, jugée propre à exciter le peuple à la dévotion; dans tel miracle ou tel autre, pour causer du tourment aux philosophes; ou enfin dans les matières d'ordre spéculatif, quand les schismatiques les eurent introduites dans la Religion pour que chacun pût ainsi abriter ses inventions sous l'autorité divine. Mais il importe peu au salut que des choses de cette sorte soient falsifiées ou ne le soient pas ; je vais le montrer expressément dans le chapitre suivant, bien que je croie l'avoir déjà établi dans ce qui précède et en particulier dans le chapitre II.

CHAPITRE XIII

Montrant que l'Écriture ne contient que des enseignements très simples et ne tend à autre chose qu'à l'obéissance ; que de plus elle n'enseigne sur la nature divine que ce que les hommes peuvent en imiter en vivant suivant une certaine règle.

Dans le chapitre II de ce Traité, nous avons montré que les Prophètes ont eu une faculté singulière d'imaginer seulement, mais non de connaître, que Dieu ne leur a nullement révélé les arcanes de la philosophie, mais des choses de la plus grande simplicité et qu'il s'est adapté à leurs opinions préconçues. Nous avons montré en second lieu au chapitre V que l'Écriture dans ses commandements a voulu rendre ses communications et ses enseignements aussi faciles à percevoir que possible pour un chacun; qu'en conséquence elle n'a point suivi la méthode déductive, partant d'axiomes et de définitions et enchaînant les vérités, mais les a simplement énoncées, et, pour les rendre croyables, les a confirmées par l'expérience seule, c'est-à-dire par des miracles et des récits historiques, qu'enfin dans ces récits mêmes elle use des phrases et du style le plus propres à émouvoir l'âme de la foule; voyez sur ce point ce qui a été démontré en troisième lieu au chapitre VI [1]. Enfin dans le chapitre VII nous avons montré que la difficulté d'entendre l'Écriture consiste dans la langue seule, non dans la hauteur du sujet. A quoi s'ajoute que les Prophètes n'ont pas prêché pour les habiles, mais pour tous les Juifs absolument, et que les Apôtres avaient accoutumé d'enseigner la doctrine évangélique dans les Églises où se tenait l'assemblée commune. De tout cela il suit que la doctrine de l'Écriture n'est pas une philosophie, ne contient pas de hautes spéculations, mais seulement des vérités très simples et qui sont aisément percevables à l'esprit le plus paresseux. Je ne puis donc assez admirer la complexion d'esprit de ces hommes, dont j'ai parlé plus haut, qui voient dans l'Écriture de si profonds mystères qu'on ne peut les expliquer en aucune langue, et qui ont ensuite introduit dans la Religion tant de philosophie et de spéculations que l'Église semble devenue une Académie, la Religion une science, ou plutôt une controverse. Quoi d'étonnant cependant si des hommes qui se vantent d'avoir une lumière supérieure à la naturelle ne veulent pas le céder en connaissance aux philosophes réduits à la naturelle ? Certes je trouverais cela digne d'admiration si ces hommes enseignaient quelque chose de neuf dans l'ordre de la pure spéculation, quelque chose qui n'ait pas été parfaitement banal dans la Philosophie des Gentils (qu'ils affirment cependant avoir été aveugles). Qu'on cherche en effet quels sont ces mystères cachés dans l'Écriture, visibles pour eux, on ne trouvera rien que des inventions d'Aristote ou de Platon ou de quelque autre semblable, que souvent le premier venu des simples d'esprit pourrait reproduire avec moins de peine en rêve que le plus grand érudit n'en aurait à les découvrir dans l'Écriture. Ce n'est pas que nous nous refusions absolument à admettre que certaines vérités d'ordre purement spéculatif appartiennent à la doctrine de l'Écriture, car dans le chapitre précédent nous en avons énoncé quelques-unes de telles et nous les avons données comme fondamentales dans l'Écriture; ce que je soutiens, c'est qu'il s'en trouve fort peu de cette sorte et de fort simples seulement. J'ai résolu de montrer ici quelles sont ces vérités et par quelle méthode on peut les déterminer. Cela nous sera facile si nous savons que l'objet de l'Écriture n'a pas été d'enseigner les sciences; car nous pouvons en conclure aisément qu'elle exige des hommes seulement de l'obéissance et condamne seulement l'insoumission, non l'ignorance. Ensuite, comme l'obéissance envers Dieu ne consiste que dans l'amour du prochain (qui aime son prochain, je veux dire, qui l'aime afin d'obéir à Dieu, accomplit la Loi, Paul l'affirme dans l'Épître aux Romains, chap. XIII, *v.* 8), il suit que la seule science recommandée par l'Écriture est celle qui est nécessaire à tous les hommes pour obéir à Dieu suivant ce précepte, et dans l'ignorance de laquelle ils sont par suite nécessairement insoumis ou du moins non instruits à l'obéissance. Quant aux spéculations qui ne tendent point à ce but, qu'elles concernent la connaissance de Dieu ou celle des choses naturelles, elles n'ont point de rapport avec l'Écriture et doivent donc être séparées de la Religion révélée.

Bien qu'il n'y ait là, comme nous l'avons dit, rien que de facile à voir pour un chacun, comme il y va de toute la Religion, je veux le montrer plus exactement et l'expliquer plus clairement. Il est requis à cet effet qu'on voie d'abord que la connaissance intellectuelle, autrement dit exacte de Dieu, n'est pas, comme l'obéissance, un don commun à tous les fidèles; en second lieu que la seule connaissance que, par les Prophètes, Dieu exige de tous universellement, et que chacun soit tenu d'avoir est celle de sa Justice et de sa Charité Divines. L'un et l'autre point se démontrent facilement par l'Écriture : 1° c'est une conséquence très évidente de l'Exode (chap. VI, *v.* 2), où Dieu dit à Moïse pour lui marquer l'étendue de la grâce qu'il lui a faite : *et je me suis révélé à Abraham, à Isaïe et à Jacob comme le Dieu Sadai, mais sous mon nom de Jéhovah je ne leur ai pas été connu.* Pour expliquer ce passage il faut noter que *El Sadai* signifie en hébreu *Dieu qui suffit* [2], parce qu'il donne à chacun ce qui lui suffit; et bien que Sadai soit souvent pris absolument pour Dieu, il n'est pas douteux qu'on ne doive sous-entendre partout le mot *El* ou Dieu. Il faut noter ensuite qu'on ne trouve dans l'Écriture aucun nom, en dehors de Jéhovah, qui exprime l'essence absolue de Dieu, sans rapport aux choses créées. C'est pourquoi les Hébreux prétendent que seul ce nom appartient en propre à Dieu, les autres n'étant que des appellations; et effectivement les autres noms de Dieu, substantifs ou adjectifs, sont des attributs qui conviennent à Dieu en tant qu'on le considère dans sa relation aux choses créées ou comme se manifestant par elles : par exemple *El* ou, avec la lettre paragogique *He*, *Eloah* qui ne signifie autre chose que puissant, comme on sait, et ne convient pas à Dieu sinon en ce sens qu'il est *le puissant* par excellence, comme Paul est l'Apôtre; autrement à ce mot se joignent des adjectifs exprimant les vertus de sa puissance : ainsi le grand, le terrible, le juste, le miséricordieux, etc. El (puissant), ou bien, pour comprendre toutes ces vertus à la fois, ce mot s'emploie au pluriel avec un sens singulier, ce qui est très fréquent dans l'Écriture. Puisque, dans le passage cité, Dieu dit à Moïse qu'il n'a pas été connu de ses pères sous le nom de Jéhovah, cela veut dire qu'ils n'ont connu aucun attribut de Dieu expliquant son absolue essence, mais seulement des effets et des promesses de sa puissance, c'est-à-dire qu'ils ont connu sa puissance en tant qu'elle se manifeste par des choses visibles. Remarquons que Dieu ne dit point cela à Moïse pour les accuser d'infidélité, au contraire il glorifie leur crédulité et leur fidélité; bien que n'ayant pas eu de Dieu une connaissance singulière comme celle qui a été donnée à Moïse, ils ont cependant cru aux promesses fermes et assurées de Dieu; ce n'est pas comme Moïse qui, en dépit des pensées plus hautes qu'il a eues sur Dieu, a douté de ses promesses et a objecté à Dieu qu'en place du salut promis la condition des Juifs avait empiré. Puis donc que les Ancêtres avaient ignoré le nom propre de Dieu, et que Dieu dit cela à Moïse pour glorifier leur simplicité d'âme et louer leur fidélité, comme aussi pour rappeler la grâce unique accordée à Moïse, nous devons très évidemment conclure de là en premier lieu que nul commandement n'oblige les hommes à connaître les attributs de Dieu [3] et que cette connaissance est un don particulier fait à quelques fidèles seulement. Il ne vaut pas la peine de montrer cela par plusieurs témoignages tirés de l'Écriture. Qui ne voit en effet que tous les fidèles n'ont pas eu de Dieu une égale connaissance ? que nul ne peut être sage par commandement, non plus que vivre ou exister. Tous, hommes, femmes, enfants, peuvent bien également obéir par commandement, mais non posséder la sagesse. Dira-t-on que point n'est besoin de connaître les attributs de Dieu, mais uniquement de croire en lui simplement et sans démonstration ? Ce serait pure frivolité [4]. Les choses invisibles, en effet, et qui sont les objets de la pensée seulement, ne peuvent être vues par d'autres yeux que les démonstrations. Qui donc n'a point de démonstrations, ne voit absolument rien de ces choses et tout ce qu'il rapporte comme l'ayant entendu sur des objets de cette sorte, n'a pas plus de relation à sa pensée et ne l'exprime pas plus que les paroles d'un perroquet ou d'un automate auxquelles ne s'attache ni sens ni pensée. Avant de poursuivre toutefois je dois indiquer la raison pour laquelle la Genèse dit souvent que les Patriarches ont prêché au nom de Jéhovah, ce qui semble entièrement contraire à ce qu'on a lu plus haut. Ayant égard cependant aux propositions établies dans le chapitre VIII, nous pourrons facilement montrer que le désaccord n'est qu'apparent; dans ce chapitre, en effet, on a vu que la personne qui a écrit le Pentateuque ne désigne pas les choses et les lieux par les noms précis qu'ils portaient au temps dont il parle, mais par ceux qui étaient le plus en usage en son temps. Le Dieu des Patriarches donc, dans la Genèse, est désigné par le nom de Jéhovah, non que les ancêtres l'aient connu sous ce nom, mais parce qu'il était en très grande révérence chez les Juifs. Il faut bien qu'il en soit ainsi puisque notre texte de l'Exode porte expressément que Dieu n'a pas été connu des Patriarches sous le nom de Jéhovah et aussi (Exode, chap. III, *v.* 13) que Moïse désire savoir le nom de Dieu : s'il avait été précédemment connu, lui du moins ne l'eût pas ignoré. Il faut donc conclure, comme nous le voulions, que les fidèles Patriarches ont ignoré ce nom de Dieu, et que la connaissance de Dieu est un don, non un commandement de Dieu.

Il est temps maintenant de passer au second point c'est-à-dire de montrer que Dieu n'exige des hommes, par les Prophètes, d'autre connaissance de lui-même que celle de sa Justice et de sa Charité divines, c'est-à-dire des attributs qui sont tels que les hommes les puissent imiter en suivant une certaine règle de vie. C'est ce qu'enseigne Jérémie dans les termes les plus exprès. Partant du Roi Josias, il dit (chap. XXII, *vs.* 15, 16) : *certes ton Père a bu et mangé, il a fait droit et justice, alors la prospérité a été son partage ; il a jugé le droit du pauvre et de l'indigent, alors la prospérité a été son partage ; car* (remarquez bien ceci) *c'est cela me connaître, a dit Jéhovah.* Non moins clair ce passage du chapitre IX, verset 23 : *mais que chacun se glorifie seulement de m'entendre et me connaître en ce que moi Jéhovah je fais qu'il y ait sur la terre charité, droit et justice, car ce sont là mes délices.* Cela ressort aussi de l'Exode (chap. XXXIV, *vs.* 6, 7) où, à Moïse qui désire le voir et le connaître, Dieu ne révèle d'autres attributs que ceux qui manifestent la Justice et la Charité divines. Et enfin ce passage de Jean, duquel nous reparlerons, est à noter ici en premier : nul, en effet, n'ayant vu Dieu, Jean explique Dieu par la Charité seule et conclut que celui-là possède Dieu en vérité et le connaît, qui a la charité. Nous voyons donc que pour Jérémie, Moïse et Jean la connaissance de Dieu, à laquelle tous sont tenus, comprend un très petit nombre d'attributs consistant, comme nous le voulions, en ce que Dieu est souverainement juste et souverainement miséricordieux, autrement dit qu'il est un modèle unique de vie vraie. A cela s'ajoute que l'Écriture ne donne expressément aucune définition de Dieu, qu'elle ne prescrit de saisir d'autres attributs que ceux que nous venons de dire, et n'en recommande explicitement pas d'autres. De tout cela nous concluons que la connaissance intellectuelle de Dieu, qui considère sa Nature telle qu'elle est en soi, nature que les hommes ne peuvent imiter en suivant une certaine règle de vie, qu'on ne peut prendre comme modèle pour l'institution de la vraie règle de vie, que cette connaissance, disons-nous, n'appartient en rien à la foi et à la religion révélée et qu'en conséquence les hommes peuvent, à cet égard, errer sans crime de toute l'étendue du ciel [5]. Rien de surprenant, dès lors, à ce que Dieu se soit adapté aux imaginations et aux opinions préconçues des Prophètes, à ce que les fidèles aient embrassé avec ardeur des manières de voir diverses sur Dieu, comme nous l'avons montré par beaucoup d'exemples au chapitre II. Rien de surprenant non plus à ce que les livres sacrés parlent de Dieu si improprement, lui attribuent des mains, des pieds, des yeux, des oreilles, le fassent se déplacer dans l'espace, lui prêtent aussi des mouvements de l'âme, tels que jalousie, miséricorde, etc., et enfin le dépeignent comme un Juge, comme siégeant dans les cieux sur un trône royal avec le Christ à sa droite. Ils parlent en effet suivant la compréhension du vulgaire que l'Écriture tâche à rendre non pas docte, mais obéissant. Les Théologiens, en général, quand ils ont pu voir, par la Lumière Naturelle, que tel de ces caractères attribués à Dieu ne convenait pas avec la nature divine, ont prétendu qu'il fallait admettre une interprétation métaphorique et qu'on doit accepter au contraire à la lettre tout ce qui passe leur compréhension. Mais si tous les passages de cette sorte qui se trouvent dans l'Écriture devaient être interprétés et entendus comme des métaphores, l'Écriture n'eût pas été écrite pour la foule et le vulgaire ignorant, elle eût été destinée aux plus habiles seulement et surtout aux Philosophes. Bien mieux, s'il y avait impiété à avoir sur Dieu, pieusement et d'une âme simple, ces croyances que nous avons rapportées tout à l'heure, certes les Prophètes auraient dû se garder avec le plus grand soin, au moins à cause de la faiblesse d'esprit du vulgaire, de phrases semblables, et au contraire donner sur les attributs de Dieu tels que chacun était tenu de les concevoir des enseignements clairs et exprès, ce qu'ils n'ont fait nulle part. Il ne faut donc pas croire le moins du monde que les opinions, considérées en elles-mêmes, sans avoir égard aux œuvres, aient rien de pieux ou d'impie; nous ne dirons qu'une croyance humaine est pieuse ou impie qu'autant que celui qui la professe est mû par ses opinions à l'obéissance ou qu'au contraire il en tire licence de péché et de rébellion; qui donc, croyant le vrai, est rebelle, sa foi est en réalité impie, et qui au contraire, croyant le faux, obéit, sa foi est pieuse. Car nous avons montré que la vraie connaissance de Dieu n'est point un commandement mais un don divin, et que Dieu n'a demandé aux hommes d'autre connaissance que celle de sa Justice et de sa Charité; connaissance requise non pour les sciences, mais seulement pour l'obéissance.

CHAPITRE XIV

Ce qu'est la Foi ; quels hommes sont des fidèles ; détermination des fondements de la Foi ; enfin séparation de la Foi et de la Philosophie.

Que pour avoir de la Foi une connaissance vraie il soit nécessaire, en premier lieu, de savoir que l'Écriture est adaptée non seulement à la compréhension des Prophètes, mais aussi à celle du bas peuple juif, divers et inconstant, nul ne peut l'ignorer, qui considère les choses même légèrement. Car si l'on accepte indistinctement tout le contenu de l'Écriture comme une doctrine universelle et absolue sur Dieu, si l'on n'a pas pris soin de distinguer avec exactitude ce qui est adapté à la compréhension du vulgaire, il sera impossible de ne pas confondre avec la doctrine divine les opinions du vulgaire, de ne pas donner pour enseignement divin ce qui est inventions de l'homme et décisions lui agréant, et de ne pas abuser de l'autorité de l'Écriture. Comment, dis-je, ne pas voir que c'est là surtout ce qui fait que tant d'opinions, et de si contraires, sont enseignées comme articles de foi par les fondateurs de sectes et appuyées de nombreux exemples pris dans l'Écriture; d'où ce proverbe depuis longtemps en usage en Hollande : *geen ketter zonder letter* (pas d'hérétique sans lettres) ? Les livres sacrés en effet n'ont pas été écrits par un seul auteur ni pour le vulgaire d'un seul siècle; ils sont l'œuvre d'un très grand nombre d'hommes de complexion différente et qui ont vécu dans des temps différents; si l'on voulait compter les siècles qui les séparent, on trouverait deux mille ans et peut-être bien davantage. Quant à ces fondateurs de sectes, nous ne voulons pas les accuser d'impiété pour cette seule raison qu'ils ont adapté à leurs opinions les paroles de l'Écriture; de même en effet qu'elle fut adaptée jadis à la compréhension du vulgaire, de même il est loisible à chacun de l'adapter aussi à ses opinions propres, s'il y voit un moyen d'obéir à Dieu, en ce qui touche la justice et la charité, d'une âme plus pleinement consentante. Nous les accusons parce qu'ils ne veulent pas reconnaître aux autres la même liberté, persécutent comme ennemis de Dieu tous ceux qui ne pensent pas comme eux, vécussent-ils le plus honnêtement du monde et dans la pratique de la vertu véritable, chérissent au contraire comme des élus de Dieu ceux qui les suivent docilement, alors même qu'ils sont le plus dépourvus de force morale; et l'on ne peut concevoir attitude plus criminelle et plus funeste à l'État. Afin d'établir donc jusqu'où s'étend pour chacun, à l'égard de la Foi, la liberté de penser à son gré, et quels hommes nous sommes tenus de regarder comme des fidèles en dépit de la diversité de leurs manières de voir, nous avons à déterminer les caractères fondamentaux de la Foi. Ce sera l'objet de ce chapitre en même temps que la séparation de la Foi et de la Philosophie qui est le but principal auquel tend tout l'ouvrage. Pour mettre dans notre exposition l'ordre convenable, rappelons l'objet essentiel de toute l'Écriture, ainsi aurons-nous une règle vraie pour définir la Foi. Dans le chapitre précédent, nous disions que l'objet de l'Écriture est seulement d'enseigner l'obéissance. Personne ne peut aller à l'encontre. Qui ne voit en effet que l'un et l'autre Testament ne sont autre chose qu'une leçon d'obéissance ? que le but auquel ils tendent est de faire que les hommes se soumettent de bon cœur ? Pour ne pas revenir sur les preuves données dans le chapitre précédent, Moïse en effet n'a pas tâché à convaincre les Israélites par la Raison, mais à les lier par un pacte, des serments et des bienfaits; puis il a signifié au peuple qu'il eût à obéir aux lois sous peine de châtiment et l'y a exhorté par des récompenses, tous moyens ineptes s'il s'agissait de sciences, efficaces pour l'obéissance seule. L'Évangile n'enseigne rien que la Foi simple : croire en Dieu et le révérer, ou, ce qui revient au même, obéir à Dieu. Nul besoin, pour que ce point soit le plus manifeste du monde, d'accumuler les textes de l'Écriture qui recommandent l'obéissance et qui se trouvent en si grand nombre dans l'un et l'autre Testament. En second lieu l'Écriture elle-même enseigne aussi avec la plus grande clarté ce que chacun est tenu d'accomplir pour obéir à Dieu; elle enseigne, dis-je, que toute la loi consiste en ce seul commandement : aimer son prochain. Nul ne peut donc nier que celui-là est vraiment obéissant et bienheureux selon la loi, qui aime son prochain comme lui-même parce que Dieu l'a commandé, que celui-là au contraire est rebelle et insoumis qui a son prochain en haine ou le laisse à l'abandon. Tout le monde enfin reconnaît que l'Écriture n'a pas été écrite et répandue pour les habiles seuls mais pour tout le genre humain, sans distinction d'âge ni de sexe; et de cela seul il suit très évidemment que l'Écriture ne nous oblige à croire autre chose que ce qui est absolument nécessaire pour accomplir ce commandement. Ce commandement est donc la règle unique de toute la foi vraiment catholique, et par ce seul commandement doivent être déterminés tous les dogmes de la foi [1], tous ceux, veux-je dire, auxquels chacun est tenu d'adhérer. Qu'on en juge maintenant : puisque cela est très manifeste et que tout ce qui concerne la foi peut se déduire de ce seul fondement, en n'usant que de la Raison seule, comment a-t-il pu se faire que tant de dissensions soient nées dans l'Église ? Ont-elles pu avoir d'autres causes que celles que nous avons dites au chapitre VIII ? Ce sont donc ces dissensions mêmes qui m'obligent à montrer ici la façon de procéder et la méthode à suivre dans la détermination des dogmes de la Foi par ce principe que nous avons trouvé. Si je néglige de le montrer et de poser à ce sujet des règles certaines, on pourra croire justement que ce que j'ai fait jusqu'ici est peu de chose, puisque chacun restera libre d'introduire dans la foi ce qu'il voudra sous le prétexte qu'il s'agit d'un moyen indispensable à l'obéissance; cela surtout quand se posera la question des attributs de Dieu.

Pour traiter donc ce sujet avec ordre, je commencerai par la définition de la Foi; en vertu du fondement posé, elle doit se définir comme consistant seulement à attribuer à Dieu par la pensée des caractères tels que l'ignorance de ces caractères doive entraîner la destruction de l'obéissance, et que, l'obéissance étant posée, ces caractères soient nécessairement posés; définition si claire et qui découle si manifestement des démonstrations précédentes qu'elle n'a besoin d'aucune explication. Je vais montrer maintenant brièvement ce qui en suit : 1° la Foi est productrice de salut non par elle-même, mais eu égard seulement à l'obéissance, ou, comme le dit Jacques (chap. II, *v.* 17), la foi sans les œuvres est morte; voir sur ce point tout ce chapitre de cet Apôtre; 2° en conséquence, qui est vraiment obéissant possède nécessairement la vraie foi [2], celle dont le salut est le fruit; car posée l'obéissance, nous avons dit que la foi était posée; c'est aussi ce que dit expressément le même Apôtre (chap. II, *v.* 18) : *montre-moi ta foi sans les œuvres et je te montrerai ma foi par mes œuvres.* Et Jean (Épître I, chap. IV, *vs.* 7 et 8) : *quiconque aime* (son prochain) *est né de Dieu et connaît Dieu ; qui ne l'aime pas ne connaît pas Dieu, car Dieu est charité.* De là nous conclurons encore une fois que nul ne doit être jugé fidèle ou infidèle sinon par ses œuvres. Si ses œuvres sont bonnes, bien qu'il s'écarte par ses dogmes des autres fidèles, il est cependant un fidèle; si elles sont mauvaises au contraire, bien qu'en paroles il s'accorde avec eux, il est un infidèle. Car posée l'obéissance, la foi est posée nécessairement et la foi sans les œuvres est morte. C'est ce qu'enseigne expressément Jean au verset 13 de ce même chapitre : *Par ceci,* dit-il, *nous connaissons que nous demeurons en lui et qu'il demeure en nous : qu'il nous a donné de son Esprit,* c'est-à-dire la charité. Car il avait dit auparavant que Dieu est charité, d'où il conclut (j'entends des principes qu'il a admis) que celui-là possède vraiment l'Esprit de Dieu qui a la Charité. Et même, de ce que personne n'a vu Dieu, il conclut que nul ne sent ou n'aperçoit Dieu sinon par la Charité envers le prochain, et qu'ainsi nul ne peut connaître d'autre attribut de Dieu que cette Charité même en tant que nous y avons part. Ces raisons, si elles ne sont pas péremptoires, expliquent toutefois assez clairement la pensée de Jean; bien plus clairement encore ce passage du chapitre II, versets 3, 4, de la même Épître où il enseigne dans les termes les plus exprès ce que nous voulons prouver. *Et par ceci,* dit-il, *nous savons que nous le connaissons : si nous observons ses préceptes. Qui dit : je le connais, et n'observe pas ses préceptes, il est menteur et la vérité n'est pas en lui.* De là nous concluons de nouveau qu'il est en réalité Antichrétien, celui qui persécute des hommes de vie honnête et amis de la Justice parce que leur opinion s'écarte de la sienne et qu'ils ne s'attachent pas aux mêmes dogmes ou articles de foi. Car nous savons qu'aimer la Justice et la Charité suffit pour qu'on soit un fidèle, et persécuter les fidèles c'est être Antichrétien. Il suit enfin que la Foi requiert moins des dogmes vrais que des dogmes pieux, c'est-à-dire capables de mouvoir l'âme à l'obéissance, encore bien qu'il en soit beaucoup parmi eux qui n'ont pas l'ombre de vérité [8]; pourvu cependant qu'en s'y attachant on en ignore la fausseté, sans quoi il y aurait nécessairement rébellion. Comment pourrait-il se faire en effet qu'un homme qui s'applique à aimer la Justice et à obéir à Dieu adore comme divine une chose qu'il sait être étrangère à la nature de Dieu ? Mais les hommes peuvent errer par simplicité d'âme, et l'Écriture, comme nous l'avons montré, ne condamne pas l'ignorance, elle condamne l'insoumission; cela découle même nécessairement de la seule définition de la Foi, puisqu'elle doit être cherchée tout entière, à moins que nous ne voulions y mêler les décisions qui nous agréent, dans le fondement universel ci-dessus démontré et dans l'unique objet que se propose l'Écriture. Cette foi donc n'exige pas expressément des dogmes vrais, mais des dogmes tels qu'ils engendrent nécessairement l'obéissance; c'est-à-dire qu'ils confirment l'âme dans l'amour du prochain, car c'est seulement en proportion de cet amour que chacun est en Dieu (pour parler comme Jean) et que Dieu est en chacun. Puis donc qu'il faut, pour apprécier la piété ou l'impiété d'une foi, avoir égard seulement à l'obéissance ou à l'insoumission de celui qui la professe, non à la vérité ou à la fausseté de la foi elle-même, comme d'autre part il est hors de doute que la complexion commune des hommes est extrêmement diverse, que tous ne trouvent pas le repos dans les mêmes idées, mais qu'au contraire des opinions différentes les gouvernent, celles qui portent l'un à la dévotion excitant l'autre au rire et au mépris, nous devons conclure que la Foi catholique ou universelle ne comprend pas de dogmes au sujet desquels il puisse y avoir controverse entre des hommes honnêtes. Les dogmes sujets à controverse en effet peuvent être pieux quand on les considère dans une âme, impies dans une autre, puisqu'il en faut juger par les œuvres seules. Appartiennent à la Foi catholique ceux-là seuls qui posent absolument l'obéissance envers Dieu et dans l'ignorance desquels l'obéissance est absolument impossible; à l'égard des autres dogmes, à chacun, parce qu'il se connaît le mieux, de penser comme il verra qu'il vaut le mieux pour se confirmer dans l'amour de la Justice. Par cette règle je pense ne laisser aux controverses aucune place dans l'Église.

Je ne craindrai pas maintenant d'énumérer les dogmes de la Foi universelle, c'est-à-dire les croyances fondamentales que l'Écriture universelle a pour objet d'établir. Ces dogmes (ainsi qu'il résulte très évidemment de ce chapitre et du précédent) doivent tous tendre à ce seul principe : il existe un Être suprême qui aime la Justice et la Charité, auquel tous pour être sauvés sont tenus d'obéir et qu'ils doivent adorer en pratiquant la Justice et la Charité envers le prochain. Partant de là, nous les déterminons tous aisément et il n'en existe pas d'autres que les suivants : 1° Il existe un Dieu, c'est-à-dire un être suprême, souverainement bon et miséricordieux, en d'autres termes un modèle de vie vraie : qui ne le connaît pas, en effet, ou ne croit pas à son existence, ne peut lui obéir ou le reconnaître comme Juge; 2° Dieu est unique : il le faut absolument, personne n'en peut douter, pour qu'il soit un objet suprême de dévotion, d'admiration et d'amour. Car la dévotion, l'admiration et l'amour naissent de la seule excellence de l'être qui seul est au-dessus de tous; 3° il est partout présent, ou encore il voit tout. Si l'on croyait qu'il y a pour lui des choses cachées, et si l'on ignorait qu'il voit tout, on douterait de l'équité de sa Justice qui dirige tout; 4° il a sur toutes choses droit et pouvoir suprême et ne fait rien par obligation légale, mais par bon plaisir absolu et grâce singulière. Tous, en effet, sont tenus de lui obéir et lui n'obéit à personne; 5° le culte de Dieu et l'obéissance à Dieu consistent dans la seule Justice et la Charité, c'est-à-dire dans l'amour du prochain; 6° tous ceux qui, suivant cette règle de vie, obéissent à Dieu, sont sauvés et ils sont seuls à l'être, les autres qui vivent sous l'empire des voluptés sont perdus. Si les hommes ne croyaient point cela fermement, nulle cause ne pourrait faire qu'ils aimassent mieux obéir à Dieu qu'aux voluptés; 7° enfin Dieu pardonne leurs péchés aux repentants. Nul en effet qui ne pèche; si donc on n'admettait point cela, tous désespéreraient de leur salut et n'auraient aucune raison de croire à la miséricorde divine. Celui qui croit cela fermement : que dans sa miséricorde et par sa grâce, souveraine régulatrice, Dieu pardonne les péchés des hommes, et qui, pour cette cause, est plus brûlant d'amour pour Dieu, celui-là connaît vraiment le Christ selon l'Esprit et le Christ est en lui. Et nul ne peut ignorer que ce sont là les choses nécessaires à connaître avant tout pour que les hommes, sans aucune exception, puissent obéir à Dieu suivant la prescription de la Loi que nous avons expliquée ci-dessus; que l'on rejette, en effet, l'une de ces croyances, l'obéissance à

Dieu est rejetée. Quant à savoir ce qu'est Dieu, c'est-à-dire le modèle de la vie vraie, s'il est feu, esprit, lumière, pensée, etc., cela ne touche en rien à la Foi; et de même en quel sens il est un modèle de vie vraie, si c'est parce qu'il a une âme juste et miséricordieuse ou parce que toutes choses sont et agissent par lui et que, conséquemment, nous aussi connaissons par lui, et par lui seul voyons, ce qui est vrai, juste et bon. Quoi que chacun de nous ait cru devoir poser à ce sujet, c'est tout un. En second lieu, il est indifférent à la Foi que l'on croie que Dieu est partout en vertu de son essence ou en vertu de sa puissance; qu'il dirige les choses librement ou par une nécessité de nature; qu'il prescrit des lois à la façon d'un prince ou les enseigne comme des vérités éternelles; que l'homme obéit à Dieu par une libre décision ou par la nécessité du décret divin et enfin que la récompense des bons et la punition des méchants est naturelle ou surnaturelle [4]. Ces questions et les autres semblables, dis-je, en quelle manière que chacun les éclaircisse, cela n'importe en rien eu égard à la Foi; pourvu seulement qu'on n'ait pas en vue dans ses conclusions de se donner une liberté plus grande de pécher ou de se rendre moins obéissant à Dieu. Il y a plus, chacun est tenu, nous l'avons dit plus haut, d'adapter ces dogmes de la Foi à sa compréhension propre, et de s'en donner à soi-même l'interprétation qui pourra lui en rendre plus aisée l'acceptation, non pas hésitante [5], mais pleine et sans réserve, afin que son obéissance à Dieu vienne aussi d'une âme pleinement consentante. Car, nous l'avons déjà indiqué, de même que jadis la Foi a été révélée et écrite suivant la compréhension et les opinions des Prophètes et du vulgaire de leur temps, de même aussi chacun est tenu de l'adapter à ses opinions afin de pouvoir y adhérer sans nulle résistance de sa pensée et sans nulle hésitation : la Foi, nous le répétons, n'exige pas tant la vérité que la piété et elle n'est pieuse et productrice de salut qu'à proportion de l'obéissance; nul n'est donc un fidèle qu'à proportion de son obéissance. Ce n'est donc pas celui qui expose les meilleures raisons, en qui se voit la foi la meilleure, c'est celui qui expose les meilleures œuvres de Justice et de Charité. Combien salutaire et nécessaire est cette doctrine dans l'État, si l'on veut que les hommes vivent dans la paix et la concorde, combien de causes, et quelles causes! de troubles et de crimes elle retranche, je laisse à tous le soin d'en juger. Avant de poursuivre maintenant, il convient de noter qu'il nous est, par ce qui vient d'être montré, facile de répondre aux objections élevées au chapitre I au sujet des paroles adressées par Dieu aux Israélites du haut du Sinaï : sans doute cette voix qu'ils entendirent ne pouvait donner à ces hommes aucune certitude philosophique, c'est-à-dire mathématique, de l'existence de Dieu; elle suffisait cependant pour les ravir en admiration devant Dieu, tel qu'ils le connaissaient avant, et les déterminer à l'obéissance; ce qui était la fin de cette manifestation. Dieu ne voulait pas faire connaître aux Israélites les attributs absolus de son essence (il n'en révéla aucun à ce moment), il voulait briser leur âme insoumise et la contraindre à l'obéissance; c'est pourquoi il ne se manifesta pas à eux par des raisons, mais par des éclats de trompette, le tonnerre et les éclairs (voir Exode, chap. XX, *v.* 20).

Il reste à montrer enfin qu'entre la Foi ou la Théologie et la Philosophie il n'y a nul commerce, nulle parenté; nul ne peut l'ignorer qui connaît le but et le fondement de ces deux disciplines, lesquels sont entièrement différents. Le but de la Philosophie est uniquement la vérité; celui de la Foi, comme nous l'avons abondamment montré, uniquement l'obéissance et la piété. En second lieu, les fondements de la Philosophie sont les notions communes et doivent être tirés de la Nature seule; ceux de la Foi sont l'histoire et la philologie et doivent être tirés de l'Écriture seule et de la révélation, comme nous l'avons montré au chapitre VII. La Foi donc reconnaît à chacun une souveraine liberté de philosopher; de telle sorte qu'il peut sans crime penser ce qu'il veut de toutes choses; elle condamne seulement comme hérétiques et schismatiques ceux qui enseignent des opinions propres à répandre parmi les hommes l'insoumission, la haine, l'esprit combatif et la colère; elle tient pour fidèles, au contraire, ceux-là seulement qui, dans la mesure où leur Raison et leurs facultés le leur permettent, répandent la Justice et la Charité. Enfin, s'agissant ici de l'objet principal de ce traité, je veux, avant de poursuivre, inviter très instamment le lecteur à lire avec une attention particulière ces deux chapitres et à les juger dignes d'un examen réitéré. Qu'il veuille bien aussi se persuader que nous n'avons pas écrit avec le désir de présenter des nouveautés, mais pour redresser des jugements erronés que nous avons cependant l'espoir de voir corrigés quelque jour.

CHAPITRE XV

Où il est montré que ni la Théologie n'est la servante de la Raison, ni la Raison de la Théologie ; raison par laquelle nous nous persuadons de l'autorité de l'Écriture Sacrée.

Entre ceux qui ne séparent pas la Philosophie de la Théologie, il y a discussion sur le point de savoir si l'Écriture doit être la servante de la Raison, ou la Raison de l'Écriture; c'est-à-dire si le sens de l'Écriture doit se plier à la Raison, ou la Raison se plier à l'Écriture. Cette dernière thèse est celle des Sceptiques, lesquels nient la certitude de la Raison; la première est soutenue par les Dogmatiques. Il est constant, par ce qui a déjà été dit, que les uns et les autres errent de toute l'étendue du ciel. Que nous suivions en effet une manière de voir ou l'autre, la Raison ou l'Écriture est nécessairement corrompue. Nous avons montré en effet que l'Écriture n'enseigne pas la philosophie, mais la piété seulement, et que tout son contenu a été adapté à la compréhension et aux opinions préconçues du vulgaire. Qui donc veut la plier à la Philosophie attribuera certainement par fiction aux Prophètes beaucoup de pensées qu'ils n'ont pas eues même en rêve et interprétera très faussement leur pensée. Qui au contraire fait de la Raison et de la Philosophie les servantes de la Théologie est tenu d'admettre comme choses divines les préjugés du vulgaire des temps anciens, préjugés qui occuperont et aveugleront sa pensée. Ainsi l'un et l'autre, l'un sans la Raison, l'autre avec elle, déraisonneront. Le premier qui, parmi les Pharisiens, prétendit qu'il fallait plier l'Écriture à la Raison fut Maïmonide (nous avons résumé sa manière de voir au chapitre VII et l'avons réfutée par de nombreux arguments); et bien que cet auteur ait joui d'une grande autorité parmi eux, la plupart des Pharisiens s'écartèrent de lui dans cette question et se rangèrent à l'avis d'un certain R. Jehuda Alpakhar [1], qui, voulant éviter l'erreur de Maïmonide, tomba dans l'erreur opposée; il soutint [o] que la Raison devait s'incliner devant l'Écriture et lui être entièrement soumise; il soutint qu'il n'y avait pas lieu de donner d'aucun passage de l'Écriture une interprétation métaphorique, pour la raison que le sens littéral contredisait à la Raison, mais seulement quand il contredirait à l'Écriture elle-même, c'est-à-dire aux dogmes qu'elle enseigne clairement. Il forme ainsi cette règle universelle : tout ce que l'Écriture enseigne dogmatiquement * et affirme en termes exprès doit être admis comme absolument vrai sur la seule autorité de l'Écriture; et il ne se trouvera jamais dans la Bible aucun autre dogme qui puisse contredire au premier directement, mais seulement par les conséquences qui en découlent, c'est-à-dire en ce sens que les manières de dire propres à l'Écriture semblent souvent impliquer le contraire de ce qu'elle a expressément enseigné; pour cette raison seulement des passages de cette sorte doivent être entendus comme des métaphores. Par exemple l'Écriture enseigne expressément que Dieu est unique (voir Deut., chapitre VII, *v.* 4), et il ne se trouve aucun passage nulle part affirmant directement qu'il y a plusieurs Dieux; il s'en trouve plusieurs par contre où Dieu parle de lui-même et où les Prophètes parlent de Dieu au pluriel. C'est là seulement une manière de dire qui implique, sans que le texte même l'indique expressément, qu'il y a plusieurs Dieux; pour cette raison, c'est-à-dire non parce que cette pluralité contredit à la Raison mais parce que l'Écriture affirme directement l'unicité, il y a lieu d'entendre ces passages comme des métaphores. De même parce que l'Écriture affirme directement (à ce que pense Alpakhar) dans le Deutéronome (chap. IV, *v.* 15) que Dieu est incorporel, en vertu de l'autorité de ce texte seul et non de la Raison, nous sommes tenus de croire que Dieu n'a pas de corps, et conséquemment nous sommes tenus aussi, sur la seule autorité de ce texte, d'expliquer comme des métaphores tous les passages qui

[o] Il me souvient d'avoir lu cela autrefois dans une lettre contre Maïmonide, qui se trouve dans le recueil des lettres attribuées à Maïmonide. (Note de l'auteur.)

* Voir note XXVIII.

attribuent à Dieu des mains, des pieds, etc., et qui, seulement par la manière dont ils sont écrits, semblent impliquer un Dieu corporel. Tel est donc l'avis de cet auteur; je loue son désir d'expliquer les Écritures par les Écritures, mais je trouve surprenant qu'un homme doué de Raison s'efforce à détruire la Raison. Il est vrai sans doute qu'on doit expliquer l'Écriture par l'Écriture aussi longtemps qu'on peine à découvrir le sens des textes et la pensée des Prophètes, mais une fois que nous avons enfin trouvé le vrai sens, il faut user nécessairement de jugement et de la Raison pour donner à cette pensée notre assentiment [2]. Que si la Raison, en dépit de ses réclamations contre l'Écriture, doit cependant lui être entièrement soumise, je le demande, devons-nous faire cette soumission parce que nous avons une raison, ou sans raison et en aveugles ? Si c'est sans raison, nous agissons comme des insensés et sans jugement; si c'est avec une raison, c'est donc par le seul commandement de la Raison, que nous adhérons à l'Écriture, et donc si elle contredisait à la Raison, nous n'y adhérerions pas. Et, je le demande encore, qui peut adhérer par la pensée à une croyance alors que la Raison réclame ? Qu'est-ce, en effet, que nier quelque chose dans sa pensée, sinon satisfaire à une réclamation de la Raison ? Je ne peux donc assez m'étonner que l'on veuille soumettre la Raison, ce plus grand des dons, cette lumière divine, à la lettre morte que la malice humaine a pu falsifier, que l'on puisse croire qu'il n'y a pas crime à parler indignement contre la Raison, cette charte attestant vraiment la parole de Dieu, à la prétendre corrompue, aveugle et perdue, alors qu'ayant fait une idole de ce qui n'est que la lettre et l'image de la parole divine, on tiendrait pour le pire des crimes une supposition semblable à son égard. On estime qu'il est pieux de n'avoir que méfiance à l'égard de la Raison et du jugement propre, impie de n'avoir pas pleine confiance dans ceux qui nous ont transmis les Livres sacrés; ce n'est point là de la piété, c'est de la démence pure. Mais, je le demande, quelle est cette inquiétude qui les tient ? Que craignent-ils ? La Religion et la Foi ne peuvent-elles se maintenir que si les hommes s'appliquent laborieusement à tout ignorer et donnent à la Raison un congé définitif ? En vérité, si telle est leur croyance, c'est donc crainte que l'Écriture leur inspire plutôt que confiance. Mais rejetons bien loin cette idée que la Religion et la piété veulent faire de la Raison leur servante, ou que la Raison prétend humilier la Religion à cette condition;

gardons-nous de croire qu'elles ne puissent l'une et l'autre, dans la paix et dans la concorde, occuper leur royaume propre; nous allons d'ailleurs sans retard traiter ce point; auparavant toutefois il nous faut examiner la Règle de ce Rabbin. Il veut nous obliger, comme nous l'avons dit, à admettre comme vrai tout ce que l'Écriture affirme, à rejeter comme faux tout ce qu'elle nie. Ce sont là, personne ne peut l'ignorer, deux propositions bien téméraires. Car je ne lui reprocherai pas ici de ne s'être point aperçu que l'Écriture se compose de livres divers, qu'elle a été écrite en des temps divers, pour des hommes divers et enfin par des auteurs divers; je passerai sous silence également qu'il pose ses principes de sa seule autorité, car ni la Raison ni l'Écriture ne disent rien de semblable; du moins eût-il dû d'abord montrer qu'il est possible, sans faire violence à la langue, et en tenant toujours compte du contexte, d'attribuer un sens métaphorique à tous ces passages entre lesquels il y a contradiction seulement implicite; en second lieu que l'Écriture nous est parvenue sans corruption. Mais examinons la question avec ordre. Je demande premièrement : que faut-il faire en cas que la Raison réclame ? Sommes-nous tenus malgré cela d'admettre la vérité de ce qu'affirme l'Écriture et de rejeter comme faux ce qu'elle nie ? Peut-être dira-t-il qu'il n'y a rien dans l'Écriture qui contredise à la Raison [3]. J'insiste cependant : elle affirme et enseigne expressément que Dieu est jaloux (dans le Décalogue même, Exode, XXXIV, *v.* 14, et Deut., IV, *v.* 24, et dans beaucoup d'autres passages); or cela contredit à la Raison. Il faudra donc, malgré sa réclamation, poser que cela est vrai et même, s'il se trouve dans l'Écriture des passages impliquant que Dieu n'est pas jaloux, les expliquer comme des métaphores de façon qu'ils semblent ne rien impliquer de tel. De même encore l'Écriture dit expressément que Dieu est descendu sur le mont Sinaï (voir Exode, chap. XIX, *v.* 20, etc.) et lui attribue encore d'autres mouvements dans l'espace, tandis que nulle part elle n'enseigne expressément que Dieu ne se meut pas; il faudra donc admettre la vérité de ce mouvement; quant à ce que dit Salomon, que Dieu n'est compris en aucun lieu (voir Rois, I, chap. VIII, *v.* 27), puisqu'il n'a pas expressément affirmé que Dieu ne se meut pas et que cela suit seulement de ce qu'il a dit, il faudra expliquer sa parole de telle sorte qu'elle semble ne pas retirer à Dieu le mouvement dans l'espace. De même encore les cieux devraient être pris pour la demeure et le trône de Dieu, puisque l'Écriture l'affirme expressément. Et ainsi en est-il d'un grand nombre d'affirmations conformes aux opinions des Prophètes et du vulgaire et dont la Raison seule et la Philosophie, non l'Écriture, fait connaître la fausseté; elles devraient cependant toutes être supposées vraies d'après l'opinion de cet auteur, puisqu'on n'a pas en cette matière à prendre avis de la Raison. En second lieu, c'est faussement qu'il affirme qu'entre un passage et un autre il y a contradiction seulement implicite et non directe. Moïse affirme en effet directement que Dieu est un feu (voir Deutér., IV, *v.* 24) et nie directement que Dieu ait aucune ressemblance avec les choses visibles (voir Deutér., IV, *v.* 12). Prétendra-t-il que Moïse en disant cela ne nie qu'implicitement, non directement, que Dieu soit un feu ? Il faudra donc accommoder le passage où est nié que Dieu soit visible, de façon qu'il ne semble pas nier ce qu'affirmait l'autre. Soit, accordons que Dieu est un feu; ou plutôt, pour ne pas déraisonner avec cet auteur, laissons cet exemple et prenons-en un autre. Samuel * nie directement que Dieu se repente d'une décision (voir Samuel, I, chap. XV, *v.* 29), et Jérémie au contraire affirme que Dieu se repent du bien et du mal qu'il a décrétés (voir Jérémie, chap. XVIII, *vs.* 8, 10). Que ferons-nous ? Dirons-nous encore que ces deux propositions ne sont pas directement opposées l'une à l'autre ? A laquelle des deux veut-on que nous attribuions un sens métaphorique ? L'une et l'autre sont universelles et contraires l'une à l'autre; ce que l'une affirme directement, l'autre le nie directement. Il sera donc par sa règle tenu d'admettre la vérité de la première et en même temps de la rejeter comme fausse. De plus, qu'importe qu'un passage ne contredise pas directement à un autre, mais seulement la conséquence que j'en tire, si la conséquence est claire et si la nature du passage et le contexte ne permettent pas de lui attribuer un sens métaphorique ? Or de tels passages se trouvent en nombre dans la Bible, comme on peut le voir au chapitre II (nous y avons montré que les Prophètes ont eu des opinions diverses et opposées) et particulièrement aussi aux chapitres IX et X (nous y avons montré toutes les contradictions contenues dans les Récits). Point n'est besoin ici de les passer tous en revue, car nous en avons dit assez pour prouver l'absurdité des conséquences qu'entraîne la règle posée et sa fausseté, ainsi que la préci-

* Voir note XXIX.

pitation de son auteur. Nous avons ainsi montré que cette manière de voir, comme auparavant celle de Maïmonide, n'était pas soutenable, et nous tenons pour solidement établi que ni la Théologie ne doit être la servante de la Raison, ni la Raison celle de la Théologie, mais que l'une et l'autre ont leur royaume propre : la Raison, comme nous l'avons dit, celui de la vérité et de la sagesse, la Théologie, celui de la piété et de l'obéissance. La puissance de la Raison, en effet, ne s'étend pas, nous l'avons montré, tellement loin qu'elle puisse établir la possibilité pour les hommes de parvenir à la béatitude par l'obéissance seule sans la connaissance des choses. La Théologie d'autre part ne prétend rien que cela, ne commande rien que l'obéissance, ne veut ni ne peut rien contre la Raison. Elle détermine en effet les dogmes de la Foi (comme nous l'avons montré dans le chapitre précédent), dans la mesure où il suffit pour l'obéissance; par contre le soin de déterminer comment ces dogmes doivent être entendus de façon précise eu égard à la vérité, elle le laisse à la Raison qui est vraiment la lumière de la Pensée, sans laquelle elle ne voit rien que rêves et fictions. J'entends ici par Théologie d'une façon précise la révélation en tant qu'elle indique le but auquel nous avons dit que tend l'Écriture (la raison pour laquelle et la façon dont il faut obéir, en d'autres termes les dogmes de la piété vraie et de la foi), c'est-à-dire ce qu'on peut appeler proprement la parole de Dieu, laquelle ne consiste pas dans un nombre déterminé de livres (voir sur ce point le chapitre XII). Comprise ainsi en effet, la Théologie, si l'on considère ses préceptes, les enseignements qu'elle donne pour la vie, se trouvera entièrement d'accord avec la Raison et, si l'on a égard à son objet et à sa fin, on ne découvrira rien en elle qui contredise à la Raison; par conséquent elle est universelle ou commune à tous. Quant à toute l'Écriture en général nous avons déjà montré au chapitre VII qu'il en fallait déterminer le sens par la critique historique seule et non par l'histoire universelle de la Nature, qui est la donnée fondamentale de la Philosophie seulement; et si, après avoir ainsi recherché le véritable sens de l'Écriture, nous y trouvons quelque chose qui contredise à la Raison, nous ne devons pas nous y arrêter. Car tout ce qu'il peut y avoir de tel dans l'Écriture, comme tout ce que les hommes peuvent ignorer sans danger pour la charité, nous savons avec certitude que cela ne concerne en rien la Théologie ou la Parole de Dieu et conséquemment que chacun peut à cet égard penser sans crainte ce qu'il voudra. Nous concluons donc absolument que ni l'Écriture ne doit se plier à la Raison ni la Raison à l'Écriture.

Toutefois, puisque nous ne pouvons démontrer par la Raison la vérité ou la fausseté du principe fondamental de la Théologie [4], qui est que les hommes sont sauvés même par l'obéissance seule, on peut nous faire cette objection : pourquoi le croyons-nous ? Si nous adhérons à ce dogme sans raison comme des aveugles, nous aussi agissons en insensés et sans jugement. Si, au contraire, nous prétendons que ce fondement peut se démontrer par la Raison, alors la Théologie devient une partie de la Philosophie et il n'y a plus à l'en séparer. Je réponds que j'admets absolument que ce dogme fondamental de la Théologie ne peut être découvert par la Lumière Naturelle ou que du moins nul ne s'est trouvé qui l'ait démontré, et que par suite la Révélation a été nécessaire au plus haut point; que néanmoins nous pouvons justifier notre adhésion à ce dogme révélé de façon à avoir à son sujet une certitude au moins morale. Je dis une certitude morale; il n'y a pas lieu en effet de prétendre à une certitude d'un ordre plus élevé que celle qu'ont eue les Prophètes eux-mêmes, auxquels a été faite la première révélation de ce dogme et dont cependant la certitude a été seulement morale, comme nous l'avons montré au chapitre II de ce Traité. C'est donc se tromper totalement que de vouloir établir l'autorité de l'Écriture par des démonstrations mathématiques. L'autorité de la Bible en effet dépend de l'autorité des Prophètes; elle ne peut donc être démontrée par des arguments plus forts que ceux dont les Prophètes avaient accoutumé d'user pour établir leur autorité dans l'esprit du peuple; et même notre certitude à ce sujet ne peut reposer sur aucun autre fondement que celui sur lequel les Prophètes fondaient leur propre certitude et leur autorité. Nous avons montré en effet que la certitude des Prophètes reposait sur trois raisons : 1° une imagination distincte et vive; 2° un signe; 3° enfin et principalement une âme encline au juste et au bon. Ils ne se fondaient pas sur d'autres raisons; et par suite c'étaient aussi les seules par lesquelles ils pouvaient démontrer leur autorité au peuple en lui parlant et à nous par leurs écrits. Or la première, l'imagination vive de certaines choses, n'a de force que pour les Prophètes seuls; par suite, toute notre certitude au sujet de la révélation peut et doit se fonder sur les deux autres : le Signe et la Doctrine. C'est d'ailleurs ce qu'enseigne expressément Moïse; dans le Deutéronome (chap. XVIII), il ordonne au peuple d'obéir au Prophète qui, au nom de Dieu, a donné un signe vrai; si au contraire il a prédit quelque chose à faux, alors même qu'il l'a fait au nom de Dieu, on devra le condamner à mort, tout comme celui qui aura voulu éloigner le peuple de la vraie religion, encore bien qu'il ait confirmé son autorité par des signes et des prodiges (sur ce point, voir Deut., chap. XIII). D'où cette conséquence qu'un vrai prophète se distingue d'un faux à la fois par la doctrine et par le miracle; c'est celui qui a ces deux marques en effet que Moïse déclare un vrai et auquel il ordonne d'obéir sans craindre aucune fraude, et il dit que ceux-là sont des faux qui auront prédit quelque chose à faux, même au nom de Dieu, ou enseigné de faux Dieux, même en faisant de vrais miracles. Nous aussi donc sommes tenus de croire à l'Écriture, c'est-à-dire aux Prophètes eux-mêmes, pour cette même cause seulement, c'est-à-dire à raison de leur doctrine confirmée par des signes. Puisque nous voyons en effet que les Prophètes ont recommandé par-dessus tout la Charité et la Justice et n'ont tendu à aucun autre objet, nous sommes en droit de penser qu'ils n'ont point voulu méchamment nous tromper, mais ont parlé avec sincérité quand ils ont enseigné que les hommes devenaient bien heureux par l'obéissance et la foi; comme en outre ils ont confirmé cet enseignement par des signes, nous nous persuadons qu'ils n'ont point dit cela à la légère et n'ont pas déliré, tandis qu'ils prophétisaient. Nous nous confirmons encore plus dans cette croyance en considérant qu'ils n'ont donné aucun enseignement moral qui ne s'accorde pleinement avec la Raison, car ce n'est pas une chose de peu de poids que le parfait accord de la parole de Dieu telle qu'elle est dans les Prophètes, avec la parole vivante de Dieu comme elle est en nous. Et nous tirons notre conclusion de la Bible avec autant de certitude que les Juifs autrefois la tiraient de la parole réellement entendue du Prophète. Nous avons montré en effet à la fin du chapitre XII que l'Écriture, en ce qui concerne la doctrine et les principaux récits, nous est parvenue sans corruption. Ainsi, bien que le dogme fondamental de toute la Théologie et de l'Écriture ne puisse être établi par une démonstration mathématique, l'adhésion que nous y donnons est cependant tout à fait justifiée. Il y aurait déraison en vérité à ne pas vouloir accepter un dogme confirmé par les témoignages de tant de Prophètes, et d'où ceux qui par la Raison ne s'élèvent pas très haut tirent tant de consolation, un dogme qui a pour l'État des conséquences d'une utilité non médiocre et auquel nous pouvons adhérer absolument sans péril ni dommage, il y aurait déraison, dis-je, à le rejeter, pour cette seule raison qu'il ne peut être démontré mathématiquement. Comme si, pour régler sagement notre vie, nous ne tenions jamais pour vrai que ce que nous n'avons aucune raison de révoquer en doute, ou comme si la plupart de nos actions n'étaient pas extrêmement incertaines et pleines de risque. Je le reconnais d'ailleurs, ceux pour qui la Philosophie et la Théologie se contredisent mutuellement, et qui estiment en conséquence que l'une ou l'autre doit être chassée de son royaume et qu'il faut signifier son congé soit à l'une, soit à l'autre, n'ont pas tort de vouloir donner à la Théologie des fondements solides et de s'efforcer à la démontrer mathématiquement. Qui en effet, s'il n'est un désespéré et un insensé, consentirait à donner congé à la Raison ou à mépriser les arts et les sciences et à nier la certitude de la Raison ? Et cependant nous ne pouvons en aucune façon les excuser puisqu'ils appellent la Raison au secours pour la mettre elle-même à la porte et cherchent une raison certaine de la rendre incertaine. Tandis qu'ils s'efforcent à établir par des démonstrations mathématiques la vérité et l'autorité de la Théologie et à ravir leur autorité à la Raison et à la Lumière Naturelle, font-ils donc autre chose que contraindre la Théologie à reconnaître la domination de la Raison ? Ne semblent-ils pas supposer que l'autorité de la Théologie emprunte toute sa clarté à la lumière naturelle de la Raison ? Et si au contraire ils ont la prétention de se reposer entièrement sur le témoignage interne de l'Esprit-Saint [5] et de n'appeler la Raison au secours que contre les infidèles et pour les convaincre, il ne faut avoir aucune confiance dans leurs paroles, car nous pouvons montrer aisément qu'elles sont inspirées par leurs passions ou par la vaine gloire. Il suit en effet très évidemment du chapitre précédent que l'Esprit-Saint ne rend témoignage que des œuvres bonnes appelées pour cette raison par Paul dans l'Épître aux Galates (chap. V, *v.* 22) les fruits de l'Esprit-Saint, et qu'il n'est lui-même autre chose que la tranquillité intérieure que les bonnes actions produisent dans l'âme. Quant à la vérité et à la certitude à l'égard des choses qui sont de spéculation pure, nul Esprit n'en rend témoignage en dehors de la Raison qui, seule, comme nous l'avons montré, revendique le royaume de la vérité. Si donc ils prétendent avoir, en dehors de celui-là, quelque autre Esprit, qui les rend certains de la vérité, ils se vantent faussement et leur langage traduit le préjugé auquel les attachent leurs passions, ou bien, par grande frayeur d'être vaincus par les Philosophes et exposés à la risée publique, ils cherchent un refuge dans le sacré; vainement : quel autel pourra servir d'asile à qui lèse la majesté de la Raison ? Mais c'est assez nous occuper d'eux; puisqu'il suffit à ma cause d'avoir montré pour quelle raison la Philosophie doit être séparée de la Théologie et en quoi l'une et l'autre consistent essentiellement; qu'aucune des deux ne doit être la servante de l'autre, chacune occupant son royaume sans aucune opposition de l'autre; et qu'enfin j'ai aussi montré à l'occasion les conséquences absurdes, gênantes et dommageables qu'ont produites la confusion surprenante par les hommes de ces deux disciplines et leur inhabileté à les distinguer et séparer l'une de l'autre. Je tiens maintenant, avant de poursuivre, à faire observer * (bien que je l'aie déjà fait), en ce qui concerne l'utilité ou la nécessité de l'Écriture Sacrée ou de la Révélation, que je les tiens pour très grandes. Puisque, en effet, nous ne pouvons par la Lumière Naturelle percevoir que la simple obéissance est une voie de salut **, mais que seule la Révélation enseigne que cela est par une grâce singulière de Dieu que la Raison ne peut expliquer, on voit par là que l'Écriture a apporté aux hommes une très grande consolation. Car tous peuvent obéir et seule une partie comparativement très petite du genre humain atteint l'état de vertu sous la seule conduite de la Raison; si donc nous n'avions pas le témoignage de l'Écriture, nous douterions du salut de presque tous.

* Voir note XXX.
** Voir note XXXI.

CHAPITRE XVI

Des Fondements de l'État ; du Droit tant naturel que civil de l'individu ; et du Droit du Souverain.

Jusqu'à présent notre souci a été de séparer la Philosophie de la Théologie et de montrer la liberté de philosopher que la Théologie reconnaît à tous. Il est temps maintenant de nous demander jusqu'où doit s'étendre, dans l'État le meilleur, cette liberté laissée à l'individu de penser et de dire ce qu'il pense. Pour examiner cette question avec méthode, il nous faut éclaircir la question des fondements de l'État et en premier lieu traiter du Droit Naturel de l'individu sans avoir égard pour commencer à l'État et à la Religion.

Par Droit [1] et Institution de la Nature, je n'entends autre chose que les règles de la nature de chaque individu, règles suivant lesquelles nous concevons chaque être comme déterminé à exister et à se comporter d'une certaine manière. Par exemple les poissons sont déterminés par la Nature à nager, les grands poissons à manger les petits; par suite les poissons jouissent de l'eau, et les grands mangent les petits, en vertu d'un droit naturel souverain. Il est certain en effet que la Nature considérée absolument a un droit souverain sur tout ce qui est en son pouvoir, c'est-à-dire que le Droit de la Nature s'étend aussi loin que s'étend sa puissance; car la puissance de la Nature est la puissance même de Dieu qui a sur toutes choses un droit souverain. Mais la puissance universelle de la Nature entière n'étant rien en dehors de la puissance de tous les individus pris ensemble, il suit de là que chaque individu a un droit souverain sur tout ce qui est en son pouvoir, autrement dit que le droit de chacun s'étend jusqu'où s'étend la puissance déterminée qui lui appartient. Et la loi suprême de la Nature étant que chaque chose s'efforce de persévérer dans son état, autant qu'il est en elle, et cela sans tenir aucun compte d'aucune autre chose, mais seulement d'elle-même, il suit que chaque individu a un droit souverain de persévérer dans son état, c'est-à-dire (comme je l'ai dit) d'exister et de se comporter comme il est naturellement déterminé à le faire. Nous ne reconnaissons ici nulle différence entre les hommes et les autres individus de la Nature, non plus qu'entre les hommes doués de Raison et les autres qui ignorent la vraie Raison; entre les imbéciles, les déments et les gens sains d'esprit. Tout ce que fait une chose agissant suivant les lois de la nature, en effet, elle le fait d'un droit souverain, puisqu'elle agit comme elle y est déterminée par la Nature et ne peut agir autrement. C'est pourquoi, parmi les hommes, aussi longtemps qu'on les considère comme vivant sous l'empire de la Nature seule, aussi bien celui qui n'a pas encore connaissance de la Raison, ou qui n'a pas encore l'état de vertu, vit en vertu d'un droit souverain, soumis aux seules lois de l'Appétit, que celui qui dirige sa vie suivant les lois de la Raison. C'est-à-dire, de même que le sage a un droit souverain de faire tout ce que la Raison commande, autrement dit, de vivre suivant les lois de la Raison, de même l'ignorant, et celui qui n'a aucune force morale, a un droit souverain de faire tout ce que persuade l'Appétit, autrement dit de vivre suivant les lois de l'Appétit [2]. C'est la doctrine même de Paul qui ne reconnaît pas de péché avant la loi, c'est-à-dire tant que les hommes sont considérés comme vivant sous l'empire de la Nature.

Le Droit Naturel de chaque homme se définit donc non par la saine Raison, mais par le désir et la puissance. Tous en effet ne sont pas déterminés naturellement à se comporter suivant les règles et lois de la Raison; tous au contraire naissent ignorants de toutes choses et, avant qu'ils puissent connaître la vraie règle de vie et acquérir l'état de vertu, la plus grande partie de leur vie s'écoule, même s'ils ont été bien élevés; et ils n'en sont pas moins tenus de vivre en attendant et de se conserver autant qu'il est en eux, c'est-à-dire par la seule impulsion de l'Appétit, puisque la Nature ne leur a donné rien d'autre et leur a dénié la puissance actuelle de vivre suivant la droite raison; ils ne sont donc pas plus tenus de vivre suivant les lois d'une âme saine que le chat suivant les lois de la nature du lion. Tout ce donc qu'un individu considéré comme soumis au seul empire de la Nature juge lui être utile, que ce soit sous la conduite de la droite Raison ou par la violence de ses Passions, il lui est loisible de l'appéter en vertu d'un Droit de Nature souverain et de s'en saisir par quelle voie que ce soit, par la force, par la ruse, par les prières, enfin par le moyen qui lui paraîtra le plus facile; conséquemment aussi de tenir pour ennemi celui qui veut l'empêcher de se satisfaire.

Il suit de là que le Droit et l'Institution de la Nature, sous lesquels tous naissent et vivent la plus grande partie de leur existence, ne prohibe rien sinon ce que personne ne désire et ne peut; ni les conflits, ni les haines, ni la colère, ni l'aversion, quel qu'en soit l'objet, qu'inspire l'Appétit. Rien de surprenant à cela, car la Nature ne se limite pas aux lois de la Raison humaine dont l'unique objet est l'utilité véritable et la conservation des hommes; elle en comprend une infinité d'autres qui se rapportent à l'ordre éternel de la Nature entière dont l'homme est une petite partie; et par la seule nécessité de cet ordre tous les êtres individuels sont déterminés à exister et à se comporter d'une certaine manière. Toutes les fois donc qu'une chose nous paraît ridicule, absurde ou mauvaise dans la Nature, cela vient de ce que nous connaissons les choses en partie seulement et ignorons pour une grande part l'ordre et la cohésion de la Nature entière et voulons que tout soit dirigé au profit de notre Raison; alors que ce que la Raison prononce être mauvais n'est pas mauvais au regard de l'ordre et des lois de toute la Nature, mais seulement au regard des lois de notre nature seule.

Il n'en est pas moins vrai, personne n'en peut douter, qu'il est de beaucoup plus utile aux hommes de vivre suivant les lois et les injonctions certaines de la Raison, lesquelles tendent uniquement, comme nous l'avons dit, à ce qui est réellement utile aux hommes. En outre il n'est personne qui ne désire vivre à l'abri de la crainte autant qu'il se peut, et cela est tout à fait impossible aussi longtemps qu'il est loisible à chacun de faire tout ce qui lui plaît, et qu'il n'est pas reconnu à la Raison plus de droits qu'à la haine et à la colère; personne en effet ne vit sans angoisse parmi les inimitiés, les haines, la colère et les ruses, il n'est personne qui ne tâche en conséquence d'y échapper autant qu'il est en lui. Que l'on considère encore que, s'ils ne s'entraident pas, les hommes vivent très misérablement et que, s'ils ne cultivent pas la Raison, ils restent asservis aux nécessités de la vie, comme nous l'avons montré au chapitre v, et l'on verra très clairement que pour vivre dans la sécurité et le mieux possible les hommes ont dû nécessairement aspirer à s'unir en un corps et ont fait par là que le droit que chacun avait de Nature sur toutes choses appartînt à la collectivité et fût déterminé non plus par la force et l'appétit de l'individu mais par la puissance et la volonté de tous ensemble. Ils l'eussent cependant tenté en vain s'ils ne voulaient suivre d'autres conseils que ceux de l'appétit (en vertu de ses lois en effet chacun est entraîné dans un sens différent); il leur a donc fallu, par un établissement très ferme, convenir de tout diriger suivant l'injonction de la Raison seule (à laquelle nul n'ose contredire ouvertement pour ne paraître pas dément), de refréner l'Appétit, en tant qu'il pousse à causer du dommage à autrui, de ne faire à personne ce qu'ils ne voudraient pas qui leur fût fait, et enfin de maintenir le droit d'autrui comme le sien propre. Suivant quelle condition faut-il que ce pacte soit conclu pour être solide, et garanti, c'est ce que nous allons voir. C'est, observons-le, une loi universelle de la nature que nul ne renonce à ce qu'il juge être bon, sinon par espoir d'un bien plus grand ou par crainte d'un dommage plus grand, ni n'accepte un mal, sinon pour éviter un mal pire ou par espoir d'un plus grand bien. C'est-à-dire chacun, de deux biens, choisira celui qu'il juge être le plus grand, et de deux maux celui qui paraîtra le moindre. Je dis expressément celui qui au choix lui paraîtra le plus grand ou le moindre; je ne dis pas que la réalité soit nécessairement conforme à son jugement. Et cette loi est si *fermement* écrite dans la nature humaine qu'on doit la ranger au nombre des vérités éternelles que nul ne peut ignorer. Elle a pour conséquence nécessaire que personne ne promettra sinon par ruse * d'abandonner quelque chose du droit qu'il a sur tout, et que personne absolument ne tiendra la promesse qu'il a pu faire, sinon par crainte d'un mal plus grand ou espoir d'un plus grand bien. Pour le faire mieux entendre, supposons qu'un voleur me contraigne à lui promettre de lui faire abandon de mes biens où il voudra. Puisque mon droit naturel est limité, comme je l'ai montré, par ma seule puissance, il est certain que, si je puis par ruse me libérer du voleur en lui promettant

* Voir note XXXII.

ce qu'il voudra, il m'est, par le Droit Naturel, loisible de le faire, autrement dit de conclure par ruse le pacte qu'il voudra. Ou bien supposons que, sans intention de fraude, j'ai promis à quelqu'un de m'abstenir pendant vingt jours de pain et de tout aliment et qu'ensuite je voie que j'ai fait une promesse insensée et que je ne puis la tenir sans le plus grand dommage; puisque, en vertu du Droit Naturel, de deux maux je suis tenu de choisir le moindre, je peux d'un droit souverain manquer de foi à ce pacte et faire que ce qui a été dit, soit comme s'il n'avait pas été dit. Et cela m'est loisible, dis-je, suivant le Droit Naturel, soit que, par une raison vraie et certaine, je voie que j'ai mal fait de promettre, soit que par une opinion je croie le voir : dans les deux cas, en effet, que je le voie vraiment ou faussement, je craindrai le plus grand mal et m'efforcerai par tout moyen de l'éviter, comme il est institué par la Nature. De là nous concluons que nul pacte ne peut avoir de force sinon pour la raison qu'il est utile, et que, levée l'utilité, le pacte est levé du même coup et demeure sans force; un homme est insensé en conséquence de demander à un autre d'engager sa foi pour l'éternité, s'il ne s'efforce en même temps de faire que la rupture du pacte entraîne, pour celui qui l'a rompu, plus de dommage que de profit : c'est là un point d'importance capitale dans l'institution de l'État. Si maintenant tous les hommes se laissaient facilement conduire sous la seule conduite de la Raison et connaissaient la très grande utilité et la nécessité de l'État, il n'y en aurait aucun qui ne détestât la fourberie; tous observeraient rigoureusement les pactes avec la plus entière fidélité, par désir de ce bien supérieur qu'est la conservation de l'État, et garderaient par-dessus tout la foi promise, ce rempart le plus fort de l'État. Mais il s'en faut de beaucoup que tous se laissent aisément conduire sous la seule conduite de la Raison; chacun se laisse entraîner par son plaisir et le plus souvent l'avarice, la gloire, l'envie, la haine, etc., occupent l'âme de telle sorte que la Raison n'y a plus aucune place. C'est pourquoi, alors même que les hommes donnent des marques certaines de la pureté de leurs intentions quand ils s'engagent, par des promesses et par des pactes, à garder la foi jurée, personne cependant ne peut, à moins qu'à la promesse ne s'ajoute quelque autre chose, se reposer avec assurance sur la bonne foi d'autrui, puisque chacun peut agir par ruse suivant le Droit de Nature et n'est pas tenu d'observer le pacte sinon par espoir d'un bien plus grand ou crainte d'un plus grand mal. Mais puisque, nous l'avons déjà montré, le Droit Naturel a pour limites la puissance de l'individu, autant un individu, par force ou de plein gré, cède à un autre de la puissance qui lui appartient, autant il abandonne nécessairement à cet autre de son droit; et celui-là a un droit souverain, qui a un pouvoir souverain, lui permettant de contraindre tous les autres par la force et de les tenir par la crainte du dernier supplice, universellement redouté. Il ne gardera ce droit d'ailleurs qu'aussi longtemps qu'il conservera la puissance d'exécuter tout ce qu'il voudra; sans cette condition son commandement sera précaire, et nulle personne ayant une force supérieure ne sera, si elle ne le veut pas, tenue de lui obéir.

Voici maintenant la condition suivant laquelle une société peut se former sans que le Droit Naturel y contredise le moins du monde, et tout pacte être observé avec la plus grande fidélité; il faut que l'individu transfère à la société toute la puissance qui lui appartient, de façon qu'elle soit seule à avoir sur toutes choses un droit souverain de Nature, c'est-à-dire une souveraineté de commandement à laquelle chacun sera tenu d'obéir, soit librement, soit par crainte du dernier supplice. Le droit d'une société de cette sorte est appelé Démocratie et la Démocratie se définit ainsi : l'union des hommes en un tout qui a un droit souverain collectif sur tout ce qui est en son pouvoir. De là cette conséquence que le souverain n'est tenu par aucune loi et que tous lui doivent obéissance pour tout [3]; car tous ont dû, par un pacte tacite ou exprès, lui transférer toute la puissance qu'ils avaient de se maintenir, c'est-à-dire tout leur droit naturel. Si, en effet, ils avaient voulu conserver pour eux-mêmes quelque chose de ce droit, ils devaient en même temps se mettre en mesure de le défendre avec sûreté; comme ils ne l'ont pas fait, et ne pouvaient le faire, sans qu'il y eût division et par suite destruction du commandement, par là même ils se sont soumis à la volonté, quelle qu'elle fût, du pouvoir souverain. Nous y étant ainsi soumis, tant parce que la nécessité (comme nous l'avons montré) nous y contraignait que par la persuasion de la Raison elle-même, à moins que nous ne voulions être des ennemis du Pouvoir établi et agir contre la Raison qui nous persuade de maintenir cet établissement de toutes nos forces, nous sommes tenus d'exécuter absolument tout ce qu'enjoint le souverain, alors même que ses commandements seraient les plus absurdes du monde; la Raison nous ordonne de le faire, parce que c'est choisir de deux maux le moindre. Ajoutons que l'individu pouvait affronter aisément le danger de se soumettre absolument au commandement et à la décision d'un autre; nous l'avons montré en effet, ce droit de commander tout ce qu'ils veulent n'appartient aux souverains qu'autant qu'ils ont réellement un pouvoir souverain; ce pouvoir perdu, ils perdent en même temps le droit de tout commander et ce droit revient à celui ou à ceux qui peuvent l'acquérir et le conserver. Pour cette raison, il est extrêmement rare que les souverains commandent des choses très absurdes; il leur importe au plus haut point, en effet, par prévoyance et pour garder le pouvoir, de veiller au bien commun et de tout diriger selon l'injonction de la Raison : personne, comme le dit Sénèque, n'a longtemps conservé un pouvoir de violence. Outre que, dans un État démocratique, l'absurde est moins à craindre, car il est presque impossible que la majorité des hommes unis en un tout, si ce tout est considérable, s'accordent en une absurdité; cela est peu à craindre en second lieu à raison du fondement et de la fin de la Démocratie qui n'est autre, comme nous l'avons montré, que de soustraire les hommes à la domination absurde de l'Appétit et à les maintenir, autant qu'il est possible, dans les limites de la Raison, pour qu'ils vivent dans la concorde et dans la paix; ôté ce fondement, tout l'édifice croule. Au seul souverain donc il appartient d'y pourvoir; aux sujets, comme nous l'avons dit, d'exécuter ses commandements et de ne reconnaître comme droit que ce que le souverain déclare être le droit. Peut-être, pensera-t-on, que, par ce principe, nous faisons des sujets des esclaves; on pense en effet que l'esclave est celui qui agit par commandement et l'homme libre celui qui agit selon son bon plaisir. Cela cependant n'est pas absolument vrai, car en réalité être captif de son plaisir et incapable de rien voir ni faire qui nous soit vraiment utile, c'est le pire esclavage, et la liberté n'est qu'à celui qui de son entier consentement vit sous la seule conduite de la Raison. Quant à l'action par commandement, c'est-à-dire à l'obéissance, elle ôte bien en quelque manière la liberté, elle ne fait cependant pas sur-le-champ un esclave, c'est la raison déterminante de l'action qui le fait. Si la fin de l'action n'est pas l'utilité de l'agent lui-même, mais de celui qui la commande, alors l'agent est un esclave, inutile à lui-même; au contraire, dans un État et sous un commandement pour lesquels la loi suprême est le salut de tout le peuple, non de celui qui commande, celui qui obéit en tout au souverain ne doit pas être dit un esclave inutile à lui-même, mais un sujet. Ainsi cet État est le plus libre, dont les lois sont fondées en droite Raison, car dans cet État * chacun, dès qu'il le veut, peut être libre, c'est-à-dire vivre de son entier consentement sous la conduite de la Raison. De même encore les enfants, bien que tenus d'obéir aux commandements de leurs parents, ne sont cependant pas des esclaves; car les commandements des parents ont très grandement égard à l'utilité des enfants. Nous reconnaissons donc une grande différence entre un esclave, un fils et un sujet, qui se définissent ainsi : est esclave qui est tenu d'obéir à des commandements n'ayant égard qu'à l'utilité du maître commandant; fils, qui fait ce qui lui est utile par le commandement de ses parents; sujet enfin, qui fait par le commandement du souverain ce qui est utile au bien commun et par conséquent aussi à lui-même. Par ce qui précède je pense avoir assez montré les fondements de l'État démocratique, duquel j'ai parlé de préférence à tous les autres, parce qu'il semblait le plus naturel et celui qui est le moins éloigné de la liberté que la Nature reconnaît à chacun. Dans cet État en effet nul ne transfère son droit naturel à un autre de telle sorte qu'il n'ait plus ensuite à être consulté, il le transfère à la majorité de la Société dont lui-même fait partie; et dans ces conditions tous demeurent égaux, comme ils l'étaient auparavant dans l'état de nature. En second lieu j'ai voulu parler expressément de ce seul gouvernement, parce qu'il est celui qui se prête le mieux à mon objet : montrer l'utilité de la liberté dans l'État. Je ne dirai donc rien ici des fondements des autres gouvernements, et nous n'avons pas besoin en ce moment pour connaître leur droit de savoir quelle origine ils ont eue et ont souvent; ce droit est suffisamment établi par ce qui précède. Que le pouvoir suprême appartienne à un seul, soit partagé entre quelques-uns ou commun à tous, il est certain qu'à celui qui le détient le droit souverain de commander tout ce qu'il veut appartient aussi; que de plus quiconque par coaction ou de plein gré a transféré à un autre son pouvoir de se maintenir a entièrement renoncé à son droit naturel et décidé conséquemment d'obéir absolument pour tout à cet autre; il est tenu à cette obéissance aussi longtemps que le Roi, les Nobles ou le Peuple conservent le souverain

* Voir note XXXIII.

pouvoir qui a été le fondement de ce transfert de droit. Point n'est besoin de rien ajouter à cela.

Après avoir ainsi montré les fondements et le droit de l'État, il sera facile de déterminer ce qu'est le droit civil [4] privé, et ce qu'est une violation du droit, en quoi la justice et l'injustice consistent dans l'état de société constituée; puis ce que c'est qu'un confédéré, qu'un ennemi et enfin que le crime de lèse-majesté. Par Droit Civil privé nous ne pouvons entendre autre chose que la liberté qu'a l'individu de se conserver dans son état, telle qu'elle est déterminée par les édits du pouvoir souverain et maintenue par sa seule autorité. Après en effet que l'individu a transféré à un autre son droit de vivre selon son bon plaisir propre, c'est-à-dire sa liberté et sa puissance de se maintenir, droit qui n'avait d'autres limites que son pouvoir, il est tenu de vivre suivant la règle de cet autre et de ne se maintenir que par sa protection. Il y a Violation du droit quand un citoyen ou un sujet est contraint par un autre à souffrir quelque dommage contrairement au droit civil, c'est-à-dire à l'édit du souverain. La violation du droit en effet ne se peut concevoir que dans l'état de société réglée; mais le souverain auquel par droit tout est permis ne peut violer le droit des sujets; donc seulement entre particuliers, tenus par le droit à ne pas se léser l'un l'autre, il peut y avoir place pour une violation du droit. La Justice est une disposition constante de l'âme à attribuer à chacun ce qui d'après le droit civil lui revient; l'Injustice par contre consiste, sous une apparence de droit, à enlever à quelqu'un ce qui lui appartient suivant l'interprétation véritable des lois. On appelle aussi la Justice et l'Injustice, Équité et Iniquité, parce que les magistrats institués pour mettre fin aux litiges sont tenus de n'avoir aucun égard aux personnes, mais de les tenir toutes pour égales et de maintenir également le droit de chacun; de ne pas porter envie au riche ni mépris au pauvre. Des Confédérés sont des hommes de deux cités qui, pour ne pas être exposés au péril d'une guerre ou pour quelque autre raison d'utilité, s'engagent par contrat à ne pas se faire de mal les uns aux autres, mais au contraire à s'assister en cas de besoin, chacune des deux cités continuant de former un État propre. Ce contrat aura force aussi longtemps que son fondement, c'est-à-dire la considération du danger ou de l'utilité subsistera, car nul ne contracte et n'est tenu d'observer un pacte que par espoir de quelque bien ou crainte de quelque mal; si ce fondement n'est plus, le pacte aussi a cessé d'être, l'expérience même le montre assez. Alors que, en effet, des États indépendants s'engagent par contrat à ne pas se causer de dommage l'un à l'autre, ils s'efforcent néanmoins, autant qu'ils peuvent, d'empêcher que l'un d'eux n'acquière une puissance plus grande, et n'ont pas foi aux paroles échangées, s'ils n'aperçoivent assez clairement la raison d'être et l'utilité pour l'un et l'autre du contrat. Autrement dit, ils craignent la fourberie; non sans raison; qui donc se reposera sur les paroles et les promesses d'un autre, alors que cet autre conserve sa souveraineté et le droit de faire ce qui lui plaira, et que sa loi suprême est le salut et l'utilité de l'État où il commande, qui, sinon un insensé ignorant le droit des souverains ? Et si, en outre, nous avons égard à la piété et à la religion, nous verrons que personne ne peut sans crime tenir ses promesses au détriment de l'État où il commande; toute promesse qu'il a faite en effet et qui se trouve par chance dommageable à l'État, il ne peut la tenir qu'en manquant à la foi due à ses sujets, laquelle cependant l'oblige par-dessus tout et qu'on a coutume de promettre solennellement de garder. Poursuivant, je dirai que l'Ennemi est celui qui vit hors de la cité et ne reconnaît, ni en qualité de confédéré, ni en qualité de sujet, le gouvernement qu'elle a institué. Ce n'est pas la haine en effet qui confère la qualité d'ennemi de l'État, c'est le droit qu'a la cité contre lui, et à l'égard de celui qui ne reconnaît l'État constitué par elle par aucune sorte de contrat, la cité a le même droit qu'à l'égard de celui qui lui a causé un dommage : elle pourra donc à bon droit, par tout moyen à sa portée, le contraindre à se soumettre ou à s'allier à elle. Enfin le crime de lèse-majesté n'est possible qu'à des sujets ou à des citoyens qui, par un pacte tacite ou exprès, ont transféré la totalité de leur droit à la cité; et l'on dit qu'un sujet a commis ce crime quand il a tenté de ravir pour une raison quelconque, ou de transférer à un autre, le droit du souverain. Je dis *quand il a tenté;* car si la condamnation devait suivre la commission du crime, la cité la plupart du temps s'efforcerait trop tard de condamner, le droit étant déjà acquis ou transféré à un autre. Je dis ensuite absolument *celui qui pour une raison quelconque a tenté de ravir le droit du souverain;* qu'un dommage doive s'ensuivre en effet pour l'État ou au contraire qu'il doive en recevoir le plus clair accroissement, cela ne fait à mes yeux aucune différence. Quelle que soit la raison de sa tentative, il y a eu lèse-majesté et il est condamné à bon droit. Tout le monde reconnaît bien en temps de guerre que cette condamnation est prononcée à très bon droit : qu'un soldat en effet ne reste pas à son poste, qu'à l'insu du chef il marche à l'ennemi, son plan d'attaque a beau avoir été bon, encore est-il sien, il a beau avoir mis l'ennemi en fuite, il n'en est pas moins justement condamné à mort pour avoir violé son serment et le droit du chef. Tous ne voient pas aussi clairement, par contre, que tous les citoyens absolument sont toujours tenus par ce droit; le principe est cependant tout à fait le même. Puisque, en effet, l'État doit se conserver et se diriger par le seul conseil du souverain et que, par un pacte liant absolument sujets ou citoyens, ce droit appartient au seul souverain, si un individu, de sa propre décision et à l'insu du conseil souverain, a entrepris l'exécution d'une affaire publique, quand bien même un accroissement certain en résulterait pour la cité, il a cependant violé le droit du souverain, a lésé la majesté et mérité une condamnation.

Il nous reste, pour lever tout scrupule, à répondre à la question qu'on pourrait faire sur ce que nous avons affirmé plus haut : que l'individu privé de Raison vit dans l'état de nature suivant les lois de l'Appétit en vertu du droit souverain de la Nature. Cela ne contredit-il pas ouvertement au Droit Divin révélé ? Puisque, en effet, tous absolument (que nous ayons ou n'ayons pas l'usage de la Raison) nous sommes également tenus, par le commandement de Dieu, d'aimer notre prochain comme nous-mêmes, nous ne pouvons donc pas sans violation du droit causer du dommage à autrui et vivre d'après les seules lois de l'Appétit. Mais il est facile de répondre à cette objection pour peu qu'on considère l'état de nature, car il est, par nature et dans le temps, antérieur à la Religion. Personne ne sait, de la Nature *, qu'il est tenu à l'obéissance envers Dieu ; on ne le saisit même par aucun raisonnement [5]; seule la Révélation confirmée par des signes le fait connaître à chacun. Par conséquent, avant la révélation, nul ne peut être tenu par le droit divin qu'il ignore nécessairement. Il ne faut donc pas confondre le moins du monde avec l'état de religion l'état de nature qui doit être conçu comme étranger à la religion et à la loi, et en conséquence au péché et à la violation du droit; c'est ce que nous avons fait et confirmé par l'autorité de Paul. Ce n'est pas seulement d'ailleurs à raison de l'ignorance que nous concevons

* Voir note XXXIV.

l'état de nature comme antérieur au droit divin révélé et étranger à ce droit, c'est aussi à raison de la liberté dans laquelle naissent tous les êtres. Si les hommes étaient tenus de nature par le droit divin, ou si le droit divin était droit par nature, il eût été superflu que Dieu conclût un traité avec les hommes et les obligeât par un pacte et un serment. Il faut donc accorder absolument que le droit divin part du temps où les hommes ont promis par un pacte exprès d'obéir à Dieu en toute chose; par ce pacte ils ont comme renoncé à leur liberté naturelle et transféré leur droit à Dieu, comme nous avons vu qu'il arrive dans l'état de société. Mais je traiterai ce point plus longuement par la suite. On peut cependant nous opposer encore, en manière d'instance, que les souverains sont tenus par ce droit divin autant que les sujets; et cependant nous avons dit qu'ils conservaient le droit naturel et que tout leur était permis en droit. C'est pourquoi, afin d'écarter en entier cette difficulté qui naît moins de la considération de l'état de nature que de celle du droit naturel, je dis que chacun dans l'état de nature est tenu par le droit Révélé de la même manière qu'il est tenu de vivre suivant l'injonction de la droite Raison; et cela parce que cela lui est plus utile et, pour son salut, nécessaire; que s'il ne le veut pas, il est libre à ses risques et périls. Il est libre aussi de vivre suivant son décret propre et non suivant le décret d'un autre et il n'est pas tenu de reconnaître un mortel comme juge ni comme défenseur de droit de la Religion. C'est ce droit que j'affirme qu'a conservé le Souverain; il peut bien prendre l'avis des hommes, mais il n'est tenu de reconnaître personne comme juge, non plus qu'un mortel quelconque, fors lui-même, comme défenseur d'un droit quelconque, si ce n'est un Prophète expressément envoyé par Dieu et qui l'aura montré par des signes indubitables. Et même alors il est contraint de reconnaître comme juge non un homme, mais Dieu lui-même. Que si le souverain ne voulait pas obéir à Dieu dans son droit révélé, il est libre à ses risques et dommages, je veux dire nul droit civil ou naturel ne s'y opposerait. Le Droit Civil, en effet, est entièrement suspendu à son décret; quant au Droit Naturel, il est suspendu aux lois de la Nature, qui sont en rapport non avec la Religion dont l'unique objet est l'utilité de l'homme, mais avec l'ordre universel de la Nature, c'est-à-dire avec un décret éternel de Dieu qui nous est inconnu. C'est là ce que d'autres semblent avoir conçu plus obscurément, je veux dire ceux qui admettent que l'homme peut bien pécher contre la volonté révélée de Dieu, mais non contre son décret éternel par lequel il a tout prédéterminé. L'on pourrait demander cependant : mais quoi ? si le souverain commande quelque chose contre la religion et l'obéissance que par un pacte exprès nous avons promise à Dieu ? faudra-t-il obéir au commandement divin ou à l'humain ? Devant traiter ce point plus complètement par la suite, je me contente de dire ici brièvement qu'il faut obéir à Dieu avant tout, quand nous avons une révélation certaine et indubitable. Toutefois, comme c'est à l'égard de la religion que les hommes errent d'ordinaire le plus et que la diversité des complexions engendre parmi eux comme un concours de fictions vaines, ainsi que l'atteste une expérience plus que suffisante, il est certain que si personne, dans les choses qu'il croit appartenir à la religion, n'était tenu en droit d'obéir au souverain, le droit de la cité dépendrait du jugement divers et du sentiment passionné de chacun. Car personne ne serait tenu par le statut établi pour peu qu'il le jugeât contraire à sa foi et à sa superstition, et ainsi chacun, sous ce prétexte, prendrait licence de tout faire. Et puisque dans ces conditions le droit de la cité est entièrement violé, au souverain qui seul, tant par le droit divin que par le naturel, a charge de conserver et de garder les droits de l'État, appartient un droit souverain de statuer sur la religion comme il le juge bon ; et tous sont tenus d'obéir aux décrets et commandements du souverain à ce sujet, en vertu de la foi qu'ils lui ont promise et que Dieu ordonne de garder entièrement. Que si ceux qui ont le commandement suprême sont des Idolâtres, ou bien il ne faut pas contracter avec eux, mais souffrir délibérément les pires extrémités plutôt que de leur transférer son droit ; ou bien, si l'on contracte et qu'on leur ait transféré son droit, puisque par là même on a renoncé à se maintenir soi-même et à maintenir sa religion, on est tenu de leur obéir et de garder la foi promise ou de s'y laisser contraindre. Il n'y a d'exception que pour celui à qui Dieu, par une révélation certaine, a promis un secours singulier contre le Tyran ou a voulu nominativement excepter. Ainsi voyons-nous que de tant de Juifs qui étaient à Babylone trois jeunes gens seulement, qui ne doutaient pas du secours de Dieu, n'ont pas voulu obéir à Nabuchodonosor, les autres, sans doute à l'exception encore de Daniel que le Roi lui-même avait adoré, obéirent par une coaction légitime, pensant peut-être dans leur âme qu'ils avaient été soumis au Roi par un décret de Dieu et que le Roi avait acquis et conservait le pouvoir suprême en vertu d'une direction de Dieu. Au contraire Eléazar, alors que la Patrie subsistait encore en quelque manière, voulut donner aux siens l'exemple de la constance, pour qu'à sa suite ils souffrissent tout plutôt que d'accepter le transfert de leur droit et de leur pouvoir aux Grecs, et que les pires épreuves ne les contraignissent pas de jurer fidélité aux Gentils. L'expérience quotidienne confirme ces principes. Les Souverains chrétiens en effet n'hésitent pas pour la sécurité de leur pouvoir à conclure des traités avec les Turcs et les Idolâtres et à ordonner à ceux de leurs sujets qui vont habiter parmi eux de ne pas prendre plus de liberté, tant dans les choses humaines que dans les divines, qu'ils n'en ont stipulé par contrat exprès ou que le souverain de ces pays ne leur en a concédé. C'est ce que l'on voit par le traité des Hollandais avec les Japonais dont nous avons parlé plus haut.

CHAPITRE XVII

Où l'on montre que nul ne peut transférer en totalité ce qui lui appartient au Souverain et que ce transfert n'est pas nécessaire. De l'État des Hébreux : quel il fut du vivant de Moïse, quel après sa mort, et de son excellence ; enfin des causes pour quoi l'État régi par Dieu a péri et, durant son existence, n'a presque jamais été libre de séditions.

Les considérations du chapitre précédent sur le droit universel du souverain et sur le transfert au souverain du droit naturel de l'individu s'accordent à la vérité assez bien avec la pratique, et il est possible de régler la pratique de façon qu'elle s'en rapproche de plus en plus; toutefois il est impossible qu'à beaucoup d'égards elles ne restent toujours purement théoriques. Nul en effet ne pourra jamais, quel abandon qu'il ait fait à un autre de sa puissance et conséquemment de son droit, cesser d'être homme; et il n'y aura jamais de souverain qui puisse tout exécuter comme il voudra. En vain il commanderait à un sujet d'avoir en haine son bienfaiteur; d'aimer qui lui a fait du mal; de ne ressentir aucune offense des injures; de ne pas désirer être affranchi de la crainte; et un grand nombre de choses semblables qui suivent nécessairement des lois de la nature humaine. Et cela j'estime que l'expérience même le fait connaître très clairement; jamais en effet les hommes n'ont renoncé à leur droit et n'ont transféré leur puissance à un autre au point que ceux-là mêmes qui avaient acquis ce droit et cette puissance, ne les craignissent plus, et que l'État ne fût pas plus menacé par les citoyens bien que privés de leur droit que par les ennemis du dehors. Et certes si des hommes pouvaient être privés de leur droit naturel à ce point qu'ils n'eussent plus par la suite * aucune puissance, sinon par la volonté de ceux qui détiennent le Droit souverain, alors en vérité la pire violence contre les sujets serait loisible à celui qui règne; et je ne crois pas que cela ait jamais pu venir à l'esprit de personne. Il faut donc accorder que l'individu se réserve une grande part de son droit, laquelle ainsi n'est plus suspendue au décret d'un autre, mais au sien propre. Pour bien connaître cependant jusqu'où s'étend le droit et le pouvoir du souverain de l'État, il faut noter que son pouvoir n'est pas limité à l'usage de la contrainte appuyée sur la crainte, mais comprend tous les moyens de faire que les hommes obéissent à ses commandements : ce n'est pas la raison pour laquelle il obéit, c'est l'obéissance qui fait le sujet. Quelle que soit la raison en effet pour laquelle un homme se détermine à exécuter les commandements du souverain, que ce soit la crainte du châtiment, ou l'espoir d'obtenir quelque chose, ou l'amour de la patrie ou quelque autre sentiment qui le pousse, encore se détermine-t-il par son propre conseil et il n'en agit pas moins par le commandement du souverain. Il ne faut donc pas conclure sur-le-champ de ce qu'un homme fait quelque chose par son propre conseil, qu'il agit en vertu de son droit et non du droit de celui qui exerce le pouvoir dans l'État : qu'il soit en effet obligé par l'amour ou contraint par la crainte d'un mal, toujours il agit par son propre conseil et par son propre décret; ou bien il n'y aurait nul pouvoir d'État, nul droit sur les sujets, ou bien ce pouvoir s'étend nécessairement à tous les moyens de faire que les hommes se déterminent à lui céder. Tout ce donc que fait un sujet, qui est conforme aux commandements du souverain, qu'il le fasse sous l'empire de l'amour ou par la coaction de la crainte, ou poussé (ce qui est le plus fréquent) à la fois par l'espoir et par la crainte, ou encore par révérence, c'est-à-dire par une passion mêlée de crainte et d'admiration, ou pour une raison quelconque, il le fait en vertu du droit de celui qui exerce le pouvoir dans l'État et non de son propre droit. Cela résulte encore très clairement de ce que l'obéissance ne concerne pas tant l'action extérieure que l'action interne de l'âme. Celui-là donc est le plus sous le pouvoir d'un autre, qui se détermine à obéir à ses commandements d'une âme entièrement consentante; et il s'ensuit que celui-là a le pouvoir

* Voir note XXXV.

le plus grand, qui règne sur les âmes de ses sujets. Que si ceux qui sont le plus craints avaient le pouvoir de commandement le plus grand, en vérité ce seraient les sujets des Tyrans qui auraient ce pouvoir, car les Tyrans ont d'eux la plus grande crainte. En second lieu s'il est vrai qu'on ne commande pas aux âmes comme aux langues, encore les âmes sont-elles dans une certaine mesure sous le pouvoir du souverain qui a bien des moyens de faire qu'une très grande partie des hommes croie, aime, ait en haine ce qu'il veut. Si donc ces sentiments ne sont point l'effet direct de son commandement, souvent, comme l'atteste abondamment l'expérience, ils n'en découlent pas moins de l'autorité de sa puissance et de sa direction, c'est-à-dire de son droit; c'est pourquoi, sans que l'entendement y contredise le moins du monde, nous pouvons concevoir des hommes qui n'aient de croyance, d'amour, de haine, de mépris, de sentiment quelconque pouvant les entraîner, qu'en vertu du droit du souverain.

Si ample que nous concevions de la sorte le droit et le pouvoir de celui qui exerce la souveraineté dans l'État, encore ce pouvoir ne sera-t-il jamais assez grand pour que ceux qui en sont détenteurs aient puissance absolument sur tout ce qu'ils voudront; je crois l'avoir déjà montré assez clairement. Pour ce qui est des conditions dans lesquelles un pouvoir peut être constitué de façon à se conserver néanmoins toujours en sécurité, j'ai déjà dit que je n'avais pas l'intention de les exposer ici. Toutefois pour parvenir où je veux, je noterai les enseignements donnés jadis à Moïse, par Révélation divine, à cette fin; puis nous examinerons l'histoire des Hébreux et ses vicissitudes, par où nous verrons enfin quelles satisfactions doivent être surtout accordées par le souverain à ses sujets pour la plus grande sécurité et l'accroissement de l'État.

Que la conservation de l'État dépende avant tout de la fidélité des sujets, de leur vertu et de leur constance dans l'exécution des commandements, la Raison et l'expérience le font voir très clairement; il n'est pas également facile de voir suivant quelle méthode les sujets doivent être gouvernés pour qu'ils restent constamment fidèles et vertueux. Aussi bien les gouvernants que ceux qui sont gouvernés sont tous des hommes, en effet, c'est-à-dire des êtres enclins à abandonner le travail pour chercher le plaisir. Qui même a éprouvé la complexion si diverse de la multitude, est près de désespérer d'elle : non la

Raison, en effet, mais les seules affections de l'âme la gouvernent; incapable d'aucune retenue, elle se laisse très facilement corrompre par le luxe et l'avidité. Chacun pense être seul à tout savoir et veut tout régler selon sa complexion; une chose lui paraît équitable ou inique, légitime ou illégitime suivant qu'il juge qu'elle tournera à son profit ou à son détriment; par gloire il méprise ses semblables et ne souffre pas d'être dirigé par eux; par envie de l'honneur qu'il n'a pas ou d'une fortune meilleure que la sienne, il désire le mal d'autrui et y prend plaisir. Point n'est besoin de poursuivre cette énumération; nul n'ignore à quels crimes le dégoût de leur condition présente et le désir du changement, la colère sans retenue, le mépris de la pauvreté poussent les hommes et combien ces passions occupent et agitent leurs âmes. Prévenir tous ces maux, constituer dans la cité un pouvoir tel qu'il n'y ait plus place pour la fraude; bien mieux, établir partout des institutions faisant que tous, quelle que soit leur complexion, mettent le droit commun au-dessus de leurs avantages privés, c'est là l'œuvre laborieuse à accomplir. La nécessité a bien obligé les hommes à y pourvoir dans une large mesure; toutefois on n'est jamais arrivé au point que la sécurité de l'État fût moins menacée par les citoyens que par les ennemis du dehors, et que ceux qui exercent le pouvoir eussent moins à craindre les premiers que les seconds. Témoin la République des Romains, toujours victorieuse de ses ennemis et tant de fois vaincue et réduite à la condition la plus misérable par ses citoyens, en particulier dans la guerre civile de Vespasien contre Vitellius; voir sur ce point Tacite au commencement du livre IV des *Histoires* où il dépeint l'aspect très misérable de la ville. Alexandre (comme dit Quinte-Curce à la fin du livre VIII) estimait avec plus de franchise le renom en ses ennemis qu'en ses concitoyens, parce qu'il croyait que sa grandeur pouvait être détruite par les siens. Et, dans la crainte de son destin, il adresse à ses amis cette prière : *donnez-moi seulement toute sûreté contre la fourberie à l'intérieur et les embûches domestiques, j'affronterai sans frayeur le péril dans la guerre et les combats. Philippe fut plus en sécurité à la tête de ses troupes qu'au théâtre, il échappa souvent aux coups de l'ennemi, il ne put se dérober à ceux des siens. Comptez parmi les autres rois qui ont eu une fin sanglante ceux qui ont été tués par les leurs, vous les trouverez plus nombreux que ceux qui sont morts à l'ennemi.* (Voir Quinte-Curce, liv. IX, § 6.) Pour cette cause, c'est-à-dire pour leur sécurité, les rois qui autrefois avaient usurpé le pouvoir ont tenté de persuader qu'ils tiraient leur origine des Dieux immortels. Ils pensaient que si leurs sujets et tous les hommes ne les regardaient pas comme leurs semblables, mais les croyaient des Dieux, ils souffriraient plus volontiers d'être gouvernés par eux et se soumettraient facilement. Ainsi Auguste persuada aux Romains qu'il tirait son origine d'Enée, qu'on croyait fils de Vénus et rangeait au nombre des Dieux : il voulut *des temples, une image sacrée, des flamines et des prêtres pour instituer son propre culte* (Tacite, *Annales*, liv. I). Alexandre se fit saluer comme fils de Jupiter; et il ne paraît pas l'avoir voulu par orgueil, mais par un dessein prudent, comme l'indique sa réponse à l'invective d'Hermolaüs. *En vérité*, dit-il, *il est presque ridicule à Hermolaüs de me demander de renier Jupiter, par l'oracle duquel je suis reconnu. Les réponses des Dieux sont-elles aussi en mon pouvoir? Il m'a offert le nom de fils; j'ai accepté* (remarquez bien ceci) *dans l'intérêt de nos affaires. Plût au ciel que dans l'Inde aussi l'on me crût un Dieu. C'est le renom qui décide des guerres et souvent une croyance fausse a tenu lieu de vérité.* (Quinte-Curce, liv. VIII, § 8.) Par ce peu de paroles il continue habilement à convaincre les ignorants de sa divinité simulée et en même temps laisse apercevoir la cause de la simulation. C'est aussi ce que fit Cléon dans le discours par lequel il tentait de convaincre les Macédoniens d'obéir complaisamment au roi; après avoir, en glorifiant Alexandre dans son récit et en célébrant ses mérites, donné à la simulation une apparence de vérité, il en fait ressortir l'utilité : *Ce n'est pas par piété seulement, c'est aussi par prudence que les Perses ont rendu aux rois le même culte qu'aux Dieux; la majesté du Souverain est la sauvegarde du royaume;* et il conclut enfin : *Moi-même, quand le roi pénétrera dans la salle du festin, je me prosternerai à terre. Il est du devoir des autres, de ceux surtout qui ont quelque sagesse, d'en faire autant.* (Voir *ibid.*, liv. VIII, § 4.) Mais les Macédoniens étaient trop éclairés; et des hommes, s'ils ne sont pas tout à fait des barbares, ne souffrent pas d'être aussi ouvertement trompés et de tomber de la condition de sujets à celle d'esclaves inutiles à eux-mêmes. D'autres ont pu persuader plus aisément que la Majesté est sacrée, qu'elle tient la place de Dieu sur la terre, qu'elle a été constituée par Dieu et non par le suffrage et le consentement des hommes, et qu'elle est conservée et maintenue par une providence singulière et un secours divin. Des monarques ont pourvu par d'autres moyens de cette sorte à la sécurité de leur pouvoir; je n'en parlerai pas ici et, pour parvenir à mon but, je noterai et examinerai seulement, comme je l'ai dit, les moyens enseignés jadis à Moïse par révélation divine.

Nous avons dit plus haut, au chapitre v, qu'après leur sortie d'Égypte les Hébreux n'étaient plus tenus par le droit d'aucune autre nation et qu'il leur était loisible d'instituer de nouvelles règles et d'occuper les terres qu'ils voudraient. Libérés, en effet, de l'oppression insupportable des Égyptiens, ils n'étaient plus liés à aucun mortel par aucun pacte et avaient retrouvé leur droit naturel sur tout ce qui était en leur pouvoir; chacun pouvait à nouveau examiner s'il voulait conserver ce droit ou le transférer à un autre. Revenus ainsi à l'état naturel, sur le conseil de Moïse en qui ils avaient la plus grande confiance, ils décidèrent de ne transférer leur droit à aucun mortel, mais seulement à Dieu; sans temporiser, tous, d'une clameur commune, promirent à Dieu d'obéir absolument à tous ses commandements, de ne reconnaître d'autre droit que celui qu'il établirait lui-même par une révélation prophétique. Cette promesse, c'est-à-dire ce transfert de droit à Dieu, se fit de la même manière que nous avons conçu ci-dessus qu'il se fait dans une société commune, quand les hommes décident de se dessaisir de leur droit naturel. Par un pacte exprès, en effet (voir Exode, chap. XXIV, *v.* 7) et par un serment, librement, sans céder ni à la coaction de la force ni à l'effroi des menaces, ils renoncèrent à leur droit naturel et le transférèrent à Dieu. En second lieu, pour que le pacte fût garanti, solide et sans soupçon de tromperie, Dieu ne conclut rien avec eux qu'après qu'ils eurent éprouvé sa puissance admirable par laquelle seule ils avaient été conservés et pouvaient l'être par la suite (Exode, chap. XIX, *vs.* 4, 5). Par cela même, en effet, qu'ils crurent ne pouvoir être conservés que par la puissance de Dieu, ils transférèrent à Dieu toute la puissance naturelle de se conserver, qu'ils pouvaient croire auparavant avoir d'eux-mêmes et conséquemment aussi tout leur droit. Le pouvoir de commandement chez les Hébreux appartint donc à Dieu seul; seul aussi l'État ainsi constitué portait à bon droit par la vertu du pacte le nom de Royaume de Dieu, et Dieu était dit à bon droit le Roi des Hébreux. En conséquence les ennemis de cet État étaient les ennemis de Dieu, les citoyens voulant usurper le pouvoir, coupables du crime de lèse-Majesté Divine, enfin les règles de droit en vigueur, lois et commandements de Dieu. Dans cet État donc le droit civil et la Religion qui, nous l'avons montré, ne consiste que dans l'obéissance à Dieu, étaient une seule et même chose. Autrement dit les dogmes de la Religion n'étaient pas des enseignements, mais des règles de droit et des commandements, la piété passait pour justice, l'impiété pour un crime et une injustice. Qui manquait à la Religion cessait d'être citoyen, et, par cela seul, était tenu pour un ennemi; qui mourait pour la Religion était réputé mourir pour la Patrie; entre le droit civil et la Religion on ne faisait absolument aucune distinction. Pour cette cause cet État a pu être appelé une Théocratie : parce que les citoyens n'étaient tenus par aucun droit, sinon celui que Dieu avait révélé. Il faut le dire cependant, tout cela avait plutôt la valeur d'une opinion que d'une réalité, car en fait les Hébreux conservèrent absolument comme nous allons le montrer le droit de se gouverner; cela ressort des moyens employés et des règles suivies dans l'administration de l'État, règles que je me propose d'expliquer ici.

Puisque les Hébreux ne transférèrent leur droit à personne d'autre, que tous également, comme dans une démocratie, s'en dessaisirent et crièrent d'une seule voix *tout ce que Dieu aura dit* (sans qu'aucun médiateur fût prévu), *nous le ferons,* tous en vertu de ce pacte restèrent entièrement égaux; le droit de consulter Dieu, celui de recevoir et d'interpréter ses lois, appartint également à tous, et d'une manière générale tous furent également chargés de l'administration de l'État. Pour cette cause donc, à l'origine, tous allèrent vers Dieu pour entendre ses commandements; mais, à l'occasion de ce premier hommage, ils eurent un tel effroi et entendirent la parole de Dieu avec un étonnement tel qu'ils crurent leur heure suprême venue. Pleins de crainte donc ils s'adressent de nouveau à Moïse : *Voilà, nous avons entendu Dieu parlant dans le feu et il n'y a pas de raison pour que nous voulions mourir ; ce grand feu, certes, nous dévorera ; si une fois encore nous devons entendre la voix de Dieu, nous mourrons certainement. Toi donc va et écoute toutes les paroles de notre Dieu et tu nous les rapporteras* (toi, non pas Dieu). *A toute parole que Dieu te dira nous obéirons et nous l'exécuterons.* Par ce langage ils ont clairement aboli le premier pacte et transféré sans réserve à Moïse leur droit de consulter Dieu et d'interpréter ses édits. Ils ont promis, en effet, non plus comme avant d'obéir à toutes les paroles que Dieu leur dirait à eux-mêmes, mais à toutes celles qu'il dirait à Moïse (voir Deutér., chap. v, après le Décalogue, et chap. VIII, *vs.* 15, 16). Moïse donc demeura seul le porteur des lois divines et leur interprète, conséquemment aussi le Juge suprême que nul ne pouvait juger et qui seul tint chez les Hébreux la place de Dieu, c'est-à-dire eut la majesté suprême, puisque seul il avait le droit de consulter Dieu, de donner au peuple les réponses de Dieu, et de le contraindre à exécuter ses commandements. Je dis qu'il l'avait seul, car si quelque autre, du vivant de Moïse, voulait prêcher quelque chose au nom de Dieu, il avait beau être un vrai Prophète, il était cependant coupable et usurpateur du droit suprême (voir Nombres, chap. XI, *v.* 28 *). Et il faut noter ici que, bien qu'ayant élu Moïse, le peuple n'a cependant pas eu le droit d'élire le successeur de Moïse. Dès que les Hébreux, en effet, eurent transféré à Moïse le droit de consulter Dieu et eurent promis sans réserve de le prendre pour oracle divin, ils perdirent tout droit et devaient admettre celui que Moïse élirait pour lui succéder, comme élu par Dieu. Que s'il avait élu un successeur qui eût pris pour lui toute l'administration de l'État, c'est-à-dire le droit d'être seul à consulter Dieu dans sa tente et, en conséquence, l'autorité d'instituer des lois et de les abroger, de décider de la guerre et de la paix, d'envoyer des ambassadeurs, de constituer des juges, d'élire un successeur et, en général, de remplir toutes les fonctions du souverain, le pouvoir eût été purement monarchique, à cette seule différence près qu'un État monarchique est communément gouverné suivant un décret de Dieu caché au Monarque lui-même, tandis que celui des Hébreux l'eût été ou eût dû l'être, en une certaine manière, par un décret de Dieu révélé au seul Monarque. Cette différence ne diminue pas, mais augmente la domination du Monarque et son droit sur tous. Pour ce qui est du peuple de l'un et de l'autre État, il est dans la même soumission, et également ignorant du décret divin; car dans l'un et dans l'autre il est suspendu à la parole du Monarque et connaît de lui seul ce qui est légitime ou illégitime, et ce n'est pas parce que le peuple croit que le Monarque ne lui commande rien que par le décret de Dieu qu'il lui est moins soumis; au contraire, il l'est, en réalité, davantage. Mais Moïse n'élut pas un

* Voir note XXXVI.

successeur de cette sorte, il laissa à ses successeurs un État à administrer de telle façon qu'on ne pût l'appeler ni Populaire, ni Aristocratique, ni Monarchique, mais Théocratique. Le droit d'interpréter les lois, en effet, et de communiquer les réponses de Dieu fut au pouvoir de l'un, le droit et le pouvoir d'administrer l'État suivant les lois déjà expliquées et les réponses déjà communiquées, au pouvoir d'un autre. Sur ce point, voir Nombres (chap. XXVII, *v.* 21 *).

Pour faire mieux entendre cela, je vais exposer méthodiquement l'administration de tout l'État. En premier lieu, il fut ordonné au peuple de construire une demeure qui fût comme la cour de Dieu, c'est-à-dire de la Majesté suprême de cet État. Et cette demeure ne dut pas être construite aux frais d'un seul, mais aux frais de tout le peuple afin que la demeure où Dieu devait être consulté fût propriété commune. Pour servir dans ce palais de Dieu et l'administrer furent élus les Lévites; pour occuper le rang suprême parmi eux et être comme le second après le Roi Dieu, fut élu Aaron, le frère de Moïse, à qui ses fils succédaient légitimement. Aaron donc, comme étant le plus proche de Dieu, était l'interprète souverain des lois divines, celui qui donnait au peuple les réponses de l'Oracle divin et qui, enfin, adressait à Dieu des supplications pour le peuple. Que si, avec cela, il avait eu le droit de commander ce que Dieu voulait, il ne lui manquait rien pour être un Monarque absolu. Mais il n'avait pas ce droit et, d'une manière générale, toute la tribu de Lévi fut tenue tellement à l'écart du commandement commun qu'elle n'eut même pas, comme les autres tribus, la possession d'une part de biens d'où elle pût tirer au moins sa subsistance; Moïse institua qu'elle serait nourrie par le reste du peuple, dans des conditions telles, toutefois, qu'elle fût toujours tenue en grand honneur par la foule, en tant que seule vouée à Dieu. En second lieu, quand une milice eut été formée par les autres douze tribus, ordre leur fut donné d'envahir le domaine des Chananéens, de le diviser en douze lots et de les répartir par le sort. Pour ce service furent élus douze chefs, un de chaque tribu, auxquels, en même temps qu'à Josué et au grand pontife Éléazar, fut donné le droit de partager les terres en douze lots égaux et de les répartir par le sort. Pour commander en chef la milice, Josué fut désigné et seul il eut,

* Voir note XXXVII.

dans ce nouvel ordre de choses, le droit de consulter Dieu, non comme Moïse, seul dans sa tente ou dans le tabernacle, mais par l'intermédiaire du grand Pontife à qui seul étaient données les réponses de Dieu, après quoi il appartenait à Josué de promulguer les commandements communiqués par le Pontife et d'y astreindre le peuple; de trouver et d'employer tous moyens d'exécution; de choisir dans la milice autant d'hommes et ceux qu'il voudrait; d'envoyer des ambassadeurs en son nom; tout le droit de la guerre était suspendu à son seul décret. Nul d'ailleurs ne lui succédait légitimement ni n'était choisi qu'immédiatement par Dieu, et cela quand l'intérêt du peuple entier l'exigeait; pour le reste, les chefs des Tribus avaient toute l'administration des affaires de guerre comme de paix, ainsi que je le montrerai bientôt. Enfin, Moïse ordonna que tous, depuis la vingtième année jusqu'à la soixantième, fussent astreints au service militaire et que du peuple seul une armée fût formée, laquelle armée jurait fidélité non à son commandant en chef ni au grand Pontife, mais à la Religion, c'est-à-dire à Dieu. Cette armée était pour cette raison appelée armée de Dieu, ses bataillons, bataillons de Dieu, et Dieu, par contre, était chez les Hébreux le Dieu des armées; pour cette cause, dans les grandes batailles de l'issue desquelles dépendait la victoire ou la défaite de tout le peuple, l'arche d'alliance était portée au milieu de l'armée, de façon que le peuple, combattant comme s'il voyait son Roi présent, donnât tout ce qu'il avait de force. De ces commandements donnés par Moïse à ses successeurs nous voyons sans peine ressortir qu'il élut des administrateurs non des dominateurs de l'État. A personne, en effet, il ne donna le droit de consulter Dieu où il voudrait et seul; en conséquence il ne donna à personne l'autorité, que lui-même avait eue, d'établir des lois et de les abroger, de décider de la guerre et de la paix, d'élire les administrateurs tant du temple que de la cité; car telles sont les fonctions de celui qui occupe le pouvoir souverain. Le grand Pontife avait bien le Droit d'interpréter les lois et de donner les réponses de Dieu, mais non, comme Moïse, quand il voulait, seulement à la demande du commandant des troupes ou du conseil suprême ou d'autres personnes qualifiées. Par contre le chef suprême de l'armée et les conseils pouvaient consulter Dieu quand ils voulaient, mais ne recevaient de réponse que par le grand Pontife. C'est pourquoi les paroles de Dieu n'étaient pas, dans la bouche du Pontife, des décrets comme dans celle de Moïse, mais des réponses seulement; une fois reçues par Josué et les conseils, et alors seulement, elles avaient force de commandement et de décret. En second lieu ce souverain Pontife qui recevait de Dieu les réponses de Dieu, n'avait pas de milice et ne possédait pas en droit le commandement; par contre ceux qui par droit possédaient les terres, ne pouvaient par droit établir de lois. De plus, le grand Pontife, aussi bien Aaron que son fils Éléazar, fut bien désigné par Moïse mais, Moïse mort, personne n'eut plus le droit d'élire un pontife, le fils succédait légitimement au père. Le chef suprême de l'armée fut aussi désigné par Moïse et investi de la qualité de commandant non en vertu du droit du souverain Pontife, mais par le droit de Moïse qui lui fut transféré; et c'est pourquoi, Josué mort, le pontife n'élut personne à sa place, les chefs des tribus non plus ne consultèrent pas Dieu sur la désignation d'un nouveau chef, mais chacun garda à l'égard de la milice de sa tribu, et tous ensemble à l'égard de la milice entière, le droit de Josué. Et, semble-t-il, point ne fut besoin d'un Chef suprême, sauf quand, unissant toutes leurs forces, ils devaient combattre un ennemi commun. Cela arriva d'ailleurs au temps de Josué où nul n'avait encore de demeure fixe et où tout appartenait en droit à tous. Plus tard, quand toutes les tribus eurent partagé entre elles les terres acquises par droit de conquête et celles qu'ils avaient encore à acquérir, et que tout n'appartint plus à tous, par cela même, la raison d'être d'un chef commun disparut, puisque, à dater de ce partage, les hommes des tribus distinctes durent être réputés confédérés plutôt que concitoyens. A l'égard de Dieu et de la Religion sans doute on devait les tenir pour concitoyens; mais à l'égard du Droit que l'une des tribus avait sur l'autre, elles étaient confédérées presque de la même façon (le temple commun à part) que leurs Hautes Puissances, les États confédérés de Hollande. La division d'une chose commune en parts consiste uniquement en effet en ce que chacun soit seul maître de sa part et en ce que les autres renoncent au droit qu'ils avaient sur elle. Pour cette cause, Moïse désigna des chefs de tribus, afin qu'après le partage chacun eût le commandement et la charge de sa part; c'est-à-dire le soin de consulter Dieu sur les affaires de sa tribu par l'intermédiaire du grand Pontife, de commander sa milice, de fonder et de fortifier des villes, d'y instituer des juges, de faire la guerre à l'ennemi de son État particulier, et généralement d'administrer les affaires de guerre et de paix. Il n'était tenu de reconnaître aucun juge que Dieu * ou un prophète expressément envoyé par Dieu; en cas qu'il fît défection à Dieu, les autres tribus ne devaient pas le juger comme un sujet, mais lui faire la guerre comme à un ennemi, ayant manqué à la foi du traité. Nous en trouvons des exemples dans l'Écriture. Après la mort de Josué les fils d'Israël, et non un commandant en chef, consultèrent Dieu; quand il fut connu que la tribu de Juda devait la première de toutes entreprendre la guerre contre son ennemi, elle fit un traité avec la seule tribu de Siméon pour joindre leurs forces contre l'ennemi; dans ce traité ne furent pas comprises les autres tribus (voir Juges, chap. I, *vs.* I, 2, 3); chacune fit la guerre séparément (comme il est raconté dans le même chapitre) contre son ennemi, et accepta la soumission et la foi de qui elle voulut, bien qu'il fût dans les commandements de ne traiter à aucune condition et d'exterminer sans merci tous les ennemis; ceux qui sont coupables de ce péché sont repris à la vérité, mais personne ne les appelle en justice. Et il n'y avait point là de raison pour qu'une guerre éclatât entre les tribus et qu'elles intervinssent dans les affaires les unes des autres. Au contraire, la tribu de Benjamin ayant offensé les autres et rompu le lien qui l'unissait à elles de façon qu'aucune des tribus confédérées ne pût plus trouver en elle une sûre alliée, il lui fut fait la guerre et, trois combats livrés, les autres tribus, enfin victorieuses, mirent à mort, en vertu du droit de guerre, tous ceux de Benjamin coupables et innocents, ce qu'ensuite et trop tard elles regrettèrent et déplorèrent.

Par ces exemples se trouve entièrement confirmé ce que nous avons dit du droit de chaque tribu. Peut-être demandera-t-on qui désignait le successeur du chef de chacune ? Sur ce point je ne puis rien tirer de certain de l'Écriture. Je conjecture toutefois, puisque chaque tribu était divisée en familles dont les chefs étaient choisis parmi les Anciens de la famille, que le plus âgé de ces Anciens prenait de droit la place du chef de la tribu. Parmi les Anciens en effet Moïse choisit soixante-dix coadjuteurs qui formaient avec lui le Conseil suprême; ceux qui eurent l'administration du pouvoir après la mort de Josué sont appelés Vieillards dans l'Écriture; rien enfin n'est plus fréquent chez les Hébreux que l'appellation de

* Voir note XXXVIII.

Vieillards donnée aux juges, comme je pense que tout le monde sait. Il importe d'ailleurs assez peu à notre propos de savoir avec certitude comment les Chefs des tribus étaient désignés ; il suffit d'avoir montré qu'après la mort de Moïse personne n'a exercé toutes les fonctions du commandement suprême. Puisque, en effet, tout ne dépendait pas du décret d'un seul homme, ni d'un seul Conseil, ni du peuple, et que l'administration de la chose publique appartenait pour une part à une seule tribu, pour le reste aux autres, avec un droit égal des deux côtés, il est très évident qu'à dater de la mort de Moïse l'État n'est plus demeuré monarchique, non plus qu'aristocratique ni populaire, mais a été théocratique : 1° parce que la demeure royale de l'État était le temple et que, par rapport à lui seulement, comme nous l'avons montré, les hommes de toutes les tribus étaient concitoyens ; 2° parce que tous les citoyens devaient jurer fidélité à Dieu, leur juge suprême. Enfin parce qu'en cas de besoin nul n'était élu que par Dieu au commandement suprême. Moïse le prédit expressément au peuple au nom de Dieu (Deutér., chap. XVIII, *v.* 15) et, en fait, l'élection de Gédéon, de Samson et de Samuel l'atteste, ce qui ne permet pas de douter que les autres chefs fidèles n'aient été désignés de la même manière, bien que cela ne soit pas dit dans leur histoire.

Ces principes posés, il est temps de voir comment le pouvoir institué dans ces conditions pouvait exercer sur les âmes une action modératrice et retenir tant les gouvernants que les gouvernés de façon que ces derniers ne devinssent pas des rebelles, non plus que les premiers des Tyrans.

Ceux qui gouvernent l'État ou s'en sont rendus maîtres, quel crime qu'ils commettent, s'efforcent toujours de le colorer d'une apparence de droit et de persuader au peuple qu'ils ont agi honnêtement ; ils y arrivent facilement quand toute l'interprétation du droit dépend d'eux. Car il est clair que de ce droit même ils tirent une très grande liberté de faire tout ce qu'ils veulent et tout ce à quoi l'appétit les engage ; et qu'au contraire une grande part de cette liberté leur est ravie au cas que le droit d'interpréter les lois appartienne à d'autres et qu'en même temps leur interprétation véritable soit manifeste et incontestable pour tous. Il devient très évident par là que chez les Hébreux l'une des grandes causes des crimes que commettent les princes est supprimée, d'abord par l'attribution du droit d'interpréter les lois aux seuls Lévites (voir Deutér., chap. XXI, *v.* 5), qui n'avaient aucune part ni au commandement ni, comme les autres, à la propriété, et dont toute la fortune et la considération dépendaient de la seule interprétation vraie des lois; en second lieu par le commandement fait au peuple entier de se réunir tous les sept ans dans un lieu déterminé pour y être instruit dans les lois par le Pontife, et aux individus de lire et de relire constamment tout seuls avec la plus grande attention le livre de la Loi (voir Deutér., chap. XXXI, *v.* 9, etc., et chap. VI, *v.* 7). Les chefs donc devaient prendre le plus grand soin dans leur propre intérêt de tout administrer suivant les lois prescrites et assez clairement connues de tous, s'ils voulaient être honorés le plus possible par le peuple qui, à cette condition, les vénérait comme des ministres du royaume de Dieu et des vicaires de Dieu; à défaut de cette condition ils ne pouvaient échapper à la pire haine des sujets, celle qu'on nomme Théologique. Dans le même sens, c'est-à-dire pour contenir la concupiscence effrénée des chefs, agissait encore avec une grande force une autre institution : la participation de tous les citoyens au service militaire (de vingt à soixante ans sans nulle exception) et l'impossibilité pour les Chefs d'enrôler à l'étranger aucun soldat mercenaire. Cette institution, dis-je, eut une grosse influence, car il est certain que les Princes, pour opprimer le peuple, ont besoin d'une force armée stipendiée par eux et qu'en outre ils ne craignent rien tant que la liberté d'une armée de citoyens, auteurs par leur courage, leur labeur et le sang qu'ils versent en abondance, de la liberté et de la gloire de l'État. C'est pourquoi Alexandre, quand il eut à combattre Darius pour la deuxième fois, après avoir entendu le conseil de Parménion, éclata en reproches non contre Parménion lui-même, mais contre Polysperchon qui soutenait la même opinion. Il n'osa pas en effet, dit Quinte-Curce (liv. IV, § 13), reprendre de nouveau Parménion à qui, peu de temps avant, il avait adressé de trop vifs reproches; et il ne put venir à bout de la liberté, crainte par lui, des Macédoniens, qu'après avoir porté le nombre des soldats pris parmi les captifs bien au delà de celui des Macédoniens; alors en effet il put donner carrière à ses passions, après avoir réduit à rien la liberté des meilleurs citoyens. Si cette liberté propre à une armée composée de citoyens impose de la retenue aux chefs d'un État d'institution humaine, qui ont accoutumé de prendre pour eux tout l'honneur des victoires, combien plus ne dut-elle pas contenir les chefs des Hébreux dont les troupes combattaient pour la gloire non du chef, mais de Dieu, et n'engageaient pas le combat que Dieu consulté n'eût répondu.

Ajoutons deuxièmement que les chefs des Hébreux n'étaient tous attachés les uns aux autres que par le seul lien de la Religion; si l'un y avait fait défection et avait entrepris de violer le droit divin de l'individu [1], il pouvait être traité en ennemi par les autres et être l'objet d'une juste répression.

Il faut tenir compte troisièmement de la crainte d'un nouveau Prophète; qu'un homme de vie irréprochable montrât par des signes reconnus qu'il était un Prophète, il avait par là même un droit souverain de commander; de commander, comme Moïse, au nom d'un Dieu à lui seul révélé et non comme les chefs, au nom d'un Dieu seulement consulté par l'intermédiaire du Pontife. Et sans nul doute de tels Prophètes pouvaient sans peine entraîner le peuple opprimé et lui persuader ce qu'ils voulaient à l'aide de signes légers; au contraire, si le Chef administrait la chose publique avec rectitude, il pouvait s'y prendre à temps et faire comparaître le Prophète devant son tribunal pour l'examiner, voir si sa vie était sans reproche, s'il avait donné de sa délégation des signes certains et indubitables, et enfin si ce qu'il prétendait dire au nom de Dieu s'accordait avec la doctrine reçue et les lois communes de la patrie. Si les signes n'avaient pas la valeur requise, ou si la doctrine était nouvelle, une condamnation à mort pouvait être justement prononcée par le Chef; sinon c'est par la seule autorité du Chef et sur son témoignage que le Prophète était reconnu.

En quatrième lieu le Prince ne l'emportait pas sur les autres par le prestige de la noblesse ni par le droit du sang; la considération seule de son âge et de sa vertu lui conférait le gouvernement de l'État.

Enfin il faut observer encore que les Chefs et toute la milice ne pouvaient pas préférer l'état de guerre à la paix. La milice, en effet, comme nous l'avons dit, se composait des seuls citoyens et les mêmes hommes donc administraient les affaires tant de guerre que de paix. Celui qui au camp était militaire était sur la place publique citoyen, l'officier juge dans son district, le commandant en chef premier magistrat de la cité. Nul donc ne pouvait désirer la guerre pour la guerre, mais pour la paix et la défense de la liberté, et peut-être le chef, pour ne pas être obligé de s'adresser au Pontife et d'abaisser sa dignité devant lui, s'abstenait-il, autant qu'il le pouvait, de changer l'ordre établi.

Telles sont les raisons qui empêchaient les Chefs d'outrepasser les justes limites. Nous avons à voir maintenant en quelle manière le peuple était contenu; les fondements de l'institution sociale le montrent d'ailleurs très clairement. Qu'on les considère en effet même sans grande attention, on verra aisément qu'ils ont dû faire naître, dans les âmes des citoyens, un amour rendant presque impossible que l'idée leur vînt de trahir la patrie ou de faire défection; au contraire, tous devaient lui être attachés au point qu'ils souffrissent la mort plutôt que la domination de l'étranger. Après, en effet, qu'ils eurent transféré leur droit à Dieu, ils crurent que leur royaume était le royaume de Dieu, que seuls ils avaient qualité de fils de Dieu, les autres nations étant ennemies de Dieu et leur inspirant pour cette raison la haine la plus violente (car cette haine leur semblait une marque de piété : voir Psaume CXXXIX, *vs.* 21, 22); rien de plus horrible pour eux que de jurer fidélité à un étranger et de lui promettre obéissance; nul opprobre plus grand, nulle action plus exécrable à leurs yeux, que de trahir leur patrie, c'est-à-dire le royaume même du Dieu qu'ils adoraient. Le seul fait d'aller habiter quelque part sur la terre étrangère était tenu pour flétrissant parce que, dans la patrie seulement, le culte obligatoire de Dieu leur était possible, si bien qu'à part la terre sainte de la patrie le reste du monde leur semblait impur et profane. C'est ainsi que David, contraint de s'exiler, se plaint devant Saül : *S'ils sont des hommes, ceux qui t'excitent contre moi, maudits soient-ils, parce qu'ils me retranchent et m'excluent de l'héritage de Dieu et disent : Va et rends un culte à des dieux étrangers.* Pour cette même cause nul citoyen, ce qui est particulièrement à noter, n'était condamné à l'exil : le pécheur est digne du supplice, non de l'opprobre. L'amour des Hébreux pour la patrie n'était donc pas un simple amour, c'était une piété, et cette piété comme cette haine des autres nations, le culte quotidien les échauffait et alimentait de telle sorte qu'elles durent devenir la nature même des Hébreux. Leur culte quotidien en effet n'était pas seulement entièrement différent des autres, ce qui les séparait du reste des hommes, il leur était absolument contraire. A l'égard de l'étranger, tous les jours couvert d'opprobre, dut naître dans leurs âmes une haine l'emportant en fixité sur tout autre sentiment, une haine née de la dévotion, de la piété, crue elle-même pieuse; ce qu'il y a de plus fort, de plus irréductible. La cause ordinaire qui fait qu'une haine s'avive de plus en plus, ne manquait d'ailleurs pas d'agir, je veux parler du sentiment tout pareil qui répondait au leur; les autres nations ne purent manquer de les haïr aussi de la haine la plus violente. Avec quelle efficacité maintenant toutes ces circonstances jointes : la liberté dont les hommes jouissaient dans l'État à l'égard des hommes; la dévotion à la patrie; un droit sans limite contre l'étranger; la haine atroce de tout Gentil devenue non seulement licite, mais devoir pieux; la singularité des mœurs et des rites; avec quelle efficacité, dis-je, tout cela contribua à donner aux Hébreux des âmes fermes pour tout endurer au service de la patrie avec une constance et un courage uniques, la Raison le fait connaître avec la plus grande clarté et l'expérience même l'atteste. Jamais, tant que la Ville fut debout, ils ne purent se plier longtemps à une domination étrangère, et aussi Jérusalem était-elle communément appelée la cité rebelle (voir Esdras, chap. IV, *vs.* 12, 15). L'État qui suivit la restauration du temple (et qui fut à peine l'ombre du premier, les Pontifes ayant usurpé le droit des chefs) put difficilement être détruit par les Romains. Tacite lui-même l'atteste dans le livre II des Histoires : *Vespasien avait achevé la guerre des Juifs, sauf qu'il n'avait pas encore forcé Jérusalem, entreprise rendue plus dure et plus ardue par la complexion de cette race et son fanatisme irréductible que par les forces restées aux assiégés pour faire face aux nécessités de la situation.* Mais, outre cette force, dont la valeur dépend de l'opinion seule, il y eut dans cet État une autre force unique et la plus grande de toutes, qui devait retenir les citoyens et les prémunir contre toute idée de défection et tout désir de déserter leur patrie, ce fut la considération de l'utilité qui donne aux actions humaines leur vigueur et leur animation. Je dis que dans cet État cette considération avait une force unique; nulle part en effet les citoyens n'avaient sur leurs biens un droit de propriété plus assuré que les sujets de cet État. La part de terre et de champs possédée par chacun d'eux était égale à celle du chef et ils en étaient maîtres pour l'éternité, car si l'un d'eux, contraint par la pauvreté, avait vendu son fonds ou son champ, au moment du jubilé, la propriété devait lui en être restituée et d'autres institutions de cette sorte empêchaient que personne ne pût être dépouillé de sa part fixe de biens. Nulle part en outre la pauvreté ne pouvait être plus aisément supportée que dans un pays où la charité envers le prochain, c'est-à-dire le concitoyen, était au plus haut point une pratique pieuse et le moyen de se rendre propice le Roi Dieu. Les citoyens hébreux donc ne pouvaient se trouver bien que dans leur patrie; au dehors il n'y avait pour eux que déshonneur et grand dommage. Ce qui, en outre, avec le plus d'efficacité, non seulement les attachait au sol de la patrie, mais aussi les engageait à éviter les guerres civiles et à écarter les causes de discorde, c'était que nul n'avait pour maître son semblable, mais Dieu seul, et que l'amour du concitoyen, la charité envers lui, passaient pour la forme la plus élevée de la piété; la haine qui leur était commune envers les autres nations et celle qu'elles leur rendaient, entretenaient cet amour. De plus l'obéissance était le fruit de la discipline très forte à laquelle les formait leur éducation : tous leurs actes étaient réglés par des prescriptions de la loi; on ne pouvait pas labourer comme on voulait, mais à des époques déterminées et dans certaines années et seulement avec un bétail d'une certaine sorte; de même aussi les semailles et les moissons n'avaient lieu qu'à un certain moment et dans une forme arrêtée, et, d'une manière générale, toute leur vie était une constante pratique de l'obéissance (voir à ce sujet le chapitre V relatif à l'utilité des cérémonies); en raison de l'accoutumance elle n'était plus une servitude, mais devait se confondre à leurs yeux avec la liberté, si bien que la chose défendue n'avait d'attrait pour personne, seule en avait la chose commandée. A cela paraît n'avoir pas peu contribué encore le retour périodique dans l'armée de jours obligatoires de repos et de liesse; ils ne s'abandonnaient pas à cette occasion, mais obéissaient à Dieu avec abandon. Trois fois par an ils étaient les convives de Dieu (voir Deutér., chap. XVI); le septième jour de la semaine ils devaient cesser tout travail et se livrer au repos; en outre à d'autres moments encore, des réjouissances honnêtes et des repas de fête étaient non autorisés, mais prescrits. Je ne pense pas qu'on puisse rien trouver de plus efficace pour fléchir les âmes des hommes; rien ne s'empare de l'âme avec plus de force que la joie qui naît de la dévotion, c'est-à-dire à la fois de l'amour et de l'admiration. Il n'était pas à craindre que la lassitude qu'engendre la répétition fréquente eût prise sur eux, car le culte réservé aux jours de fête était rare et varié. A tout cela s'ajoutait la très profonde révérence du temple qu'ils gardèrent religieusement à cause du caractère singulier de son culte et des rites à observer avant que l'accès en fût permis; à ce point qu'aujourd'hui encore ils ne lisent pas sans une grande horreur le récit de l'attentat de Manassé qui eut l'audace de placer une idole dans le temple même. La révérence du peuple n'était pas moindre à l'égard des lois qui étaient gardées avec le soin le plus religieux dans le sanctuaire le plus inaccessible. C'est pourquoi les rumeurs populaires et les préjugés étaient moins à craindre qu'ailleurs; nul n'osait porter un jugement sur les choses divines; à tout ce qui était ordonné par l'autorité de la réponse divine reçue dans le temple, ou de la loi fondée par Dieu, ils devaient obéir sans consulter la Raison.

Je pense avoir ainsi donné des principes essentiels de cet État un résumé assez clair dans sa brièveté. Il nous reste à rechercher les causes qui ont pu amener les Hébreux à faire tant de fois défection à la Loi [2]; à être si souvent asservis et à souffrir enfin la ruine complète de leur État. Peut-être dira-t-on que cela tient à l'insoumission de cette nation. Réponse puérile; pourquoi cette nation a-t-elle été plus insoumise que les autres ? Est-ce par Nature ? La Nature ne crée pas des nations, mais des individus [3], lesquels ne se distinguent en nations que par la diversité de la langue, des lois et des mœurs reçues; seules, parmi ces traits distinctifs, les lois et les mœurs peuvent faire que chaque nation ait une complexion singulière, une condition propre, des préjugés à elle. Si donc on devait accorder que les Hébreux furent insoumis plus que le reste des mortels, cela devrait être imputé à quelque vice des lois ou des mœurs reçues. Et sans doute il est vrai que si Dieu eût voulu que leur État fût plus constant, il eût établi d'autres droits et d'autres lois et institué un autre gouvernement; que pouvons-nous dire sinon qu'ils ont irrité leur Dieu, non seulement, comme dit Jérémie (chap. XXXII, *v.* 31), depuis la fondation de la ville, mais depuis celle des lois ? C'est ce qu'atteste Ézéchiel (chap. XX, *v.* 25) : *Je leur ai donné aussi des statuts qui n'étaient pas bons et des règles par lesquelles ils ne vivraient point ; en ce que je les ai rendus impurs en leurs dons, par la condition mise au rachat de toute ouverture de la vulve* (c'est le premier-né); *afin que par ma volonté ils fussent dévastés, pour qu'ils connussent que je suis Jéhovah.* Pour bien entendre ces paroles et la cause de la ruine de l'État, il faut noter que le premier dessein fut de remettre le ministère sacré aux premiers-nés, non aux Lévites (voir Nombres, chap. VIII, *v.* 17); mais quand tous, sauf les Lévites, eurent adoré le veau, les premiers-nés furent répudiés et jugés impurs, et les Lévites élus à leur place (Deutéron., chap. X, *v.* 8); plus je considère ce changement, plus je me sens obligé à répéter la parole de Tacite : ce ne fut pas à la sécurité des Hébreux que Dieu veilla dans ce temps-là, mais de sa vengeance qu'il prit soin. Et je ne puis assez m'étonner de ce qu'il ait conçu dans son âme céleste une colère assez grande pour établir des lois destinées non pas, comme c'est la règle, à procurer l'honneur, le salut, la sécutiré de tout le peuple, mais à satisfaire son désir de vengeance et à punir le peuple; si bien que ces lois ne semblaient plus être des lois, c'est-à-dire le salut du peuple, mais bien plutôt des peines et des supplices. Les dons en effet qu'on était tenu de faire aux Lévites et aux prêtres, l'obligation de racheter les premiers-nés et de donner par tête aux Lévites une certaine somme d'argent, et enfin le privilège accordé aux seuls Lévites d'avoir accès aux choses saintes, autant de marques incessamment répétées accusant l'impureté des Hébreux et leur répudiation. De plus les Lévites ne manquaient jamais de leur faire sentir leur opprobre. Il n'est pas douteux, en effet, que, parmi tant de milliers de Lévites, ne se soient trouvés un grand nombre de fâcheux Théologiens; d'où le désir qui vint au peuple d'observer la vie des Lévites, des hommes après tout, et, comme il arrive, de les accuser tous pour la faute d'un seul. De là de constantes rumeurs, puis la lassitude ressentie par les Hébreux, surtout les années de disette, de nourrir des hommes oiseux et détestés auxquels ne les rattachait même pas le lien du sang. Rien de surprenant donc à ce que dans le repos, quand les miracles manifestes venaient à manquer, qu'il n'y avait pas d'hommes d'une autorité tout à fait rare, l'âme populaire aigrie et attachée aux intérêts matériels perdît d'abord de son ardeur religieuse, puis qu'elle finît par abandonner un culte, divin à la vérité, mais outrageant pour elle et suspect, qu'elle voulût du nouveau; rien de surprenant à ce que les Chefs toujours à la recherche, pour avoir seuls tous les droits souverains, d'un moyen de s'attacher le peuple et de le détourner du Pontife, aient fait à cette âme populaire toutes les concessions et établi des cultes nouveaux. Que si l'État avait été constitué suivant la première intention de son fondateur, toutes les tribus eussent eu le même droit et des honneurs égaux, et la sécurité aurait régné partout; qui voudrait violer en effet le droit sacré de ses consanguins ? Que vouloir de mieux que de nourrir ses consanguins, ses frères, ses parents, par piété religieuse? que d'être instruits par eux de l'interprétation des lois ? que d'attendre d'eux enfin les réponses divines ? Par ce procédé toutes les tribus fussent restées beaucoup plus étroitement unies entre elles; je veux dire, si elles avaient eu un droit pareil d'administrer les choses sacrées; et même si l'élection des Lévites avait eu une autre cause que la colère et la vengeance, il n'y aurait rien eu à craindre. Mais, nous l'avons dit, ils avaient irrité leur Dieu; et pour répéter les paroles d'Ézéchiel, il les rendit impurs en leurs dons, par la condition mise au rachat de toute ouverture de la vulve, afin d'amener leur ruine. Cela d'ailleurs est confirmé par les récits. Sitôt qu'au désert le peuple commença de jouir du repos, beaucoup d'hommes, et qui ne faisaient point partie de la foule, furent indisposés par l'élection des Lévites et saisirent cette occasion de croire que Moïse avait établi toutes ces institutions non par le commandement de Dieu, mais selon son bon plaisir; il avait en effet choisi sa propre tribu et donné pour l'éternité le pontificat à son frère; dans leur excitation ils l'assaillirent en tumulte, criant que tous étaient également saints et que sa propre élévation au-dessus de tous était contraire au droit. Moïse ne put les calmer par aucune raison, mais, par un miracle qui devait servir de signe pour établir la foi, tous périrent; de là une nouvelle sédition de tout le peuple croyant qu'ils avaient péri par l'artifice de Moïse et non par le jugement de Dieu. Après un grand carnage cependant ou une peste, la fatigue amena l'apaisement, mais la vie était à charge aux Hébreux et ils lui préféraient la mort; la sédition avait pris fin sans que la concorde régnât. Cela est attesté ainsi par l'Écriture (Deut., chap. XXXI, v. 21). Dieu, après avoir prédit à Moïse qu'après sa mort le peuple ferait défection au culte divin, ajoute : *car je connais l'appétit du peuple et ce qu'il combine aujourd'hui, alors que je ne l'ai pas encore conduit à la terre que j'ai promise.* Et un peu après Moïse dit au peuple même : *Car je connais ta rébellion et ton insoumission. Si, alors que j'ai vécu avec vous, vous avez été rebelles contre Dieu, vous le serez encore bien plus après ma mort.* Et effectivement la chose arriva, comme on sait. De là de grands changements, une licence universelle, le luxe, la paresse d'âme qui amenèrent la décadence de l'État, jusqu'au moment où, plusieurs fois soumis, ils rompirent le pacte avec Dieu dont le droit fut déchu; ils voulurent avoir des rois mortels, ce qui entraînait que la demeure du pouvoir ne fût plus le temple, mais une cour, et que les hommes de toutes les tribus fussent dorénavant concitoyens non plus en tant que soumis au droit de Dieu et au Pontificat, mais en tant qu'ayant le même roi. Ce changement fut une cause considérable de séditions nouvelles qui finirent par amener la ruine complète de l'État. Quoi de plus insupportable en effet pour les rois que de régner à titre précaire et d'avoir à souffrir un État dans l'État ? Les premiers qui, simples particuliers, furent élus, se contentèrent du degré de dignité où ils s'étaient haussés, mais quand les fils régnèrent par droit de succession, ils s'appliquèrent par des changements graduels à parvenir enfin à posséder seuls la totalité du droit constituant le pouvoir d'État. Ils en étaient privés pour une très grande part aussi longtemps qu'à leur droit s'opposaient des lois indépendantes d'eux, gardées par le Pontife dans le sanctuaire et interprétées au peuple par lui : de la sorte en effet ils étaient, comme les sujets, tenus par les lois et ne pouvaient en droit les abroger, ni en instituer de nouvelles d'une égale autorité. En second lieu ils en étaient privés aussi parce que le droit des Lévites interdisait aux rois, tout comme aux sujets, en leur qualité de profanes, l'administration des choses sacrées. Et enfin parce que leur pouvoir n'était nullement assuré contre la seule volonté d'un seul homme, reconnu Prophète, qui pouvait le tenir en échec; on en a vu des exemples. Avec quelle liberté en effet Samuel n'avait-il pas commandé en tout à Saül ? avec quelle facilité n'avait-il pas, pour une seule faute, transféré à David le droit de régner ? Ainsi ils avaient à compter avec un État dans l'État et régnaient à titre précaire. Pour triompher de ces résistances, ils permirent d'élever aux Dieux d'autres temples, de façon qu'on n'eût plus à consulter les Lévites; ensuite ils cherchèrent plus d'une fois des hommes capables de prophétiser au nom de Dieu pour avoir des Prophètes à opposer aux vrais. Quoi qu'ils aient tenté cependant, ils ne purent jamais arriver au terme de leurs vœux. Les Prophètes en effet, prêts à tout, attendaient le moment favorable, c'est-à-dire l'arrivée au pouvoir d'un nouveau roi, dont l'autorité est toujours précaire tant que le souvenir du prédécesseur reste vif; sans peine alors ils pouvaient, en invoquant l'autorité de Dieu, susciter quelque roi connu pour son courage et le pousser à revendiquer le droit de Dieu et à s'emparer à ce titre du pouvoir ou d'une partie du pouvoir. Mais les Prophètes eux aussi ne pouvaient par cette voie arriver à rien; même s'ils mettaient fin à une Tyrannie, par l'effet de causes permanentes, ils ne faisaient qu'acheter de beaucoup de sang hébreu un Tyran nouveau. Nulle fin donc aux discordes et aux guerres civiles et des causes, toujours les mêmes, de violation du droit divin qui ne purent disparaître qu'avec l'État lui-même.

Nous voyons par là comment la Religion a été introduite dans l'État des Hébreux et quels principes auraient pu faire qu'il fût éternel, si la juste colère du législateur avait permis qu'il demeurât tel qu'il avait d'abord été institué. Mais, comme il ne put en être ainsi, il dut périr. Je n'ai d'ailleurs parlé ici que du premier empire, car le second fut à peine l'ombre du premier, puisque les Hébreux étaient tenus par le droit des Perses, dont ils étaient sujets, et qu'après la conquête de l'indépendance les Pontifes usurpèrent le droit du Chef et s'emparèrent du pouvoir absolu. De là pour les Prêtres un grand appétit de régner et d'occuper en même temps le pontificat; il n'y avait donc pas lieu de s'étendre sur ce second empire. Quant à savoir si le premier, en tant que nous l'avons conçu comme durable, est imitable ou si c'est une action pieuse de l'imiter autant que possible, c'est ce que nous verrons dans les chapitres suivants. Je voudrais seulement, comme couronnement, placer ici une observation sur un point déjà touché; de l'exposé ci-dessus il ressort que le droit divin naît d'un pacte à défaut duquel il n'y a d'autre droit que le naturel; c'est pourquoi les Hébreux n'avaient, par le commandement de la religion, point d'obligations pieuses à l'égard des nations qui n'avaient pas pris part au pacte, mais seulement à l'égard de leurs concitoyens.

CHAPITRE XVIII

De l'État des Hébreux et de leur histoire sont conclus quelques dogmes politiques.

En dépit de l'éternité qui eût pu être en partage à l'État des Hébreux, tel que nous l'avons conçu dans le précédent chapitre, personne ne peut plus le prendre pour modèle et cela ne serait pas un dessein raisonnable. Si des hommes en effet voulaient transférer leur droit à Dieu, il leur faudrait comme aux Hébreux conclure avec Dieu un pacte exprès; ce n'est donc pas seulement la volonté de transférer son droit qui serait requise, mais aussi la volonté de Dieu à qui il devrait être transféré. Or Dieu a révélé par les Apôtres que son pacte n'était plus écrit avec de l'encre, ni sur des tables de pierre, mais dans le cœur et avec l'esprit de Dieu. En second lieu une forme d'État comme celle-là ne pourrait convenir, tout au plus, qu'à des hommes qui voudraient vivre seuls sans commerce avec le dehors, se renfermer dans leurs limites et s'isoler du reste du monde : non du tout à des hommes auxquels il est nécessaire d'avoir commerce avec d'autres, c'est pourquoi une telle forme d'État ne peut servir qu'à un très petit nombre. Il n'en est pas moins vrai que, si elle ne peut être imitée en tout, encore comprend-elle beaucoup de dispositions très dignes de remarque et qu'on aurait peut-être grande raison d'imiter. Mon intention toutefois n'étant pas, comme j'en ai déjà averti le lecteur, de traiter de l'État explicitement, je laisserai de côté la plupart de ces dispositions et noterai seulement ce qui se rapporte à mon but. D'abord qu'il n'est pas contraire au Règne de Dieu d'élire une majesté souveraine qui ait dans l'État un pouvoir souverain. Après en effet que les Hébreux eurent transféré leur droit à Dieu, ils reconnurent à Moïse un droit souverain de commander et, seul, il eut ainsi l'autorité d'instituer et d'abroger les lois, d'élire des ministres du culte, de juger, enseigner et châtier et de commander absolument à tous et en toutes choses. En second lieu que, tout en étant les interprètes des lois, les ministres du culte n'étaient qualifiés cependant ni pour juger les citoyens, ni pour excommunier qui que ce fût; ce droit n'appartenait qu'aux juges et aux chefs élus dans le peuple (voir Josué, chap. VI, *v.* 26; Juges, chap. XXI, *v.* 18, et Samuel, I, chap. XIV, *v.* 24).

Si en outre nous voulons considérer l'histoire des Hébreux et ses vicissitudes, nous trouverons d'autres points dignes de remarque. 1° Il n'y eut point du tout de sectes religieuses sinon quand, dans le deuxième empire, les Pontifes eurent l'autorité de rendre des décrets et de traiter les affaires de l'État, et que, pour que cette autorité fût éternelle, ils usurpèrent le droit du prince et finirent par vouloir qu'on leur donnât le nom de rois. La raison est facile à voir; dans le premier empire, il ne pouvait y avoir de décrets rendus au nom du Pontife, puisqu'ils n'avaient pas le droit de décréter, mais seulement, à la demande des chefs ou des conseils, de donner les réponses de Dieu; ils ne purent avoir en conséquence aucune passion de décréter des nouveautés, mais seulement d'administrer et de maintenir les usages reçus. Ils n'avaient en effet d'autre moyen d'assurer, en dépit des chefs, la conservation de leur liberté, que de préserver les lois de la corruption. Au contraire quand ils furent entrés en possession du pouvoir de traiter les affaires de l'État et eurent joint au pontificat le droit du prince, chacun eut l'ambition d'illustrer son nom, à l'égard de la religion et à d'autres encore, en réglant tout par son autorité pontificale, en rendant tous les jours sur les cérémonies, la foi et tous les points, de nouveaux décrets auxquels ils ne voulaient pas qu'on attribuât un caractère moins sacré et une autorité moindre qu'aux lois de Moïse; il arriva par là que la religion dégénéra en une superstition funeste et que le sens vrai et l'interprétation des lois se corrompirent. A quoi s'ajouta que, dans les premiers temps après la restauration du temple, pendant qu'ils cherchaient à se frayer une voie pour parvenir au Principat, ils se montraient à l'égard de la foule et pour l'attirer à eux, disposés à tout accepter, donnant leur approbation à ses manières d'agir même impies et accommodant l'Écriture aux plus mauvaises mœurs. Malachie l'atteste dans les termes les plus forts; après avoir invectivé contre les prêtres de son temps, qu'il appelle des contempteurs du nom de Dieu, il continue ainsi à les châtier : *Les lèvres du Pontife gardent la science et la loi ne sort que de sa bouche, car il est l'envoyé de Dieu. Mais vous vous êtes écartés de la voie, vous avez fait que la loi fût pour beaucoup un scandale, vous avez rompu le pacte de Lévi, dit le Dieu des armées ;* et ses accusations se poursuivent : ils interprètent les lois selon leur bon plaisir, n'ont nul égard à Dieu, mais seulement aux personnes. Il est certain que les Pontifes n'ont pu user d'une prudence telle que leur conduite échappât à l'attention des plus éclairés; ces derniers, avec une audace croissante, soutinrent en conséquence qu'ils n'étaient tenus que par les lois écrites; quant aux décrets que les Pharisiens trompés [1] (ils étaient, comme le dit Josèphe dans ses Antiquités, pour la plupart du bas peuple) appelaient les traditions des ancêtres, il n'y avait pas à les observer. Quoi qu'il en ait été, nous ne pouvons en aucune façon douter que l'adulation des Pontifes, la corruption de la religion et des lois, accrues en nombre dans une mesure incroyable, n'aient donné très largement et très fréquemment occasion à des débats et à des querelles sans fin; où les hommes en effet commencent à disputer avec l'ardeur du fanatisme, appuyés de part et d'autre par des magistrats, il est impossible de jamais arriver à un apaisement et la division en sectes est inévitable.

2° Il vaut la peine d'observer que les Prophètes, c'est-à-dire de simples particuliers, par la liberté qu'ils prirent d'avertir, d'invectiver et de couvrir d'opprobre, irritèrent les hommes plus qu'ils ne les corrigèrent; tandis qu'avertis ou châtiés par les rois ces mêmes hommes étaient faciles à fléchir. Il y a plus, les rois, même pieux, jugèrent souvent intolérables les Prophètes à cause de l'autorité qu'ils avaient de décider quelle action était pieuse, quelle impie, et de châtier les rois eux-mêmes, quand ils se permettaient de conduire quelque affaire, publique ou privée, à l'encontre de ce qu'eux, Prophètes, avaient décidé. Le roi Asa, qui régna pieusement, d'après le témoignage de l'Écriture, envoya à la meule le prophète Hanani (voir Paralip., II, chap. XVI) pour avoir eu l'audace de le reprendre et de lui faire des reproches au sujet du traité conclu avec le roi d'Arménie; et l'on trouve en outre d'autres exemples montrant qu'une telle liberté est plus dommageable que profitable à la religion; pour ne rien dire des grandes guerres civiles qui naquirent des droits excessifs revendiqués par les Prophètes.

3° Digne encore de remarque est ce fait que, pendant la durée du pouvoir populaire, il y eut une seule guerre civile; encore se termina-t-elle sans laisser de ressentiments, et les vainqueurs, par pitié des vaincus, prirent toutes les mesures nécessaires pour les rétablir dans leur dignité et leur puissance. Par contre, quand le peuple, peu fait aux rois, eut substitué à la première forme de gouvernement, la monarchie, les guerres civiles ne cessèrent pour ainsi dire plus, et l'on se livra des combats dont l'acharnement est sans égal dans la renommée. Dans un seul combat (c'est à peine croyable) quinze cent mille hommes d'Israël furent massacrés par ceux de Juda; par contre, dans un autre, ceux d'Israël font un grand carnage de ceux de Juda (l'Écriture n'en donne pas le nombre), s'emparent du roi, démolissent presque entièrement les murailles de Jérusalem, et (pour qu'on sache que leur colère ne connaît pas de mesure) dépouillent entièrement le Temple, puis lourdement chargés du butin pris sur leurs frères et rassasiés de sang, ils se font remettre des otages, abandonnent le roi dans son royaume presque dévasté, et déposent les armes, se reposant non sur la foi, mais sur la faiblesse de ceux de Juda. Peu d'années après, en effet, quand Juda a rétabli ses forces, un nouveau combat s'engage dans lequel ceux d'Israël, de nouveaux vainqueurs égorgent cent vingt mille hommes de Juda, emmènent en captivité leurs femmes et leurs enfants au nombre de deux cent mille, emportant de nouveau un grand butin. Après ces combats et d'autres qui sont racontés tout au long dans les histoires, ils finirent, épuisés, par être la proie des ennemis. En second lieu, si nous voulons compter le temps pendant lequel on jouit d'une paix complète, nous trouverons une grande différence; avant les rois ils passèrent plusieurs fois quarante années et une fois quatre-vingts (ce qui surprend l'opinion) dans une entière concorde, sans guerre extérieure ni intérieure; après que les rois se furent emparés du pouvoir, comme on ne combattait plus ainsi qu'auparavant pour la paix et la liberté, mais pour la gloire, nous voyons qu'à l'exception du seul Salomon (dont la vertu, qui était la sagesse, se montrait dans la paix plus que dans la guerre), tous firent la guerre, et un funeste appétit de régner rendit sanglant pour la plupart le chemin conduisant à la royauté. Enfin les lois, durant le règne du peuple, demeurèrent à l'abri de la corruption et furent observées avec plus de constance. Avant les rois, en effet, fort peu de Prophètes donnèrent aux peuples des avertissements; après qu'un roi eut été élu, il y en eut un très grand nombre : Obadias en sauva cent du carnage et les cacha pour qu'ils ne fussent pas tués avec les autres. Et nous ne voyons pas que le peuple ait été trompé par de faux prophètes, sinon après que le pouvoir eut été abandonné aux rois, auxquels la plupart des faux prophètes voulurent complaire. Ajoutez que le peuple dont l'âme est, suivant l'événement, humble ou superbe, se corrigeait facilement dans les calamités et, se tournant vers Dieu, rétablissait les lois, de sorte qu'il se mettait hors de tout péril; au contraire les rois dont les âmes sont toujours orgueilleuses et ne peuvent fléchir sans honte, s'attachèrent à leurs vices avec obstination jusqu'à la complète destruction de la Ville.

Nous voyons par là très clairement : 1° combien il est pernicieux, tant pour la Religion que pour l'État, d'accorder aux ministres du culte le droit de décréter quoi que ce soit ou de traiter les affaires de l'État; qu'au contraire la stabilité est beaucoup plus grande quand ils sont astreints à répondre seulement aux demandes qui leur sont faites et entre-temps à régler leur enseignement et le culte extérieur sur la tradition la mieux établie et la plus universellement acceptée. 2° Combien il est dangereux de rattacher aux règles du droit divin les questions d'ordre purement spéculatif et de fonder les lois sur des opinions, sujet au moins possible de constantes disputes entre les hommes; l'exercice du pouvoir ne va pas sans la pire violence dans un État où l'on tient pour crimes les opinions qui sont du droit de l'individu auquel personne ne peut renoncer; et même, dans un État de cette sorte, c'est la furieuse passion populaire qui commande habituellement. Pilate, par complaisance pour la colère des Pharisiens, fit crucifier le Christ qu'il savait innocent. Pour dépouiller les plus riches de leurs dignités, les Pharisiens commencèrent d'inquiéter les gens au sujet de la Religion et d'accuser les Saducéens d'impiété; à l'exemple des Pharisiens, les pires hypocrites, animés de la même rage, ont partout persécuté des hommes d'une probité insigne et d'une vertu éclatante, odieux par là même à la foule, en dénonçant leurs opinions comme abominables et en enflammant contre eux de colère la multitude féroce. Cette licence effrontée, parce qu'elle se couvre d'une apparence de religion, n'est pas facile à réprimer, surtout dans un pays où les détenteurs du pouvoir souverain ont introduit une secte dont la doctrine échappe à leur autorité, car alors ils ne sont plus tenus pour des interprètes du droit divin mais pour des membres d'une secte, c'est-à-dire des hommes qui reconnaissent comme interprètes du droit divin les docteurs de la secte : l'autorité des magistrats a par suite peu de force auprès de la foule en ce qui concerne les actes qu'inspire le fanatisme religieux, l'autorité des docteurs en a beaucoup, et l'on croit que même les rois doivent se soumettre à leur interprétation. Pour éviter ces maux, on ne peut trouver de moyen plus sûr que de faire consister la piété et le culte de la Religion dans les œuvres seules, c'est-à-dire dans le seul exercice de la justice et de la charité, et, pour le reste, de l'abandonner au libre jugement de chacun; mais nous reviendrons plus longuement sur ce point. 3° Nous voyons combien il est nécessaire, tant pour l'État que pour la Religion, de reconnaître au souverain le droit de décider de ce qui est légitime et ce qui ne l'est pas. Si en effet ce droit de décider des actions n'a pu être accordé même aux Prophètes de Dieu, sans grand dommage pour l'État et la Religion, encore bien moins faut-il l'accorder à des hommes qui ne savent pas plus prédire l'avenir qu'ils ne peuvent faire de miracles. Je traiterai ce point explicitement dans le chapitre suivant. 4° Nous voyons enfin combien il est funeste pour un peuple qui n'est pas accoutumé à vivre sous des rois et qui a déjà des lois instituées d'élire un monarque. Ni le peuple en effet ne pourra supporter un pouvoir aussi grand, ni l'autorité royale ne pourra souffrir des lois et des droits du peuple institués par un autre d'une autorité moindre que la sienne; encore bien moins le roi pourra-t-il se faire à l'idée de défendre ces lois; d'autant que, dans leur institution, aucun compte n'a pu être tenu de lui, mais seulement du peuple ou du conseil, qui pensait détenir le pouvoir : ainsi le roi, en maintenant les droits antiques du peuple, paraîtrait plutôt son esclave que son maître. Un monarque d'institution récente tentera donc de toutes ses forces d'établir des lois nouvelles, de réformer à son profit les droits existant dans l'État, et de réduire le peuple à une condition telle qu'il ne puisse reprendre aux rois leur dignité aussi facilement que la leur donner.

Je ne puis cependant passer ici sous silence qu'il n'est pas moins périlleux d'ôter la vie à un Monarque, alors même qu'il est établi de toutes manières qu'il est un

Tyran. Car le peuple, accoutumé à l'autorité royale et retenu par elle seule, en méprisera une moindre et se jouera d'elle; par suite, si l'on ôte la vie à un Monarque, il sera nécessaire que le peuple, comme autrefois les Prophètes, en élise à sa place un autre qui nécessairement et malgré lui sera un Tyran. De quel œil en effet pourra-t-il voir des citoyens aux mains ensanglantées par le meurtre d'un roi, et se glorifiant d'un parricide comme d'une belle action qu'ils ne peuvent pas ne pas considérer comme un exemple pour lui ? Certes, s'il veut être un roi, ne pas reconnaître le peuple comme son juge et son maître, et ne s'accommode pas d'un pouvoir précaire, il doit venger la mort du roi qui l'a précédé et opposer à cet exemple, dans son intérêt, un autre exemple de nature à décourager le peuple du renouvellement de son forfait. Or il ne pourra aisément venger la mort du tyran en envoyant à la mort des citoyens, s'il ne fait pas sienne en même temps la cause du tyran auquel il succède, n'approuve ses actes et en conséquence ne marche entièrement sur ses traces. Ainsi est-il arrivé que le peuple a bien pu changer de tyran, mais non jamais supprimer le tyran, ni changer un gouvernement monarchique en un autre d'une forme différente. De cette impossibilité le peuple anglais a donné un exemple fatal; il a cherché des causes par lesquelles il pût, sous une apparence de droit, ôter la vie à un monarque; après cette opération, il n'a pu moins faire que de changer la forme du gouvernement; mais, après beaucoup de sang répandu, il en est venu à saluer d'un autre nom un nouveau Monarque (comme si toute la question était celle du nom donné au souverain); et ce nouveau Monarque n'avait d'autre moyen de durer que de détruire radicalement la race royale, de faire mourir les amis du roi ou ceux qui étaient suspects de l'être, de mettre fin par la guerre aux rumeurs que les loisirs de la paix eussent permis d'entendre, afin que la foule tout entière, occupée par de nouvelles pensées, fût divertie du meurtre du roi. Trop tard le peuple s'aperçut qu'il n'avait rien fait pour le salut de la patrie, sinon violer le droit du roi légitime et changer l'ordre existant en un pire. Il se décida donc, aussitôt que la liberté lui en fut donnée, à revenir sur ses pas et n'eut de cesse que tout n'eût été rétabli dans l'état ancien. Peut-être s'appuiera-t-on sur l'exemple du peuple romain pour objecter qu'un peuple peut facilement se débarrasser d'un Tyran; je crois au contraire que cet exemple confirme entièrement notre manière de voir. Le peuple romain, en effet, put bien se débarrasser beaucoup plus aisément d'un tyran et changer la forme du gouvernement, parce que le droit d'élire le roi et son successeur appartenait au peuple même, et qu'il ne s'était pas accoutumé encore (formé comme il était de factieux et de fauteurs de scandales) à obéir aux rois, car sur six qu'il avait eus auparavant il en avait tué trois; et cependant il ne fit rien qu'élire à la place d'un seul plusieurs tyrans qui le maintinrent par la guerre à l'extérieur et à l'intérieur dans un état misérable de déchirement, jusqu'à ce qu'enfin le pouvoir revînt à un monarque dont le nom seul fut changé, comme en Angleterre. Pour ce qui touche les États de Hollande, ils n'eurent jamais de rois, que je sache, mais des comtes auxquels à aucun moment ne fut transféré le droit de souveraineté. Ainsi que les Très Puissants États de Hollande eux-mêmes le font connaître dans un mémoire publié au temps du comte de Leicester, ils se sont toujours réservé l'autorité de rappeler les comtes à leur devoir et ont conservé le pouvoir nécessaire pour maintenir leur autorité et la liberté des citoyens, pour se venger du comte en cas qu'il se laissât entraîner à la tyrannie et pour le tenir de telle sorte qu'il lui fût impossible de rien faire sans la permission et l'approbation des États. Il suit de là que le droit de majesté suprême a toujours appartenu aux États et que le dernier comte tenta de l'usurper. Il s'en faut donc de beaucoup qu'ils lui aient fait défection, alors qu'au contraire ils ont restauré leur pouvoir ancien déjà presque perdu. Par ces exemples se trouve entièrement confirmé ce que nous avons dit : que chaque État doit conserver sa forme de gouvernement, qu'il ne peut changer sans être menacé de ruine totale. Telles sont les observations que j'ai cru qu'il valait la peine de faire.

CHAPITRE XIX

Où l'on montre que le droit de régler les choses sacrées appartient entièrement au Souverain et que, si nous voulons obéir à Dieu, le culte religieux extérieur doit se régler sur la paix de l'État.

Quand j'ai dit plus haut que les détenteurs du pouvoir avaient seuls le droit de tout régler, et que tout droit est suspendu à leur décret, je n'ai pas voulu entendre seulement le droit civil, mais aussi le droit sacré duquel ils doivent être également interprètes et défenseurs. Je veux ici le faire expressément observer et traiter ce point explicitement dans ce chapitre, parce qu'il y a beaucoup d'auteurs qui nient que ce droit de régler les choses sacrées appartienne au souverain et ne veulent pas le reconnaître comme interprète du droit sacré; d'où ils prennent licence de l'accuser, de le traduire devant un tribunal ecclésiastique et même de l'excommunier (comme autrefois Ambroise excommunia l'empereur Théodose). Nous verrons dans la suite de ce chapitre que par cette méthode ils divisent l'État et cherchent un moyen de parvenir eux-mêmes au pouvoir. Pour le moment je veux montrer que la Religion n'acquiert force de droit que par le décret de ceux qui ont le droit de régir l'État; que le règne singulier de Dieu sur les hommes ne s'établit que par ceux qui détiennent le pouvoir politique, et qu'en outre l'exercice du culte religieux et les formes extérieures de la piété doivent se régler sur la paix et l'utilité de l'État, d'où suit qu'ils doivent être réglés par le souverain seul et que le souverain doit en être l'interprète. Je parle expressément des formes extérieures de la piété et du culte extérieur, non de la piété elle-même et du culte intérieur de Dieu, c'est-à-dire des moyens par lesquels l'âme se dispose intérieurement à honorer Dieu avec un abandon total; ce culte intérieur de Dieu en effet et la piété elle-même relèvent du droit de l'individu (comme nous l'avons montré à la fin du chapitre VII) qui ne peut pas être transféré à un autre. J'ajoute que je crois avoir suffisamment marqué au chapitre XIV ce que j'entends ici par Règne de Dieu; car nous y avons montré qu'accomplir la loi de Dieu c'est pratiquer la justice et la charité suivant le commandement de Dieu, d'où suit que le Règne de Dieu est établi où la justice et la charité ont force de droit et de commandement. Et que Dieu enseigne et commande le vrai culte de la justice et de la charité par la Lumière Naturelle ou par la Révélation, cela ne fait à mes yeux aucune différence; peu importe comment ce culte est révélé, pourvu qu'il ait le caractère de droit souverain et soit la loi suprême des hommes. Si donc je montre maintenant que la justice et la charité ne peuvent acquérir force de droit et de commandement qu'en vertu du droit de régir l'État, on en conclura facilement (puisque le droit de régir l'État n'appartient qu'au souverain) que la Religion n'acquiert force de droit que par le décret de ceux qui ont le droit de commander, et qu'ainsi le règne singulier de Dieu sur les hommes ne s'établit que par les détenteurs du pouvoir politique. Mais il est manifeste par les chapitres précédents que le culte de la justice et de la charité n'acquiert force de loi que du droit de celui qui commande; nous avons montré en effet, au chapitre XVI, que, dans l'état naturel, la Raison n'a pas plus de droit que l'Appétit, et que ceux qui vivent suivant les lois de l'Appétit, tout comme ceux qui vivent suivant les lois de la Raison, ont droit à tout ce qui est en leur puissance. Pour cette cause, nous n'avons pu concevoir le péché dans l'état de nature, ni Dieu comme un juge punissant les hommes pour leurs péchés; nous avons cru que dans cet état tout se passe conformément aux lois communes de la Nature entière, que (dirai-je avec Salomon) la chance y est la même pour le juste et pour l'impie, pour le pur et pour l'impur, etc., et qu'il n'y a pas lieu de parler de justice et de charité. Pour que les enseignements de la Raison vraie, c'est-à-dire (comme nous l'avons montré au chapitre IV au sujet de la loi divine) les enseignements de Dieu eussent absolument force de loi, il a été nécessaire que l'individu renonçât à son droit naturel, et que tous les individus transférassent le leur à tous, ou à quelques-uns ou à un seul; alors seulement nous a été connu ce que sont la justice, l'injustice, l'équité, l'iniquité. La justice donc et en général tous les enseignements de la Raison vraie, par suite aussi la charité envers le prochain, n'acquièrent force de droit et de commandement qu'en vertu du seul droit de régir l'État c'est-à-dire (par ce que nous avons montré dans ce même chapitre) du seul décret de ceux qui ont le droit de commander. Et comme (ainsi que je l'ai déjà montré) le règne de Dieu consiste dans l'obligation légale de la justice et de la charité, c'est-à-dire de la vraie Religion, il suit, comme nous le voulions, que Dieu ne règne sur les hommes que par ceux qui ont le pouvoir de régir l'État. C'est tout un, je le répète, que nous concevions la Religion comme révélée par la lumière naturelle ou par la prophétique; la démonstration est universelle puisque la Religion est la même et également révélée par Dieu, qu'on la suppose connue des hommes d'une manière ou de l'autre. Ainsi fut-il nécessaire, pour que la Religion révélée prophétiquement eût force de Droit chez les Hébreux, que chacun d'eux abandonnât d'abord son droit naturel et que tous décidassent d'un commun consentement d'obéir seulement aux ordres qui leur seraient, suivant le mode prophétique, révélés par Dieu, tout comme nous avons montré que dans le gouvernement démocratique, tous décident, d'un commun consentement, de vivre selon l'injonction de la Raison. Bien que les Hébreux d'ailleurs aient transféré leur droit à Dieu, ils n'ont pu le faire que par la pensée plutôt que d'une manière effective; car en réalité ils gardèrent (comme nous l'avons vu ci-dessus) un droit absolu de commander jusqu'à ce qu'ils l'eussent transféré à Moïse qui, par la suite aussi, demeura roi au sens absolu du mot; et c'est par lui que Dieu régna sur les Hébreux. J'ajoute que, pour la même cause (parce que la religion n'acquiert force de loi qu'en vertu du seul droit de celui qui régit l'État), Moïse ne put en aucune façon punir du supplice ceux qui, avant le pacte, alors que par conséquent ils s'appartenaient encore juridiquement, violèrent le Sabbat (voir Exode, chap. XVI, *v.* 27); il le put après le pacte (voir Nombres, chap. XV, *v.* 36) parce qu'alors chacun avait renoncé à son droit naturel et que le Sabbat avait acquis force de loi, du droit de celui qui commandait. Enfin, toujours pour la même cause, après la destruction de l'État des Hébreux, la Religion révélée cessa d'avoir force de

Droit; dès que les Hébreux eurent transféré leur droit au roi de Babylone, le Règne de Dieu et le Droit divin, nous n'en pouvons douter, cessèrent d'être. Par cela même en effet le pacte par lequel ils avaient promis d'obéir à toute parole dite par Dieu et qui était le fondement du Règne de Dieu avait été entièrement annulé; et ils ne pouvaient l'observer davantage, puisqu'à partir de ce moment ils ne relevaient plus juridiquement d'eux-mêmes (comme au désert ou dans la patrie), mais du roi de Babylone à qui ils étaient tenus (nous l'avons montré au chapitre XVI) d'obéir en tout. C'est l'avertissement que leur donne expressément Jérémie (chap. XV, *v.* 7) : *Veillez*, dit-il, *à la paix de la cité où je vous ai conduits captifs ; car son salut sera votre salut.* Or ils ne pouvaient veiller au salut de cette cité comme ministres de l'État (car ils étaient captifs), mais comme esclaves, c'est-à-dire en se prêtant à tout avec obéissance pour éviter les séditions, en observant les droits et les lois de l'État, bien que ces lois fussent très différentes de celles auxquelles ils avaient été accoutumés dans leur patrie, etc. De tout cela la conséquence très évidente est que la Religion a acquis force de Droit chez les Hébreux du seul droit de celui qui régissait l'État, et que, l'État détruit, elle n'a plus pu être considérée comme la règle de droit imposée à un État particulier, mais comme un enseignement catholique de la Raison, je dis de la Raison, parce qu'on ne connaissait pas encore de Religion Catholique. Nous concluons de là absolument que la Religion, qu'elle soit révélée par la Lumière Naturelle ou par la Prophétique, n'acquiert force de commandement qu'en vertu du décret de ceux qui ont le droit de commander dans l'État, et que Dieu n'a pas de règne singulier parmi les hommes, sinon par ceux qui sont les détenteurs du pouvoir dans l'État. Cela découle aussi de ce que nous avons dit au chapitre IV et se connaît plus clairement par là. Dans ce chapitre en effet nous avons montré que les décrets de Dieu enveloppent une vérité éternelle et nécessaire et qu'on ne peut concevoir Dieu comme un prince ou un législateur imposant des lois aux hommes. C'est pourquoi les enseignements divins révélés par la lumière naturelle ou la prophétique ne reçoivent pas de Dieu immédiatement force de commandement, mais, nécessairement, de ceux, ou par l'intermédiaire de ceux, qui ont le droit de commander et de décréter, et ainsi, sans leur intermédiaire, nous ne pouvons concevoir que Dieu règne sur les hommes et dirige les affaires humaines suivant la justice et l'équité. Cela est même prouvé aussi par l'expérience : on ne trouve de marques de la justice divine que là où règnent des hommes justes; autrement nous voyons (pour répéter la parole de Salomon) que la chance est la même pour le juste et l'injuste, le pur et l'impur, ce qui a amené beaucoup de gens qui croyaient que Dieu règne immédiatement sur les hommes et dirige en vue des hommes toute la Nature à douter de la providence divine. Puis donc qu'il est établi, tant par l'expérience que par la Raison, que le droit divin dépend du seul décret du souverain, il suit que le souverain en est aussi l'interprète. Nous allons voir en quel sens, car il est temps maintenant de montrer que le culte religieux extérieur et toutes les formes extérieures de la piété doivent, si nous voulons obéir à Dieu directement, se régler sur la paix de l'État. Cela démontré, nous connaîtrons facilement en quel sens le souverain est l'interprète de la religion et de la piété.

Il est certain que la piété envers la Patrie est la plus haute sorte de piété qu'un homme puisse montrer; supprimez l'État en effet, rien de bon ne peut subsister; nulle sûreté nulle part; c'est le règne de la colère et de l'impiété dans la crainte universelle; il suit de là qu'on ne peut montrer aucune piété envers le prochain, qui ne soit impie, si quelque dommage en est la conséquence pour l'État, et qu'au contraire il n'est pas d'action impie envers le prochain qui ne prenne un caractère pieux, si elle est accomplie pour la conservation de l'État. Par exemple il est pieux, si quelqu'un s'attaque à moi et veut prendre ma tunique, de lui donner aussi mon manteau; mais, où l'on juge que cela est dangereux pour le maintien de l'État, il est pieux d'appeler le voleur en justice, bien qu'il doive être condamné à mort. Manlius Torquatus est célébré parce qu'il mit le salut du peuple au-dessus de la piété envers son propre fils. Cela étant, il en résulte que le salut du peuple est la loi suprême à laquelle doivent se rapporter toutes les lois tant humaines que divines. Or, comme c'est l'office du souverain seul de déterminer ce qu'exigent le salut de tout le peuple et la sécurité de l'État, et de commander ce qu'il a jugé nécessaire, c'est par conséquent aussi l'office du souverain de déterminer à quelles obligations pieuses chacun est tenu à l'égard du prochain, c'est-à-dire suivant quelle règle chacun est tenu d'obéir à Dieu. Par là nous connaissons clairement d'abord en quel sens le souverain est l'interprète de la Religion;

en second lieu que personne ne peut obéir à Dieu droitement s'il ne règle la pratique obligatoire de la piété sur l'utilité publique et si en conséquence il n'obéit à tous les décrets du souverain. Puisque, en effet, nous sommes tenus, par le commandement de Dieu, d'agir avec piété à l'égard de tous (sans exception) et de ne causer de dommage à personne, il n'est donc loisible à personne de prêter secours à quelqu'un au détriment d'un autre et encore bien moins au détriment de tout l'État; nul, par suite, ne peut agir pieusement à l'égard du prochain suivant le commandement de Dieu, s'il ne règle la piété et la religion sur l'utilité publique. Or nul particulier ne peut savoir ce qui est d'utilité publique, sinon par les décrets du souverain à qui seul il appartient de traiter les affaires publiques; donc nul ne peut pratiquer droitement la piété ni obéir à Dieu s'il n'obéit à tous les décrets du souverain. Et cela est confirmé par la pratique elle-même : si quelque homme, citoyen ou étranger, simple particulier ou chef d'un autre État, a été jugé coupable d'un crime capital ou déclaré ennemi par le souverain, il n'est permis à aucun des sujets de lui porter secours. Ainsi encore, bien que ce fût une maxime des Hébreux que chacun doit aimer son prochain comme soi-même (voir Lévit., chap. XIX, *vs.* 17, 18), ils étaient tenus cependant de dénoncer au juge celui qui avait commis quelque action contre les prescriptions de la loi (voir Lévit., chap. V, *v.* 1, et Deut., chap. XIII, *vs.* 8, 9), et de le tuer s'il était jugé coupable d'un crime capital (voir Deut., chap. XVII, *v.* 7).

En second lieu, pour que les Hébreux pussent conserver la liberté qu'ils avaient acquise et garder sous leur entière domination les terres qu'ils occupaient, il leur fut nécessaire, comme nous l'avons montré au chapitre XVII, de plier la religion à leur seul État et de se séparer des autres nations; aussi leur maxime fut-elle : Aime ton prochain, aie en haine ton ennemi (voir Matth., chap. V, *v.* 43); quand ils eurent perdu leur État et eurent été conduits captifs à Babylone, Jérémie leur enseigna qu'ils eussent à veiller (aussi) au salut de cette cité dans laquelle ils avaient été conduits en captivité; et quand le Christ les eut vus aller dispersés par toute la nature, il leur enseigna à agir pieusement à l'égard de tous les hommes absolument. Tout cela montre avec la dernière évidence que la religion a toujours été réglée sur l'utilité publique. Si l'on demande de quel droit les disciples du Christ, c'est-à-dire de simples particuliers, pouvaient prêcher la religion, je réponds qu'ils l'ont fait du droit du pouvoir qu'ils avaient reçu du Christ contre les Esprits impurs (voir Matth., chap. X, *v.* 1). Plus haut en effet, à la fin du chapitre XVI, j'ai averti expressément que tous sont tenus de rester fidèles même à un Tyran, excepté celui à qui Dieu, par une révélation certaine, a promis contre le Tyran un secours singulier. Personne donc ne peut s'autoriser de cet exemple, à moins qu'il n'ait le pouvoir de faire des miracles. Cela est encore visible par cette parole du Christ à ses disciples qu'ils ne craignissent pas ceux qui tuent les corps (voir Matth., chap. X, *v.* 28). Que si cette parole avait été dite pour tous, l'État eût été institué en vain, et ce mot de Salomon (Prov., chap. XXIV, *v.* 21) : *mon fils, crains Dieu et le roi*, eût été une parole impie, ce qui est bien éloigné de la vérité. Il faut donc reconnaître nécessairement que cette autorité donnée par le Christ à ses disciples leur a été donnée à eux singulièrement et que d'autres ne peuvent s'autoriser de cet exemple. Au reste les adversaires de cette thèse qui ont voulu séparer le droit sacré du droit civil et soutenir que ce dernier seul appartient au souverain, le premier appartenant à l'Église universelle, ont donné des raisons auxquelles je ne m'arrête pas, car elles sont si frivoles qu'elles ne valent pas d'être réfutées. Il y a cependant un point que je ne puis passer sous silence; c'est l'erreur lamentable de ceux qui, pour soutenir cette opinion séditieuse (qu'on me pardonne ce terme un peu dur), invoquent l'exemple du souverain Pontife des Hébreux qui eut jadis le pouvoir d'administrer les choses sacrées; comme si les Pontifes n'avaient pas reçu ce droit de Moïse (lequel, nous l'avons montré, garda seul tout le pouvoir souverain) de qui le décret pouvait aussi les en priver; c'est lui en effet qui élut non seulement Aaron, mais son fils Éléazar et son petit-fils Phinées, et leur donna l'autorité d'administrer le pontificat, et si, plus tard, les Pontifes la conservèrent, ce fut en qualité de substituts de Moïse, c'est-à-dire du souverain. Comme nous l'avons montré, en effet, Moïse n'élut personne pour occuper après lui le pouvoir souverain, mais partagea de telle sorte ses fonctions que ses successeurs parussent des vicaires administrant un État en l'absence de son roi toujours vivant. Plus tard, dans le deuxième empire, les Pontifes détinrent le droit de souveraineté absolument, quand ils eurent joint au pontificat le droit propre au principat. Ainsi le droit pontifical dépendit toujours d'un édit du souverain et les Pontifes n'en furent détenteurs que lorsqu'ils eurent en même temps le principat. Et même le droit de régler les choses sacrées appartint absolument aux rois (comme il apparaîtra par ce que nous avons à dire à la fin de ce chapitre), à cela près qu'il ne leur était pas permis de porter les mains sur le service divin dans le temple, parce que tous ceux qui n'étaient pas de la descendance d'Aaron, étaient tenus pour profanes; rien de semblable assurément dans un État Chrétien. Nous ne pouvons donc douter qu'aujourd'hui les choses sacrées (dont l'administration requiert des mœurs particulières, mais non une famille à part et desquelles ceux qui gouvernent ne doivent donc pas être exclus plus que d'autres) ne relèvent du seul droit du souverain et que personne, sinon par leur autorité, ou en vertu d'une concession reçue d'eux, n'ait le droit et le pouvoir d'administrer ces choses, de choisir les ministres du culte, de déterminer et d'établir les fondements et la doctrine de l'Église, de connaître des mœurs et des actes de piété, d'excommunier ou d'admettre qui que ce soit dans l'Église, ou de pourvoir aux besoins des pauvres. Non seulement cela est vrai (comme nous venons de le démontrer), mais on peut démontrer que cela est de première nécessité pour le maintien tant de la Religion elle-même que de l'État; tout le monde sait en effet quel prestige ont dans le peuple le droit et l'autorité de régler les choses sacrées, et comme il est suspendu à la parole de celui qui les détient; on peut affirmer qu'avoir cette autorité c'est régner sur les âmes. Si donc on veut la ravir au souverain, c'est qu'on veut diviser l'État et cette division ne peut manquer de faire naître, comme autrefois entre les Rois et les Pontifes des Hébreux, des discussions et des luttes impossibles à apaiser. Il y a plus, celui qui tente de ravir cette autorité au souverain cherche (comme je l'ai déjà dit) un moyen de parvenir à commander dans l'État. Que laissera-t-on à la décision du souverain si on lui refuse ce droit ? Ce n'est pas de la guerre ni de la paix qu'il pourra décider ni d'aucune affaire quelconque, s'il est tenu d'attendre l'avis d'un autre, et de savoir de lui si ce qu'il juge utile est pieux ou impie, légitime ou illégitime. Des exemples de cet assujettissement se sont vus dans tous les siècles; j'en donnerai un seul qui les remplacera tous. Parce que ce droit fut reconnu sans réserve au Pontife Romain, il entreprit de mettre peu à peu tous les rois sous sa domination, jusqu'à ce qu'il se fût élevé au faîte suprême du pouvoir; et tout ce qu'ont tenté plus tard les monarques, particulièrement les Empereurs Germaniques, pour diminuer si peu que ce fût son autorité, n'a abouti à rien, au contraire a eu pour effet de l'augmenter encore. Et cependant ce que nul Monarque n'avait pu faire ni par le fer, ni par le feu, des Ecclésiastiques l'ont fait avec la plume seule, ce qui suffit à faire connaître la force et la puissance de l'autorité en matière religieuse et à montrer en même temps combien il est nécessaire que le souverain la garde pour lui. Si nous voulons nous rappeler les observations faites dans le chapitre précédent, nous verrons que la religion même et la piété y trouvent un grand avantage; nous avons observé que les Prophètes eux-mêmes, bien que doués d'une vertu divine, ne purent, parce qu'ils étaient de simples particuliers, avec leur liberté d'avertir, d'invectiver, de jeter l'opprobre, corriger les hommes mais les ont plutôt irrités, alors que ces mêmes hommes, avertis et châtiés par les rois, étaient faciles à fléchir. En second lieu nous avons observé aussi que les rois eux-mêmes, précisément parce qu'ils n'avaient pas ce droit, se sont très souvent écartés de la Religion, et presque tout le peuple avec eux; ce que l'on voit qui est arrivé aussi très souvent pour la même cause dans les États chrétiens. On me posera peut-être cette question : Qui donc, si ceux qui ont le pouvoir dans l'État veulent être impies, sera en droit de défendre la piété ? Faudra-t-il même alors tenir le souverain pour interprète de la religion ? Et moi je demande en retour. Et si les Ecclésiastiques (qui sont des hommes après tout et de simples particuliers, n'ayant à prendre soin que de leurs propres affaires) ou d'autres à qui l'on veut qu'appartienne le droit de régler les choses sacrées, veulent être impies ? Devra-t-on même alors les tenir pour interprètes de la Religion ? Il est bien certain que si les hommes qui gouvernent l'État veulent suivre la voie qui flatte leurs passions, qu'ils aient ou n'aient pas de droit sur les choses sacrées, toutes choses, tant sacrées que profanes, iront mal; la ruine de l'État sera encore beaucoup plus rapide si des particuliers revendiquent séditieusement le droit de Dieu. Refuser ce droit au gouvernement n'avance donc absolument à rien; au contraire le mal s'en trouve accru; car par cela même (comme autrefois les rois des Hébreux qui ne possédaient pas ce droit absolument) ceux qui gouvernent sont rendus impies et conséquemment tout l'État a à souffrir d'un mal et d'un dommage non plus incertains et contingents, mais certains et nécessaires. Que nous ayons donc égard à la vérité ou à la sécurité de l'État, ou enfin à l'intérêt de la Religion, nous sommes obligés d'admettre que le droit même divin, c'est-à-dire relatif aux choses sacrées, dépend absolument du décret du souverain et qu'il en est l'interprète et le défenseur. D'où suit que les vrais ministres de la parole de Dieu sont ceux qui enseignent la piété en reconnaissant l'autorité du souverain et en se conformant au décret par lequel il l'a réglée sur l'utilité publique.

Il nous reste à indiquer la cause pour laquelle dans un État chrétien les discussions ne cessent pas au sujet de ce droit, alors que les Hébreux n'ont jamais, que je sache, contesté à ce sujet. Il peut paraître monstrueux certes qu'une chose aussi manifeste et nécessaire ait toujours été mise en question et que la jouissance de ce droit n'ait jamais appartenu au souverain sans contestation et même sans un grand danger de sédition et un grand dommage pour la religion. En vérité, si nous ne pouvions assigner à ce fait aucune cause certaine, je me persuaderais volontiers que toutes les propositions établies dans ce chapitre ont une valeur seulement théorique, c'est-à-dire appartiennent à ce genre de spéculations qui est sans nul usage. Mais il suffit d'avoir égard au caractère initial de la religion chrétienne pour que la cause cherchée apparaisse très manifestement; la religion chrétienne n'a pas été primitivement enseignée par des rois, mais par des particuliers qui, contre la volonté du gouvernement dont ils étaient les sujets, s'accoutumèrent longtemps à se réunir en Églises privées, à instituer et administrer les offices sacrés, à ordonner et décréter toutes choses sans tenir aucun compte de l'État. Quand, après beaucoup d'années, la religion commença d'être introduite dans l'État, les Ecclésiastiques durent l'enseigner, telle qu'ils l'avaient réglée, aux empereurs eux-mêmes. Par là il fut aisé d'obtenir qu'on reconnût à ses docteurs et interprètes, qui étaient en outre des pasteurs de l'Église, la qualité de vicaires de Dieu; et, pour que plus tard les rois chrétiens ne pussent s'emparer de cette autorité, les Ecclésiastiques prirent de très habiles mesures de préservation, comme la prohibition du mariage pour les plus hauts ministres de l'Église et l'interprète suprême de la religion. A cela s'ajouta que les dogmes de la Religion s'étaient tant accrus en nombre et confondus de telle sorte avec la Philosophie que son suprême interprète devait être un Philosophe et un Théologien de premier ordre et s'appliquer à beaucoup d'inutiles spéculations, ce qui n'était possible qu'à des particuliers abondant en loisirs. Chez les Hébreux, il en était tout autrement : leur Église commença d'être en même temps que l'État, et Moïse, qui était le souverain de l'État, enseigna au peuple la religion, ordonna le ministère sacré et choisit ses ministres. Ainsi arriva-t-il que l'autorité royale s'imposa avec force dans le peuple et que les Rois eurent sur les choses sacrées un droit très étendu. Bien qu'en effet, après la mort de Moïse, personne n'ait été absolument maître de l'État, encore le droit de rendre des décrets, tant à l'égard des choses sacrées qu'à tous autres, appartenait au chef (comme nous l'avons montré); en outre, pour s'instruire dans la religion et dans la piété, on n'était pas moins tenu de s'adresser au Juge suprême qu'au Pontife (voir Deut., chap. XVII, *vs.* 9, 11). Enfin, bien que ces rois n'aient pas eu un droit égal à celui de Moïse, encore toute l'ordonnance du ministère sacré et le choix des ministres dépendaient-ils de leur décret. David arrêta entièrement le plan du Temple (voir Paralip., I, chap. XXVIII, *vs.* 11, 12, etc.); entre tous les Lévites il en choisit vingt-quatre mille pour chanter les psaumes, six mille parmi lesquels furent élus les juges et les magistrats, quatre mille pour garder les portes et enfin quatre mille pour jouer des instruments de musique (voir même livre, chap. XXIII, *vs.* 4, 5). Il les partagea en outre en cohortes (dont il choisit aussi les chefs) pour que chacune à son tour fût de service pendant un certain temps (voir même chap., *v.* 5). Il partagea également en autant de cohortes les prêtres; pour ne pas être obligé de passer toutes ces dispositions en revue, je renvoie le lecteur au livre II des Paralipomènes, chapitre VIII, où il est dit (*v.* 13) : *que le culte de Dieu tel que Moïse l'avait institué fut administré dans le temple par le commandement de Salomon.* Et au verset 15 enfin l'Historien atteste *qu'on ne s'écarta du règlement imposé par le Roi aux prêtres et aux Lévites en aucune chose, non plus que dans l'administration du trésor.* De tout cela et des autres histoires des Rois la conséquence très évidente est que tout ce qui concerne l'exercice du culte et le ministère sacré dépendit du seul décret des Rois. Quand j'ai dit plus haut qu'ils n'eurent pas, ainsi que Moïse, le droit d'élire le souverain Pontife, de consulter Dieu directement, ni de condamner les Prophètes qui, eux vivants, prophétisaient à leur sujet, je l'ai dit uniquement parce que les Prophètes, en vertu de leur autorité, pouvaient élire un nouveau roi et absoudre le parricide; ce n'est pas qu'ils pussent appeler en justice le roi s'il se permettait quelque chose contre les lois et l'attaquer en droit *. Si donc il n'y avait pas eu des Prophètes pouvant, grâce à une révélation singulière, absoudre en sûreté le parricide, les rois auraient eu un droit absolu sur toutes choses tant sacrées que civiles. Aujourd'hui donc les souverains ne trouvant plus de Prophètes en face d'eux et n'étant plus obligés de les admettre (car ils ne sont pas tenus par les lois des Hébreux), ils ont ce droit absolu, bien qu'ils ne soient pas célibataires, et ils le garderont toujours pourvu qu'ils ne souffrent pas que les dogmes de la Religion soient accrus en grand nombre et confondus avec les sciences.

* Voir note XXXIX.

CHAPITRE XX

Où l'on montre que dans un État libre il est loisible à chacun de penser ce qu'il veut et de dire ce qu'il pense.

S'il était aussi facile de commander aux âmes qu'aux langues, il n'y aurait aucun souverain qui ne régnât en sécurité et il n'y aurait pas de gouvernement violent, car chacun vivrait selon la complexion des détenteurs du pouvoir et ne jugerait que d'après leurs décrets du vrai ou du faux, du bien ou du mal, du juste ou de l'inique. Mais, comme nous l'avons fait observer au commencement du chapitre XVII, cela ne peut être; il ne peut se faire que l'âme d'un homme appartienne entièrement à un autre; personne en effet ne peut transférer à un autre, ni être contraint d'abandonner son droit naturel ou sa faculté de faire de sa raison un libre usage et de juger de toutes choses. Ce gouvernement par suite est tenu pour violent, qui prétend dominer sur les âmes et une majesté souveraine paraît agir injustement contre ses sujets et usurper leur droit, quand elle veut prescrire à chacun ce qu'il doit admettre comme vrai ou rejeter comme faux, et aussi quelles opinions doivent émouvoir son âme de dévotion envers Dieu : car ces choses sont du droit propre de chacun, un droit dont personne, le voulût-il, ne peut se dessaisir. Je le reconnais, plus d'un a l'esprit occupé de préjugés tels et de si incroyable façon que, tout en n'étant pas directement placé sous le commandement d'un autre, il est suspendu à la parole de cet autre à ce point qu'on peut dire justement qu'il appartient à cet autre, en tant qu'être pensant; quelle soumission toutefois que par certains artifices on arrive à obtenir, encore n'a-t-on jamais fait que les hommes aient cessé d'éprouver que chacun abonde dans son propre sens et qu'entre les têtes la différence n'est pas moindre qu'entre les palais. Moïse qui, non par la fourberie, mais par sa vertu divine, s'était si bien emparé du jugement de son peuple, d'autant qu'on croyait ses paroles et tous ses actes inspirés par Dieu, ne put cependant échapper ni aux rumeurs ni aux interprétations défavorables; encore bien moins les autres Monarques y échappent-ils ? Et si l'on pouvait concevoir quelque moyen de l'empêcher, ce serait au plus dans un État monarchique, non du tout dans une démocratie où tous, ou au moins la plus grande partie du peuple, participent au pouvoir collectif, je pense que tout le monde voit pourquoi.

Si grand donc que soit le droit attribué au souverain sur toutes choses et tout interprète du droit et de la piété qu'on le croit, encore ne pourra-t-il jamais se dérober à la nécessité de souffrir que les hommes jugent de toutes choses suivant leur complexion propre et soient affectés aussi de tel sentiment ou tel autre. Il est bien vrai qu'il peut en droit tenir pour ennemis tous ceux qui, en toutes matières, ne pensent pas entièrement comme lui; mais la discussion ne porte plus sur son droit, elle porte sur ce qui lui est utile. Accordons en effet qu'un souverain peut en droit gouverner avec la pire violence, et condamner à mort les citoyens pour le plus léger motif; tout le monde niera que dans cette façon de gouverner le jugement de la droite Raison reste sauf. Et même, comme un souverain ne peut régner de la sorte sans mettre en danger tout l'État, nous pouvons nier aussi qu'il ait la puissance d'user des moyens indiqués et d'autres semblables, et conséquemment qu'il en ait le droit absolu; car nous avons montré que le droit du souverain a pour limite sa puissance.

Si donc personne ne peut renoncer à la liberté de juger et d'opiner comme il veut, et si chacun est maître de ses propres pensées par un droit supérieur de Nature, on ne pourra jamais tenter dans un État, sans que la tentative ait le plus malheureux succès, de faire que des hommes, d'opinions diverses et opposées, ne disent cependant rien que d'après la prescription du souverain; même les plus habiles, en effet, pour ne rien dire de la foule, ne savent se taire. C'est un défaut commun aux hommes que de confier aux autres leurs desseins, même quand le silence est requis; ce gouvernement donc sera le plus violent qui dénie à l'individu la liberté de dire et d'enseigner ce qu'il pense; au contraire, un gouvernement est modéré quand cette liberté est accordée à l'individu. Et cependant, nous ne saurions le nier, la majesté du souverain peut être lésée par des paroles comme par des actions; et, par suite, s'il est impossible d'enlever complètement cette liberté aux sujets, il sera très pernicieux de la leur accorder entièrement. Nous avons donc ici à nous demander dans quelle mesure précise cette liberté peut et doit être concédée sans danger pour la paix de l'État et le droit du souverain; c'est là, suivant l'avertissement donné au début du chapitre XVI, mon objet principal.

Des fondements de l'État tels que nous les avons expliqués ci-dessus, il résulte avec la dernière évidence que sa fin dernière n'est pas la domination; ce n'est pas pour tenir l'homme par la crainte et faire qu'il appartienne à un autre que l'État est institué; au contraire c'est pour libérer l'individu de la crainte, pour qu'il vive autant que possible en sécurité, c'est-à-dire conserve, aussi bien qu'il se pourra, sans dommage pour autrui, son droit naturel d'exister et d'agir. Non, je le répète, la fin de l'État n'est pas de faire passer les hommes de la condition d'êtres raisonnables à celle de bêtes brutes ou d'automates [1], mais au contraire il est institué pour que leur âme et leur corps s'acquittent en sûreté de toutes leurs fonctions, pour qu'eux-mêmes usent d'une Raison libre, pour qu'ils ne luttent point de haine, de colère ou de ruse, pour qu'ils se supportent sans malveillance les uns les autres. La fin de l'État est donc en réalité la liberté. Nous avons vu aussi que, pour former l'État, une seule chose est nécessaire : que tout le pouvoir de décréter appartienne soit à tous collectivement, soit à quelques-uns, soit à un seul. Puisque, en effet, le libre jugement des hommes est extrêmement divers, que chacun pense être seul à tout savoir et qu'il est impossible que tous opinent pareillement et parlent d'une seule bouche, ils ne pourraient vivre en paix si l'individu n'avait renoncé à son droit d'agir suivant le seul décret de sa pensée. C'est donc seulement au droit d'agir par son propre décret qu'il a renoncé, non au droit de raisonner et de juger; par suite nul à la vérité ne peut, sans danger pour le droit du souverain, agir contre son décret, mais il peut avec une entière liberté opiner et juger et en conséquence aussi parler, pourvu qu'il n'aille pas au delà de la simple parole ou de l'enseignement, et qu'il défende son opinion par la Raison seule, non par la ruse, la colère ou la haine, ni dans l'intention de changer quoi que ce soit dans l'État de l'autorité de son propre décret. Par exemple, en cas qu'un homme montre qu'une loi contredit à la Raison, et qu'il exprime l'avis qu'elle doit être abrogée, si, en même temps, il soumet son opinion au jugement du souverain (à qui seul il appartient de faire et d'abroger des lois) et qu'il s'abstienne, en attendant, de toute action contraire à ce qui est prescrit par cette loi, certes il mérite bien de l'État et agit comme le meilleur des citoyens; au contraire, s'il le fait pour accuser le magistrat d'iniquité et le rendre odieux, ou tente séditieusement d'abroger cette loi malgré le magistrat, il est du tout un perturbateur et un rebelle. Nous voyons donc suivant quelle règle chacun, sans danger pour le droit et l'autorité du souverain c'est-à-dire pour la paix de l'État, peut dire et enseigner ce qu'il pense; c'est à la condition qu'il laisse au souverain le soin de décréter sur toutes actions, et s'abstienne d'en accomplir aucune contre ce décret, même s'il lui faut souvent agir en opposition avec ce qu'il juge et professe qui est bon. Et il peut le faire sans péril pour la justice et la piété; je dis plus, il doit le faire, s'il veut se montrer juste et pieux; car, nous l'avons montré, la justice dépend du seul décret du souverain et, par suite, nul ne peut être juste s'il ne vit pas selon les décrets rendus par le souverain. Quant à la piété, la plus haute sorte en est (d'après ce que nous avons montré dans le précédent chapitre) celle qui s'exerce en vue de la paix et de la tranquillité de l'État; or elle ne peut se maintenir si chacun doit vivre selon le jugement particulier de sa pensée. Il est donc impie de faire quelque chose selon son jugement propre contre le décret du souverain de qui l'on est sujet, puisque, si tout le monde se le permettait, la ruine de l'État s'ensuivrait. On n'agit même jamais contrairement au décret et à l'injonction de sa propre Raison, aussi longtemps qu'on agit suivant les décrets du souverain, car c'est par le conseil même de la Raison qu'on a décidé de transférer au souverain son droit d'agir d'après son propre jugement. Nous pouvons donner de cette vérité une confirmation tirée de la pratique : dans les conseils, en effet, que leur pouvoir soit ou ne soit pas souverain, il est rare qu'une décision soit prise à l'unanimité des suffrages, et cependant tout décret est rendu par la totalité des membres aussi bien par ceux qui ont voté *contre* que par ceux qui ont voté *pour*. Mais je reviens à mon propos. Nous venons de voir, en nous reportant aux fondements de l'État, suivant quelle règle l'individu peut user de la liberté de son Jugement sans danger pour le droit du souverain. Il n'est pas moins aisé de déterminer de même quelles opinions sont séditieuses dans l'État : ce sont celles qu'on ne peut poser sans lever le pacte par lequel l'individu a renoncé à son droit d'agir selon son propre jugement : cette opinion, par exemple, que le souverain n'est pas indépendant en droit; ou que personne ne doit tenir ses promesses; ou qu'il faut que chacun vive d'après son propre jugement; et d'autres semblables qui contredisent directement à ce pacte. Celui qui pense ainsi est séditieux, non pas à raison du jugement qu'il porte et de son opinion considérée en elle-même, mais à cause de l'action qui s'y trouve impliquée : par cela même qu'on pense ainsi, en effet, on rompt tacitement ou expressément la foi due au souverain. Par suite les autres opinions qui n'impliquent point une action telle que rupture du pacte, vengeance, colère, etc., ne sont pas séditieuses, si ce n'est dans un État en quelque mesure corrompu; c'est-à-dire où des fanatiques et des ambitieux qui ne peuvent supporter les hommes de caractère indépendant ont réussi à se faire une renommée telle que leur autorité l'emporte dans la foule sur celle du souverain. Nous ne nions pas cependant qu'il n'y ait en outre des opinions qu'il est malhonnête de proposer et de répandre, encore qu'elles semblent avoir seulement le caractère d'opinions vraies ou fausses. Nous avons déjà, au chapitre xv, déterminé [2] quelles elles étaient, en prenant soin de ne porter aucune atteinte à la liberté de la Raison. Que si enfin nous considérons que la fidélité envers l'État comme envers Dieu se connaît aux œuvres seules, c'est-à-dire à la piété envers le prochain, nous reconnaîtrons sans hésiter que l'État le meilleur concède à l'individu la même liberté que nous avons fait voir que lui laissait la Foi. Je le reconnais, une telle liberté peut avoir ses inconvénients; mais y eut-il jamais aucune institution si sage que nuls inconvénients n'en pussent naître ? Vouloir tout régler par des lois, c'est irriter les vices plutôt que les corriger. Ce que l'on ne peut prohiber, il faut nécessairement le permettre, en dépit du dommage qui souvent peut en résulter. Quels ne sont pas les maux ayant leur origine dans le luxe, l'envie, l'avidité, l'ivrognerie et autres passions semblables ? On les supporte cependant parce qu'on ne peut les prohiber par le pouvoir des lois et bien que ce soient réellement des vices; encore bien plus la liberté du jugement, qui est en réalité une vertu, doit-elle être admise et ne peut-elle être comprimée. Ajoutons qu'elle n'engendre pas d'inconvénients que l'autorité des magistrats (je vais le montrer) ne puisse éviter; pour ne rien dire ici de la nécessité première de cette liberté pour l'avancement des sciences et des arts; car les sciences et les arts ne peuvent être cultivés avec un heureux succès que par ceux dont le jugement est libre et entièrement affranchi.

Posons cependant que cette liberté peut être comprimée et qu'il est possible de tenir les hommes dans une dépendance telle qu'ils n'osent pas proférer une parole, sinon par la prescription du souverain; encore n'obtiendra-t-il jamais qu'ils n'aient de pensées que celles qu'il aura voulu; et ainsi, par une conséquence nécessaire, les hommes ne cesseraient d'avoir des opinions en désaccord avec leur langage et la bonne foi, cette première nécessité de l'État, se corromprait; l'encouragement donné à la détestable adulation et à la perfidie amènerait le règne de la fourberie et la corruption de toutes les relations sociales. Tant s'en faut d'ailleurs qu'il soit jamais possible de l'obtenir; on ne fera point que tous répètent toujours la leçon faite; au contraire, plus on prendra de soin pour ravir aux hommes la liberté de la parole, plus obstinément ils résisteront, non pas les avides, les flatteurs et les autres hommes sans force morale, pour qui le salut suprême consiste à contempler des écus dans une cassette et à avoir le ventre trop rempli, mais ceux à qui une bonne éducation, la pureté des mœurs et la vertu donnent un peu de liberté. Les hommes sont ainsi faits qu'ils ne supportent rien plus malaisément que de voir les opinions qu'ils croient vraies tenues pour criminelles, et imputé à méfait ce qui émeut leurs âmes à la piété envers Dieu et les hommes; par où il arrive qu'ils en viennent à détester les lois, à tout oser contre les magistrats, à juger non pas honteux, mais très beau, d'émouvoir des séditions pour une telle cause et de tenter quelle entreprise violente que ce soit. Puis donc que telle est la nature humaine, il est évident que les lois concernant les opinions menacent non les criminels, mais les hommes de caractère indépendant, qu'elles sont faites moins pour contenir les méchants que pour irriter les plus honnêtes, et qu'elles ne peuvent être maintenues en conséquence sans grand danger pour l'État. Ajoutons que de telles lois condamnant des opinions sont du tout inutiles : ceux qui jugent saines les opinions condamnées ne peuvent obéir à ces lois; à ceux qui au contraire les rejettent comme fausses, ces lois paraîtront conférer un privilège et ils en concevront un tel orgueil que plus tard, même le voulant, les magistrats ne pourraient les abroger. A quoi il faut joindre encore ces conclusions tirées au chapitre XVIII en deuxième lieu de l'Histoire des Hébreux. Combien de schismes enfin sont nés dans l'Église surtout de ce que les magistrats ont voulu mettre fin par des lois aux controverses des docteurs! Si en effet les hommes n'étaient pas dominés par l'espoir de tirer à eux les lois et les magistrats, de triompher de leurs adversaires aux applaudissements du vulgaire, et de recueillir des honneurs, ils ne se combattraient pas avec tant de malveillance, leurs âmes ne seraient pas agitées d'une telle fureur. Cela non seulement la Raison, mais l'expérience l'enseigne par des exemples quotidiens; de telles lois en effet, commandant ce que chacun doit croire et interdisant de rien dire ou écrire contre telle opinion ou telle autre, ont été souvent instituées en manière de satisfaction ou plutôt de concession à la colère des hommes incapables de souffrir aucune fierté de caractère et qui aisément, par une sorte de malfaisant prestige, peuvent tourner en rage la dévotion de la foule séditieuse et l'exciter contre ceux qu'ils lui désignent. Combien ne vaudrait-il pas mieux contenir la colère et la fureur du vulgaire que d'établir des lois dont les seuls violateurs possibles sont les amis des arts et de la vertu, et de réduire l'État à cette extrémité qu'il ne puisse supporter les hommes d'âme fière! Quelle pire condition concevoir pour l'État que celle où des hommes de vie droite, parce qu'ils ont des opinions dissidentes et ne savent pas dissimuler, sont envoyés en exil comme des malfaiteurs ? Quoi de plus pernicieux, je le répète, que de tenir pour ennemis et de conduire à la mort des hommes auxquels on n'a ni crime ni forfait à reprocher, simplement parce qu'ils ont quelque fierté de caractère, et de faire ainsi du lieu de supplice, épouvante du méchant, le théâtre éclatant où, pour la honte du souverain, se voient les plus beaux exemples d'endurance et de courage ? Qui sait en effet qu'il est, dans sa conduite, irréprochable, ne craint pas la mort comme un criminel et ne se sauve pas du supplice par des implorations; car le remords d'aucune vilenie ne torture son âme; il est honorable à ses yeux, non infamant, de mourir pour la bonne cause, glorieux de donner sa vie pour la liberté. Quel exemple de tels hommes peuvent-ils donner par une mort, dont la cause est ignorée des âmes oiseuses et sans force, haïe des séditieux, aimée des meilleurs ? Certes nul n'y apprendra rien qu'à les imiter s'il ne veut aduler.

Pour que la fidélité donc et non la complaisance soit jugée digne d'estime, pour que le pouvoir du souverain ne souffre aucune diminution, n'ait aucune concession à faire aux séditieux, il faut nécessairement accorder aux hommes la liberté du jugement et les gouverner de telle sorte que, professant ouvertement des opinions diverses et opposées, ils vivent cependant dans la concorde. Et nous ne pouvons douter que cette règle de gouvernement ne soit la meilleure, puisqu'elle s'accorde le mieux avec la nature humaine. Dans un État démocratique (c'est celui qui rejoint le mieux l'état de nature) nous avons montré que tous conviennent d'agir par un commun décret, mais non de juger et de raisonner en commun [3]; c'est-à-dire, comme les hommes ne peuvent penser exactement de même, ils sont convenus de donner force de décret à l'avis qui rallierait le plus grand nombre de suffrages, se réservant l'autorité d'abroger les décisions prises sitôt qu'une décision meilleure leur paraîtrait pouvoir être prise. Moins il est laissé aux hommes de liberté de juger, plus on s'écarte de l'état le plus naturel, et plus le gouvernement a de violence. Pour qu'on voie maintenant comment cette liberté n'a pas d'inconvénients qui ne puissent être évités par la seule autorité du souverain et comment, par cette seule autorité, des hommes professant ouvertement des opinions différentes peuvent être mis aisément dans l'impossibilité de se nuire les uns aux autres, les exemples ne manquent pas et point n'est besoin de les chercher loin. Que la ville d'Amsterdam nous soit en exemple, cette ville qui, avec un si grand profit pour elle-même et à l'admiration de toutes les nations, a goûté les fruits de cette liberté; dans cette république très florissante, dans cette ville très éminente, des hommes de toutes nations et de toutes sectes vivent dans la plus parfaite concorde et s'inquiètent uniquement, pour consentir un crédit à quelqu'un, de savoir s'il est riche ou pauvre et s'il a accoutumé d'agir en homme de bonne foi ou en fourbe. D'ailleurs la Religion ou la secte ne les touche en rien, parce qu'elle ne peut servir à gagner ou à perdre sa cause devant le juge; et il n'est absolument aucune secte, pour odieuse qu'elle soit, dont les membres (pourvu qu'ils ne causent de tort à personne, rendent à chacun le sien et vivent honnêtement) ne soient protégés et assistés par l'autorité des magistrats. Jadis, au contraire, quand les hommes d'État et les États des Provinces se laissèrent entraîner dans la controverse des Remontrants et des Contre-Remontrants, on aboutit à un schisme [4]; et beaucoup d'exemples ont alors fait connaître que les lois établies sur la Religion, c'est-à-dire pour mettre fin aux controverses, irritent les hommes plus qu'elles ne les corrigent; et aussi que d'autres hommes usent de ces lois pour prendre toute sorte de licences; et, en outre, que les schismes ne naissent pas d'un grand zèle pour la vérité (ce zèle est, au contraire, une source de bienveillance et de mansuétude), mais d'un grand appétit de régner. Par là il est établi, avec une clarté plus grande que la lumière du jour, que les schismatiques sont bien plutôt ceux qui condamnent les écrits des autres et excitent contre les auteurs le vulgaire turbulent, que les auteurs eux-mêmes qui, le plus souvent, écrivent pour les doctes seulement et demandent le secours de la seule Raison; en second lieu, que les vrais perturbateurs sont ceux qui, dans un État libre, veulent détruire la liberté du jugement qu'il est impossible de comprimer.

Nous avons ainsi montré : 1° qu'il est impossible d'enlever aux hommes la liberté de dire ce qu'ils pensent; 2° que cette liberté peut être reconnue à l'individu sans danger pour le droit et l'autorité du souverain et que l'individu peut la conserver sans danger pour ce droit, s'il n'en tire point licence de changer quoi que ce soit aux droits reconnus dans l'État ou de rien entreprendre contre les lois établies; 3° que l'individu peut posséder cette liberté sans danger pour la paix de l'État et qu'elle n'engendre pas d'inconvénients dont la réduction ne soit aisée; 4° que la jouissance de cette liberté donnée à l'individu est sans danger pour la piété; 5° que les lois établies sur les matières d'ordre spéculatif sont du tout inutiles; 6° nous avons montré enfin que non seulement cette liberté peut être accordée sans que la paix de l'État, la piété et le droit du souverain soient menacés, mais que, pour leur conservation, elle doit l'être. Où, en effet, les hommes s'efforcent de ravir cette liberté à leurs adversaires, où les opinions des dissidents, non les âmes, seules capables de péché, sont appelées devant les tribunaux, des exemples sont faits, qui semblent plutôt des martyres d'hommes honnêtes, et qui produisent plus d'irritation, excitent plus à la miséricorde, sinon à la vengeance, qu'ils n'inspirent d'effroi. Puis les relations sociales et la bonne foi se corrompent, l'adulation et la perfidie sont encouragées et les adversaires des condamnés s'enorgueillissent, parce qu'on a eu complaisance pour leur colère et que les chefs de l'État se sont faits les sectateurs de leur doctrine, dont ils passent eux-mêmes pour les interprètes. Ainsi arrive-t-il qu'ils osent usurper le droit et l'autorité du souverain, ont le front de se prétendre immédiatement élus par Dieu [5] et de revendiquer pour leurs décrets un caractère devant lequel ils veulent que s'inclinent ceux du souverain, œuvre tout humaine; toutes choses entièrement contraires, personne ne peut l'ignorer, au salut de l'État. Ici comme au chapitre XVIII nous concluons donc que ce qu'exige avant tout la sécurité de l'État, c'est que la Piété et la Religion soient comprises dans le seul exercice de la Charité et de l'Équité, que le droit du souverain de régler toutes choses tant sacrées que profanes se rapporte aux actions seulement et que pour le reste il soit accordé à chacun de penser ce qu'il veut et de dire ce qu'il pense.

J'ai ainsi achevé de traiter les questions qui rentraient dans mon dessein. Il ne me reste plus qu'à avertir expressément que je soumettrai de grand cœur à l'examen et au jugement des Autorités de ma Patrie tout ce que j'ai écrit. Si j'ai dit quoi que ce soit qu'elles jugent contraire aux lois du pays ou nuisible au salut commun, je veux que cela soit comme n'ayant pas été dit. Je sais que je suis homme et que j'ai pu me tromper; du moins ai-je mis tous mes soins à ne me pas tromper et, avant tout, à ne rien écrire qui ne s'accorde entièrement avec les lois du pays, la liberté et les bonnes mœurs.

NOTES MARGINALES[1] AJOUTÉES

PAR SPINOZA

AU TRAITÉ THÉOLOGICO-POLITIQUE

NOTE I (page 31)

La troisième lettre du radical des mots, quand elle est de celles qu'on nomme lettres de pause, est habituellement supprimée et à sa place la deuxième est redoublée; c'est ainsi que *galah*, par la suppression de *he*, lettre de pause, donne *golel* [et *nibâ* donne *novev*, d'où *schofetim niv*, *parole* ou *discours*].

R. Salomon Jarchi a donc très bien interprété le mot *neba;* mais il est repris à tort par Aben Ezra qui n'avait pas une si exacte connaissance de la langue hébraïque. Il faut noter, en outre, que le mot *nevouah* est un terme général et comprend tout genre de prophétie, tandis que les autres mots ont un sens plus particulier et s'appliquent à tel genre de prophétie ou à tel autre; je crois cela assez connu des savants.

NOTE II (page 32)

C'est-à-dire interprètes de Dieu. L'interprète est celui qui interprète les décrets de Dieu à d'autres à qui ils n'ont pas été révélés et qui, pour y donner leur adhésion, s'appuient sur la seule autorité du prophète. Si les hommes qui écoutent les prophètes devenaient prophètes, comme deviennent philosophes ceux qui écoutent des philosophes, le prophète ne serait pas un interprète des décrets divins, puisque ses auditeurs ne s'appuieraient plus sur le témoignage et l'autorité du prophète lui-même, mais eux aussi sur une révélation et un témoignage interne. C'est ainsi que le souverain est l'interprète du droit de son État, parce que les lois données par lui sont maintenues par la seule autorité du souverain lui-même et son seul témoignage.

NOTE III (page 43)

Bien que certains hommes possèdent des dons que la Nature refuse aux autres, on ne dit cependant pas qu'ils dépassent la nature humaine, à moins que les caractères par où ils se distinguent ne soient tels que l'on ne puisse les percevoir par la définition de la nature humaine. Par exemple, une taille de géant est rare et cependant humaine. Il est donné à fort peu d'hommes d'improviser des poèmes et cela cependant est humain, comme aussi d'imaginer certaines choses les yeux ouverts avec autant de vivacité que si on les avait devant soi. Au contraire, s'il se trouvait quelqu'un qui eût un autre moyen de percevoir et d'autres fondements de la connaissance, il dépasserait les limites de la nature humaine.

NOTE IV (page 73)

Il est raconté au chapitre XV de la Genèse que Dieu promit à Abraham qu'il serait son défenseur et lui donnerait une très ample rémunération; à quoi Abraham répond qu'étant sans enfants à un âge déjà très avancé il ne pouvait rien attendre de quelque importance.

NOTE V (page 73)

Que, pour la vie éternelle, il ne suffise pas d'observer les commandements de l'Ancien Testament, cela est manifeste par Marc (chap. X, *v.* 21) [2].

NOTE VI (page 121)

Nous doutons de l'existence de Dieu et par conséquent de tout, aussi longtemps que nous n'avons pas de Dieu lui-même une idée claire et distincte, mais une idée confuse. De même en effet que celui qui ne connaît pas droitement la nature du triangle ne sait pas que ses trois angles égalent deux droits, de même celui qui conçoit la nature divine confusément ne voit pas que l'existence lui appartient. Or, pour que la nature de Dieu puisse être conçue par nous clairement et distinctement, il est nécessaire d'avoir égard à certaines notions très simples qu'on nomme communes, afin d'enchaîner avec elles ce qui appartient à la nature divine; alors seulement il devient clair pour nous que Dieu existe nécessairement et qu'il est partout; et alors apparaît en même temps que tout ce que nous concevons enveloppe en soi la nature de Dieu et est conçu par elle; et enfin que tout ce que nous concevons clairement et distinctement est vrai. Mais voyez sur ce point le Prolégomène du livre intitulé *Principes de Philosophie démontrés suivant la méthode géométrique.*

NOTE VII (page 147)

Je veux dire pour nous qui ne sommes pas accoutumés à cette langue et n'avons pas la connaissance de ces tours de phrase.

NOTE VIII (page 152)

Par choses percevables je n'entends pas seulement celles qui sont démontrées rigoureusement, mais aussi celles que nous avons accoutumé de saisir avec une certitude morale et d'entendre sans surprise, encore bien qu'elles ne puissent être démontrées. Les propositions d'Euclide sont perçues par le premier venu, avant d'être démontrées. De même j'appelle percevables et claires les histoires, tant celles qui se rapportent à l'avenir que celles qui se rapportent au passé, quand elles ne dépassent pas l'humaine créance, comme aussi les règles de droit, les institutions, les mœurs, bien que ces choses ne puissent être démontrées mathématiquement. J'appelle d'autre part non percevables les choses dites en termes obscurs et les histoires qui semblent dépasser les limites de la créance; parmi ces dernières il s'en trouve cependant plusieurs dont une recherche conduite suivant notre méthode permet de percevoir le sens tel que l'a entendu l'auteur.

NOTE IX (page 163)

C'est bien l'Historien qui désigne ainsi cette montagne, non Abraham; il dit en effet : le lieu qui est appelé aujourd'hui *il sera révélé sur la montagne de Dieu*, Abraham l'a appelé : *Dieu pourvoira* [3].

NOTE X (page 165)

Depuis ce temps jusqu'au règne de Joram où ils firent défection (Rois II, chap. VIII, *v.* 20), les Iduméens n'eurent pas de rois; mais des gouverneurs militaires établis par les

Juifs tinrent lieu de rois (voir Rois I, chap. XXII, *v.* 48) et par suite le gouverneur de l'Idumée fut appelé *roi* (Rois I, chap. III, *v.* 9). Maintenant le dernier des rois Iduméens commença-t-il de régner avant que Saül fût devenu roi, ou bien l'Écriture, dans ce chapitre de la Genèse, a-t-elle seulement voulu donner les noms des rois qui moururent sans avoir été vaincus ? Ce point peut être discuté. Au reste c'est pure frivolité que de vouloir compter, dans la série des rois Hébreux, Moïse qui établit un État soumis à Dieu seulement et entièrement opposé à un état monarchique.

NOTE XI (page 176)

Par exemple au deuxième livre des Rois (chap. XVIII, *v.* 20), on lit : *tu as parlé, mais de la bouche seulement* à la deuxième personne. Dans Isaïe (chap. XXXVI. *v.* 5) : *j'ai dit, certes ce sont là des paroles, que l'on avait besoin à la guerre de conseil et de courage.* Autre exemple : au verset 22 on lit : *mais peut-être direz-vous,* au pluriel, tandis que dans le texte d'Isaïe il y a le singulier. De plus, dans le texte d'Isaïe, on ne lit pas ces mots du verset 32 du chapitre cité : *un pays d'oliviers qui portent de l'huile et un pays de miel; vous vivrez et vous ne mourrez point.* Il y a de même beaucoup de leçons différentes entre lesquelles personne ne saura jamais laquelle doit être choisie.

NOTE XII (page 176)

Par exemple dans Samuel (II, chap. VII, *v.* 6) on lit : *j'ai constamment erré çà et là avec une tente et un tabernacle,* dans les Paralipomènes (I, chap. XVII, *v.* 5) : *j'ai été de tente en tente et de tabernacle...* par le changement de quelques mots. Autre exemple : au verset 10 de ce chapitre de Samuel on lit : *pour l'affliger,* et dans les Paralipomènes (*v.* 9) : *pour l'écraser.* Et il y a ainsi plusieurs désaccords et de plus de gravité que pourra observer en lisant ces textes une fois seulement quiconque n'est pas tout à fait aveugle ni entièrement déraisonnable.

NOTE XIII (page 176)

Que ce texte ne concerne aucun autre temps que celui où Joseph fut vendu, cela ne ressort pas seulement du contexte, mais aussi de l'âge même de Juda qui était alors au plus dans sa vingt-deuxième année, si l'on peut calculer d'après le récit du chapitre précédent. On voit en effet au chapitre XXIX, verset dernier, de la Genèse, que Juda naquit la dixième année après que le Patriarche Joseph eut commencé de servir Laban, Joseph la quatorzième année. Puis donc que Joseph, quand il fut vendu, avait dix-sept ans, Juda en avait donc vingt et un, pas davantage. Par suite ceux qui croient que cette longue absence de Juda est antérieure à la vente de Joseph sont volontairement dans l'illusion et montrent plus d'anxiété que de certitude au sujet de la divinité de l'Écriture.

NOTE XIV (page 177)

Pour ce que pensent quelques-uns, que Jacob mit huit à dix ans à son voyage de la Mésopotamie à Béthel, cela sent la sottise, sauf le respect que je dois à Aben Ezra. Non seulement, en effet, à cause du désir qu'il avait sans doute de voir ses parents [d'un âge très avancé], mais aussi pour acquitter le vœu [qu'il avait fait en fuyant son frère] (voir Gen., chap. XXVIII, *v.* 10, et chap. XXXI, *v.* 13 [et chap. XXXV, *v.* 1]), il se hâta autant qu'il put [et Dieu l'avertit aussi qu'il eût à acquitter son vœu (Genèse, chap. XXXI, *vs.* 3 et 13) et lui promit son secours pour le ramener dans sa patrie]. Que si cependant on préfère ces conjectures à des raisons, soit, j'y consens : Jacob a mis huit à dix ans à son voyage, ou davantage si l'on veut, et, ayant moins de chemin à faire, a été plus contrarié qu'Ulysse par le destin. On ne peut nier du moins que Benjamin ne soit né la dernière année de ce voyage, c'est-à-dire, suivant leur hypothèse, la quinzième ou la seizième année environ après la naissance de Joseph. Car Jacob prit congé de Laban sept ans après la naissance de Joseph; or depuis l'année où Joseph atteignit ses dix-sept ans jusqu'au moment où le patriarche lui-même s'en vint en Égypte, on ne peut compter plus de vingt-deux ans, comme nous l'avons montré dans ce même chapitre. Donc Benjamin en ce temps, c'est-à-dire quand il partit pour l'Égypte, avait au plus vingt-trois à vingt-quatre ans; or à cette fleur de l'âge il aurait eu des petits-enfants (comparer le texte de la Genèse, chapitre XLVI, verset 21, avec les versets 38 [4], 39, 40 du chapitre XXVI des Nombres, et avec les versets 1 et suivants du chapitre VIII, livre I, des Paralipomènes). Car Bela, premier-né de Benjamin, avait engendré déjà deux fils, Ared et Naaman. Cela n'est pas moins contraire à la Raison que la violence faite à Dina à sept ans et les autres invraisemblances que nous avons relevées dans cette histoire. Il apparaît ainsi que des gens malhabiles, quand ils tentent de se tirer de certaines difficultés, tombent dans d'autres et rendent leur situation de plus en plus inextricable.

NOTE XV (page 178)

C'est-à-dire en d'autres termes, et dans un autre ordre, qu'ils ne se trouvent au livre de Josué *.

NOTE XVI (page 178)

Le Rabbin Levi ben Gerson et d'autres croient que ces quarante ans passés en liberté d'après l'Écriture partent de la mort de Josué, et ainsi comprennent les huit années que dura la domination de Chusan Rishataïm; que de même les dix-huit suivantes doivent être comprises dans le compte des quatre-vingts années pendant lesquelles Aod et Samgar furent juges, et ils comprennent ainsi les années de servitude dans les années que l'Écriture atteste que les Hébreux passèrent en liberté. Comme toutefois l'Écriture donne expressément le compte des années de servitude et celui des années de liberté et raconte au chapitre II, verset 18, que, sous les Juges, les affaires des Hébreux furent toujours prospères, on voit clairement que ce Rabbin, homme d'ailleurs d'une très grande érudition, et les autres qui ont suivi ses pas, en essayant de résoudre ces difficultés, corrigent l'Écriture plutôt qu'ils ne l'expliquent. Il en est de même de ceux qui admettent que l'Écriture, en supputant le total général des années écoulées depuis la sortie d'Égypte, a voulu compter seulement les périodes pendant lesquelles il y a eu un État juif régulier; elle n'aurait pu introduire dans ce calcul, d'après eux, les années d'anarchie et de servitude, les tenant pour années de malheur et en quelque sorte d'interrègne. Or il est bien vrai que l'Écriture passe sous silence les temps d'anarchie, mais elle n'a pas accoutumé de rayer dans ses annales les années de servitude dont elle nous donne le compte tout aussi bien que des années de liberté; ces explications sont donc de simples rêveries. Qu'Esdras au livre I des Rois ait voulu comprendre, dans le nombre

* En français dans le texte.

qu'il donne, toutes les années écoulées depuis la sortie d'Égypte, c'est chose tellement manifeste que nul homme versé dans l'Écriture n'en a jamais douté. Sans même reproduire les mots du texte, on voit bien que la généalogie de David, donnée à la fin du livre de Ruth et dans les Paralipomènes (liv. I, chap. II), permet difficilement d'arriver à un total aussi grand. Car Nahasson était chef de la tribu de Juda deux ans après la sortie d'Égypte (voir Nombres, chap. VII, *vs.* 11 et 12) et mourut par conséquent dans le désert; son fils Salomon, suivant la généalogie de David, fut le trisaïeul de David. Si de cette somme de 480 ans on retranche 4 années du règne de Salomon, 70 pendant lesquelles vécut David, et 40 passées dans le désert, on trouve que David est né 366 ans après la traversée du Jourdain, et il faut par conséquent que son père, son grand-père, son bisaïeul et son trisaïeul aient engendré alors que chacun avait quatre-vingt-dix ans.

NOTE XVII (page 179)

On peut douter si ces vingt ans se doivent rapporter aux années de liberté, ou s'ils sont compris dans les quarante qui précèdent immédiatement, pendant lesquels le peuple fut sous le joug des Philistins. Pour moy j'avoue que j'y vois plus de vraisemblance, et qu'il est plus croyable que les Hébreux recouvrèrent leur liberté lorsque les plus considérables d'entre les Philistins périrent avec Samson. Aussi n'ay-je rapporté ces vingt ans de Samson à ceux pendant lesquels dura le joug des Philistins, que par ce que Samson nasquit depuis que les Philistins eurent subjugué les Hébreux, outre qu'au traité du Sabbat il est fait mention d'un certain livre de Jérusalem, où il est dit que Samson jugea le peuple quarante ans ; mais la question n'est pas de ces années seulement *.

NOTE XVIII (page 181)

Sans quoi l'on corrige plutôt qu'on n'explique les mots de l'Écriture.

NOTE XIX (page 183)

Cariathiarim est appelé aussi Bahgal Juda, ce qui a permis à Kimhi et à d'autres de supposer que les mots

* En français dans le texte.

Bahgale Jehuda que j'ai traduits *du peuple de Juda* étaient le nom de la ville; ils se trompent, attendu que le mot *Bahgale* est au pluriel. De plus, si l'on rapproche ce texte de Samuel de celui des Paralipomènes, I, l'on verra que David ne se leva pas pour partir de *Bahgal*, mais pour y aller. Si l'auteur du livre de Samuel avait voulu indiquer le lieu d'où David emporta l'arche, il aurait dit en hébreu : *et David se leva et il partit, etc., de Baghal Juda et emporta de là l'arche de Dieu.*

NOTE XX (page 183)

Ceux qui se sont meslez de commenter ce Texte, l'ont corrigé de cette sorte : et Abraham s'enfuit et se retira chez Ptolomée, fils de Hamihud, Roy de Gesur[5]*, où il demeura trois ans, et David pleura son fils tout le temps qu'il fut à Gesur. Mais si c'est là ce qu'on appelle interpréter, et s'il est permis de se donner cette licence dans l'exposition de l'Escriture, et de transposer de la sorte des phrases tout entières soit en ajoûtant, soit en retranchant quelque chose, j'avoue qu'il est permis de corrompre l'Escriture, et de luy donner comme à un morceau de cire autant de formes que l'on voudra* *.

NOTE XXI (page 191)

Cette conjecture naît, si l'on peut appeler conjecture une certitude, de la suite de la généalogie du roi Jéchonias qui est donnée dans les Paralipomènes (liv. I, chap. III) et poursuivie jusqu'aux fils d'Éliohenaï, qui étaient issus de lui à la treizième génération; il faut noter aussi que ce Jéchonias n'avait pas d'enfant quand il fut emmené en captivité, mais il paraît en avoir eu pendant sa captivité, autant qu'on peut le conjecturer par les noms qu'il leur donna. Pour les petits-fils, d'après leurs noms, il paraît les avoir eus après sa libération : ainsi Phadaïa (ce qui veut dire *Dieu a libéré*), que l'on dit dans ce chapitre être le père de Zorobabel, est né trente-sept ou trente-huit ans après le commencement de la captivité de Jéchonias, c'est-à-dire trente-trois ans avant que Cyrus fît grâce aux Juifs; conséquemment Zorobabel, que Cyrus avait donné comme gouverneur aux Juifs, semble avoir eu à ce moment treize ou quatorze ans au plus. J'ai mieux aimé passer cela sous silence pour des causes que la gravité des temps

* En français dans le texte.

ne permet pas d'expliquer [6]. Mais, pour les hommes éclairés, une indication suffit : qu'ils veuillent bien suivre avec un peu d'attention cette descendance de Jéchonias donnée au chapitre III du livre I des Paralipomènes, depuis le verset 17 jusqu'à la fin du chapitre et comparer le texte hébreu avec la version dite des Septante, ils verront sans difficulté que le texte de ces livres a été établi après la deuxième restauration de la Ville par Judas Macchabée, date à laquelle les descendants de Jéchonias perdirent le principiat, non avant.

NOTE XXII (page 194)

Ainsi personne n'aurait pu soupçonner que la prophétie d'Ézéchiel fût en contradiction avec la prédiction de Jérémie, tandis que tous l'ont conjecturé d'après le récit de Josèphe, jusqu'à ce que l'événement eût fait connaître que tous deux avaient prédit la vérité.

NOTE XXIII (page 196)

L'historien lui-même atteste que la plus grande partie de ce livre est prise de celui qu'écrivit Néhémie (chap. I, *v.* I). Mais le récit fait du chapitre VIII jusqu'au chapitre XII, verset 26, et en outre les deux derniers versets du chapitre XII, qui sont introduits en manière de parenthèse dans les paroles de Néhémie, sont indiscutablement ajoutés par l'historien lui-même qui vécut après Néhémie.

NOTE XXIV (page 197)

Esdras était l'oncle du premier grand-pontife Josué (voir Esdras, chap. VII, *v.* I, et Paralip. I, chap. VI, *vs.* 14, 15) et il partit de Babylone pour Jérusalem avec Zorobabel (voir Néhémie, chap. XII, *v.* I). Mais il semble, quand il vit les affaires des Juifs se gâter, avoir regagné Babylone; ce que firent d'autres aussi, comme on le voit dans Néhémie (chap. I, *v.* 2), et y être resté jusqu'au règne d'Artaxerxès; ayant alors obtenu ce qu'il voulait, il revint à Jérusalem. Néhémie aussi partit pour Jérusalem avec Zorobabel au temps de Cyrus. (Voir Esdras, chap. II, *vs.* 2 et 63, et rapprocher Néhémie, chap. X, *v.* 9, et chap. X, *v.* I.) Car les interprètes ne justifient par aucun exemple la traduction du mot *Athersatha* par légat, tandis qu'il est certain qu'aux Juifs qui fréquentaient à la cour du roi on donnait des noms nouveaux. Ainsi Daniel était appelé Baltassar, Zorobabel Sabbassar (voir Daniel, chap. I, *v.* 7; Esdras, chap. I, *v.* 8, et chap. V, *v.* 14) et Néhémie Athersatha. Mais, à raison de son office, on avait accoutumé de le saluer du nom de *pehah*, procurateur, c'est-à-dire gouverneur (voir Néhémie, chap. V, *v.* 14, et chap. XII, *v.* 26). *Il est donc certain qu'Atirsatha est un nom propre, comme Hatselelphoni, Hatsoboba (Paralip., I, chap.* IV, *vs.* 3, 8), *Halloghes (Néhémie, chap.* X, *v.* 25) *et ainsi du reste* [7] *.

NOTE XXV (page 201)

La synagogue appelée grande ne commença d'exister qu'après la conquête de l'Asie par les Macédoniens. Ce qu'admettent Maïmonide, R. Abraham ben David, et d'autres, que les présidents de ce conseil furent Esdras, Daniel, Néhémie, Aggée, Zacharie, etc., est une fiction ridicule et ne s'appuie sur aucun autre fondement que la tradition rabbinique, d'après laquelle l'empire des Perses aurait existé trente-quatre ans, pas davantage. Ils n'ont aucun autre moyen de prouver que les décrets de cette grande synagogue, ou de ce synode, composé de Pharisiens seulement, aient été recueillis de la bouche des prophètes, qui les auraient reçus d'autres prophètes, et, en remontant ainsi, de Moïse, lequel les aurait transmis oralement et non par écrit. Les Pharisiens ont beau s'entêter dans cette croyance, comme c'est leur coutume, les gens éclairés qui connaissent les causes de la formation des conseils et des synodes, et aussi les controverses des Pharisiens et des Saducéens pourront facilement conjecturer la raison pour laquelle cette grande synagogue, c'est-à-dire ce conseil, a été constituée. Ce qui est sûr, c'est que le conseil n'a pas compté de prophètes parmi ses membres et que les décrets des Pharisiens, auxquels ils donnent le nom de tradition, reçurent leur autorité du conseil lui-même [8].

NOTE XXVI (page 206)

Les interprètes traduisirent le mot λογίζομαι, dans ce passage, par *je conclus*, et veulent que Paul l'ait employé dans le sens de συλλογίζομαι, alors que λογίζομαι en grec a le même sens que *hashab* en hébreu, c'est-à-dire *compter, penser, estimer ;* signification qui s'accorde parfaite-

* Les mots soulignés sont en français dans le texte.

ment avec le texte syriaque [9]. La version syriaque en effet (si tant est que ce soit une version, ce qui est douteux, puisque nous ne connaissons ni le traducteur ni la date à laquelle la version aurait paru, et que la langue maternelle des Apôtres n'était autre que le syriaque) rend ce texte comme il suit *metraghenan hochil*, ce que Tremellius traduit fort bien : *nous jugeons donc*. Le mot *rehgjon*, en effet, d'où ce verbe est formé, signifie : qui a jugé ; car *rehgjono* (en hébreu *rahgava*) a le sens de *volonté ;* donc *metraghenan* veut dire *nous voulons* ou *jugeons*.

NOTE XXVII (page 210)

A savoir celle que Jésus-Christ avait enseignée sur la montagne, et dont saint Matthieu fait mention au chapitre V, *et suivants* *.

NOTE XXVIII (page 250)

Voir l'ouvrage intitulé Philosophia Interpres Scripturæ, p. 75 [10].

NOTE XXIX (page 253)

Voir même ouvrage, p. 76 [11].

NOTE XXX (page 258)

Voir même ouvrage, p. 113 [12].

NOTE XXXI (page 258)

C'est-à-dire la Révélation seule, et non la Raison, peut enseigner qu'il suffit pour le salut, en d'autres termes pour la béatitude, d'embrasser ces décrets divins comme des règles imposées ou des commandements et qu'il n'est pas nécessaire de les concevoir comme des vérités éternelles ; cela est établi par les démonstrations données au chapitre IV.

NOTE XXXII (page 264)

Dans l'état de société où le droit commun décide du bien et du mal, on distingue avec raison une bonne ruse

* En français dans le texte.

d'une mauvaise. Mais dans l'état de nature, où chacun est son propre juge et a le droit souverain de se prescrire à lui-même des lois et de les interpréter, et même de les abroger s'il le juge préférable, on ne peut concevoir que quelqu'un agisse par mauvaise ruse.

NOTE XXXIII (page 268)

Dans quelle cité qu'il vive, l'homme peut être libre : car il est certain qu'un homme est libre dans la mesure où il est conduit par la Raison. Mais (observez bien que Hobbes [13] soutient une thèse différente) la Raison est du tout conseillère de paix; et la paix ne peut être maintenue qu'autant que les lois communes de la cité ne sont pas violées. Donc plus un homme est conduit par la Raison, c'est-à-dire plus il est libre, plus constamment il observera les lois de la cité et exécutera les commandements du souverain dont il est sujet.

NOTE XXXIV (page 271)

Quand Paul dit que les hommes sont sans refuge, il parle à la manière humaine. Car, au chapitre IX de la même Épître, il enseigne expressément que Dieu fait miséricorde à qui il veut et endurcit qui il veut, et que la seule cause pour laquelle les hommes sont inexcusables, c'est qu'ils sont au pouvoir de Dieu comme l'argile au pouvoir du potier qui, d'une même masse, façonne des vases, l'un à honneur, l'autre à déshonneur; cette cause n'est pas qu'ils ont reçu un avertissement préalable. Quant à la loi divine naturelle dont nous avons dit que le précepte suprême est d'aimer Dieu, je l'ai appelée une loi dans le sens où les philosophes nomment lois les règles communes de la nature suivant lesquelles tout arrive. L'amour de Dieu en effet n'est pas l'obéissance, mais est une vertu appartenant nécessairement à l'homme qui connaît Dieu directement. Or l'obéissance a rapport à la volonté de celui qui commande, non à la nécessité et à la vérité de la chose. Puis donc que nous ignorons la nature de la volonté de Dieu et savons par contre avec certitude que tout ce qui arrive arrive par la seule puissance de Dieu, nous ne pouvons en aucune façon savoir, sinon par Révélation, si Dieu veut que les hommes lui rendent un culte et l'entourent d'honneurs comme un prince. Ajoutez que, nous l'avons montré, les lois de Dieu nous semblent des règles imposées et des institutions aussi longtemps que nous en ignorons les causes; quand cette cause nous est connue, elles cessent aussitôt d'être des règles imposées et nous les embrassons comme des vérités éternelles, non plus comme des commandements, c'est-à-dire que l'obéissance aussitôt fait place à l'amour, lequel naît de la connaissance vraie aussi nécessairement que la lumière naît du soleil. Sous la conduite de la Raison nous pouvons donc bien aimer Dieu, mais non lui obéir puisque nous ne pouvons par la Raison ni accepter comme divines, aussi longtemps que nous en ignorons la cause, les règles posées par Dieu, ni concevoir Dieu comme un prince établissant des lois [14].

NOTE XXXV (page 278)

Deux soldats prirent sur eux de transférer l'Empire des Romains, et ils le transférèrent (Tacite, *Hist.*, liv. I).

NOTE XXXVI (page 284)

Dans ce passage deux hommes sont accusés d'avoir prophétisé dans le camp et Josué propose de les arrêter; il ne l'eût pas fait s'il avait été loisible à chacun, sans le commandement de Moïse, de donner au peuple les réponses de Dieu. Mais il plut à Moïse d'absoudre les coupables et il reprocha à Josué de lui avoir conseillé de maintenir son droit de souverain dans un temps où il éprouvait un tel dégoût du pouvoir qu'il eût mieux aimé mourir que régner seul, comme on le voit par le verset 14 de ce même chapitre. Et il répondit à Josué : T'enflammes-tu pour ma cause ? Plût à Dieu que tout le peuple fût prophète; c'est-à-dire plût à Dieu que le droit de consulter Dieu fût de telle sorte que le pouvoir appartînt au peuple même. Josué donc ne se trompa point sur le droit de Moïse, mais eut le tort de n'avoir point égard à l'opportunité; c'est pourquoi il fut réprimandé par Moïse comme Abisée par David, quand Abisée donna à ce roi l'avis de condamner à mort Shimhi qui était certainement coupable de lèse-majesté. (Voir Samuel, II, chap. XIX, *vs.* 22, 23.)

NOTE XXXVII (page 285)

Les interprètes, à ce qu'il me paraît, traduisent mal les versets 19 et 23 de ce chapitre. Car les versets 19 et 23 ne signifient pas qu'il donna des préceptes à Josué ou l'en munit, mais qu'il le fit ou le constitua chef suprême, ce qui est fréquent dans l'Écriture; ainsi dans l'Exode (chap. XVIII, *v.* 23), Samuel (I, chap. XIII, *v.* 15), Josué (chap. I, *v.* 9) et Samuel (I, chap. XXV, *v.* 30), etc.

Plus les interprètes s'efforcent de rendre mot à mot le verset 19 *et le* 23 *de ce chapitre, moins ils le rendent intelligible ; et je suis assuré que très peu de personnes en entendent le véritable sens ; car la plupart se figurent que Dieu commande à Moyse, au verset* 19, *d'instruire Josué en présence de l'Assemblée ; et au verset* 23, *qu'il luy imposa les mains, et l'instruisit; ne prenant pas garde que cette façon de parler est fort en usage chez les Hébreux pour déclarer que l'élection du Prince est légitime, et qu'il est confirmé dans sa charge. C'est ainsi que parle Jetro en conseillant à Moyse de choisir des coadjuteurs qui l'aidassent à juger le peuple :* Si tu fais cecy *(dit-il)*, alors Dieu te commandera; *comme s'il disait que son autorité sera ferme, et qu'il pourra subsister touchant quoy, voyez l'Exode (chap.* XVIII, *v.* 23) *et le I livre de Samuel (chap.* XIII, *v.* 15) *et le chapitre* XXV, *verset* 30, *et surtout le chapitre* I *de Josué au verset* 9, *où Dieu luy dit :* Ne t'ay-je pas commandé ? prends courage et montre-toy homme de cœur; *comme si Dieu lui disoit :* N'est-ce pas moy qui t'ay constitué Prince ? ne t'espouvante donc de rien, car je seray partout avec toy *.

NOTE XXXVIII (page 288)

Les Rabbins attribuent par fiction à Moïse l'institution de ce qu'on appelle vulgairement le grand Sanhédrin [15]; et non pas seulement les Rabbins, mais la plupart des Chrétiens qui disent des inepties tout comme les Rabbins. Il est bien vrai que Moïse élut 70 coadjuteurs pour s'occuper avec lui des affaires de l'État, parce qu'il ne pouvait supporter à lui seul la charge de tout un peuple; mais il ne fit jamais de loi sur l'institution d'un collège de soixante-dix membres; au contraire, il ordonna que chaque tribu, dans les villes que Dieu lui avait assignées, établît des juges pour régler les litiges, suivant les lois que lui-même avait faites; s'il arrivait que les juges eux-mêmes eussent des doutes sur le droit, ils devaient aller consulter le souverain Pontife (c'est-à-dire le suprême interprète des lois) ou le juge auquel à ce moment ils étaient subordonnés (car c'était à lui que revenait le droit de consulter le sou-

* Tout ce passage est en français dans le texte.

verain Pontife), pour régler le litige suivant l'explication du pontife. S'il arrivait que le juge subordonné prétendît n'être pas tenu de rendre sa sentence suivant l'opinion du souverain Pontife, qu'il l'eût d'ailleurs reçue de lui ou qu'elle lui eût été transmise par son souverain, il était condamné à mort, et la condamnation était prononcée par le juge suprême alors en fonction, duquel il tenait son propre établissement (voir Deutér., chap. XVII, *v.* IX). Ce juge suprême put être tel que Josué, commandant en chef de tout le peuple israélite, ou tel que le chef d'une tribu, auquel appartint, après la division, le droit de consulter le souverain Pontife sur les affaires de sa tribu, sur la guerre et la paix, les villes à prendre, les juges à établir, etc.; il put être aussi le roi auquel toutes les tribus ou quelques-unes avaient transféré leurs droits. Pour établir cela, je pourrais alléguer plusieurs témoignages pris dans les histoires, mais j'en produirai un seulement qui est le principal. Quand le prophète de Silo élut roi Jéroboam, par cela même il lui donna le droit de consulter le pontife, d'établir des juges; et d'une manière générale, tous les droits que Roboam conserva pour deux tribus, Jéroboam les obtint pour les dix autres. C'est pourquoi du même droit qu'avait Josaphat à Jérusalem (voir Paralip., II, chap. XIX, *vs.* 8 et suiv.), Jéroboam pouvait, dans son palais, constituer un conseil suprême de l'État. Il est certain en effet que Jéroboam, roi par mandat de Dieu, et conséquemment ses sujets, n'étaient pas tenus, suivant la loi de Moïse, de comparaître devant Roboam et de le reconnaître comme juge; encore bien moins devant le tribunal, constitué à Jérusalem par Roboam et qui lui était subordonné. Dès que l'empire des Hébreux eut été divisé, il y eut tout autant de conseils suprêmes que d'États distincts. Quand on n'a pas égard à la diversité des états par lesquels ont passé les Hébreux et qu'on les confond tous en un seul, on se trouve engagé dans des difficultés inextricables.

NOTE XXXIX (page 324)

Il faut ici avoir égard avant tout à ce que nous avons dit du droit au chapitre XVI.

NOTES DU TRADUCTEUR

PRÉFACE

1. La croyance et la foi diffèrent profondément aux yeux de Spinoza de la crédulité et de la soumission aveugle. Nulle croyance qui n'ait sa vérité, qui ne soit justifiée en un sens (voir *Ethique*, II, prop. 35 et le scolie), qui ne soit, si l'on préfère, une *action* de l'âme à quelque degré et n'enveloppe en conséquence quelque *liberté;* la soumission aveugle est la déraison même, la *passion*, l'*esclavage*, aussi ne peut-elle être justifiée en aucune manière. Sans user du mot, il semble que Spinoza dans ce passage ait proprement en vue le *sacré* au sens que les historiens de la religion donnent à ce mot quand ils disent qu'une chose *tabou* est sacrée, c'est-à-dire qu'on a pour elle un certain respect mêlé d'effroi, simplement parce qu'il est défendu d'y toucher et qu'on n'*ose* pas en approcher. Voir au chapitre V ce qu'il dit des cérémonies de l'utilité desquelles il est impossible de rendre compte par la raison.

2. Sur la méthode suivie dans l'interprétation de l'Ecriture, voir le chapitre VII; nous ferons simplement observer ici qu'interpréter l'Ecriture, c'est, d'abord et avant tout, savoir ce qu'ont voulu dire ceux qui en sont les auteurs, eussent-ils voulu dire les choses les plus absurdes du monde. Pour y arriver, une seule méthode est évidemment possible, celle que les modernes nomment *critique;* Spinoza en est le véritable inventeur. Il faut lire les textes diligemment, les rapprocher les uns des autres et, pour les mieux entendre, faire usage de tous les renseignements que donnent l'histoire et la philologie. Ainsi toutes les questions qu'énumère Spinoza dans les lignes qui suivent sont d'ordre *historique* et *philologique*, nullement d'ordre *scientifique* et *philosophique*. Quand par exemple nous saurons ce que c'est qu'un prophète au sens de l'Ecriture, il ne sera nullement prouvé par là même qu'aucun prophète ait jamais existé, ni même qu'un prophète soit possible. La première condition à remplir pour être un bon interprète des Livres sacrés, Spinoza le dit expressément, est de n'y pas chercher la vérité scientifique ou philosophique.

3. Les mots par lesquels se termine la préface sont reproduits à la fin de l'ouvrage, ce qui montre l'importance qu'y attachait Spinoza; en sa qualité d'*homme libre*, il se sait plus que personne tenu d'être à l'égard des autorités constituées un *sujet* irréprochable; voir le chapitre XX et la note marginale XXXIII.

CHAPITRE PREMIER

1. La table placée sur l'arche est appelée *propitiatorium* par la Vulgate, ἱλαστήριον dans la version des Septante; il est cependant fort douteux d'après Baentsch *(Handkommentar zum alten Testament* publié sous la direction de Nowack) que la table d'or pur, fabriquée suivant les instructions de l'Exode (chap. XXV, *vs.* 17 et 18), ait été destinée à la cérémonie de la propitiation. Dans tous les cas Spinoza traduit par *tegmen* le mot hébreu que la Vulgate rend *propitiatorium.* Il semble que ce n'ait pas été le couvercle de l'arche, mais une table posée dessus, ἐπίθεμα, suivant une autre traduction grecque.

2. Pour faciliter les recherches, je crois devoir rappeler que les deux livres mis dans le canon israélite sous le nom de *Samuel* deviennent dans les Bibles catholiques les deux premiers livres des *Rois* et qu'ainsi les livres I et II des Rois deviennent les livres III et IV. De même le livre de *Néhémie* devient pour les catholiques le livre II d'*Esdras.*

3. Moses ben Maïmon, plus connu sous le nom de Maïmonide, né à Cordoue (1135), mort au Caire (1204), talmudiste, philosophe, astronome et médecin, le plus grand savant juif du moyen âge, est souvent cité, souvent pris à partie par Spinoza; on peut même dire que le *Traité* est en un sens spécialement dirigé sinon contre lui, au moins contre la thèse qu'il soutient. Maïmonide, à la fois philosophe rationaliste (péripatéticien) et Juif croyant et même mystique, veut trouver dans la Bible une philosophie. Les récits de la Bible ont à ses yeux, dans l'intention même de leur auteur, un sens allégorique; ainsi l'histoire du péché d'Adam exprime la relation qui existe dans l'homme entre les sens et l'intellect. Son interprétation de la Bible, précisément parce qu'elle veut être philosophique, est donc la plus opposée qui se puisse à celle de Spinoza qui est historique et critique, et le conduit constamment à fausser le sens des textes. Il va sans dire que, d'un autre côté, asservi comme il l'est à la Bible, où toute vérité est d'après lui contenue, soumis en outre à l'autorité d'Aristote (qu'il veut mettre d'accord avec la Bible), Maïmonide est pour Spinoza incapable de philosopher librement. De même que Pascal combattait la scolastique sur deux terrains, celui de la science où nulle autorité ne peut être admise, et celui de la foi où seule est valable celle de l'Ecriture, Spinoza combat donc Maïmonide à la fois comme exégète et comme philosophe. Voir en particulier le chapitre V *(in fine)* et le chapitre XV.

4. Le passage des Nombres cité dans le texte est vraisemblablement altéré. Baentsch *(op. laud.)* le restitue ainsi :

« Si quelqu'un parmi vous est prophète, je me révélerai à lui par des visions *et* en songe je lui parlerai; il n'en est pas ainsi de mon serviteur Moïse..., je lui ai parlé de bouche à bouche *et non* par visions et énigmes, et lui peut apercevoir la figure de Yahveh. »

La négation placée devant le mot *visione*, au lieu de l'être seulement devant *aenigmatis*, ne fait d'ailleurs que rendre plus claire et plus certaine l'interprétation de Spinoza.

5. Au chapitre IV Spinoza revient sur cette idée : le Christ n'est pas un prophète, mais la bouche même de Dieu; voir la note 5 du chapitre IV où sont indiqués les principaux textes relatifs au Christ.

6. Le texte d'Isaïe est rendu ainsi par la Vulgate : *et ordiremini telam et non per spiritum meum : vous qui formez des complots qui ne viennent pas de mon esprit* (trad. de Sacy); en note, le traducteur ajoute que la traduction littérale du texte hébreu serait : *mêlant des mixtions.*

7. *Qui domine sur son esprit* (vaut mieux que) *qui prend une ville.*

8. Vouloir expliquer la forme d'une chose singulière par un terme transcendantal (pour le sens du mot transcendantal dans Spinoza, voir *Eth.*, II, prop. 40, scol. 1), ce serait vouloir expliquer l'individuel par le général, le réel par l'abstrait, rien de plus contraire à la logique de Spinoza.

Au reste, d'après le principe posé dans l'*Ethique* (I, prop. 28), il est évident qu'une chose singulière, finie et déterminée, ne peut être connue qu'autant que nous pouvons la rattacher à une autre chose singulière, également finie et déterminée, tant en ce qui concerne son essence qu'en ce qui concerne son existence. La prophétie comme telle est scientifiquement inexplicable, on ne peut donc en avoir de connaissance vraie, non plus que de la certitude propre aux prophètes (voir la fin du chapitre). Une explication psychologique de la prophétie est évidemment possible et même facile, mais elle fait perdre à la prophétie précisément son caractère religieux traditionnel qui est d'être une révélation extérieure. Maintenant Spinoza admet-il ou n'admet-il pas qu'il y ait eu révélation extérieure et par conséquent prophétie au sens de l'Ecriture ? Il semble que l'on doive répondre sans hésitation : puisqu'il ne la conçoit pas, il ne peut l'admettre; la chose est un peu moins simple qu'elle ne paraît d'abord : Spinoza admet en effet, comme on le voit dans le *Traité*, que l'obéissance seule (sans aucune connaissance) peut, sous certaines conditions, conduire l'homme à la béatitude, bien qu'il ne conçoive pas clairement comment cela est possible. Toutefois, dans ce cas particulier, il y a, nous aurons l'occasion de le faire observer, à défaut d'une démonstration proprement dite, un essai de justification, qui permet d'avoir de la vérité de ce principe une certitude au moins morale. Il en va autrement quand il s'agit soit du miracle, soit de la prophétie (et la prophétie est un miracle). Spinoza ne cherche à aucun moment à justifier la foi au miracle (considéré comme événement surnaturel venant interrompre la suite des événements naturels), au contraire il la condamne très expressément. On peut bien admettre la vérité historique d'un fait d'apparence miraculeuse; les choses que, par suite de notre *ignorance*, nous n'arrivons pas à nous expliquer sont néanmoins des choses naturelles (*ad res naturales maxime accedentia*, chap. VI *in fine*). Pour ce qui est de la prophétie en particulier, les mots dont use Spinoza un peu plus bas : *ex verbis et imaginibus longe plures ideas componi possunt quam ex solis iis principiis et notionibus quibus tota nostra naturalis cognitio superstruitur*, nous semblent apporter un témoignage décisif; les choses que les prophètes ont cru leur être révélées par Dieu directement sont situées hors des limites de l'entendement, *extra limites intellectus*, cela ne veut pas dire au-dessus, car il n'y a pas de lumière supérieure à la naturelle, mais sur un plan différent et inférieur. Pour Spinoza *philosophe*, la révélation est chose naturelle (voir le chapitre XIII), les prophètes sont simplement des hommes d'imagination croyant avec une vivacité singulière à l'efficacité de certaines règles morales que leur ignorance ne leur permettait pas de fonder en raison et dont ils ne pouvaient avoir par suite qu'une certitude morale (voir la note relative à ce mot). Je fais observer que le cas de Jésus est tout différent; Jésus *n'est pas* un prophète et ses apôtres sont à la fois des prophètes et des *docteurs*.

9. Spinoza ne cherche pas à expliquer par leurs causes les enseignements donnés dans l'Ecriture, autrement dit il ne se porte nullement garant de leur vérité (voir la note précédente).

CHAPITRE II

1. Heman, Dorda, Calchol [ici comme partout j'ai cru devoir substituer pour les noms bibliques à la forme et à l'orthographe (d'ailleurs variable) du texte imprimé de Spinoza, la forme et l'orthographe de la Vulgate, francisées au besoin, qui nous sont familières], fils de Malchol, renommés pour leur esprit avisé, inférieurs cependant à Salomon (Rois, I, chap. IV, *v*. 36).

2. Les Prophètes n'avaient, ne pouvaient avoir, qu'une certitude morale; Spinoza s'explique sur la nature de cette certitude dans la note marginale VII; c'est la certitude que nous pouvons avoir au sujet des choses que nous percevons par l'esprit (que nous croyons *comprendre* au sens usuel du mot) sans en avoir d'idée claire et distincte, sans en connaître les causes. C'est une connaissance du premier genre (d'après l'*Ethique*, II, prop. 40, scolie 2), la seule qui soit possible en histoire, et il faut souvent savoir nous en contenter pour diriger nos actions (voir chap. XV). La raison pour laquelle Spinoza affirme que les Prophètes ne s'élevaient pas au-dessus de cette certitude morale est indiquée un peu plus loin dans le texte : *quia nemo se justificare coram Deo potest*. Celui qui a la connaissance vraie n'a pas besoin de se justifier et celui qui ne l'a pas en est incapable. Le prophète, si bonnes que fussent ses intentions, pouvait fort bien se laisser égarer par son imagination (sa *passion*) et en fait s'est souvent laissé égarer; plus d'une fois il a fait le mal croyant faire le bien; en combattant le pouvoir du prince, les prophètes ont souvent travaillé plutôt à la dissolution de l'Etat qu'au raffermissement de la foi; ils ont irrité les hommes plus qu'ils ne les ont corrigés (chap. XIX). Toutefois la pureté de cœur, la piété vraie, dont la plus haute forme est la piété envers la patrie (même chapitre), sont, à défaut de la connaissance, des garanties qui d'ordinaire suffisent (voir un peu plus loin dans le texte ce que dit à ce sujet Spinoza et l'exemple qu'il donne d'une simple *femme* Abigaïl).

3. Allusion au dénombrement ordonné par David malgré l'avertissement de Joab, dénombrement que Yahveh punit en faisant périr 70 000 hommes de la peste (Samuel, I, chap. XXIV, *v*. 15).

4. L'exemple de Hananias qui avait besoin d'un signe pour garantir la vérité de sa prophétie, parce qu'il était en désaccord avec les autres prophètes, en particulier avec Jérémie, est celui que donne Crescas (Or Adonaï, II, IV, 3) pour étayer sa théorie de la prophétie. On peut noter que la marque à laquelle se reconnaît le Prophète est la même pour Spinoza que pour Crescas (qu'il nomme dans la lettre 12 Rab Ghasdaï); Maïmonide, au contraire, estimait que le prophète est supérieur aux autres hommes par l'entendement et non par l'imagination seulement.

5. Isaïe fait, en présence du roi Ezéchias, rétrograder de dix degrés l'ombre du gnomon sur un cadran solaire (Rois, II, chap. XX, *vs*. 9-11). Spinoza, admettant la vérité *historique* de ce fait d'apparence miraculeuse, cherche à montrer qu'il peut s'expliquer naturellement par un halo donnant lieu au phénomène appelé parhélie par les astronomes.

6. La signification vraie du tétragramme qui figure le nom de Dieu dans l'Ecriture est à peu près impossible à déterminer d'après les hébraïsants; la raison pour laquelle Spinoza l'interprète comme il fait est qu'il rattache ce mot (habituellement transcrit Yahveh de nos jours) à une forme du verbe signifiant *être* en hébreu (au sens phénoménal d'ailleurs, paraît-il, et non au sens ontologique), laquelle forme serait grammaticalement un imparfait et aurait le sens d'un futur.

7. Les Hébreux, avant la venue du Christ, ont ignoré la vraie béatitude; les plus pieux d'entre eux, non les plus sages (voir l'exemple de Salomon un peu plus bas), ont obéi à la loi, ils n'ont pas aimé Dieu vraiment (ils ne le pouvaient d'ailleurs ne le connaissant pas), puisqu'ils ne l'ont aimé qu'en raison de la récompense attendue pour leur soumission. Ils ont été comme des enfants (voir le chapitre III et surtout le chapitre XII *in initio*) qu'on mène par la crainte et l'espérance. Ils n'ont donc pas été libres; le vrai bien qui est la paix de l'âme ne leur a pas été donné (voir le chapitre suivant), mais seulement des biens temporels. Il ne faut cependant pas conclure de là qu'entre la règle de vie enseignée par Jésus, et aussi par la raison, et celle qu'imaginaient les prophètes il y ait désaccord; selon Spinoza, c'est en réalité la même règle; toute la différence est qu'avant la venue du Christ elle pouvait être obéie, mais non comprise intérieurement. En faisant ce qu'ordonne la loi parce qu'elle l'ordonne, on est utile à la cité, même à soi (on n'est donc pas esclave), mais sans le savoir; en sorte qu'on n'a pas la paix de l'âme et que l'obéissance *ainsi entendue* ne donne pas la béatitude.

8. Ce Hananias dont il est ici question et qu'il ne faut pas confondre avec le prophète ou faux prophète Hananias, dont il a été parlé ci-dessus, s'appelait, d'après le Talmud, Hananiah ben Hezekiah. Nous croyons devoir faire observer qu'à la fin du chapitre X Spinoza revient sur cette histoire et écrit tout autrement le nom de l'homme qui a empêché le livre d'Ezéchiel d'être exclu (ou *caché*), il l'appelle Neghunja, fils d'Hiskia. C'est évidemment le même et la leçon Neghunja est fautive.

CHAPITRE III

1. On peut rapprocher ce qui est dit ici de la direction ou du gouvernement de Dieu de ce qui est dit au chapitre XVI des fausses accusations auxquelles donne lieu, de la part de l'homme, son ignorance des lois de la Nature entière, de son ordre et de son unité : ce qui nous paraît mauvais ne l'est qu'au regard de la raison humaine. Sans être finaliste (les mots de *directio* et de *ordo* ne doivent pas nous donner le change), Spinoza a l'air de rejoindre Leibniz parce que l'idée du bien a pour lui une valeur toute relative. La question de savoir si l'univers considéré dans son ensemble est bon ou mauvais ne se *pose pas* pour lui; il *est* et nul autre n'était *possible*.

2. On peut se demander si Spinoza vise ici l'*Ethique;* je ne le pense pas : l'*Ethique* était sans doute écrite sinon complètement achevée, mais non publiée, quand Spinoza écrivait le *Traité;* il pouvait faire allusion soit au *Court Traité* communiqué à un certain nombre de personnes, soit, plus probablement, aux *Pensées métaphysiques* (liv. II, chap. IX).

3. Pour bien entendre ce que Spinoza nomme le *secours interne* de Dieu, il convient de se reporter à l'*Ethique* [III, prop. 7, 8, 9 (avec son scolie)] et aux *Pensées métaphysiques* (II, chap. VI et XI : *Optime loquuntur qui Deum vitam esse vocant*).

4. L'élection des Juifs se rapporte uniquement à la félicité temporelle; cette opinion, très opposée à celle de Maïmonide et en général des commentateurs juifs et chrétiens de la Bible, s'explique par ce que nous avons eu l'occasion de noter plus haut (note 7 du chapitre II) sur la privation de liberté des Hébreux. De bonnes lois rendent l'Etat florissant; si elles ne sont pas intérieurement comprises, et elles ne

l'étaient pas avant le Christ, elles ne donnent pas la liberté à l'individu; un enfant sage (ou docile) élevé par de bons parents n'est pas proprement un esclave (voir le chapitre XVI), car ce qu'on l'oblige à faire est utile à sa conservation, il est encore bien éloigné de la vraie liberté. Observons toutefois qu'en se conservant l'on se développe *nécessairement* ou plutôt (car le mot de développement n'est pas spinoziste) qu'on acquiert dans l'ordre de l'existence ce qu'en vertu de son essence on devrait acquérir, qu'on devient ce qu'on est. Ainsi une bonne éducation, qui assure la conservation de l'enfant, qui le rend vigoureux, prépare la liberté future; en ce sens les bonnes lois données au peuple juif ont rendu possible la découverte de ce moyen d'affranchissement qui vient de la connaissance de la vérité et l'on peut dire que Moïse prépare Jésus (et la vraie philosophie). La révélation juive est ainsi reliée à la révélation chrétienne; l'élection temporelle des Hébreux ou, pour parler humainement, l'heureuse fortune qu'a eue ce peuple de posséder quelques législateurs et prophètes avisés, ne sont point pour Spinoza des faits sans importance spirituelle. Le développement des vues de Spinoza sur ce point se trouve dans l'opuscule de Lessing intitulé *Erziehung des Menschengeschlechts*. A noter seulement que Lessing (qui a subi l'influence de Leibniz en même temps que celle de Spinoza) introduit dans l'histoire l'idée d'un développement continu qui n'est pas dans Spinoza et qu'il professe une sorte de providentialisme (ou de finalisme) en désaccord avec l'esprit, sinon la lettre du spinozisme.

5. En quel sens le Christ est libérateur (nullement rédempteur, car personne n'a jamais rien à racheter), nous pensons l'avoir indiqué plus haut (note 7, du chapitre II); il fait saisir à l'homme, en touchant son cœur, le vrai sens de la loi et par cela même elle cesse d'être une loi; à la contrainte extérieure se substitue le consentement intérieur.

6. Paul connaissait vraiment certaines choses ou les voyait (connaissance de troisième genre); pour d'autres il les connaissait seulement par ouï-dire; il lui fallait donc dans sa prédication, quand il ne s'agissait pas de l'essentiel de la doctrine (et le philosophe même y est obligé dans l'usage ordinaire de la vie), se régler sur les opinions communes de son auditoire, être Grec avec les Grecs, Juif avec les Juifs, non par politique, mais par une nécessité psychologique et morale.

CHAPITRE IV

1. Que veut dire au juste Spinoza dans ce passage par le mot de *possibles ?* Rauh, dans sa thèse latine *Quatenus doctrina quam Spinoza de fide exposuit cum ejusdem reliqua philosophia cohaereat*, pense devoir interpréter ce mot comme signifiant que les hommes, dans la vie sociale, doivent être traités comme des êtres libres et soumis aux lois divines : *homines in vita civili tanquam liberos et legibus divinis addictos tractandos esse*. Il nous paraît que Spinoza veut simplement achever de justifier le terme dont il s'est servi pour désigner les lois instituées par les hommes. Nous avons le droit de les considérer comme des décisions humaines, ce qui *semble impliquer* que d'autres lois étaient possibles. Nous sommes obligés de nous contenter dans la vie ordinaire d'une connaissance du premier genre, laquelle n'exclut pas le doute et admet l'idée de choses contingentes (la Raison ne l'admet pas : voir *Ethique*, II, prop. 44). Les lois établies par les hommes auraient-elles pu être différentes de ce qu'elles sont ? Non sans doute au regard de la raison, car tout est nécessaire, mais nous ignorons très souvent comment les choses se déterminent les unes les autres; nous ignorons en

particulier comment les lois établies par les hommes se rattachent aux lois universelles de la Nature. Il est donc permis et même nécessaire de les considérer comme dépendant de décisions humaines que nous pouvons *imaginer* autres qu'elles n'ont été; de même nous pouvons et même devons, dans notre ignorance, imaginer l'événement à venir de plusieurs façons différentes afin de n'être pas pris au dépourvu quoi qu'il arrive.

2. L'histoire (tant la profane que la sacrée) a son utilité pour la conduite de la vie en ce qu'elle nous permet de nous mieux adapter, comme l'exige la prudence, aux hommes parmi lesquels nous vivons, l'histoire du peuple juif en particulier a un intérêt moral et politique de premier ordre (voir le chapitre XVII). Il ne faut cependant pas en surfaire l'importance; connaissance du premier genre et certaine, quand elle l'est, d'une certitude seulement morale, l'histoire ne peut contribuer au bien de l'âme qu'à la façon d'une chose matérielle propre à la réfection du corps. La foi aux récits contenus dans la Bible ne saurait nous donner la connaissance et par conséquent l'amour du vrai Dieu (on ne peut aimer que ce dont on a l'idée), elle n'est donc pas une condition suffisante de la béatitude et elle n'en est pas non plus une condition nécessaire. Cette foi est cependant utile à ceux qui sont incapables de suivre une voie meilleure. Elle peut leur donner la certitude morale d'un être qui n'est pas le vrai Dieu (bien qu'il en porte le nom), mais dont l'idée (inadéquate) est comme une projection dans le plan de l'imagination de l'idée adéquate du Dieu que conçoit l'entendement, et cette idée, tout imparfaite qu'elle est, a cependant sa vérité comme la représentation qu'un ignorant peut avoir du soleil, a la sienne. Le christianisme (entendu à la façon de Spinoza) et la philosophie nous ont affranchi de l'histoire comme de toute servitude. Sur l'utilité de l'histoire dite sacrée, voir le chapitre V (vers la fin) et, à un point de vue un peu différent, les dernières lignes du chapitre XV.

3. Les cérémonies religieuses qui représentent ou figurent un bien nécessaire au salut sont surtout celles du culte chrétien (voir chapitre V). Rapprocher les derniers mots de la phrase de ce que dit Spinoza dans sa préface de la soumission aveugle et de la crédulité (voir aussi la note I de la préface).

4. Sur l'histoire du péché d'Adam, voir l'interprétation qu'en propose Spinoza un peu plus loin dans ce même chapitre sans la donner comme répondant à l'intention du narrateur. Voir aussi : *Ethique*, IV, prop. 68, scolie et de nombreuses lettres.

5. Nous avons eu l'occasion de faire observer (note 8 du chapitre I) que Jésus *n'est pas* un prophète. Jésus a vraiment connu Dieu, il est donc un philosophe, le plus grand des philosophes (d'après le témoignage de Tschirnhaus). L'esprit du Christ se confond avec l'idée de Dieu (voir *Ethique*, IV, prop. 68, scolie); il est donc éternel et en quiconque agit selon la justice et la charité (voir la fin de la lettre 43 et les lettres 73 et 78). Sur le *christianisme* de Spinoza (ou ce qui peut s'appeler ainsi), on lira avec intérêt, outre les ouvrages connus sur le spinozisme, l'étude de M. Brunschvicg sur *Spinoza et ses contemporains* (*Revue de Métaphysique et de Morale*, années 1905-1906).

6. En ce qui concerne les citations de Paul, on observera que Spinoza use de la traduction latine donnée par Tremellius du texte syriaque, laquelle diffère assez souvent de la *Vulgate*. Il incline à croire en effet (voir note marginale XXVI) que le texte syriaque est le texte original. Dans le texte grec il est dit en cet endroit que les choses

dans le premier passage (Vulg. *scimus autem*) et λογιζόμεθα dans le second (Vulgate *arbitramur ergo*).

2. Spinoza paraît avoir eu sous les yeux une traduction fautive du texte syriaque (voir la note 4 du chapitre IV). Le texte grec est en effet : τοῦτο δὲ λέγω κατα συγγνώμην; la Vulgate traduit : *hoc autem dico secundum indulgentiam.* La traduction latine du texte syriaque donnée par la Bible polyglotte de Londres est : *hoc autem dico tanquam* infirmis *non ex praecepto,* tandis que Spinoza lit *hoc autem dico tanquam* infirmus *non autem ex mandato.* Trompé par ce nominatif substitué à un datif pluriel, par suite sans doute d'une faute d'impression, Spinoza attribue à l'Apôtre un aveu de faiblesse qui ne paraît pas avoir été dans sa pensée.

3. Paul oppose en effet la science à la révélation; il ne dit pas précisément que dans les Epîtres il parle uniquement en docteur, non en prophète inspiré.

4. En faisant connaître le Christ, sa vie, sa personne, les Apôtres pouvaient toucher le cœur de leur auditoire; s'appuyant, comme les prophètes, sur l'expérience seule, ils ne pouvaient fonder en raison la doctrine enseignée (voir le chapitre V).

5. Les Apôtres sont d'accord sur la religion qui consiste essentiellement pour Spinoza dans la pratique de la charité; ils ne s'accordent pas sur les dogmes, mis à part un très petit nombre de points essentiels. Il faut distinguer en effet entre la religion et les dogmes de la foi, et certains interprètes (Maurer en particulier : *Die Religionslehre Spinoza's im theolog. polit. Traktat,* Strasbourg, 1898) ont commis une erreur en confondant ces deux choses. A la vérité, dans le chapitre XIV, Spinoza énonce comme nécessaires à la religion un certain nombre de dogmes qui constituent pour lui la *foi catholique;* encore les distingue-t-il soigneusement de la religion même, un peu comme Kant distingue de la loi morale les postulats de la raison pratique. La religion pour Spinoza est tout entière dans les œuvres et ce sont les œuvres seules qui peuvent justifier ceux qui ont besoin d'une justification; cela ressort de nombreux passages, en particulier de la fin du chapitre XIII. Il faut bien entendre toutefois que les œuvres ne sont pas des actions extérieures accomplies par crainte ou dans l'espoir d'une récompense; le plein consentement de l'âme est nécessaire puisque seul il peut donner la paix et ce consentement est bien en un sens une foi comme il est un amour, mais l'objet même de cette foi, son contenu dogmatique, sa vérité objective importent peu (au point de vue strictement *religieux* et lorsqu'il s'agit de personnes incapables de suivre la voie de salut enseignée par l'*Ethique*); ce qui importe, c'est la profondeur, la pureté, la ferveur du sentiment religieux (voir le chapitre XIV : on peut être pieux et avoir une foi productrice de salut, bien que les croyances auxquelles on adhère soient fausses).

CHAPITRE XII

1. Le mot *syngraphum* (la forme *syngrapha* serait, semble-t-il, d'une latinité meilleure) désigne la pièce par laquelle deux parties s'engagent l'une envers l'autre, non le contrat, mais le document qui en atteste l'existence. Je n'ai pu trouver pour le rendre de mot français plus convenable que celui de *charte* qui a l'inconvénient d'évoquer des souvenirs historiques gênants, mais l'avantage de se prêter assez bien à l'expression de quelques-unes des idées de l'auteur; il se propose d'établir que la vraie charte de l'alliance établie entre l'homme et

particulier comment les lois établies par les hommes se rattachent aux lois universelles de la Nature. Il est donc permis et même nécessaire de les considérer comme dépendant de décisions humaines que nous pouvons *imaginer* autres qu'elles n'ont été; de même nous pouvons et même devons, dans notre ignorance, imaginer l'événement à venir de plusieurs façons différentes afin de n'être pas pris au dépourvu quoi qu'il arrive.

2. L'histoire (tant la profane que la sacrée) a son utilité pour la conduite de la vie en ce qu'elle nous permet de nous mieux adapter, comme l'exige la prudence, aux hommes parmi lesquels nous vivons, l'histoire du peuple juif en particulier a un intérêt moral et politique de premier ordre (voir le chapitre XVII). Il ne faut cependant pas en surfaire l'importance; connaissance du premier genre et certaine, quand elle l'est, d'une certitude seulement morale, l'histoire ne peut contribuer au bien de l'âme qu'à la façon d'une chose matérielle propre à la réfection du corps. La foi aux récits contenus dans la Bible ne saurait nous donner la connaissance et par conséquent l'amour du vrai Dieu (on ne peut aimer que ce dont on a l'idée), elle n'est donc pas une condition suffisante de la béatitude et elle n'en est pas non plus une condition nécessaire. Cette foi est cependant utile à ceux qui sont incapables de suivre une voie meilleure. Elle peut leur donner la certitude morale d'un être qui n'est pas le vrai Dieu (bien qu'il en porte le nom), mais dont l'idée (inadéquate) est comme une projection dans le plan de l'imagination de l'idée adéquate du Dieu que conçoit l'entendement, et cette idée, tout imparfaite qu'elle est, a cependant sa vérité comme la représentation qu'un ignorant peut avoir du soleil, a la sienne. Le christianisme (entendu à la façon de Spinoza) et la philosophie nous ont affranchi de l'histoire comme de toute servitude. Sur l'utilité de l'histoire dite sacrée, voir le chapitre V (vers la fin) et, à un point de vue un peu différent, les dernières lignes du chapitre XV.

3. Les cérémonies religieuses qui représentent ou figurent un bien nécessaire au salut sont surtout celles du culte chrétien (voir chapitre V). Rapprocher les derniers mots de la phrase de ce que dit Spinoza dans sa préface de la soumission aveugle et de la crédulité (voir aussi la note 1 de la préface).

4. Sur l'histoire du péché d'Adam, voir l'interprétation qu'en propose Spinoza un peu plus loin dans ce même chapitre sans la donner comme répondant à l'intention du narrateur. Voir aussi : *Ethique*, IV, prop. 68, scolie et de nombreuses lettres.

5. Nous avons eu l'occasion de faire observer (note 8 du chapitre I) que Jésus *n'est pas* un prophète. Jésus a vraiment connu Dieu, il est donc un philosophe, le plus grand des philosophes (d'après le témoignage de Tschirnhaus). L'esprit du Christ se confond avec l'idée de Dieu (voir *Ethique*, IV, prop. 68, scolie); il est donc éternel et en quiconque agit selon la justice et la charité (voir la fin de la lettre 43 et les lettres 73 et 78). Sur le *christianisme* de Spinoza (ou ce qui peut s'appeler ainsi), on lira avec intérêt, outre les ouvrages connus sur le spinozisme, l'étude de M. Brunschvicg sur *Spinoza et ses contemporains* (*Revue de Métaphysique et de Morale*, années 1905-1906).

6. En ce qui concerne les citations de Paul, on observera que Spinoza use de la traduction latine donnée par Tremellius du texte syriaque, laquelle diffère assez souvent de la *Vulgate*. Il incline à croire en effet (voir note marginale XXVI) que le texte syriaque est le texte original. Dans le texte grec il est dit en cet endroit que les choses

naturelle (du deuxième genre). Supposer qu'il y a dans la Nature des choses que non seulement nous ne sachions pas expliquer (par suite de notre ignorance), mais qui de leur nature soient irréductibles aux notions communes, c'est enlever à la connaissance rationnelle son caractère essentiel, qui est de nous faire concevoir les choses comme ayant une *certaine* sorte d'éternité « sub *quadam* specie aeternitatis ». Une idée de la Nature privée de ce caractère ne serait pas une idée vraie et ne nous permettrait pas de nous élever à l'aide d'une chose éternelle absolument, laquelle ne peut être conçue sans que la nécessité de son existence apparaisse. L'idée d'une Nature incohérente est en réalité moins une idée qu'une absence d'idée de laquelle on ne peut rien tirer absolument.

2. Spinoza admettrait qu'un non-philosophe expliquât par la volonté de Dieu ce qu'il ne conçoit pas; comme un ignorant total ne conçoit rien clairement, tout serait ainsi divin pour lui et il se trouverait être dans le vrai à sa manière. Sitôt qu'on se mêle de philosopher, l'explication devient ridicule, car il n'y a pas d'autre philosophie que celle de l'immanence qui exclut entièrement le surnaturel. C'est par ce qu'on sait et non par ce qu'on ne sait pas qu'on peut aller à Dieu (voir la note précédente) et Spinoza eût entièrement approuvé la parole de Léonard : *l'amour est d'autant plus profond que la connaissance est plus certaine.*

3. On remarquera que, dans ce passage, Spinoza semble un précurseur de cette école d'historiens de la religion qui expliquent la formation des mythes par une sorte de maladie du langage. Il n'y insiste pas d'ailleurs. Sa propre théorie de l'origine des croyances religieuses s'apparenterait plutôt à celle de M. Durkheim; du moins est-il vrai que pour lui les rites ont pour raison d'être leur utilité sociale (voir le chapitre V et la note 2 de ce chapitre).

4. Nous avons craint que la traduction littérale des mots *historiam prophetiae concinnare* n'induisît le lecteur en erreur, car il ne s'agit évidemment pas d'une histoire de la prophétie au sens qu'un lecteur français donnerait à cette expression. Il s'agit, comme on a pu le voir au chapitre I, de déterminer par la méthode historique et critique le sens du mot de prophétie dans l'Ecriture et les marques auxquelles se reconnaît le don prophétique. C'est, si l'on veut, une *théorie de la prophétie selon l'Ecriture* que Spinoza a voulu constituer.

5. Le passage de Josèphe cité par Spinoza est emprunté à une traduction fort défectueuse; nous avons rétabli dans notre traduction le sens du texte grec.

CHAPITRE VII

1. Sur la certitude (morale) que pouvaient avoir les prophètes, voir le chapitre II et la note 2 de ce chapitre.

2. Nous ne savons quelle peut être aux yeux des hébraïsants la valeur de l'observation faite par Spinoza dans ce passage de la Genèse; les Septante traduisent comme lui par *bâton* et non par *lit* le mot hébreu contesté; mais il s'agit selon eux, comme selon l'Apôtre Paul, du bâton de Joseph (non de Jacob) et d'un hommage rendu par le patriarche à son fils. D'après Gunkel au contraire (*Handkommentar zum Alten Testament* publié sous la direction de Nowack), c'est bien vers la tête du lit que s'incline Jacob pour remercier le Seigneur, après que Joseph lui a fait serment de lui donner le lieu de sépulture souhaité.

3. L'autorité du pape, en ce qui concerne l'interprétation de

l'Ecriture, n'a pas été, d'après Spinoza. reconnue par les premiers chrétiens; elle ne l'est point par les Eglises d'Orient; enfin il n'y a pas dans le Nouveau Testament de texte qui confère au chef de l'Eglise romaine le droit exclusif d'interpréter l'Ecriture, comme il y a dans l'Ancien Testament des textes attribuant au grand prêtre le droit d'interpréter la loi. Pour cette raison, non pour une autre (voir la fin du chapitre), Spinoza ne reconnaît pas l'autorité du pape (il ne s'agit bien entendu que d'une autorité d'*interprétation;* s'il y avait une tradition romaine parfaitement établie et universellement reconnue concernant la signification des paroles des Apôtres, si surtout cette tradition s'appuyait sur les textes mêmes à interpréter, Spinoza déclare qu'il s'y tiendrait; comme elle n'existe pas d'après lui, il prend la liberté que prend et conseille à tous de prendre, par exemple, Tolstoï, d'interpréter lui-même les textes en usant de sa faculté critique; quant au jugement à porter sur le contenu de ces textes une fois qu'on les a compris, ce n'est plus une question d'ordre historique et philologique, mais d'ordre philosophique, et elle ne se pose pas dans ce passage; elle se pose *après* qu'on a compris; voir le chapitre XV). En ce qui touche l'Ancien Testament, il y a bien une tradition juive qui s'appuie sur des textes formels, mais cette tradition est interrompue malgré ce que prétendent les Rabbins, il y a eu avant la dernière destruction du temple lutte entre des sectes opposées, ce qui prouve que l'autorité des collèges de prêtres n'était pas reconnue de tous les fidèles; enfin, comme Spinoza le montre au chapitre IX, le compte des années écoulées depuis Moïse jusqu'à David est impossible à établir d'après les témoignages des différents livres de la Bible qui ne sont pas d'accord entre eux (voir sur ces différents points les notes marginales XVI, XXV, XXXVIII et les notes du traducteur). Ainsi Spinoza rejette l'autorité de la Synagogue en ce qui concerne l'interprétation des Livres de l'Ancien Testament comme il rejette celle du pape.

4. Nous avouons ne pas apercevoir la raison pour laquelle Spinoza veut faire du poème des *Métamorphoses* un ouvrage de politique.

5. Aben Ezra (Ahraham ibn Ezra), né en 1092 ou 1093, mort à Grenade en 1167, savant et poète, semble être le premier parmi les commentateurs israélites de la Bible qui ait conçu ou au moins confessé (assez obscurément) des doutes sur l'authenticité des livres attribués à Moïse (voir le chapitre suivant).

6. Sur Maïmonide, voir la note 3 du chapitre I. L'ouvrage intitulé *Moreh Nebuchim* en hébreu, en arabe *Dalalat al Haïrim* (on observera que le texte arabe est le seul original; Maïmonide a vécu toute sa vie parmi les Arabes et est un auteur juif en langue arabe) est l'œuvre philosophique principale de ce savant. La traduction française habituelle (depuis Munk), bien qu'inexacte, du titre est *Guide des égarés.* Plus exact est l'ancien titre latin : *Doctor perplexorum*, car Maïmonide écrivait pour ceux qui sont *embarrassés.*

7. Les enseignements moraux de l'Ecriture sont faciles à saisir, ou aisément percevables (voir la note marginale VIII). Cela signifie que l'on voit sans peine ce qu'ont voulu dire ceux qui les ont formulés. Cela ne signifie pas du tout que les hommes aient une connaissance naturelle intuitive de la vérité morale au sens où l'entendent les théoriciens du sens moral. Au contraire, les hommes ont besoin d'être enseignés; la crainte d'abord, puis l'amour et la raison ont fait et continuent de faire l'éducation morale de l'humanité qui, suivant la parole de Lessing (voir note 4 du chapitre III), est précisément ce qu'on appelle en langage théologique *révélation.*

8. Voir la note 3 ci-dessus.

9. Après avoir montré que l'autorité du pape n'était pas établie par les textes, Spinoza, dans la fin de ce chapitre, fait voir que nulle autorité de cette sorte n'est nécessaire ni même concevable alors qu'il s'agit de la vraie Religion ou comme il dit de la Religion universelle; elle est en effet tout intérieure et ne règle pas les actions extérieures. En religion donc chacun s'appartient entièrement, ne relève que de soi. C'est d'autant plus important à noter que, on le verra plus tard (chap. XIX), Spinoza reconnaît au souverain temporel le droit de régler entièrement tout ce qui concerne le culte extérieur. Il ne sépare pas, pour parler le langage des contemporains, l'Eglise de l'Etat; il subordonne l'Eglise à l'Etat; mais il sépare, et très profondément, la Religion comme la Philosophie de l'Eglise et de l'Etat. C'est la pensée essentielle de tout l'ouvrage que non seulement on peut rendre à César ce qui est à César sans faire à Dieu le moindre tort, mais qu'il est même indispensable, pour rendre à Dieu ce qui est à Dieu, de rendre à César ce qui est à César, et cela sans rien sacrifier de sa liberté.

CHAPITRE VIII

1. L'historien, c'est-à-dire celui qui, des siècles après Moïse, a, en se servant de documents plus anciens, composé les récits du Pentateuque.

2. Il vaut la peine de noter que Spinoza met à part des autres livres du Pentateuque et considère comme remontant seul, en partie, à Moïse, le Deutéronome. Pour la critique moderne, le Deutéronome est en effet d'une provenance particulière; il serait en substance le livre trouvé ou composé par le grand prêtre Helcias au temps du roi Josias (Rois, II, chap. XXII, *v.* 8, et Paralip., II, chap. XXXIV, *v.* 14).

3. La paraphrase chaldéenne, c'est la traduction en langage araméen, le *Targum*, la *version* par excellence dont on trouve le texte dans les Bibles polyglottes en regard du texte hébreu.

4. Un seul homme, un seul historien, Esdras, aurait ainsi, d'après Spinoza, composé l'Hexateuque, le livre des Juges, celui de Ruth, les livres de Samuel et des Rois; mais, comme on le voit au chapitre suivant, cet auteur unique a réuni et relié, assez imparfaitement d'ailleurs, un grand nombre d'écrits de provenance diverse, sans prendre la peine ou sans avoir le temps de les mettre d'accord.

5. Le quatrième commandement est celui qui prescrit l'observation du Sabbat. Dans l'Exode, la raison donnée est que Dieu a créé le monde en six jours et s'est reposé le septième; dans le Deutéronome, que Dieu a retiré le peuple d'Israël de la servitude d'Egypte.

CHAPITRE IX

1. L'allusion que fait ici Spinoza à son éducation religieuse donne une certaine force à l'opinion, déjà soutenue par Bayle, que le *Traité Théologico-politique* est comme le développement de l'*Apologie* écrite en espagnol au moment de la rupture avec la Synagogue; Spinoza a bien l'air ici de parler pour sa défense propre; il est d'ailleurs clair que l'*Apologie* contenait en germe tout au plus quelques-unes des idées du *Traité*.

2. La signification mystérieuse attribuée par les Cabalistes à ce qui dans l'Ecriture est le plus purement matériel : les mots, les dessins

des lettres, peut-être les ornements surajoutés par les copistes, confond l'esprit de Spinoza et a de quoi confondre en effet comme un exemple mémorable de la folie où peut conduire l'adoration de la lettre. Il importe de bien mesurer l'intransigeance de son spiritualisme et le mépris qu'il a du symbole, pour comprendre et excuser ce que son langage et son attitude ont pu avoir quelquefois (rarement) d'un peu dur et même de choquant; la récitation d'une formule consacrée ne peut pas avoir à ses yeux le moindre caractère religieux; une chose dite sacrée, comme une relique, est méprisable; un petit morceau de pâte auquel on donne le nom d'hostie ne lui inspire aucune sorte de respect; l'idolâtrie sous toutes ses formes lui est odieuse.

CHAPITRE X

1. Les Juifs ont eu pour rejeter le livre de la *Sagesse* une assez bonne raison s'il est vrai que le texte original de ce livre soit grec et non hébreu; mais, pour Spinoza, la pensée seule qui est exprimée dans un livre en fait le prix.

2. En fait, il semble d'après les travaux modernes que le livre de Job soit une composition littéraire écrite à une date relativement récente par un auteur ayant une culture assez étendue.

3. En chaldéen, c'est-à-dire en araméen.

4. Spinoza a probablement en vue dans ce passage Manasseh ben Israël (né à La Rochelle en 1604, mort à Middelburg en 1657) qu'il avait connu personnellement et qui, dans un livre très connu à l'époque, *El Conciliador*, avait cherché à montrer que les textes de l'Ancien Testament s'accordent entre eux. Cet accord n'existant pas en fait, une pareille tentative entraîne inévitablement des erreurs d'interprétation et même des falsifications de textes.

5. Il peut n'être pas inutile de faire observer que le roi appelé ici Jéchonias est le même dont il a été question plus haut sous le nom de Joachin.

6. Le nom de Gabaon (qui correspond à *Gibéon* du texte latin de Spinoza) étant habituellement considéré comme un nom de ville, je l'ai remplacé par celui d'Abigabaon dont la descendance est indiquée en effet deux fois dans le premier livre des Paralipomènes, une fois au chapitre VIII, verset 29, une autre fois au chapitre IX, verset 35 (là il est appelé Jéhiel).

7. Spinoza cherche à saisir le véritable sens des enseignements de l'Ecriture, ce qu'il y a en eux d'essentiel et de permanent; il procède à l'égard de la Bible un peu comme Socrate cherchant dans les discours des hommes τὰ μάλιστα ὁμολογούμενα et il pense être ainsi plus vraiment respectueux que les conciliateurs quand même (voir la note 4).

8. Sur ce soi-disant Neghunja, que je crois pouvoir identifier à Hananias, voir la note 8 du chapitre II.

CHAPITRE XI

1. Dans la note marginale XXI relative à ces citations de l'Epître aux Romains, Spinoza prétend que le mot grec employé est λογίζομαι au chapitre III, verset 28, et λογιζόμεθα au chapitre VIII, verset 13. Le texte grec, dans l'édition que j'ai sous les yeux, porte οἴδαμεν

dans le premier passage (Vulg. *scimus autem*) et λογιζόμεθα dans le second (Vulgate *arbitramur ergo*).

2. Spinoza paraît avoir eu sous les yeux une traduction fautive du texte syriaque (voir la note 4 du chapitre IV). Le texte grec est en effet : τοῦτο δὲ λέγω κατα συγγνώμην; la Vulgate traduit : *hoc autem dico secundum indulgentiam*. La traduction latine du texte syriaque donnée par la Bible polyglotte de Londres est : *hoc autem dico tanquam* infirmis *non ex praecepto*, tandis que Spinoza lit *hoc autem dico tanquam* infirmus *non autem ex mandato*. Trompé par ce nominatif substitué à un datif pluriel, par suite sans doute d'une faute d'impression, Spinoza attribue à l'Apôtre un aveu de faiblesse qui ne paraît pas avoir été dans sa pensée.

3. Paul oppose en effet la science à la révélation; il ne dit pas précisément que dans les Epîtres il parle uniquement en docteur, non en prophète inspiré.

4. En faisant connaître le Christ, sa vie, sa personne, les Apôtres pouvaient toucher le cœur de leur auditoire; s'appuyant, comme les prophètes, sur l'expérience seule, ils ne pouvaient fonder en raison la doctrine enseignée (voir le chapitre V).

5. Les Apôtres sont d'accord sur la religion qui consiste essentiellement pour Spinoza dans la pratique de la charité; ils ne s'accordent pas sur les dogmes, mis à part un très petit nombre de points essentiels. Il faut distinguer en effet entre la religion et les dogmes de la foi, et certains interprètes (Maurer en particulier : *Die Religionslehre Spinoza's im theolog. polit. Traktat*, Strasbourg, 1898) ont commis une erreur en confondant ces deux choses. A la vérité, dans le chapitre XIV, Spinoza énonce comme nécessaires à la religion un certain nombre de dogmes qui constituent pour lui la *foi catholique;* encore les distingue-t-il soigneusement de la religion même, un peu comme Kant distingue de la loi morale les postulats de la raison pratique. La religion pour Spinoza est tout entière dans les œuvres et ce sont les œuvres seules qui peuvent justifier ceux qui ont besoin d'une justification; cela ressort de nombreux passages, en particulier de la fin du chapitre XIII. Il faut bien entendre toutefois que les œuvres ne sont pas des actions extérieures accomplies par crainte ou dans l'espoir d'une récompense; le plein consentement de l'âme est nécessaire puisque seul il peut donner la paix et ce consentement est bien en un sens une foi comme il est un amour, mais l'objet même de cette foi, son contenu dogmatique, sa vérité objective importent peu (au point de vue strictement *religieux* et lorsqu'il s'agit de personnes incapables de suivre la voie de salut enseignée par l'*Ethique*); ce qui importe, c'est la profondeur, la pureté, la ferveur du sentiment religieux (voir le chapitre XIV : on peut être pieux et avoir une foi productrice de salut, bien que les croyances auxquelles on adhère soient fausses).

CHAPITRE XII

1. Le mot *syngraphum* (la forme *syngrapha* serait, semble-t-il, d'une latinité meilleure) désigne la pièce par laquelle deux parties s'engagent l'une envers l'autre, non le contrat, mais le document qui en atteste l'existence. Je n'ai pu trouver pour le rendre de mot français plus convenable que celui de *charte* qui a l'inconvénient d'évoquer des souvenirs historiques gênants, mais l'avantage de se prêter assez bien à l'expression de quelques-unes des idées de l'auteur; il se propose d'établir que la vraie charte de l'alliance établie entre l'homme et

Dieu, ce n'est pas du papier *(charta)* noirci (et l'Ecriture dite sacrée n'est pas autre chose), mais la pensée vivante en nous.

2. Le caractère tout intérieur de la révélation, de celle qu'admet Spinoza, est bien marqué ici; le souvenir même qu'il paraît y avoir de Descartes (l'emploi du mot *sigillum*) sert à l'accuser davantage; si la pensée humaine a l'empreinte divine et forme d'elle-même l'idée de Dieu (une certaine idée qui est loin d'être claire pour tous) quel besoin d'une révélation extérieure et miraculeuse ?

3. Voir la note 7 du chapitre II.

4. Quand on compare le langage tenu par Spinoza dans l'*Ethique* (IV, prop. 37, scolie 1) au sujet de la religion et de la piété (ou moralité) à celui qu'il tient dans le *Traité*, on observe une différence assez sensible; dans l'*Ethique* la religion est un des noms de la vertu *(fortitudo)*, laquelle est le désir de se conserver en tant qu'on agit par raison et qu'on a des idées adéquates. C'est la religion du sage que définit l'*Ethique;* la religion du fidèle dont il est question dans le *Traité* est autre chose : on trouvera dans Prümers (*Spinoza's Religionsbegriff* Halle-a. S., 1906) une étude sur ce point particulier.

5. L'édifice qui a péri dans les flammes au temps de Jérémie n'était pas le vrai temple de Dieu.

6. Spinoza a établi au chapitre VI en troisième lieu que la providence de Dieu se confondait avec l'ordre même de la Nature; ainsi la révélation est une chose naturelle.

7. La religion catholique est, elle aussi, essentiellement naturelle; elle était dans le monde avant le Christ. On pourrait rapprocher ici Spinoza de certains auteurs anglais, l'expression même de *religion catholique* est employée dans le sens où il l'emploie par Herbert de Cherbury; Hobbes dit aussi que le Christ n'a pas apporté de commandements nouveaux, mais a donné aux hommes le conseil d'obéir aux commandements que leur donnent la nature et leur souverain. Voir Lechler, *Geschichte des englischen Deismus.*

CHAPITRE XIII

1. Les choses crues miraculeuses sont naturelles et les prophètes les attribuent à une intervention directe de Dieu pour frapper l'imagination et émouvoir les âmes.

2. L'explication donnée du mot *Sadai* ou Shaddaï est, paraît-il, bien qu'ancienne, puisqu'elle semble avoir été connue des Septante, jugée fantaisiste par les hébraïsants. Le passage de la forme *El* à la forme *Eloah* n'aurait pas non plus leur approbation. Ainsi *Elohim* n'est pas le pluriel de *El.*

3. Il importe beaucoup pour Spinoza, qui tient à séparer entièrement la philosophie de la théologie (la théologie comprend les dogmes de la foi catholique), que la connaissance de la vraie nature de Dieu ne soit ni ordonnée par le Dieu de l'Ecriture ni nécessaire à la religion.

4. Ce passage a une importance particulière; quels sont ceux que Spinoza prend ici à partie et qu'il accuse de dire des frivolités ? Non point ceux qui parlent d'un Dieu qu'ils imaginent seulement et en qui ils voient, sous quelle forme qu'ils l'imaginent, le parfait modèle de la justice et de la charité, ceux-là, les prophètes par exemple, sont dans leur droit. Ceux qui sont dans leur tort sont les philosophes qui pensent qu'on peut croire au vrai Dieu, celui de l'entendement, sans

avoir de lui une idée claire. Le nom de Dieu cesse d'avoir aucun sens précisément parce qu'ils veulent lui en donner un métaphysique. Voir la note 3 ci-dessus et la note 5 du chapitre XI.

CHAPITRE XIV

1. Les dogmes de la foi, comme on le voit un peu plus loin, sont les croyances qui doivent se trouver dans une âme obéissante. Ce sont, si l'on peut parler ainsi, les *postulats* de la religion; postulats d'autant plus admissibles qu'ils n'ont pas la prétention de tenir lieu de métaphysique.

2. A remarquer ce mot; celui qui est vraiment (intérieurement) obéissant a nécessairement une foi vraie et productrice de salut *quelle que soit d'ailleurs cette foi;* voir la fin du chapitre XIII et la note 5 du chapitre XI.

3. Passage remarquable à rapprocher de la fin du chapitre XIII; se tromper de bonne foi est chose *théologiquement* sans importance : mais il ne faut pas vouloir faire d'une croyance utile une vérité philosophique; le pragmatisme niant qu'il y ait une vérité philosophique (au sens de Spinoza) lui eût paru se confondre avec le scepticisme (voir le commencement du chapitre XV); peut-être eût-il jugé en outre que cette doctrine, quand elle n'est pas l'indice d'une grande confusion d'esprit, atteste une qualité d'âme un peu basse.

4. Il est impossible de douter que pour Spinoza la récompense des bons et la punition des méchants ne soient naturelles; cela est important à noter pour se faire une idée juste de ce qu'il entend par béatitude.

5. Une foi hésitante est l'indice d'un désaccord intérieur; d'où le danger d'une demi-connaissance.

CHAPITRE XV

1. Alpakhar, ou plus exactement peut-être, car le nom est arabe et le *p* n'existe pas en arabe, Judah Alfakar, médecin, mort en 1235, jouissait d'une autorité considérable parmi les Israélites; dans deux lettres adressées à Kimhi, il a combattu avec vivacité l'exégèse rationaliste de Maïmonide.

2. La distinction, à laquelle nous avons fait précédemment allusion dans ces notes, entre l'interprétation critique de l'Ecriture et la discussion philosophique de ces enseignements, est ici très nette. Spinoza philosophe ne pouvait évidemment reconnaître *a priori* aucune autorité à l'Ecriture.

3. Dans les *Pensées métaphysiques* (II, chap. IX *in fine*) Spinoza avait dit : l'Ecriture n'enseigne rien qui contredise à la Lumière Naturelle; il dit ici le contraire. Son raisonnement dans les *Pensées métaphysiques* est le suivant : nous ne nous occupons pas ici des difficultés qui peuvent se rencontrer dans l'interprétation de l'Ecriture, car nous ne cherchons en elle que ce qui peut se démontrer et il suffit que nous ayons démontré quelque chose (au sujet de la volonté et de l'entendement divins) pour que nous sachions que l'Ecriture doit l'enseigner. Ainsi l'accord de l'Ecriture avec la raison est posé *a priori;* sans doute parce que Spinoza ne se place pas du tout au point de vue historique. Il dit : l'Ecriture, en tant qu'elle enseigne la vérité, ne peut qu'être d'accord avec la raison. La question se pose tout autrement dans le *Traité Théologico-Politique* où il commence par rechercher ce que l'Ecriture a enseigné en fait; la

part de vérité contenue dans l'Ecriture est, bien entendu, à discerner à l'aide de la raison et en accord avec la vérité connue par l'entendement; voir la *Préface* du Traité et la note suivante.

4. La discussion qui commence ici est d'un intérêt capital pour l'intelligence de la doctrine de Spinoza. Le principe fondamental de la Théologie ou de la Foi catholique est que l'obéissance suffit au salut; ce principe, Spinoza en admet la vérité et la raison ne peut le démontrer, *il ne faut pas qu'elle le puisse*, car si elle le pouvait, la théologie n'aurait pas l'indépendance que Spinoza veut qu'elle ait; elle ne serait plus *sui juris*. D'autre part l'idée de Dieu que forme l'entendement de lui-même et absolument exclut toute limitation. Comme l'idée de quantité que forme l'entendement de lui-même et absolument (voir *Réforme de l'entendement*) peut servir à former une infinité d'idées de quantités finies et déterminées, et qu'on ne conçoit pas qu'une idée de quantité puisse ne pas lui emprunter sa clarté, de même on ne conçoit pas une manière de servir Dieu et de parvenir à la béatitude qui soit rationnellement injustifiable et ne relève pas de la connaissance que l'entendement a de Dieu. Comment admettre dès lors que la foi puisse avoir un domaine propre ? A la vérité l'idée de Dieu que nous avons, bien que claire, ne nous donne pas la connaissance entière de Dieu puisqu'il a une infinité d'attributs et que nous en concevons seulement deux. On pourrait dire que si la théologie est irréductible à la philosophie, c'est parce que la nature de Dieu dépasse infiniment l'idée que l'entendement peut en avoir; c'est dans ce sens que conclut Rauh (thèse citée). Nous ne saurions nous rallier à cette opinion : sans doute il y a en Dieu infiniment plus d'attributs que l'entendement n'en conçoit, mais chacun exprime à sa manière toute l'infinité de son essence et l'on ne voit pas du tout comment un mode de la pensée (la foi n'en est-elle pas un ?) pourrait relever de Dieu de telle sorte qu'il cessât de relever de l'entendement. La solution doit, pensons-nous, être cherchée d'un tout autre côté. Tout d'abord en quel sens le principe fondamental de la théologie est-il vrai ? Il ne l'est pas à la façon d'une vérité mathématique ou philosophique; il l'est à la façon d'une vérité historique ou d'expérience. La seule certitude à laquelle puisse prétendre la théologie est celle dont se contentaient les prophètes, la certitude morale. De même que nul ne peut se justifier devant Dieu (voir note 2 du chapitre II), la théologie ne peut se justifier devant la raison. Cela n'empêche pas qu'il ne soit *raisonnable* de poser le principe de la théologie et qu'on ne fasse preuve d'un jugement droit en l'admettant *(sano tamen judicio amplectimur)*. Cela est raisonnable pour les raisons qu'indique Spinoza dans son développement : 1° parce que les prophètes (et Jésus-Christ) qui l'ont professé étaient des hommes de vie droite ne célébrant rien tant que la justice et la charité; il y aurait injustice à croire qu'ils ont voulu nous tromper; et sans doute chacun d'eux a pu à l'occasion se tromper individuellement, mais cette partie de leur enseignement qui leur est commune, confirmée comme elle l'est par le témoignage de l'histoire, mérite confiance. 2° Parce qu'il est utile à l'individu *(magnum solamen)* et à la cité de croire à la vérité de ce principe. 3° Parce que la règle de vie que prescrit la théologie est précisément celle qu'établit la philosophie; il n'y a donc aucun danger à croire au principe de la théologie, il y aurait au contraire déraison à le rejeter sous prétexte qu'il n'est pas démontré (ni démontrable), comme il y a déraison à croire qu'on peut, dans la conduite de la vie, agir constamment en vertu d'une certitude mathématique. Le plus souvent il faut se contenter d'une certitude morale ou d'une simple probabilité. Autant on serait blâmable de vouloir, en philosophie ou en mathématiques, user d'un critérium

tel que le consentement universel ou l'expérience, autant l'usage de ces marques d'efficacité pratique est légitime quand, parmi les incertitudes de la vie, on a une décision à prendre. Que d'ailleurs il soit possible, non certes de garantir au simple fidèle qu'il parviendra à la béatitude, mais de concevoir qu'il y parvienne, c'est ce que nous avons essayé de montrer dans la note 3 du chapitre v.

5. Ce passage est intéressant en ce qu'il semble dirigé contre les mystiques auxquels Spinoza reproche l'excès de leurs prétentions. Il est certain, lui, de posséder la vraie philosophie (voir la lettre 76) parce que le vrai se connaît de soi *(verum index sui)*, mais le témoignage interne invoqué par ceux qui affectent de mépriser la raison lui semble une illusion flatteuse et rien de plus; c'est par ses œuvres et ses œuvres seules que le vrai fidèle fait connaître et connaît lui-même que l'idée du Christ est en lui.

CHAPITRE XVI

1. Pour bien entendre la pensée de Spinoza dans ce chapitre, il faut en premier lieu avoir égard au sens du mot *jus naturale* que nous traduisons faute de mieux par *droit naturel;* le droit naturel n'est pas un pouvoir qui appartient à l'homme légitimement; car il n'y a pas de pouvoir illégitime dans la nature ni par conséquent de pouvoir légitime. Le droit naturel est le pouvoir d'agir selon les lois de la nature, et de *sa* nature; c'est un autre nom de la tendance à persévérer dans son être qui est l'essence actuelle de tout individu (*Ethique*, III, prop. 7).

2. On ne peut s'empêcher de penser au mot de Schiller :

Einstweilen bis den Bau der Welt Philosophie zusammenhält
Erhält sie das Getriebe durch Hunger und durch Liebe.

La Nature ne se gouverne pas selon la raison humaine en ce sens qu'elle n'a cure de l'intérêt particulier de l'homme, non plus que d'aucune autre de ses parties : elle n'est pas limitée par les lois de la raison humaine (voir un peu plus loin), aussi ne peut-elle être jugée mauvaise ou bonne, ces mots ayant un sens tout relatif et humain. Il ne s'agit cependant pas d'abolir la nature, de mourir à la nature, ou d'établir un ordre contraire à la nature. Ces tentatives seraient vaines puisque l'homme n'est pas un empire dans un autre empire. La raison elle-même est chose naturelle et aussi la société, dans la mesure précisément où l'homme est capable d'agir suivant la raison (voir *Ethique*, IV, prop. 35 avec les corollaires et le scolie). Spinoza diffère de Hobbes (et aussi de Rousseau) en ce qu'il n'oppose pas l'état de société à l'état de nature (il le fait observer lui-même dans la lettre 50); la société la meilleure est celle qui se rapproche le plus de la nature et qui, loin de diminuer la puissance de l'individu, la multiplie par la puissance des autres individus. La fin de la société n'est pas la domination, mais la liberté (chap. xx). Seulement les moyens à employer pour parvenir à cette fin sont nécessairement tirés de la nature, qui n'est pas seulement la raison mais aussi l'appétit. Spinoza n'est nullement idéaliste au sens où le sont les faiseurs d'utopies; à la passion déchaînée il faut opposer selon lui d'autres passions, la crainte, l'espérance; il faut que la force appartienne à l'Etat, au souverain (collectif ou individuel); même alors qu'il fait de son pouvoir le plus mauvais usage, il mérite la considération du sage en tant qu'il représente (fort mal) la société et la raison. Toute la politique de Spinoza, que nous n'avons pas la prétention d'exposer ici, nous semble inspirée par la pensée qu'exprime en ces vers si connus un personnage du *Conte d'hiver* :

Yet nature is made better by no mean
But nature makes that mean; so over that art
Which you say adds to nature, is an art
That nature makes.
. . . .
The art itself is nature.

3. Le droit du souverain n'a de limite que sa puissance; mais *précisément pour cette raison* il est limité, car la puissance du souverain ne peut changer la nature des êtres (voir le chapitre XVII). Le *pouvoir* du souverain est donc absolu en ce sens que Spinoza n'accorde pas au sujet de garanties constitutionnelles. En fait, il est borné par la *puissance* qu'il est impossible que les sujets ne conservent pas et qu'il est d'ailleurs avantageux qu'ils conservent aussi grande que possible, puisque, s'ils n'avaient plus aucune puissance active, ils ne seraient plus des êtres humains ni même des êtres vivants, mais des automates résistant seulement par leur inertie. Donc, si le souverain fait de son pouvoir un usage tyrannique, ce pouvoir lui sera nécessairement enlevé et cela ne sera pas juste en ce sens que cela serait conforme à la loi établie, au pacte conclu (on ne conçoit pas de loi qui limite le pouvoir de celui qui fait la loi), mais cela sera conforme à la nature des choses et la raison ne pourra le trouver mauvais.

4. Pour bien comprendre les mots *jus civile, jus divinum*, il faut avoir égard à la signification du mot *jus* que le français *droit* ne rend qu'imparfaitement. Dans l'idée qu'exprime le mot *jus* est impliquée celle de règle posée, de commandement. Il y a contradiction à se prévaloir d'un droit (au sens ordinaire du mot) si l'on ne se soumet à la décision de celui de qui on le tient ou qui en est l'auteur; aussi ne peut-on jamais *socialement* revendiquer un droit contre le souverain. On peut se poser en ennemi de l'Etat et du souverain si on pense avoir la force requise pour jouer ce rôle dangereux; alors celui qui agit ainsi revient pour un temps à l'état de nature. Il est donc condamnable du point de vue de la société, il est, de son propre aveu, hors la loi. Les causes amenant cette rupture du pacte peuvent d'ailleurs lui valoir l'estime et même l'admiration des gens de bien (voir le chapitre XX); c'est, alors, que le gouvernement est tyrannique, va trop manifestement contre la fin de l'institution sociale et se trouve condamné à périr par la nature à laquelle il a voulu faire violence (voir la note précédente).

5. Ni la Nature ni la Raison ne nous enseignent l'obéissance; la Nature met en nous des appétits et des désirs opposés qui, dans l'état de nature, ont tous le même droit à se satisfaire (droit limité par leur puissance seulement); la Raison, quand elle nous fait connaître Dieu, nous inspire l'amour de Dieu et nous affranchit de l'obéissance. Pour fonder la morale (de l'obéissance), la révélation était donc nécessaire comme pour établir ce principe que l'obéissance est une voie de salut. Mais, comme nous avons eu l'occasion de le faire observer, la révélation elle aussi est philosophiquement une chose naturelle; ceux qui, historiquement, ont joué le rôle d'intermédiaires, les prophètes, les législateurs, les éducateurs de l'humanité, ont eu, avant les autres hommes, une certaine connaissance non rationnelle de ce que la raison enseigne au sage, et ils ont tenu un langage en rapport avec leur propre état d'âme comme avec l'état d'âme de leurs contemporains.

CHAPITRE XVII

1. Le chef d'une tribu n'est pas un souverain, il ne fait pas les lois, et il est tenu par elles; si donc il manque à les observer à l'égard de ceux qui politiquement sont sous son commandement, il se rend coupable d'une violation du pacte avec Dieu et avec les chefs des autres tribus; il mérite donc d'être traité en ennemi par les autres tribus et ceux mêmes de la tribu dont il est le chef ne lui doivent plus obéissance. Les droits de l'individu sont ainsi efficacement garantis parce qu'il n'y a pas d'autre souverain que Dieu.

2. Spinoza vient d'exposer les principes de gouvernement en vigueur chez les Hébreux tels qu'ils auraient *dû* être; c'est l'Etat théocratique idéal qu'il a décrit; l'Etat réel ou historique est assez différent; toutes ces dispositions, si sages et si bien calculées pour assurer la conservation indéfinie de l'Etat, sont viciées par l'existence d'une tribu ayant le privilège du sacerdoce. On voit bien où il veut en venir; rien de plus dangereux pour la paix de l'Etat qu'un clergé indépendant du pouvoir politique. Le privilège accordé aux Lévites a amené l'établissement du pouvoir monarchique et ce pouvoir à son tour a été constamment tenu en échec à la fois par les prêtres et par les Prophètes, de sorte que des guerres civiles interminables n'ont cessé de désoler et d'affaiblir l'Etat.

3. La Nature ne crée pas de nations, de races à part; le nominalisme de Spinoza le conduirait à expliquer par une suite d'accidents, de rencontres, la formation des espèces comme celle des races et des variétés.

CHAPITRE XVIII

1. Les Pharisiens n'étaient pas des hommes éclairés, ils ont donc pu se laisser tromper par les prêtres désireux d'innover, et attribuer à leurs décrets l'autorité d'une tradition établie depuis les temps anciens. Les Juifs éclairés refusaient de reconnaître d'autres lois que celle qui était écrite; ils résistaient donc avec une audace croissante à l'autorité des prêtres que soutenait la populace; de là des querelles sans fin, une fureur sectaire inapaisable. Rien de plus dangereux donc que de confier à des prêtres le gouvernement de la chose publique. Dans la théocratie juive telle qu'elle aurait dû être (voir note 2 du chapitre XVII), les prêtres n'avaient aucun pouvoir politique.

CHAPITRE XX

1. Nous avons fait allusion à ce passage dans les notes 2 et 3 du chapitre XVI.

2. Les opinions que vise ici Spinoza sont, semble-t-il, celles qui sont contraires à la raison non parce qu'elles sont fausses, mais parce qu'elles s'opposent au libre usage de la raison.

3. Il est dangereux pour la paix de l'Etat de permettre à quelques hommes de tenir tête au pouvoir du souverain en se prévalant du titre d'envoyés de Dieu ou de représentants de Dieu; c'est ce que montre l'histoire des Hébreux. Spinoza se rencontrerait ici avec Voltaire (voir en particulier le jugement de Voltaire sur le rôle de Joad dans *Athalie*).

4. Spinoza parle un peu comme Lamartine :

Il faut se séparer, pour penser, de la foule
Et s'y confondre pour agir.

5. Allusion aux troubles causés en Hollande par les controverses religieuses des Remontrants (Arminiens) et des Contre-Remontrants (Gomaristes); on sait que Barneveldt perdit la vie et Grotius la liberté dans ces luttes.

NOTES MARGINALES

1. Les notes marginales ajoutées par Spinoza, publiées d'abord par Th. de Murr (La Haye, 1802), puis par Donow, d'après un autre manuscrit (celui de Kœnigsberg), ont été traduites d'après le texte de l'édition de Van Vloten et Land (La Haye, 1882, 1883 et 1895). N'étant pas hébraïsant toutefois, le traducteur a dû écourter la note I dans laquelle Spinoza donne des raisons d'ordre philologique pour justifier son interprétation du mot *nabi* (prophète).

2. Le passage de l'Evangile selon saint Marc auquel Spinoza fait ici allusion contient les paroles adressées par Jésus à un homme riche qui pense avoir observé tous les commandements de la loi depuis son jeune âge et demande ce qu'il lui faut faire pour avoir la vie éternelle : *il te manque une chose ; va et vends tout ce que tu as et le donne aux pauvres, et tu auras un trésor au ciel; puis viens, et me suis, ayant chargé la croix.*

3. Le texte de la Genèse est, d'après la Vulgate : *Appellavitque nomen loci illius Dominus videbit, unde usque hodie dicitur : In monte Dominus vidit.* D'après Gunkel *(op. laud.)* il y aurait une lacune dans le texte hébreu et l'on devrait lire : *c'est pourquoi Abraham appela ce lieu... ; car, dit-il, sur cette montagne ici Dieu s'est fait voir.*

4. Ared et Naaman, d'après les Septante et la Vulgate, seraient les enfants et non les petits-enfants de Benjamin, du moins dans la Genèse (chap. XLVI, v. 31); mais il y a une erreur peut-être volontaire, puisque suivant les Paralipomènes ils sont fils de Bela.

5. Cette note ayant été rédigée en français, nous avons cru devoir respecter l'orthographe de l'auteur, y compris celle des noms propres : Ptolomée, c'est Tholmaï; Hamihud, c'est Ammiud; Gesur, Gessur.

6. Spinoza donne à entendre que les noms des descendants de Jechonias, postérieurs aux enfants d'Eliohenaï, ont été omis à dessein par les prêtres auxquels il attribue la composition des Paralipomènes.

7. D'après les érudits compétents, le mot *Atershata* (ou plus exactement *tersatha*) est un mot signifiant dans la langue des Perses quelque chose comme « Son Excellence », titre honorifique porté par Néhémie en qualité de procurateur ou gouverneur *(pehah)* de la Judée pour le compte du roi des Perses.

La fin de la note étant rédigée en français par Spinoza, nous n'avons pas modifié l'orthographe des noms propres. La Vulgate écrit Asalelphuni, Soboba, Alohes.

8. Suivant une tradition accréditée dans le monde israélite, la Grande Synagogue aurait été constituée par Esdras, c'eût été un collège de 85 ou peut-être de 120 membres exerçant sur la communauté juive, surtout en matière religieuse, un contrôle permanent; d'après la Mischna (Pirke Aboth, I, 1), « Moïse aurait transmis la Torah (loi) à Josué, Josué aux Anciens, les Anciens l'auraient transmise aux Pro-

phètes et les Prophètes aux Hommes de la Grande Synagogue ». C'est évidemment sur cette tradition que s'appuyaient Maïmonide et R. Abraham ben David. La Grande Synagogue aurait existé du milieu du Ve siècle jusque vers l'an 200 avant Jésus-Christ. Elle aurait pris une grande part à la formation du canon israélite, veillant à l'exacte transcription des livres les plus anciens, en rédigeant de nouveaux, en consacrant d'autres jusque-là exclus ou contestés. On conçoit de quelle importance est la Grande Synagogue pour ceux qui admettent cette tradition israélite rejetée par Spinoza au chapitre VII, la transmission ininterrompue de la parole de Dieu et l'interprétation donnée par les rabbins. Les savants modernes, en particulier Kuenen (*Over de Mannen der groote synagoge*, Amsterdam, 1876), ont montré l'impossibilité d'accepter cette manière de voir et, en somme, donné raison à Spinoza.

9. Au sujet de la note marginale XXXVI, voir la note 1 du chapitre XI.

10. Dans le livre auquel renvoie Spinoza (l'ouvrage composé par son ami Louis Meyer sous letitre de *Philosophia S. Scripturae interpres*) et à la page indiquée se trouve énoncée la règle d'Alfakar, sans que l'auteur du livre la donne comme sienne : ce que l'Ecriture enseigne clairement, *ex professo*, comme un dogme, doit être tenu pour vrai à la lettre et, si quelque passage semble impliquer contradiction avec ce dogme, il faut le prendre au sens figuré. Suivent des exemples.

11. La règle que nous avons reproduite dans la note précédente est discutée à la page 76 du livre auquel renvoie Spinoza. L'auteur dit en particulier : Si l'Ecriture enseignait clairement comme un dogme (δογματίζουσα) que *quelque chose n'est rien* ou *que rien est quelque chose*, devrions-nous le croire en dépit de la raison ? etc. Il faut donc bien, quand deux passages de l'Ecriture se contredisent, user de sa raison pour discerner lequel des deux doit être pris à la lettre, lequel au figuré.

12. La cent treizième page de l'ouvrage cité par Spinoza (elle ne porte pas de numéro d'ordre) contient une réponse à l'objection que se fait à lui-même l'auteur. Si c'est à la philosophie qu'il appartient d'interpréter et de juger l'Ecriture, de quelle utilité l'Ecriture est-elle donc ? A quoi sa transmission a-t-elle servi ? pourquoi prendre la peine de la lire ? la réponse est en substance que la lecture de l'Ecriture donne à l'esprit *occasion* de former des pensées vraies; c'est une *matière* à réflexions utiles.

L'Ecriture est cela en effet pour le philosophe; pour le non-philosophe elle a une utilité d'autre sorte, celle même qu'indique Spinoza à la fin du chapitre.

13. Pour Hobbes, l'homme est, dans l'état de nature, un loup pour l'homme. Dans l'état de société seulement il devient un Dieu. Spinoza, nous avons eu l'occasion de le faire observer (note 2 du chapitre XVI), n'admet pas cette opposition radicale entre les deux états; la raison qui fait partie de la nature de l'homme (bien qu'elle ne soit pas suivie par la plupart des hommes) est toujours conseillère de paix, et c'est au regard de la raison que l'homme est un Dieu pour l'homme. Le rationalisme de Spinoza lui interdit donc d'admettre que l'état de nature soit sans restriction l'état de guerre de chacun contre tous. L'état de nature, c'est surtout l'absence de toute sécurité, la crainte qui le caractérisent. En somme, sur ce point particulier, Spinoza est plus rapproché de Montesquieu que de Hobbes.

14. L'opposition de doctrine existant entre Spinoza et Kant est bien marquée dans cette note. Kant cherche à fonder en raison l'obéissance sans condition (l'impératif catégorique); Spinoza condamne

d'avance la tentative; il ne suffit pas, d'accord avec Kant, de ne pas vouloir d'hétéronomie et de dire : Dieu ne peut pas, pour la raison, être un prince imposant sa volonté; il faut en outre se refuser à proclamer divins (ou devant être obéis) des commandements dont la cause n'est pas connue, c'est-à-dire dont on ne peut pas établir qu'ils sont utiles à la conservation de notre être; ainsi c'est le formalisme qui est rejeté et le principe même de l'obligation, *pour ceux qui sont capables de connaissance philosophique;* l'obéissance est au contraire la seule voie de salut ouverte aux non-philosophes.

15. Comme dans la note 8 ci-dessus, il s'agit d'une tradition rabbinique rejetée par Spinoza. Le Sanhédrin (cour suprême de justice portant un nom d'origine grecque : συνέδριον) ne paraît pas dans l'hypothèse la plus favorable avoir pu exister, même sous un autre nom, avant la reconstitution du temple sous la domination des Perses.

TABLE DES MATIÈRES

GF Flammarion

210444-VII-2016 – Impression MAURY IMPRIMEUR, 45330 Malesherbes.
N° d'édition L.01EHPNFG0050.C024. – 2e trimestre 1965. – Printed in France.